Strafrechtliche Unternehmensverantwortlichkeit im europäischen Gemeinschafts- und Unionsrecht

Europäische Hochschulschriften
Publications Universitaires Européennes
European University Studies

Reihe II
Rechtswissenschaft

Série II Series II
Droit
Law

Bd./Vol. 3941

PETER LANG
Frankfurt am Main · Berlin · Bern · Bruxelles · New York · Oxford · Wien

Marc Bahnmüller

Strafrechtliche Unternehmensverantwortlichkeit im europäischen Gemeinschafts- und Unionsrecht

PETER LANG
Europäischer Verlag der Wissenschaften

Bibliografische Information Der Deutschen Bibliothek
Die Deutsche Bibliothek verzeichnet diese Publikation in der Deutschen Nationalbibliografie; detaillierte bibliografische Daten sind im Internet über <http://dnb.ddb.de> abrufbar.

Zugl.: Tübingen, Univ., Diss., 2003

D 21
ISSN 0531-7312
ISBN 3-631-52634-2

www.peterlang.de

Meinen Eltern

Vorwort

Die vorliegende Arbeit wurde von der Juristischen Fakultät der Eberhard-Karls-Universität Tübingen im Wintersemester 2003/2004 als Dissertation angenommen. Abgeschlossen wurde die Arbeit im August 2003. Bis zu diesem Zeitpunkt wurden Gesetzgebung, Literatur und Rechtsprechung berücksichtigt.

Ich bedanke mich herzlich bei meinem Doktorvater, Herrn Prof. Dr. Joachim Vogel, für die engagierte Betreuung der Arbeit. Für die rasche Erstellung des Zweitgutachtens gilt mein Dank Herrn Priv.-Doz. Dr. Jörg Eisele.

Schließlich danke ich meinen Eltern, die mich während meiner gesamten Ausbildung auf vielfältige Weise unterstützt haben.

München, im Februar 2004 Marc Bahnmüller

Inhaltsverzeichnis

Teil 1. Einführung

A) Einleitung

Das immer weiter zusammenwachsende Europa macht auch vor den nationalen Rechtssystemen nicht Halt. Nur wenn es gelingt, zumindest durch Rechtsangleichung einen einheitlichen europäischen Rechtsraum zu schaffen, kann das für die Stabilisierung einer Gemeinschaft notwendige Vertrauen entstehen.[1] Diese Entwicklung lässt den besonders sensiblen Bereich des Strafrechts nicht aus.[2] Doch selbst dieses Fundament staatlicher Souveränität[3] hat bereits zu bröckeln begonnen.

Wegbereiter dieser Entwicklung ist das Wettbewerbsrecht, welches in der Öffentlichkeit hauptsächlich aufgrund der teilweise außergewöhnlich hohen Geldbußen der Kommission wahrgenommen wird. So hat hierzulande die 1998 gegen die Volkswagen AG verhängte Buße in Höhe von € 102 Mio.[4] besondere Aufmerksamkeit erlangt. Im Jahre 2001 traf die Kommission eine spektakuläre Entscheidung und hat gegen verschiedene Unternehmen des sog. Vitaminkartells Geldbußen in Höhe von insgesamt € 855,22 Mio. festgesetzt. Davon hatten allein die F. Hoffmann-La Roche AG (Schweiz) € 462 Mio. und die BASF AG (Deutschland) € 296,16 Mio. zu tragen.[5]

Daneben wird bereits seit längerem an der Entwicklung eines einheitlichen europäischen Strafrechts gearbeitet, wobei verschiedene Methoden[6] und Wege vorgeschlagen werden.[7] Ein Teil dieses Prozesses ist die Anpassung des Unternehmensstrafrechts[8], welches europaweit noch recht uneinheitlich behandelt wird.[9]

---

[1] Zum Begriff der Rechtsangleichung vgl. Oppermann, S. 477 ff.
[2] Oppermann, S. 502 mwN.
[3] Vgl. nur Dannecker, Strafrechtsentwicklung, S. 26 mwN.
[4] Die Geldbuße wurde mittlerweile auf € 90 Mio. herabgesetzt; vgl. dazu Teil 5.
[5] Pressemitteilung der Kommission vom 21.11.2001 (IP/01/1625); die BASF AG hat gegen die Entscheidung bereits Klage beim EuG eingereicht (ABl. vom 04.05.2002, C 109, S. 49 f.). Weitere Beispiele in Teil 5.
[6] Besonders hervorzuheben ist dabei das Prinzip der Methodenoffenheit. Vgl. dazu Kühl (ZStW 109 [1997], S. 801 ff.) und Vogel (GA 2002, S. 522 ff.).
[7] Grundlegend Tiedemann, FS-Jescheck, S. 1411 ff.; ders., NJW 1990, S. 2226, 2232 f.; ders., NJW 1993, S. 23 ff.; ders., FS-Miyazawa, S. 673 ff.; ders., GA 1998, S. 107 ff.; ders., FS-Roxin, S. 1401

So ist bereits die Frage, ob man eine Unternehmensstrafbarkeit einführen soll, nicht nur in Deutschland eine der umstrittensten des gesamten Wirtschaftsstrafrechts.[10] Zwar entzog sie sich zeitweise der öffentlichen Wahrnehmung, was aber eher auf fehlende praktische Bedürfnisse denn auf eine endgültige Klärung zurückzuführen ist.[11] Der Grund für die Relevanz einer dahin gehenden Forderung liegt heute mehr denn je auf der Hand. Unser gesamtes gesellschaftliches, wirtschaftliches und auch politisches Leben wird zunehmend von der auf organisierter Interessenverfolgung basierenden Macht der Unternehmen beherrscht.[12]

Dabei schafft die wirtschaftliche Globalisierung den Rahmen für grenzüberschreitende Kriminalität.[13] Dies führt dazu, dass man die Unternehmenssanktionierung nicht mehr national isoliert bewerten darf, sondern unterschiedliche einzelstaatliche Regelungen zumindest einander angepasst werden müssen.[14] Andernfalls besteht die Gefahr, dass das Strafrecht insoweit seine Daseinberechtigung als Schutzinstrument der gesellschaftlichen Ordnung zu verliert.[15]

---

ff.; Vogel, JZ 1995, S. 331 ff.; ders., GA 2002, S. 517 ff.; ders., Freiburg-Symposium, S. 91 ff.; ders., Freiburg-Symposium, S. 125 ff.; ders., GA 2003, S. 314 ff.; Dannecker, FS-Hirsch, S. 141 ff.; ders., Freiburg-Symposium, S. 147 ff.; ders., Strafrechtsentwicklung, S. 26 ff.; Kühl, ZStW 109 (1997), S. 777 ff.; Schünemann, Madrid-Symposium, S. 265 ff.; ders., GA 2002, S. 501 ff.; Sieber, ZStW 103 (1991), S. 957 ff.; ders., Madrid-Symposium S. 349 ff.; ders., GS-Schlüchter, S. 107 ff.; Zieschang, ZStW 113 (2001), S. 255 ff. Zur (notwendigen aber nicht vollzogenen) Globalisierung des Strafrechts vgl. Schünemann, GA 2003, S. 299 ff.; siehe auch Prittwitz, ZStW 113 (2001), S. 774 ff.

[8] Die Begriffe „Verband", „Korporation", „Kollektiv", „Unternehmen" und „juristische Person" werden nachfolgend grundsätzlich synonym als untechnische Oberbegriffe für alle Formen von Personenmehrheiten verwendet. Aus dem jeweiligen Sachzusammenhang ergibt sich insbesondere für „Unternehmen" und „juristische Person" jedoch teilweise eine Verwendung im technischen Sinn. Zum Begriff der Unternehmenskriminalität vgl. Schünemann, Wistra 1982, S. 41.

[9] Hierzu näher in Teil 3 (passim); Übersichtstabelle bei Heine, Anhang.

[10] Grundlegend zu den Begriffen Wirtschaftsdelikt und -strafrecht Tiedemann, Wirtschaftsstrafrecht I, S. 48 ff.

[11] Dazu auch Teil 4 (A, III).

[12] Vgl. bereits Freier, S. 21; Brender, S. 4; Jescheck, DÖV 1953, S. 541; Schmitt, S. 131 f.; vertiefend Eschenburg, S. 1 ff.

[13] Insbesondere Wirtschafts- und Umweltkriminalität.

[14] Dannecker, GA 2001, S. 106.

[15] Schon Busch (S. 89) hat Strafe als „staatliche Zwangsmaßregel zum Schutze der Gesellschaft, ihrer Glieder und Einrichtungen" definiert und somit diesen Schutzgedanken gefestigt.

Dieser Auffassung hat man sich international und gerade auch in Europa schon seit längerem angeschlossen und so finden sich verschiedene Regelungen, welche ein supranationales Vorgehen ermöglichen oder jedenfalls eine Harmonisierung[16] nationaler Sanktionssysteme vorsehen.

B) Unternehmensstrafe in Europa

Die Entscheidung für oder gegen die Einführung einer Unternehmenskriminalstrafe hängt auch im europäischen Ausland hauptsächlich davon ab, ob man der Dogmatik oder der Pragmatik den Vorzug gibt. Eine vertiefte Analyse der unterschiedlichen ausländischen Modelle zur Unternehmensverantwortlichkeit ist hier aufgrund der dazu erforderlichen[17] genaueren Darstellung maßgeblicher nationaler Sanktionsmodelle – auch unter dem Aspekt der Trennung von Kriminalstrafe und Verwaltungssanktion – nicht möglich. Gleichwohl soll zunächst benannt werden, in welchen Ländern eine Unternehmenskriminalstrafe[18] anerkannt ist.

Nur noch wenige kontinentaleuropäische nationale Rechtsordnungen folgen dem Grundsatz *societas delinquere non potest*[19] und lehnen eine Kriminalstrafe für Unternehmen aufgrund dogmatischer Bedenken ab.[20] Im Einzelnen handelt es sich dabei um Deutschland,[21] Italien,[22] Belgien, Griechenland, Spanien und Österreich[23].

---

[16] Vertiefend und aktuell Vogel, GA 2003, S. 314 ff.

[17] Vgl. Jung, JuS 1998, S. 1 ff.

[18] Strafe im engeren Sinn.

[19] Zu dessen wohl nur vermeintlichem Ursprung im römischen Recht vgl. Heinitz, S. 67 f. Darüber hinaus finden sich zahlreiche rechtshistorische Ausführungen zu diesem Thema. Beispielhaft seien hier nur die besonders anschaulichen Darstellungen bei Busch (S. 32 ff.) und Heinitz (S. 67 ff.) genannt. Näher dazu Teil 4 (A).

[20] Vgl. Eidam, Straftäter Unternehmen, S. 30 ff.; Jescheck AT, S. 227 f.; Rogall-KK-OWiG, § 30, Rd. 233 ff.; Dannecker, Strafrechtsentwicklung, S. 168 f.; ders., GA 2001, S. 101. Dasselbe gilt für die Tschechische Republik; vgl. Musil, S. 121 f. mwN.

[21] Vgl. nur Jescheck AT, S. 227. Allerdings ist eine Sanktionierung im Wege des Ordnungswidrigkeitenrechts vorgesehen; dazu ausführlich in Teil 4.

[22] Hier können ebenso wie auf EG-Ebene Geldbußen verhängt werden; vgl. Dannecker, GA 2001, S. 101; ders., ZStW 108 (1996), S. 592 f.

[23] Dort können (wie auch in Kanada) nur verwaltungs- bzw. zivilrechtliche Sanktionen verhängt werden, wobei Verbände für gegen ihre Organe verhängten Geldstrafen bürgen; vgl. Dannecker, GA 2001, S. 101; ders., ZStW 108 (1996), S. 593.

Dagegen erkennt mittlerweile über die Hälfte der europäischen nationalen Rechtssysteme eine Kriminalstrafe gegen juristische Personen vorwiegend aufgrund pragmatischer Erwägungen an. Im Einzelnen sind dies Dänemark, Irland, Luxemburg, die Niederlande, Portugal,[24] Finnland, Schweden[25], Frankreich[26] und das Vereinigte Königreich.[27] Außerhalb Europas gilt für die USA, Australien, Japan und Norwegen dasselbe.[28] Damit ist ein internationaler Trend hin zur Unternehmenskriminalstrafe festzustellen.[29]

Auch auf supranationaler europäischer Ebene bestehen Regelungen zur Unternehmensverantwortlichkeit.[30] Dabei ist zu unterscheiden zwischen bereits geltendem Recht und lediglich manifestierten Überlegungen. Der Grund für das Vorhandensein unterschiedlicher Regelungen ist die fehlende Kriminalstrafgewalt der Europäischen Gemeinschaft, weshalb diese nur andere Sanktionen selbständig setzen und verhängen darf.[31] Das könnte sich aber in absehbarer Zeit ändern, zumal das Thema auch im europäischen Konvent behandelt wird.[32]

---

[24] Tiedemann, FS-Miyazawa, S. 674 f.; Dannecker, GA 2001, S. 101; Serra, Responsibility, S. 205; dies., Kollektive, S. 139 f.; Heine, Sanctions, S. 237; Otto, Jura 1998, S. 409. Anders (Geldbuße) noch Dannecker, ZStW 108 (1996), S. 592 f.

[25] Vertiefungsnachweis bei Träskman, S. 228 (in Fn. 3).

[26] Art. 121-2 Code Pénal.

[27] Tiedemann, FS-Miyazawa, S. 674 f.; Dannecker, GA 2001, S. 101; Otto, Jura 1998, S. 409.

[28] Vgl. Dannecker, GA 2001, S. 101; Tiedemann, FS-Miyazawa, S. 674 f.

[29] Tiedemann, Freiburger-Begegnung, S. 32 mwN; Schünemann (Madrid-Symposium, S. 295) mahnt, diese Entwicklung in Deutschland nicht zu „verschlafen". Hinzu kommt, dass die Strafrechtsordnung und die Kriminalpolitik der USA global erheblichen Einfluss ausüben. Näher hierzu Vogel (GA 2002, S. 521 f.), der dafür plädiert, innerhalb dieses Rahmens eine eigene europäische Strafrechtsidentität zu erhalten und weiter zu entwickeln. Bottke (Wiedervereinigung, S. 93) dagegen warnt davor, sich einem „Zug der kriminalpolitischen Lemminge" anzuschließen.

[30] Im Rahmen der Bestrebungen, ein europaweit einheitliches Strafrecht zu institutionalisieren; vgl. dazu Vogel, JZ 1995, S. 331 ff.; Zuleeg, JZ 1992, S. 761 ff.

[31] Die Mitgliedstaaten haben ihr die Kriminalstrafgewalt aufgrund der Grundrechtssensibilität und der Bedeutung des Kriminalstrafrechts für die staatliche Souveränität nicht übertragen (vgl. Dannecker, Strafrechtsentwicklung, S. 26 ff.; Tiedemann, FS-Pfeiffer, S. 113 f.; ders., NJW 1993, S. 23; ders., FS-Roxin, S. 1403 f.; Vogel, GA 2003, S. 319; ders., Strafverteidigertag, S. 120; Jung/Schroth, GA 1983, S. 253; Weigend, ZStW 105 [1993], S. 779, 781 f.; Eisele, JA 2000, S. 897 f.). Hingegen wurde der Gemeinschaft in verschiedenen Teilen eine Bußgeldkompetenz eingeräumt (vgl. Eser-SchSch, Vorbem. zu § 1, Rd. 26; Vogel, GA 2002, S. 519; ders., Strafverteidigertag, S. 120, 122; ders., Europäische Rechtsakademie, S. 176 ff.).

[32] Vgl. auch Vogel, GA 2002, S. 517 f.; Tiedemann, FS-Roxin, S. 1403 ff. Anschaulich zur jüngeren Entwicklung des Europäischen Konvents Oppermann, DVBl. 2003, S. 1 ff.

C) Keine „neue“ Strafkompetenz der EU

Die EG hat de lege lata keine eigene positivrechtlich festgelegte Kriminalstrafsetzungskompetenz.[33] Zwar wäre eine bereichsweise Regelung mittels Kriminalstrafen teilweise vom Wortlaut des Primärrechts gedeckt;[34] so sieht etwa Art. 280 Abs. 4 EGV n.F. vor, die zum Schutz der finanziellen Interessen der EG „erforderlichen Maßnahmen“ zu beschließen.[35] Gleichwohl sprechen zahlreiche Gründe gegen eine extensive Auslegung in diesem Sinne.[36] Beispielhaft seien hier nur das Bestimmtheitsgebot, der Parlamentsvorbehalt und die Bedeutung des Strafrechts für die (mitglied)staatliche Souveränität[37] genannt.[38] Allerdings wird der Gemeinschaft eine Bußgeldkompetenz eingeräumt.[39] Diese folgt teils aus dem Primärrecht selbst[40], teils als Annexkompetenz für Bereiche, in denen eine bestehende Gemeinschaftskompetenz nur zusammen mit entsprechenden Sanktionen sinnvoll verwirklicht werden kann.[41]

Mithin stellt sich die Frage, ob und inwiefern die neue europäische Verfassung Änderungen in Bezug auf die Strafrechtsetzungskompetenz vorsieht.[42] Relevant ist dabei Teil 3 des EU-Verfassungsentwurf II („Die Politikbereiche und die Arbeits-

---

[33] Etwa Vogel, Europäische Rechtsakademie, S. 175; Satzger, S. 143 f.; Schünemann, GA 2002, S. 501 ff. Gleichwohl findet sich vereinzelt auch im Gemeinschaftsrecht unmittelbar geltendes Strafrecht (z.B. Aussagedelikte). Dazu Vogel, Europäische Rechtsakademie, S. 173; Böse, S. 107 ff.; Satzger, S. 134; Sieber, Madrid-Symposium, S. 352 ff.; ders., FS-Geerds, S. 120; ders., Europäische Rechtsakademie, S. 77. Tiedemann (NJW 1990, S. 2232 f.) plädiert für eine supranationale Sanktionskompetenz.

[34] Satzger, S. 109. So sieht das Primärrecht teilweise schlicht den Einsatz „erforderlicher Maßnahmen“ vor; vgl. Schwarzburg/Hamdorf, NStZ 2002, S. 619. Böse (S. 106) bejaht für bestimmte Sachbereiche eine Kompetenz zum Erlass strafrechtlicher Vorschriften; die Grenze ergebe sich aus der Subsidiarität und der Erforderlichkeit.

[35] Zum Meinungsstand bei Art. 280 Abs. 4 EGV n.F. siehe Schwarzburg/Hamdorf, NStZ 2002, S. 619 f.

[36] Böse (S. 106) hingegen spricht der Gemeinschaft im Rahmen der Regelung bestimmter Sachbereiche eine Kriminalstrafkompetenz zu; Bleckmann (FS-Stree/Wessels, S. 111) folgt dem generell für das materielle Europäische Gemeinschaftsrecht.

[37] Vgl. Schünemann, GA 2002, S. 501; Dannecker (Strafrechtsentwicklung, S. 26 ff.), der auch auf die Grundrechtssensibilität hinweist.

[38] Erschöpfende Erörterung bei Satzger, S. 109 ff.

[39] Differenzierende Darstellung bei Vogel, Europäische Rechtsakademie, S. 176 ff.

[40] Etwa in Artt. 83 Abs. 2 lit. a) und 110 Abs. 3 EGV n.F.

[41] Schwarzburg/Hamdorf, NStZ 2002, S. 619; Satzger, S. 93; Tiedemann, NJW 1993, S. 27Vogel, GA 2003, S. 318. Siehe auch Dannecker, Jura 1998, S. 79 ff.

[42] Allgemein zur neuen Kompetenzordnung Steeg, EuZW 2003, S. 325 ff.

weise der Union").[43] In Abschnitt 4 („Justizielle Zusammenarbeit in Strafsachen") wird zunächst das zweigleisige Modell der gegenseitigen Anerkennung gerichtlicher Urteile und der Angleichung der Rechts- und Verwaltungsvorschriften der Mitgliedstaaten fortgeführt.[44]

Die Kompetenz zur Strafrechtsharmonisierung wird dabei eine geteilte[45] (konkurrierende) sein.[46] Inhaltlich folgt die Kompetenz der EU für schwere Kriminalität unmittelbar aus Art. Art. III-167 Abs. 1 EU-Verfassungsentwurf II; dort sind auch die relevanten Kriminalitätsformen aufgelistet.[47] Im Übrigen bestätigt Abs. 2 dieses Artikels die Zulässigkeit einer ergänzenden Annexkompetenz, sofern „sich die Angleichung strafrechtlicher Normen als unerlässlich für die wirksame Durchführung der Politik der Union auf einem Gebiet, auf dem Harmonisierungsmaßnahmen erfolgt sind", erweist. Als Mittel der Angleichung sind in dem EU-Verfassungsentwurf I insbesondere „Europäische Rahmengesetze"[48] vorgesehen.[49]

---

[43] Entwurf der Verfassung - Band II vom 09.07.2003, CONV 848/03 Volume 2 (nachfolgend „EU-Verfassungsentwurf II").

[44] Vgl. Art. III-166 (ex-Artikel 15) EU-Verfassungsentwurf II. Vogel (GA 2003, S. 333) hält dieses Vorgehen für unökonomisch, befürwortet es letztlich aber aus pragmatischen Gründen.

[45] Siehe Art. I-11 Abs. 2 EU-Verfassungsentwurf I: „Arten von Zuständigkeiten (...)
(2) Weist die Verfassung der Union für einen bestimmten Bereich eine mit den Mitgliedstaaten geteilte Zuständigkeit zu, so haben die Union und die Mitgliedstaaten die Befugnis, in diesem Bereich gesetzgeberisch tätig zu werden und rechtlich bindende Rechtsakte zu erlassen. Die Mitgliedstaaten nehmen ihre Zuständigkeit wahr, sofern und soweit die Union ihre Zuständigkeit nicht ausgeübt hat oder entschieden hat, diese nicht mehr auszuüben. (...)"

[46] Art. I-13 Abs. 2 Spiegelstrich 2 sieht diese Kompetenzform für den „Raum der Freiheit, der Sicherheit und des Rechts" und damit auch für die Strafrechtsharmonisierung vor; vgl. Vogel, GA 2003, S. 334.

[47] Vgl. auch Bundesrat Drucksache 586/02 (Beschluss) vom 12.07.2002, in welcher auf S. 17 befürwortet wird, dass die EU über wirksame Kompetenzen verfügen sollte, um „ihre finanzielle Interessen zu schützen sowie einen Beitrag zur Bekämpfung der organisierten Kriminalität und des internationalen Verbrechens, insbesondere des international operierenden Terrorismus, zu leisten (ggf. Ausbau der bestehenden Kompetenzen im Rahmen der Artikel 29, 31, 34 EUV sowie Klarstellung in Artikel 280 EGV)".

[48] Siehe Art. I-32 Abs. 1 EU-Verfassungsentwurf I: „Die Union übt die ihr in der Verfassung übertragenen Zuständigkeiten gemäß den Bestimmungen in Teil III mittels folgender Rechtsakte aus: Europäisches Gesetz, Europäisches Rahmengesetz, Europäische Verordnung, Europäischer Beschluss, Empfehlung und Stellungnahme.
Das Europäische Gesetz ist ein Gesetzgebungsakt mit allgemeiner Geltung. Es ist in allen seinen Teilen verbindlich und gilt unmittelbar in jedem Mitgliedstaat.
Das Europäische Rahmengesetz ist ein Gesetzgebungsakt, der für jeden Mitgliedstaat, an den es gerichtet ist, hinsichtlich des zu erreichenden Ziels verbindlich ist, jedoch den innerstaatlichen Stellen die Wahl der Form und der Mittel überlässt. (...)"

Weiter übernimmt Art. III-317 EU-Verfassungsentwurf II den ehemaligen Art. 280 EGV n.F. in leicht veränderter Form.[50] Er benennt nunmehr bestimmte Rechtsakte, mittels derer vorzugehen ist. So dürfen neben Europäischen Rahmengesetzen auch Europäische Gesetze, also unmittelbar geltendes Recht, erlassen werden.[51] Die bisherige offene Formulierung „erforderliche Maßnahmen" wird damit konkretisiert. Ob es sich dabei jedoch um solche kriminalstrafrechtlichen Inhalts handelt, wird wohl vorläufig umstritten bleiben. Allerdings hat man auf die Regelung des Art. 280 Abs. 4 S. 2 EGV n.F. verzichtet. Die dort vorgesehene unberührte Anwendung des mitgliedstaatlichen Strafrechts wurde seither als Argument für die nationale Souveränität des Strafrechts und damit gegen eine Strafsetzungskompetenz der EG im Bereich des Finanzschutzes verwendet.[52] Diese Ansicht ist nunmehr zu überdenken.[53]

---

[49] Siehe Art. III-167 (ex-Artikel 17) EU-Verfassungsentwurf II:
„(1) Durch Europäische Rahmengesetze können Mindestvorschriften zur Festlegung von Straftaten und Strafen im Bereich besonders schwerer Kriminalitätsformen mit grenzüberschreitender Dimension festgelegt werden, die aus der Art oder den Auswirkungen dieser Straftaten oder aus einem besonderen Bedürfnis, sie von gemeinsamen Grundlagen ausgehend zu bekämpfen, resultiert.
Derartige Kriminalitätsformen sind insbesondere Terrorismus, Menschenhandel und sexuelle Ausbeutung von Frauen und Kindern, illegaler Drogenhandel, illegaler Waffenhandel, Geldwäsche, Korruption, Fälschung von Zahlungsmitteln, Computerkriminalität und organisierte Kriminalität.
Je nach den Entwicklungen im Bereich der Kriminalität kann der Rat einen Europäischen Beschluss erlassen, in dem andere die Kriterien dieses Absatzes erfüllende Kriminalitätsformen bestimmt werden. Er beschließt einstimmig nach Zustimmung des Europäischen Parlaments.
(2) Erweist sich die Angleichung strafrechtlicher Normen als unerlässlich für die wirksame Durchführung der Politik der Union auf einem Gebiet, auf dem Harmonisierungsmaßnahmen erfolgt sind, können durch ein Europäisches Rahmengesetz Mindestvorschriften für die Festlegung von Straftaten und Strafen auf dem betreffenden Gebiet festgelegt werden.
Unbeschadet des Artikels [III-160] wird ein solches Rahmengesetz nach dem gleichen Verfahren wie die in Unterabsatz 1 genannten Harmonisierungsmaßnahmen erlassen.

[50] Siehe Art. III-317 (ex-Artikel 280) Abs. 4 EU-Verfassungsentwurf II:
„(4) Zur Gewährleistung eines effektiven und gleichwertigen Schutzes in den Mitgliedstaaten werden die erforderlichen Maßnahmen zur Verhütung und Bekämpfung von Betrug, der sich gegen die finanziellen Interessen der Union richtet, durch Europäische Gesetze oder Rahmengesetze festgelegt. Diese werden nach Anhörung des Rechnungshofs erlassen."

[51] Siehe oben und Art. I-32 Abs. 1 EU-Verfassungsentwurf I.

[52] Hergeleitet aus Art. 280 Abs. 4 S. 2 EGV n.F.; vertreten von Satzger, S. 138 ff.; einschränkend Zucculà, GS-Schlüchter, S. 123 f.

[53] Anders Konventmitglied Bösch, der eine europaweite Angleichung der historisch gewachsenen Rechtsordnungen nicht für notwendig hält. „Vielmehr muss eine effiziente Koordinierung derselben auf Basis von völkerrechtlichen Übereinkommen das Ziel sein und nicht eine zwangsweise Harmonisierung. Durch eine solche wäre eine tiefgreifende Erschütterung des Vertrauens der Bevölkerung in ihre Rechtsordnung zu befürchten. Für Eingriffe in Kernbereiche der staatlichen Souveränität wie insbesondere dem Strafrecht kommen nur Übereinkommen nach Art 34 Abs. 2 lit. d

Eine eigenständige „neue“ Strafkompetenz der EU kann daraus im Ergebnis nicht zweifelsfrei abgeleitet werden.

D) Ziel und Aufbau der Arbeit

Ziel der vorliegenden Arbeit ist es, die unterschiedlichen Modelle zur strafrechtlichen[54] Verbandssanktionierung nach europäischem Gemeinschafts- bzw. Unionsrecht und deutschem nationalem Recht vergleichend darzustellen und zu bewerten. Dabei werden schwerpunktmäßig die Grenzbereiche auf der Seite der Voraussetzungen und der Rechtsfolgen behandelt.[55]

In *Teil 2* wird zunächst das kriminalpolitische Bedürfnisses für eine Unternehmenssanktion begründet. *Teil 3* stellt sodann die wesentlichen Streitpunkte der dogmatischen Diskussion zum Thema Unternehmensstrafe dar. In *Teil 4* wird das System der Unternehmensverantwortlichkeit nach deutschem nationalem Recht hinterfragt, wobei ein besonderer Schwerpunkt auf den Änderungen durch das Gesetz zur Ausführung des Zweiten Protokolls[56] liegt. *Teil 5* widmet sich den unmittelbar geltenden und somit autonom zu bewertenden Regelungen im europäischen Gemeinschaftsrecht, wobei überwiegend die sog. Kartell-VO[57] besprochen wird. Mit *Teil 6* schließt sich dann eine eingehende Untersuchung der lediglich mittelbar wirkenden Rechtssätze sowie der Entwicklungen zur Unternehmensstrafe im europäischen Gemeinschaftsrecht an. Schwerpunkte liegen hier auf dem Zweiten Protokoll zum

---

EUV in Frage, die von den Mitgliedstaaten ihren verfassungsrechtlichen Vorgaben entsprechend umzusetzen sind.“ Siehe Beitrag des Mitgliedes des Konvents Bösch, Politikbereiche Justiz und Inneres, Europäischer Konvent, 18.06.2002, CONV 118/02, CONTRIB 50.

[54] Mit Schnittstellen zum Verwaltungssanktionsrecht (= Strafrecht im weiteren Sinn); rein zivilrechtliche oder verwaltungsrechtliche Sanktionen (etwa Zwangsgelder oder der Verfall von Sicherheiten) werden nicht behandelt.

[55] Auf Rechtsfertigungs- und Entschuldigungsgründen sowie auf prozessuale Probleme kann in diesem Rahmen nicht eingegangen werden.

[56] „Gesetz zur Ausführung des Zweiten Protokolls vom 19. Juni 1997 zum Übereinkommen über den Schutz der finanziellen Interessen der Europäischen Gemeinschaften, der Gemeinsamen Maßnahme betreffend die Bestechung im privaten Sektor vom 22. Dezember 1998 und des Rahmenbeschlusses vom 29. Mai 2000 über die Verstärkung des mit strafrechtlichen und anderen Sanktionen bewehrten Schutzes gegen Geldfälschung im Hinblick auf die Einführung des Euro“ (BGBl. I 2002, S. 3387 – 3389).

[57] Verordnung Nr. 17 des Rates, ABl. Nr. P 13 vom 21.02.1962, S. 204; Verordnung Nr. 1/2003 des Rates, ABl. Nr. L 1 vom 04.01.2003, S. 1.

Übereinkommen über den Schutz der finanziellen Interessen der Europäischen Gemeinschaften[58] und dem Corpus Juris[59]. Diese Regelungen sollen zur zukünftigen Harmonisierung der einzelnen nationalen Rechtsordnungen beitragen, wobei sie ihre Wirkung erst nach der Umsetzung in nationales Recht entfalten. Dies ist für das Zweite Protokoll nunmehr auch in Deutschland erfolgt, so dass aufzuzeigen bleibt, ob und gegebenenfalls inwieweit Lücken bestehen. Abschließend werden in *Teil 7* die besprochenen europäischen Regelungen bewertet und Tendenzen der Unternehmensstrafe aufgezeigt.

[58] „Zweites Protokoll aufgrund von Artikel K.3 des Vertrages über die Europäische Union zum Übereinkommen über den Schutz der finanziellen Interessen der Europäischen Gemeinschaften" (ABl. 1997, Nr. C 221 vom 19.07.1997, S. 11).

[59] Delmas-Marty, Mireille (Hrsg): Corpus Juris der strafrechtlichen Regelungen zum Schutz der finanziellen Interessen der Europäischen Union (nachfolgend: „Corpus Juris").

Teil 2. Kriminalpolitische Gründe für eine Unternehmenssanktion

Ein kriminalpolitisches Bedürfnis für eine Verbandssanktionierung folgt bereits daraus, dass allein in Deutschland über 80 % aller Fälle schwerer Wirtschaftskriminalität unter dem Deckmantel eines Unternehmens begangen werden.[60] Im restlichen Europa dürften die Zahlen kaum anders sein. Hintergrund für diese hohe Anzahl ist letztlich die kriminogene Wirkung von Verbänden, welche sich in verschiedenen Formen äußert (sub A). Die Sanktionierung einzelner verantwortlicher Verbandsangehöriger reicht insbesondere unter dem Gesichtspunkt der Prävention nicht aus (sub B). Es bedarf einer eigenständigen Verbandssanktion (sub C).

A) Kriminogene Wirkung eines Verbandes

Die kriminogene Wirkung eines Verbandes leitet sich zunächst aus dessen durch die Kollektivsituation begründeter krimineller Attitüde ab (sub I). Diese kann, ob gewollt oder nicht, zu einer organisierten Unverantwortlichkeit führen (sub II). Sofern das Unternehmen dem entgegentreten möchte, kommen insbesondere Änderungen im Bereich der Unternehmensstruktur und -ethik in Betracht (sub III).

I) Kriminelle Verbandsattitüde

Im Bereich des Individualstrafrechts sind Einflüsse Dritter nur untergeordnet zu berücksichtigen. Hingegen bewirkt die Einbindung in einen Verband, dass das Individuum zahlreichen sozialen Wechselwirkungen ausgesetzt ist. Diese können so stark sein, dass ein eigenständiges System entsteht, welches nicht nur mögliche kriminelle Individualinteressen überlagert, sondern sie teilweise sogar verdrängt. Es entsteht eine kriminelle Verbandsattitüde.[61]

---

[60] Liebl, S. 135 f. Zum kriminalpolitischen Hintergrund der Unternehmensstrafbarkeit vgl. Hefendehl, MschrKrim 2003, S. 27 ff.

[61] Der Begriff wurde von Schünemann (Unternehmenskriminalität, S. 22; Wistra 1982, S. 42 f.) geprägt. Vgl. auch Lütolf, S. 31 ff. mwN.; Bottke, S. 79 f. Die besondere Machtfülle von Verbänden wird auch im Ausland angenommen: Nachweise für Frankreich bei Ackermann, S. 158 f.; für Belgien ebenfalls Ackermann, S. 168. Kritisch zu diesem Ansatz unter Hinweis auf die Eigenverantwortlichkeit des unmittelbar Tatverantwortlichen Bosch (S. 73, in Fn. 254 mwN); so könne – ähnlich wie bei Eltern und Lehrern – „eine ‚Lebensführungsschuld' keine *tat*bezogene Zurechnung

Ausgehend von einem eigenen Gruppengeist[62] fördert die Entwicklung eigener positiver Verbandskulturen (sog. „Corporate Identities")[63] nicht nur eine verstärkte Identifikation der Mitglieder mit „ihrem" Verband, sondern auch die Überbewertung von Verbands- gegenüber Individualinteressen.[64] Auf der anderen Seite können sich die Folgen dieses Gruppengeistes auch als Ergebnis negativen Zwangs bei häufig existenzieller Abhängigkeit darstellen;[65] dies etwa, wenn Mitgliedern, die sich nicht unterordnen, die Möglichkeit des Verlustes ihres Arbeitsplatzes vor Augen geführt wird.[66]

Hinzu kommt, dass die geistige Präsenz individuellen Unrechts durch das Umfeld erheblich abgeschwächt wird (sog. „kollektive Neutralisierung").[67] Der Mitarbeiter, welcher im Verbandsinteresse Delikte begeht, die er als Privatperson nicht akzeptieren würde,[68] handelt altruistisch und erfährt für seine Taten eventuell nicht nur kei-

---

ermöglichen" (Bosch, S. 75; vgl. auch Vogel, FS-Lorenz, S. 82; Otto, Jura 1998, S. 416 f.). Heine (S. 266) spricht von einer parallelen „Betriebsführungsschuld". Es ist nur schwer möglich, eine Grenze zu finden, ab welcher das Umfeld eines Individualtäters wegen seines kriminellen Einflusses selbständig pönalisiert werden kann. Andererseits ist die private Beziehung zu Eltern und Lehrern auf wenige Personen beschränkt und nicht mit der vielschichtigen Verbindung zu einer Großgemeinschaft (z.B. Konzern) vergleichbar. Bei letzterem hat das eingebundene Individuum deutlich weniger Möglichkeiten, sein Verhalten daraufhin zu überprüfen, ob es der gesellschaftlichen Norm entspricht. Die Gesellschaft wird durch das Unternehmen quasi weitgehend repräsentiert. Hinzu tritt die übliche Überlagerung der beruflichen Beziehung durch private Kontakte mit weiteren Mitgliedern der „Verbandsgesellschaft". Vgl. auch Busch, S. 96 ff.

62 Schünemann, Madrid-Symposium, S. 271; ders. erwähnt an anderer Stelle (Wistra 1982, S. 49) den Begriff der „Binnenmoral". Busch (S. 103) spricht vom „Korps- oder Verbandsgeist". Dieser Gruppengeist wird auch im Ausland anerkannt: Für Großbritannien vgl. Nachweise bei Ackermann (S. 104, 190). Für Frankreich vgl. Nachweise bei Ackermann, S. 158 f.; für Belgien vgl. Nachweise bei Ackermann, S. 168.

63 Dannecker, GA 2001, S. 108 mwN.

64 Vgl. Dannecker, GA 2001, S. 102 f. Ehrhardt (S. 145 f.) spricht von einer „corporate culture"; vgl. auch aaO, S. 150 ff., 192 ff. mwN. Engisch (E 7, 33) hält zwar die völlige Unterwerfung einzelner für eine Ausnahmeerscheinung, doch entgegnet dem Ackermann (S. 45 f.) damit, dass der Einzelne ggf. keine Nachteile, sondern sogar Vorteile hat, wenn er sich für Verband voll einsetzt und mit einer Geldstrafe belangt wird.

65 Vgl. Lütolf, S. 37.

66 Schünemann, Unternehmenskriminalität, S. 23; Ehrhardt, S. 154.

67 Dazu näher Schünemann, Unternehmenskriminalität, S. 22 f.; Hefendehl, MschrKrim 2003, S. 30 ff.; Müller, S. 5; Busch, S. 98. Im wirtschaftlichen Kontext hat bereits die Arbeitsteilung in modernen Betrieben einen Grundstein für diese Entwicklung gelegt; vgl. Lütolf, S. 21 ff.; Müller, S. 5 f. Hefendehl (MschrKrim 2003, S. 33 ff.) weist zudem auf die Bildung von Subsystemen durch Teamwork und schlanke Hierarchien hin, wodurch der Neutralisationseffekt noch verstärkt wird.

68 Nach Kerber (S. 21) bewirken die veränderten Rollen als Angestellter bzw. Privatmensch unterschiedliche Erwartungen.

ne Verachtung durch den Verband und dessen Mitglieder, sondern sogar besondere Anerkennung.[69] Verstärkt wird dieser Effekt durch die bei vielen Wirtschaftsdelikten vorhandene Rechtsgutferne.[70]

II) Organisierte Unverantwortlichkeit

Die Arbeitsteilung führt dazu, dass die Bereiche reale Ausführung einer Tätigkeit, Informationsbesitz und Entscheidungsmacht auseinander fallen und teilweise unabhängig voneinander bestehen.[71] Dadurch werden insbesondere bei großen Unternehmen Organisationsstrukturen[72] aufgebaut, welche eine Individualisierung von einzelnen verantwortlichen Tätern im Sinne des Individualstrafrechts ob geplant oder ungeplant kaum zulassen (sog. „organisierte Unverantwortlichkeit").[73]

Über die tatsächliche kriminalpolitische Gefährdungslage durch dieses Phänomen lässt sich nur schwer eine Aussage machen, zumal es nur wenige Untersuchungen in diesem Bereich gibt. In Deutschland hatte sich die Bundesregierung mit den tatsächlichen Problemen der Strafverfolgungsbehörden in diesem Bereich auseinander zu setzen. Dabei stellte sich heraus, dass jedenfalls bei sehr komplexen Organisationsstrukturen regelmäßig Schwierigkeiten bei der Ermittlung des Täters aufgetreten sind.[74] Solche Aufklärungs- und Beweisschwierigkeiten wurden auch im Ausland beobachtet.[75] Andererseits ist ein Unternehmen keine *Black box*, in welche man nicht hineinschauen kann.[76] Man müsste lediglich den Blick verstärkt auf die internen Vorgänge richten.[77]

---

[69] Vgl. etwa Ehrhardt, S. 154 mwN.

[70] Lütolf, S. 36; Ehrhardt, S. 154; Hefendehl, MschrKrim 2003, S. 33. Schünemann (Wistra 1982, S. 42 f.) weist zudem auf eine erhöhte Fungibilität der unteren Mitarbeiterebenen hin.

[71] Schünemann, Madrid-Symposium, S. 271 f.; Dannecker, GA 2001, S. 103 f.

[72] Eingehend zu den verschiedenen Organisationsmodellen Eidam, Unternehmen und Strafe, S. 229 ff.

[73] Busch, S. 122 f.; Schünemann, Wistra 1982, S. 42; Ehrhardt, S. 159 ff.; Ackermann, S. 48 f., 189 f.; Rotberg, S. 207 f.; Siohl, S. 166 f.; Scholz, ZRP 2000, S. 435 f.; Dannecker, GA 2001, S. 102 f.; Otto, Jura 1998, S. 409 f. Zur Relevanz im Rahmen strafrechtlicher Produkthaftung vgl. Vogel, FS-Lorenz, S. 80 ff.

[74] Vgl. insbesondere die Antworten zu Frage 5 der Bundesregierung (BT-Drucks. 13/11425) auf die Große Anfrage (BT-Drucks. 13/9682); kritisch dazu Kerekeler, FS-Hanack, S. 660 ff..

[75] Nachweise für Frankreich bei Ackermann, S. 159; für Belgien bei Ackermann, S. 168.

[76] Vgl. Ehrhardt, S. 255 mwN; Volk, JZ 1993, S. 432. Schünemann (Unternehmenskriminalität, S. 44 ff.; ders., Wistra 1982, S. 49) verneint das Argument der Beweisnot aufgrund der in Unterneh-

III) Gegenmittel des Unternehmens

Den typischen Fällen von Unternehmensdelinquenz liegt die besprochene kriminelle Verbandsattitüde zu Grunde, welche mit Verbandssanktionen bekämpft werden kann.[78] Letztere müssten sich in einer Strukturreform äußern, im Rahmen derer das Aufsichts- bzw. Kontrollsystem sowie das innerbetriebliche Informations- und Kommunikationssystem verbessert wird.[79] Dies führt allerdings zunächst nur zu der Erkennung entsprechender Vorgänge. Daher muss ergänzend die „Unternehmensethik" geändert werden, indem etwa Legalität und das Erreichen auch nicht gewinnbringender Ziele als Leitbilder vor die Gewinnmaximierung gestellt werden.[80]

B) Mangelnde Präventionswirkung der Individualsanktionierung

Wenn ein Individualtäter im Interesse „seines" Verbandes ein Delikt begeht, kommt neben dem Verband auch er selbst als Sanktionsobjekt in Betracht. Eine Individualstrafe[81] bewirkt jedoch regelmäßig weder ihm gegenüber, noch gegenüber dem Verband eine hinreichende Präventivwirkung.[82]

Die Abschreckungsfunktion insbesondere finanzieller Sanktionen auf Individualtäter wird bei den häufig rational[83] geplanten Wirtschaftsdelikten dadurch ausgehebelt, dass das Unternehmen die entsprechende Summe im Innenverhältnis trägt.[84] In manchen Branchen werden sogar entsprechende „Risikozuschläge" pauschal zum Gehalt geleistet.[85] Außerdem werden die Einzeltäter oft durch zusätzliche Leistungen, wie Beförderungen oder sonstige Sonderleistungen vom Verband noch be-

---

men erhöhten Kommunikation und Informationsspeicherung. Bottke (S. 73) spricht in diesem Zusammenhang von gesetzlicher Typisierung.

77 Näher dazu unter Verweis auf die Entwicklung in den USA Ehrhardt, S. 120 ff.

78 Ackermann, S. 46 f.

79 Ehrhardt, S. 156 f.; Dannecker, GA 2001, S. 104 mwN.

80 Ehrhardt, S. 157 ff.; Dannecker, GA 2001, S. 109 f. Die Vermögensmehrung stellt neben der Aufwandsersparnis das Hauptmotiv der Unternehmenskriminalität dar; vgl. Hefendehl, MschrKrim 2003, S. 30.

81 Im untechnischen Sinn.

82 Lütolf, S. 38; Müller, S. 8; Busch, S. 122; Otto, Jura 1998, S. 416.

83 Ehrhardt, S. 164 f. mwN.

84 Diese Praxis wurde in Deutschland vom BGH anerkannt; Ehrhardt, S. 161 f. Vgl. auch Müller, S. 8. Dagegen noch Steindorff, ZHR 138 (1974), S. 527. Zur Situation in Frankreich vgl. Nachweise bei Ackermann, S. 159.

85 Ehrhardt, S. 162 (in Fn. 107).

lohnt.[86] Diese Anerkennung gepaart mit der starken sozialen Bindung und Abhängigkeit führt letztlich dazu, dass sich der Individualtäter in seinem Tun bestätigt fühlt.

Aber auch gegenüber dem Unternehmen entsteht durch die Verhängung von Individualsanktionen keine hinreichende Präventivwirkung. Diese Sanktionen werden anhand der Vermögensverhältnissen des Individualtäters festgesetzt, so dass die Straftat trotz etwaiger Freistellung für das Unternehmen wirtschaftlich lukrativ sein kann.[87] Da Unternehmen selbst keine Moral kennen, werden sie im Hinblick auf normgemäßes Verhalten letztlich nur motiviert, wenn sich die entsprechenden Delikte als wirtschaftlich sinnlos erweisen.[88]

Hiergegen sprechen auch nicht die Argumente, dass der Verband durch die Verbandsangehörigen handelt, folglich nur durch deren Sanktionierung die Sanktionszwecke erreicht werden könnte und dass die Verbandssanktionen Nichtverantwortliche treffen würden, vor allem Kapitaleigner und Arbeitnehmer.[89] So befinden sich Verbandsangehörige nur in einer abgeleiteten Pflichtenstellung. Adressaten zahlreicher wirtschaftsrechtlicher Verhaltensnormen sind aber die Verbände selbst. [90] Mithin hat die Verbandsstrafe den Sinn und die Funktion, die Geltung dieser Normen gerade auch gegenüber dem Verband klarzustellen und zu stabilisieren. Weiter sind nur die Verbände in der Lage, interne Änderungen etwa in Form von Organisationsmaßnahmen herbeizuführen.[91]

---

[86] Ehrhardt, S. 161.
[87] Müller, S. 8. Ehrhardt (S. 162 ff.) schlägt daher zum einen vor, die Sanktion entsprechend anzuheben, was aber auf eine Verbandssanktion auf Umwegen hinausläuft; zum anderen plädiert sie (wie bereits Schünemann, Wistra 1982, S. 49) für die verstärkte Verhängung auch kurzer Freiheitsstrafen. Im Übrigen steht die Sanktion dann auch in keinem angemessenen Verhältnisses zur Tragweite der Tat; vgl. dazu Dannecker, GA 2001, 104 f.
[88] Schünemann, Madrid-Symposium, S. 278 f.
[89] Lagodny, S. 414.
[90] Vgl. Vogel, JZ 1995, S. 341 mwN; ders., FS-Lorenz, S. 81 f.
[91] Vogel, JZ 1995, S. 341; Ehrhardt, S. 164 ff. Nach Fisse (S. 118 ff.) eignen sich speziell Geldsanktionen hierfür allerdings kaum.

C) Ergebnis

Es besteht ein kriminalpolitisches Bedürfnis nach einer unmittelbaren Verbandssanktionierung zur Bekämpfung von Unternehmensdelinquenz. Nur die unmittelbare Sanktionierung des Verbandes kann eine kriminelle Verbandsattitüde auflösen, da der Individualtäter nicht nur sich selbst, sondern auch der Gemeinschaft schaden würde.[92] Zudem erwartet auch die Allgemeinheit, welche die Delikte als von den Unternehmen begangene begreift, eine entsprechende Vergeltung.[93] Diese kann schließlich nur im Wege der Verbandssanktion an der Leistungskraft der juristischen Person ausgerichtet werden.[94]

---

[92] Ackermann, S. 46 f.; Rotberg, S. 219; Weber, GA 1954, S. 241.; Nachweise für Großbritannien bei Ackermann, S. 106.

[93] Busch, S. 122; dazu Rotberg, S. 223 f.; Eidam, Straftäter Unternehmen, S. 69 f. Zum Erfordernis wirksamer Strafverfolgung vgl. Tiedemann, NJW 1990, S. 2228; Prieß, S. 56.

[94] Dannecker, GA 2001, S. 103.

Teil 3. Dogmatische Problembereiche der Unternehmensstrafbarkeit

Die Begründung einer Strafbarkeit von Verbänden ist in den meisten europäischen Staaten Gegenstand dogmatischer Diskussionen, sofern nicht ohnehin pragmatische Erwägungen bevorzugt werden.[95] Ausgangspunkt jedenfalls in den kontinentaleuropäischen Rechtsordnungen ist dabei die Annahme, dass zur Verhängung von strafrechtlichen Sanktionen zunächst eine Straftat vorliegen muss,[96] welche wiederum eine tatbestandsmäßige, rechtswidrige und schuldhafte[97] Handlung voraussetzt.[98] Teilweise wird jedoch schon dieser Ausgangspunkt bestritten. So meint etwa *Dannecker*[99], dass Unrecht als Grund für Strafe keine Handlung voraussetze, sondern bereits ein Systemunrecht ausreiche, welches auch bei Verbänden bestehen könne.[100]

---

[95] Vor allem in Großbritannien; zur Situation im europäischen Ausland sogleich. Aber auch in Deutschland wird dies vertreten. Vgl. schon Busch (S. 90), der ausdrücklich die Zweckwirkung des Strafübels zur Verbrechensverhütung vor die dogmatische Begründung gestellt hat. Münn (E 72 und passim) hat ebenfalls aufgrund praktischer Erwägungen eine eigene Bestrafung von juristischen Personen mit echten Kriminalstrafen gefordert. Die dogmatischen Bedenken müssten zurückstehen, da es aus Gründen der Gerechtigkeit zwingend sei, dass auch juristische Personen ihr Gewinne aus Straftaten nicht behalten dürften. Hirsch (Vorträge, S. 8 ff.; ZStW 107 [1995], S. 289) hingegen lässt zwar dogmatische Bedenken nicht durchgreifen und bejaht die Möglichkeit einer Unternehmensstrafe; zugleich beharrt er aber auf der Anwendung der theoretischen Grundüberlegungen und schließt eine rein pragmatische und emotional geführte Diskussion aus. Schulz (Bausteine, S. 429) schließlich meint, dass eine Verantwortung von Kollektiven ohne vorherige Änderung der Moral nur schwer zu rechtfertigen sei.

[96] Etwa Mitsch-BWM, S. 699.

[97] Vgl. dazu auch BVerfGE 20, S. 323 ff.

[98] Statt aller Lenckner-SchSch, Vorbem § 13, Rd. 23/24; Handlung ist hier im (weiteren) Sinne von Verhalten zu verstehen.

[99] Dannecker, GA 2001, S. 108, 111; vgl. auch Lampe, ZStW 106 (1994), S. 732.

[100] Nach Dannecker (GA 2001, S. 105, 107 ff.) ist die Verhängung von Kriminalstrafen nur ein Teil des Systems der strafrechtlichen Kontrolle. Aufgrund der Funktionsbezogenheit seien auch Verbandsstrafen zulässig. Daher bevorzugt er auch den Begriff des „Kriminalrechts“ (anstelle von „Strafrecht“), der die Kontrollfunktion deutlicher zum Ausdruck bringe. Ergänzend bejaht er eine eigene Handlungsfähigkeit der Verbände, da diese Normadressaten sein können (aaO, S. 111); näher dazu Teil 3 (A, I, 3).

Im Wesentlichen bezieht sich die Kritik gleichwohl auf die fehlende Handlungs- (sub A) und Schuldfähigkeit (sub B) der Korporationen.[101] Daneben werden auch die Straffähigkeit von Verbänden (sub C) und ein Verstoß gegen das Doppelbestrafungsverbot (sub D) diskutiert.

A) Handlungsfähigkeit

Sofern man eine Handlung als zwingende Voraussetzung für Strafbarkeit anerkennt, ist zunächst problematisch, dass nicht ein Verband[102] selbst, sondern nur ein einzelner Mensch[103] im natürlichen Sinne handeln kann. Diesem Problem begegnet man europaweit auf unterschiedlichen Wegen. Nachfolgend wird zunächst die Diskussion in Deutschland zusammengefasst (sub I), woran sich die Darstellung einiger Modelle in weiteren europäischen Staaten anschließt (sub II).

I) Meinungsbild in Deutschland[104]

1) Zurechnung fremder Handlungen

Die überwiegend vertretene Ansicht lehnt eine eigene Handlungsfähigkeit von Unternehmen ab.[105] Gleichwohl konstruiert sie eine Verantwortlichkeit über die Zurechnung von Handlungen einzelner Menschen[106], wodurch eine rechtliche Handlungsfähigkeit entsteht.[107] Zur Begründung wird angeführt, dass im Kriminalstrafrecht bei Beteiligung mehrerer (etwa im Rahmen von Mittäterschaft und mittelbarer

---

[101] Bosch (S. 42 f.) sieht die Hauptprobleme hingegen im Bestimmtheitsgrundsatz und der Normierung von Verhaltenspflichten.

[102] Busch, S. 69; Hartung, E 43; Wessels AT, S. 33 f.

[103] Engisch, E 24.

[104] Neben den nachfolgend angesprochenen: Weber-BWM, S. 191; ders., GA 1954, S. 238; Rotberg, S. 197; Ackermann, S. 206 ff. Der von Jakobs (S. 149) in diesem Zusammenhang zitierte Busch (S. 89 ff.) lässt auf S. 90 die Frage nach einer eigenen Handlungsfähigkeit von Verbänden ausdrücklich offen, befürwortet deren Verantwortlichkeit aber überwiegend aus Zweckmäßigkeits- und Gerechtigkeitsgründen. Vertiefend und kritisch zu den in Deutschland vorgeschlagenen dogmatischen Konstruktion Bosch, S. 37 ff.

[105] Heinitz, S. 84 f.; ders., ZStW 65 (1953), S. 51; Jakobs, S. 149; Jescheck AT, S. 227 (anders: ders., ZStW 65 [1953], S. 210, 212 f.); Maurach-Zipf, § 15, Rd. 6 ff.; Engisch, E 23; Hartung, E 43; Lang-Hinrichsen, S. 53 (in Fn. 21); Schmitt, S. 181; Schmidhäuser, S. 244; Pohl-Sichtermann, S. 3 ff.; verneinend auch die Rechtsprechung seit RG 16, S. 121, 123; BGH 3, S. 130, 132; BVerfGE 20, S. 323, 336.

[106] Siehe nur Otto, Vortrag, S. 15; ders., Jura 1998, S. 415; Neumann, S. 79 mwN. Engisch (E 23 f.) tendiert offenbar dazu, eine Zurechnung abzulehnen, lässt die Frage aber letztlich offen; vgl. auch Roxin AT I, S. 208. Vogel (FS-Lorenz, S. 81, in Fn. 74) weist auf die Verfassungsmäßigkeit eines solchen Modells nach deutschem Recht hin.

[107] So bezeichnet von Hamann, S. 160 ff.

Täterschaft) das Fehlen der tatbestandsmäßigen Handlung einer Person ersetzt und mithin zugerechnet werden könne.[108] Auch spreche nichts dagegen, den im Zivilrecht geltenden Zurechnungsgedanken aus § 31 BGB auf das Strafrecht zu übertragen.[109] Der Begriff der Handlung sei ein rechtlicher Grundbegriff, der nicht für jedes Rechtsgebiet anders bestimmt werden könne.[110]

Zur Bestimmung des Kreises derjenigen Personen, deren Verhalten dem Unternehmen zugerechnet werden kann, geht man von der Identifikationstheorie[111] aus. Danach muss sich das Unternehmen lediglich mit dem Verhalten seiner Organe und Führungspersonen identifizieren lassen.[112]

Die Grenze der praktischen Tauglichkeit erreicht das Zurechnungsmodell jedenfalls bei organisierter Unverantwortlichkeit im Unternehmen.[113] Sobald kein Verhalten einer bestimmten natürlichen Person mehr identifizierbar ist, kann auch keine Anknüpfung und somit keine Zurechnung erfolgen.

<u>2) Bildung eines Verbandswillen</u>

Ausgehend von der Theorie der realen Verbandspersönlichkeit, [114] ist *Jakobs* der Ansicht, dass ein rein naturalistisches Verständnis des Handlungsbegriffs schon bei natürlichen Personen tatsächlich nicht vorgenommen werde. Vielmehr würde ein

---

[108] Tiedemann, NJW 1988, S. 1172; Brender, S. 58; kritisch Hirsch (ZStW 107 [1995], S. 288 und Vorträge, S. 10), der darauf verweist, dass in diesen Fällen die Mittäter bzw. mittelbaren Täter neben der objektiven Beteiligung an der Tatherrschaft doch jedenfalls durch einen konkreten Entschluss mit der Handlung des anderen verbunden sind.

[109] So auch Schmidt, Wistra 1990, S. 131 f.; Brender, S. 57. Alwart (ZStW 105 [1993], S. 762 f.) hingegen hält eine Übertragung der akzessorischen Struktur des § 31BGB ins Strafrecht wegen der bestehenden individuellen Zurechnungsstrukturen für einen „Fremdkörper" bzw. „Selbstwiderspruch"; dabei verweist er darauf, dass § 14 StGB zur Täterschaft einer Person führt, während § 31 BGB zur Haftung eines Kollektivs kommt.

[110] Schmitt, S. 186. Ehrhardt (S. 83 f.) kritisiert in diesem Zusammenhang, dass eine sanktionsbegründende Zurechnung im Ordnungswidrigkeitenrecht anerkannt ist, während diese Konstruktion als für das Kriminalstrafrecht unzulässig abgelehnt wird.

[111] Sog. alter-ego theory; näher dazu Kremnitzer/Ghanayim (ZStW 113 [2001], S. 549 f.) und sogleich im Rahmen der Ausführungen zu Großbritannien.

[112] So bereits Schmitt, S. 189 f.; Stratenwerth, FS-Schmitt, S. 298.

[113] Etwa Scholz, ZRP 2000, S. 435 f.; näher dazu in Teil 2.

[114] Entwickelt von Gierke; Nachweise und vertiefende Ausführungen bei Schmidt, Gesellschaftsrecht, S. 196 ff. mwN; vgl. auch Hafter, S. 43 ff.

System aus Körper und Psyche auf seine Außenwirkung hin beurteilt, weshalb es eigentlich um die wertende Ermittlung eines Zurechnungssubjekts ginge. Dieses System könne statt aus Psyche und Körper auch aus einer Verfassung und Organen[115] bestehen. Er kommt zu dem Ergebnis, dass verfassungsgemäße Organhandlungen eigene Handlungen der juristischen Person seien.[116] Auch *Hafter* setzt die Körperschaft mit der Gesamtheit ihrer Mitglieder aufgrund der Anerkennung eines eigenen Verbandswillen gleich.[117] Letzterer wird entweder durch einen Gesamtbeschluss sämtlicher Mitglieder oder durch die Entschließung von einzelnen Individuen, die nicht notwendig Organe sein müssen, gebildet. Diese Auffassung wurde aber mittlerweile revidiert.[118]

3) Verbände als Adressaten von Rechten und Pflichten

Dannecker folgt diesem Ansatz und bejaht eine eigene Handlungsfähigkeit von Korporationen. Er schließt dies daraus, dass Verbände als eigenständige Subjekte der sozialen Realität Adressaten strafrechtlicher Normen seien und diese somit verletzen können.[119] Hierbei verweist er auf die Systemtheorie, nach welcher bereits zwischen dem delinquenten Verhalten einer natürlichen Person und dem eines Verbandes kein wesentlicher Unterschied besteht.[120] Er geht aber noch weiter, indem er – auf *Lampe*[121] relegierend – darlegt, dass Unrecht schon keine Handlung voraussetzt.[122] Vielmehr könne Unrecht auch durch ein unzulängliches System verursacht werden, welches eine Schädigung Dritter fördere, ermögliche oder zulasse. Da der Schwerpunkt dann auf der Verursachung des rechtswidrigen Erfolges liege, sei eine Zurechnung des Verhaltens natürlicher Personen nicht zwingend notwendig.[123]

---

[115] Im weiteren Sinn und offenbar nicht auf juristische Personen beschränkt.
[116] Jakobs, S. 149; näher zu der angesprochenen Systemtheorie Rogall-KK-OWiG, § 30, Rd. 10.
[117] Hafter, S. 75 ff., 83.
[118] Hafter, S. 49 ff., 75 ff.; Engisch (E 21 mwN) steht dieser Ansicht skeptisch gegenüber.
[119] Dannecker, GA 2001, S. 111; Tiedemann, NJW 1988, S. 1171 f. Unter Verweis auf Heinitz (S. 84) bejaht diesen Gedanken auch Bosch, S. 42 f. (in Fn. 144).
[120] Rogall-KK-OWiG, § 30, Rd. 10.
[121] Vgl. bereits Teil 3 (am Anfang); näher Lampe, ZStW 106 (1994), S. 732.
[122] Vgl. bereits Teil 3 (am Anfang).
[123] Dannecker, GA 2001, S. 111.

Auch *Hirsch* bejaht eine eigene Handlungsfähigkeit der Verbände und begründet diese unter anderem mit deren Normadressatenfähigkeit.[124] Die Handlungen ihrer ausführenden menschlichen Organe sind nach seiner Ansicht zugleich die Handlungen der Korporation selbst. Dies zeige sich schon an der Behandlung der Frage in anderen Rechtsgebieten, insbesondere dem Zivilrecht und dem Ordnungswidrigkeitenrecht. Mithin gehe die Diskussion insoweit fehl, als man die grundsätzlich anerkannte deliktische Handlungsfähigkeit für eine Kriminalstrafe schlicht qualitativ nicht ausreichen lasse.[125]

II) Meinungsbild in Europa

Auch in anderen Mitgliedstaaten wird die Handlungsfähigkeit von Verbänden diskutiert. Nachfolgend werden daher einige relevante Modelle beispielhaft dargestellt. Eine vertiefende bzw. rechtsvergleichende Darstellung kann in diesem Rahmen nicht erfolgen.[126]

1) Unternehmenskriminalstrafe ablehnende Staaten

In den eine Unternehmenskriminalstrafe ablehnenden Mitgliedstaaten wird ähnlich der Situation in Deutschland zunächst die Handlungsfähigkeit von Verbänden unter dogmatischen Aspekten problematisiert.

In *Spanien* wird die Handlungsfähigkeit eines Verbandes aufgrund seines fehlenden Bewusstseins und Willens nicht anerkannt.[127] Er könne kein möglicher Adressat von Verhaltensnormen sein und diese daher auch nicht verletzen.[128] Daher kämen gegen Verbände nur „Maßregeln mit präventivem oder restitutivem Inhalt" in Betracht.[129] Auch in *Griechenland* wird die Handlungsfähigkeit verneint.[130] Hingegen kann nach Ansicht vorwiegend der Rechtsprechung in ***Belgien*** eine juristische Per-

[124] Hirsch, Vorträge, S. 10; Hirsch, ZStW 107 (1995), S. 288 f.
[125] Hirsch, Vorträge, S. 11; Hirsch, ZStW 107 (1995), S. 289.
[126] Vgl. dazu Ackermann, S. 75 ff.; Eidam, Straftäter Unternehmen, S. 30 ff.; Hamann, S. 135 ff.; Papachristos, S. 44 ff.
[127] Martín, S. 17 f. Ebenso Mir Puig; die Handlungsfähigkeit bejaht hingegen Rodriguez Devesa; beide nachgewiesen bei Hamann, S. 146 f.
[128] Vgl. Martín (S. 17 f.), der Tiedemann (NJW 1988, S. 1171 ff.) ausdrücklich entgegentritt.
[129] Martín, S. 18.
[130] Unter Hinweis auf die griechische Verfassung Kaiafa-Gbandi, S. 106 mwN.

son eine strafbare Handlung begehen,[131] gleichwohl hierfür aber eigenartiger Weise nicht bestraft werden. Es gilt der Grundsatz „societas delinquere potest, sed non punire potest".[132] Dieses Modell wird zu Recht von der Literatur angegriffen und der Gesetzgeber wird aufgefordert, eine Verbandsstrafbarkeit einzuführen.[133]

2) Unternehmenskriminalstrafe bejahende Staaten

Die eine Unternehmensstrafe anerkennenden Staaten stellen die meist auch dort geäußerten dogmatischen Bedenken hinter pragmatische Erwägungen zurück.[134] Gleichwohl sehen sie sich gezwungen, die Handlungsfähigkeit zu begründen.

Zunächst soll das Modell zur Handlungsfähigkeit von juristischen Personen[135] in *Großbritannien*[136] beschrieben werden, welches sich von dem kontinentaleuropäischen erheblich unterscheidet. Zum besseren Verständnis werden einige einführende Bemerkungen zum Rechtssystem vorangestellt, auch wenn hierdurch zugleich den Ausführungen zur Schuldfähigkeit teilweise vorgegriffen wird. Das angloamerikanische Recht basiert primär auf richterlichen Einzelfallentscheidungen (Common Law), welche zunehmend durch subsidiär geltende gesetzliche Regelung (Statutes) ergänzt werden.[137] Dieses Rechtssystem fördert die Fähigkeit zur Weiterentwicklung und damit die Durchsetzung pragmatisch orientierter Lösungen, welche gegenüber dogmatischen Fragen generell als vorrangig angesehen werden.[138] Strafrechtliche Verantwortlichkeit setzt grundsätzlich die Erfüllung objektiver (Actus reus) und subjektiver (Mens rea) Kriterien voraus,[139] wobei die Abschreckung als

---

[131] Papachristos, S. 61; Eidam, Straftäter Unternehmen, S. 43 mwN. Siehe auch Heinitz, S. 71 f.
[132] Papachristos, S. 60 f. mwN; Eidam, Straftäter Unternehmen, S. 43 mwN. Statt dessen besteht die Möglichkeit einer zivilrechtlichen Haftung des Unternehmens für Geldstrafen gegen dessen Organe; vgl. Faure, S. 212 f. mwN.
[133] Papachristos, S. 61 mwN; Eidam, Straftäter Unternehmen, S. 43 mwN.
[134] Für Dänemark vgl. Greve, S. 314; für die Niederlande vgl. Hamann, S. 136; für das Vereinigte Königreich vgl. Hamann, S. 139; für Frankreich vgl. Hamann, S. 143 f. jeweils mwN.
[135] Hiervon werden grundsätzlich nur juristische Personen erfasst; vgl. Ackermann, S. 86 mwN.
[136] Und *Irland*; vgl. Eidam, Straftäter Unternehmen, S. 38. Siehe auch Heinitz, S. 79 ff.
[137] Ackermann, S. 75 f. mwN; Vogel, GA 1998, S. 136.
[138] Hamann, S. 139 mwN; Ackermann, S. 75 mwN; Vogel, GA 1998, S. 137.
[139] Näher dazu Ackermann, S. 77 ff. mwN; Vogel, GA 1998, S. 136; Eidam, Straftäter Unternehmen, S. 30 mwN.

wichtigster Strafzweck angesehen wird.[140] Vom Prinzip der Mens rea gibt es zwei wichtige Ausnahmen. *Erstens* ergab sich das Problem, dass der Gesetzgeber in manchen Statutes auf subjektive Elemente verzichtet hat. Die Rechtsprechung hat diese dann aufgrund des Vorrangs des Common Law teilweise hineininterpretiert[141], teilweise aber den Verzicht bestätigt. Letztere Fallgruppe führt zu einer verschuldensunabhängigen Haftung (Strict liability).[142] Hierbei geht es überwiegend um Delikte, die entweder die öffentliche Gesundheit, Sicherheit oder Wohlfahrt schützen,[143] sowie um Bereiche, in denen die Ermittlung des Täters durch die Arbeitsteilung oder die Komplexität eines Unternehmen besonders erschwert ist.[144] Letztlich liegt es aber in der Hand der Rechtsprechung, bei bestimmten Delikten auf das Verschuldenserfordernis zu verzichten. *Zweitens* ist eine aus dem Zivilrecht[145] entwickelte und am Zurechnungsmodell orientierte Haftung des Geschäftsherren für seine Gehilfen anerkannt (Vicarious liability),[146] welche auf juristische Personen ausgedehnt wurde.[147] Hier wird aber im Gegensatz zur Strict liability nicht auf ein eigenes Verschulden verzichtet, sondern man rechnet eine fremde Tat nebst Verschulden zu.[148] Ursprünglich wurde eine eigene Handlungsfähigkeit juristischer Personen abgelehnt;[149] sie habe „no soul to damn and no body to kick".[150] Später wurde diese Auffassung dahingehend abgeändert, dass eine die juristische Person lenkende natürliche Person letztlich deren Willen und ihr eigentliches Ego darstellen kann; eine solche natürliche ist identisch mit der juristischen Person (Alter Ego).[151] Die Identi-

---

[140] Ackermann, S. 76 mwN.
[141] Hierfür spricht eine widerlegbare Vermutung; vgl. Ackermann, S. 81.
[142] Vertiefend Ackermann, S. 79 ff. mwN; Vogel, GA 1998, S. 141 f.
[143] Nach Ackermann (S. 80 f.) ist auch die angedrohte Sanktionsart zu berücksichtigen, so dass etwa eine Gefängnisstrafe gegen eine Strict liability spricht. Vgl. auch Papachristos, S. 47; Eidam, Straftäter Unternehmen, S. 30, 34 mwN.
[144] Papachristos, S. 45 f. mwN; Eidam, Straftäter Unternehmen, S. 31.
[145] Vgl. Ackermann, S. 83; Eidam, Straftäter Unternehmen, S. 33.
[146] Näher Ackermann, S. 83 ff. mwN; Vogel, GA 1998, S. 140; siehe auch Heine, S. 218 mwN.
[147] Ackermann, S. 88, 91 f. mwN.
[148] Also actus reus und mens rea, sofern nicht ein Fall der Strict liability vorliegt; vgl. Eidam, Straftäter Unternehmen, S. 33; Ackermann, S. 85 mwN; Lomas (S. 89) bezeichnet diese Haftung als „attributively".
[149] Hamann, S. 138 mwN.
[150] Dieser Ausspruch stammt von Lord Thurlow; nachgewiesen bei Ackermann, S. 88 (in Fn. 2).
[151] Näher Ackermann, S. 97 ff. Vgl. auch Lomas (S. 90): „identification doctrine".

tät erstreckt sich sowohl auf die Handlungs- als auch auf die Schuldfähigkeit.[152] Hiervon wird aber nur die Organebene (Brain area) der Gesellschaft erfasst.[153] Ausgenommen sind hingegen Taten einfacher Angestellter, für welche nur die Vicarious liability in Betracht kommt. Schließlich ist die Strafbarkeit juristischer Personen bei bestimmten Delikten von vornherein ausgeschlossen.[154]

In *Dänemark* ist die Verbandsstrafe nur im Nebenstrafrecht vorgesehen, wobei eine Zurechnung der Handlungen von Organen und Angestellten stattfindet. Daneben existiert auch eine Haftung für Organisationsfehler.[155] In den *Niederlanden* wurde das anfänglich verwendete Zurechnungsmodell schleichend entfiktioniert und durch das Kriterium des sozialen Kontextes ersetzt.[156] Dabei wird geprüft, ob die Gesellschaft die schädigende natürliche Handlung als solche des Verbandes ansieht.[157] In *Portugal* finden sich ebenfalls die Modelle der Zurechnung fremden (individuellen) Verhaltens und der unmittelbaren Verantwortlichkeit für eigene Taten.[158]

In *Frankreich* schließlich wurde die Handlungsfähigkeit juristischer Personen schon vor Einführung des neuen Code pénal 1994 (CP) mit deren eigener Willensfähigkeit (Volonté collective) bejaht.[159] Man folgte also der Theorie der realen Verbandsperson.[160] Die fehlende Fähigkeit, eine natürliche Handlung körperlich auszuführen, wurde dabei über die Annahme einer mittelbaren Täterschaft kompensiert.[161] Der neue Art. 121-2 CP erklärt die juristischen Personen nunmehr verantwortlich für die

---

[152] Ackermann, S. 89 f. und 99 f.

[153] Vertiefend Ackermann, S. 95 f., 100. Zur Kritik der Lehre an mangelnder Präzisierung dieses Begriffs vgl. Ackermann, S. 102 ff. Vgl. auch Heine, S. 217; Eidam, Straftäter Unternehmen, S. 31 mwN.

[154] Etwa Bigamie; vgl. Ackermann, S. 93 f.

[155] Eidam, Straftäter Unternehmen, S. 44 f.

[156] Vgl. Doelder, S. 311.

[157] Doelder, S. 311. Dieser Ansatz geht in eine ähnliche Richtung wie der zur Schuldfähigkeit von Hirsch (Vorträge, S. 13 ff.) vertretene; Hirsch stellt auf den allgemeinen Sprachgebrauch ab.

[158] Die Zurechnung erfolgt auf Grundlage der Identifikationstheorie; Serra, Kollektive, S. 144 f.; dies., Responsibility, S. 209 ff.; Dannecker, GA 2001, S. 101; Tiedemann, FS-Miyazawa, S. 674 f.; Otto, Jura 1998, S. 409; anders (Geldbußen) noch Dannecker, ZStW 108 (1996), S. 592 f.

[159] Ackermann, S. 160 f., 209 mwN; Delmas-Marty, Madrid-Symposium, S. 305; Eidam, Straftäter Unternehmen, S. 39 mwN. Siehe auch Heinitz, S. 70, 77 ff.

[160] Ackermann, S. 160 mwN.

[161] Ackermann, S. 161 mwN. Weitere Beispiele bei Pradel, S. 43 f.

„von ihren Organen und Vertretern ... begangenen Straftaten". Ob damit eine eigene Täterschaft des Verbandes oder das Zurechnungsmodell[162] bevorzugt wird, ist umstritten. Für eine eigene Täterschaft spricht, dass Art. 121-1 CP den Grundsatz persönlicher Verantwortung festschreibt und dass durch die Einführung der Strafbarkeit juristischer Personen diesen eine entsprechende Persönlichkeit zugesprochen wird.[163] Hingegen deutet der Wortlaut eher auf die Geltung des Zurechnungsmodells hin.[164]

B) Schuldfähigkeit

Soll ein Unternehmen strafrechtlich zur Verantwortlichkeit gezogen werden können, so muss es bei Geltung des Schuldprinzips schuldfähig[165] sein.[166] Schuld wird traditionell als persönliche Vorwerfbarkeit im Hinblick auf die ihr zugrunde liegende rechtlich tadelnswerte Gesinnung verstanden.[167] Mit dem Unwerturteil der Schuld wird dem Täter vorgehalten, dass er sich entgegen anderweitiger Möglichkeit aus freier, verantwortlicher und sittlicher Selbstbestimmung heraus für das Unrecht und damit sozial falsch entschieden hat.[168] Zur freien Selbstbestimmung über Verhaltensweisen sind nur Menschen fähig.[169]

---

[162] Dieses legt bereits der Wortlaut nahe.

[163] Delmas-Marty, Madrid-Symposium, S. 305; vgl. auch Eidam, Straftäter Unternehmen, S. 39.

[164] Pradel (S. 38, 40) geht nicht auf das Verhältnis zu Art. 121-1 CP, sondern nur zu Abs. 3 des Art. 121-2 CP ein. Siehe auch Koch, ZStW 107 (1995), S. 412. Zieschang (ZStW 115 [2003], S. 120 ff.) sieht hinter der Einführung der Verbandsstrafe allgemein rein pragmatische Erwägungen und warnt vor einer Übernahme des Modells in Deutschland.

[165] Auf die Ausgestaltung der Schuld (Vorsatz etc.) kann in diesem Rahmen nicht eingegangen werden.

[166] Nach Bosch (S. 37 ff., 49) wird ein Verbandsverschulden bereits hinreichend von individualstrafrechtlichen Instrumenten erfasst. Der Grund für das Bestreben zur Einführung einer Verbandssanktion liege vorwiegend in der erleichterten Beweisführung (aaO S. 52 f.); gleichwohl schlägt er eine Verbandssanktion vor, welche einen Mittelweg zwischen „schlicht personal vermittelten Verbandshaftung" und dem Maßregelrecht beschreiten müsse.

[167] Statt aller Wessels AT, S. 132 f.

[168] BGHSt 2, S. 194, 200.

[169] Etwa Lenckner-SchSch, Vorbem §§ 13 ff., Rd. 110; Eidam, Straftäter Unternehmen, S. 92, 106 ff. mwN.

Entsprechend den Ausführungen zur Handlungsfähigkeit lehnt die überwiegende Ansicht eine eigene Schuldfähigkeit von Unternehmen daher ab.[170] Die Schuldfähigkeit ist die zentrale Hürde für die Einführung einer Kriminalstrafe gegen Unternehmen.[171] Gleichwohl werden verschiedene Modelle zur Lösung des Problems der Schuldfähigkeit von Unternehmen vorgeschlagen.[172]

Zunächst werden die wichtigsten Ansätze in Deutschland wiedergegeben (sub I). Sodann folgt ein Überblick verschiedener Modelle in weiteren europäischen Staaten (sub II).

I) Meinungsbild in Deutschland

Die klassischen Ansätze setzen die Geltung des Schuldprinzips voraus und versuchen innerhalb dessen die fehlende Individualität der Kollektive zu kompensieren (sub 1). Dagegen wird dies von einer moderneren Richtung der Lehre hinterfragt, welche die Schuld durch andere Regulative ersetzen will (sub 2).[173]

---

[170] Neben denen, die bereits die Handlungsfähigkeit verneinen, etwa Hirsch, Vorträge, S. 9 f.; ders., ZStW 107 (1995), S. 291 f.; Heinitz, S. 84 f.; Kaiafa-Gbandi, S. 104 mwN; Kaiafa-Gbandi, KritV 1999, S. 172 ff.; Bleckmann, Strafrechtsdogmatik, S. 16. Teilweise wird eine eigene Schuldfähigkeit der Verbände aufgrund ihrer Beleidigungsfähigkeit bejaht. Damit würden die Korporationen einen sozialethischen Wert in Anspruch nehmen, den man ihnen bei Missbrauch auch wieder entziehen können müsse. Dies sei aber wiederum nur möglich, wenn ein entsprechender Vorwurf mittels eines Unwerturteils denkbar ist; vgl. Hirsch, ZStW 107 (1995), S. 292 mwN; ders., Vorträge, S. 14. Teilweise wird auch darauf hingewiesen, dass in der sozialen Wirklichkeit von der Schuld einer Korporation gesprochen wird. Beispielsweise würde der öffentliche Sprachgebrauch ohne weiteres einem Chemieunternehmen die Schuld dafür geben, giftige Abwässer in einen Fluss zu leiten; so Hirsch (Vorträge, S. 13 ff., 19), der den Grund für die gerade in Deutschland gleichwohl praktizierte Ablehnung einer Verbandsstrafe darin sieht, dass der Vorwurf der Kollektivschuld in den Nachkriegsjahren noch tiefer Ablehnung gegenüberstand. Über diesen schlichten Hinweis auf tatsächliche Vorgänge lässt sich die dogmatische Problematik jedoch nicht lösen; näher dazu Schünemann, Madrid-Symposium, S. 283 (in Fn. 55).

[171] Vgl. Heine, S. 206; Otto, Jura 1998, S. 415; a.A. noch Schmitt (S. 181), der die Handlungsfähigkeit in den Vordergrund stellt.

[172] In ihrem Abschlussbericht diskutierte die Kommission zur Reform des strafrechtlichen Sanktionensystems (zu finden im Internet unter: „http://www.bmj.bund.de/images/10365.pdf") im Wesentlichen drei Modelle: Zurechnung, originäre Verbandshaftung und Maßnahmenmodell (keine Bestrafung mangels Schuld, aber dafür neu zu schaffende Maßregeln gegen Unternehmen).

[173] Vertiefend und kritisch zu den in Deutschland vorgeschlagenen dogmatischen Konstruktion Bosch, S. 37 ff.

1) Geltung des Schuldprinzip

a) Zurechnung fremden Verschuldens

Der bekannteste Versuch, Verbandssanktionierung und Schuldprinzip zu vereinbaren, ist wie im Rahmen der Handlungsfähigkeit das Modell der Zurechnung. Dabei wird die persönliche Schuld einer für ein Unternehmen handelnden natürlichen Person dem Unternehmen als dessen quasi[174] eigene Schuld zugerechnet.[175] Das Problem, dass das Schuldprinzip die Möglichkeit eines individuellen (und damit für Verbände nicht bestehenden) Andershandelns voraussetzt,[176] löst das Zurechnungsmodell allerdings nicht.[177] Auch die Anerkennung einer Verbandsschuldfähigkeit (als Vorwerfbarkeit)[178] im Ordnungswidrigkeitenrecht ändert daran nichts,[179] basiert dieser Ansatz doch auf der Annahme, dass eine Ordnungswidrigkeit sozial-ethisch wertneutral sei und sich die ungleiche Behandlung daraus rechtfertige. Schon diese Grundthese wird unten noch eingehend diskutiert und erheblich bezweifelt.[180] Zudem muss eine konkrete natürliche Person identifizierbar schuldhaft gehandelt haben,[181] weshalb die organisierte Unverantwortlichkeit für die praktische Durchführung hier ebenfalls eine erhebliche Hürde bildet. Daher ist die Zurechnung fremden Verschuldens stark problembehaftet.[182]

---

[174] Zur Frage, ob die Zurechnung zu einem eigenen Verbandsverschulden oder nur zu einer Verantwortlichkeit für Dritte führt Schmidt (Wistra 1990, S. 133).

[175] Das BVerfGE (20, S. 323, 335 ff.) hat dieses Modell zugelassen; vgl. Vogel, FS-Lorenz, S. 81 (in Fn. 74); Appel, S. 243 f.; Schmitt, S. 193 ff. Dagegen sind insbesondere: Jescheck AT, S. 227; Heinitz, S. 85; Engisch, E 23 f.; Schünemann, Madrid-Symposium, S. 282 mwN. Kritisch auch Otto, Jura 2000, S. 98, 104.

[176] Otto, Vortrag, S. 16; Dannecker, GA 2001, S. 112 f.

[177] Der Verband selbst kann eben nicht handeln; vgl. etwa Schünemann, Madrid-Symposium, S. 282 mwN.

[178] Siehe auch Ehrhardt, S. 85 ff. mwN.

[179] BVerfGE (20, S. 323, 335 ff.); kritisch Hirsch, ZStW 107 (1995), S. 293 mwN.

[180] In Teil 4.

[181] Näher dazu Lütolf, S. 358 ff.

[182] Alwart (ZStW 105 [1993], S. 771) plädiert für eine subsidiäre Unternehmenshaftung, die unter anderem dann greifen soll, wenn das Unternehmen für eine individualstrafrechtliche Zurechnungslücke verantwortlich ist. Kritisch dazu Bosch, S. 61 ff.

b) Organisationsverschulden

Ausgehend von einem sozialen Schuldbegriff im weiteren Sinne schlagen andere deshalb vor, das Unternehmen unmittelbar selbst dafür verantwortlich zu machen, dass es im Vorfeld der Schädigung Vorsorgemaßnahmen unterlassen hat.[183] Dies begründet ein eigenes Organisationsverschulden.[184] Hierbei bezieht sich die Vorsorgepflicht des Unternehmens darauf, die Begehung von Straftaten bzw. Ordnungswidrigkeiten durch einzelne vorwerfbar handelnde Organe zu verhindern.[185] Teilweise soll das Unternehmen bereits dann verantwortlich sein, wenn die Rechtsgutsverletzung durch pflichtgemäße Organisation, Aufsicht und Kontrolle hätte verhindert werden können.[186]

Doch selbst das Organisationsverschulden setzt voraus, dass zumindest eine natürliche Person den Verband fehlerhaft organisiert hat. Diese Schuld muss ihrerseits wieder zugerechnet werden, weshalb es sich hierbei letztlich nur um ein zwischengeschaltetes Kriterium handelt.[187] Zudem liegt bereits in der Beschränkung auf Straftaten von bestimmten Personen ein Widerspruch zu einem eigenen Organisationsverschulden, da der Verband hiernach für die Tat eines jeden Verbandsangehörigen haften müsste.[188] Der zwingende Bezug zu Tätern der oberen Leitungsebene schränkt schließlich die praktische Effektivität dieses Ansatzes ein, während andererseits zumindest keine Tat einer individuell bestimmten Person, sondern nur die eines Organs, nachgewiesen werden muss.[189]

---

[183] Ähnlich dem Gedanken der actio libera in causa. Tiedemann (NJW 1988, S. 1173) spricht von einem „Vorverschulden"; Dannecker (GA 2001, S. 117) vergleicht die Situation mit der beim Vollrausch.

[184] Vgl. vor allem Tiedemann, NJW 1988, S. 1172 ff.; ders., Freiburger-Begegnung, S. 48 ff. Siehe auch Brender, S. 109 ff.; Hamann, S. 172 ff.; Otto, Vortrag, S. 28 ff.; Schroth, S. 203 ff.; Bottke, S. 72. Weitere Nachweise bei Lütolf, S. 319 ff.

[185] Tiedemann, NJW 1988, S. 1172 f.; Bottke, S. 72; Dannecker, GA 2001, S. 112; kritisch hierzu Lampe, ZStW 106 (1994), S. 728 f.

[186] Otto, Vortrag, S. 29; ders., Jura 1998, S. 417. Vgl. auch Ehrhardt, S. 87, 194 f.; kritisch dazu Schünemann, Madrid-Symposium, S. 283 (in Fn. 55). Zu den Grenzen des Rechtswidrigkeitszusammenhangs Dannecker, GA 2001, S. 118 f.

[187] Schünemann, Madrid-Symposium, S. 284 f.; ähnlich Vogel, FS-Lorenz, S. 81 (in Fn. 74).

[188] Bosch, S. 52 f.

[189] Vgl. Schünemann, Madrid-Symposium, S. 288; Lütolf. S. 358 ff.

c) Maßregelmodell

Ein weiterer Ansatz akzeptiert die fehlende Schuldfähigkeit von Verbänden. Es wird jedoch nur auf verschuldensabhängige Sanktionen verzichtet und statt dessen die Sanktionierung mittels sichernder Maßregeln vorgeschlagen.[190] Da diese nur der Spezialprävention dienen und eben keine Schuld voraussetzen, könnte man unter Umgehung der bekannten Problempunkte eine entsprechende Wirkung erzielen.[191] Allerdings wird hierdurch auf Nachweise interner Fehler verzichtet und eine reine Erfolgshaftung begründet, welche dem Veranlasserprinzip des Verwaltungsrechts entspricht.[192] Da mithin generell auf jede Art der Vermeidbarkeit verzichtet wird, passt auch dieses Modell nicht in die Dogmatik individualstrafrechtlicher Verantwortlichkeit.[193]

d) Schuld als Systemkategorie

Nach *Heine* ist der traditionelle Schuldvorwurf kein höchstpersönlicher, sondern maßgeblich von objektiven Elementen geprägt, nämlich von dem Vergleich des Täterverhaltens mit dem eines anderen.[194] Schuld sei nur eine Systemkategorie.[195] Dieser Ansatz trägt der Grundüberlegung Rechnung, dass im Individualstrafrecht sämtliche Strafbarkeitsvoraussetzungen nach dem Koinzidenzmodell punktuell auf die bestimmte Situation einer persönlichen Gewissensentscheidung zugeschnitten sind, während im Verbandsstrafrecht die meisten Störfälle auf ein langjähriges Defizit an Risikobewusstsein und –vorsorge zurückzuführen sind.[196]

2) Lockerung des Schuldprinzip

Die dargestellte klassische Diskussion ist überwiegend in der (wohl ausweglosen) Frage verhaftet, wie man bei einem Kollektiv nicht existierende individuelle Merk-

---

[190] Dieser Vorschlag ist auf dem 40. Deutschen Juristentag nur knapp am Erfordernis der qualifizierten Mehrheit gescheitert; vgl. Stratenwerth, FS-Schmitt, S. 303 mwN.

[191] Hartung, E 57; vgl. andere Diskutanten hierzu ebenfalls in: Verhandlungen des 40. deutschen Juristentags, Band II, E 63 f., 67, 87; Stratenwerth, FS-Schmitt, S. 303; Schmitt, S. 127 f.; Jescheck, DÖV, 1953, S. 543 f. Dagegen mit beachtlichen Gründen Bosch, S. 60 ff.

[192] Vertiefend Bosch, S. 60 ff.; Heine, S. 246 f.

[193] Näher Heine, S. 246 f.

[194] Heine, S. 261 ff.; dazu Vogel, FS-Lorenz, S. 81 (in Fn. 74). Unmittelbar gegen diesen Ansatz vgl. jedoch den Abschlussbericht der Kommission zur Reform des strafrechtlichen Sanktionensystems (im Internet zu finden unter: „http://www.bmj.bund.de/images/10365.pdf").

[195] Heine, S. 264.

[196] Heine, S. 265 f. Vgl. auch Lütolf, S. 338 ff.

male begründen kann. Die Vertreter moderner Ansätze stellen daher den Kern dieses Dilemmas - also die strikte Anwendung des Schuldprinzips - in Frage und schlagen alternative Lösungswege vor.

a) Rechtsgüternotstand

Nach *Schünemann* hat ein Wandel vom Vergeltungs- zum Präventionsstrafrecht stattgefunden.[197] Dies führe dazu, dass sich die Zulässigkeit einer strafrechtlichen Sanktion „primär nach ihrer Geeignetheit, Erforderlichkeit und Verhältnismäßigkeit zum Rechtsgüterschutz, also nach ihrer präventiven Nützlichkeit" bemesse, welche bei der Verbandskriminalstrafe zu bejahen sei.[198] Dabei bleibe das Schuldprinzip zwar erhalten, allerdings nur als ein nichtexklusives Legitimationsprinzip. Der Rechtsgüternotstand könne insbesondere die Verbandsstrafe alternativ legitimieren.[199] Bei objektiv feststehenden Verbandsdelikten, welche aber keinem individualisierten Täter nachgewiesen werden können, erfordere die erschwerte Beweissituation eine schuldunabhängige Sanktion (Maßregel).[200] Dem müssten sich auch die Anteilseigner als Veranlasser des sozialschädlichen Unternehmensbetriebs fügen.[201] Dabei sei gleichwohl besonders auf die Verhältnismäßigkeit des Rechtsgüterschutzes zu achten.[202]

b) Subjektive Elemente nach Maßgabe der Verhältnismäßigkeit

Einen Schritt weiter geht der Ansatz *Vogels*, die Festschreibung subjektiver Elemente von einer Verhältnismäßigkeitsabwägung abhängig zu machen und so den

---

[197] So auch Braum (KritV 2003, S. 22 ff.), der im „Zurseiteschieben" des Schuldprinzips allerdings eine Gefahr für die rechtsstaatlich zu gewährleistende Freiheit sieht. Er befürchtet, dass so die Strafandrohung nicht in einem angemessenen Verhältnis zum Tatunrecht steht, ohne jedoch auf die Grenze der Verhältnismäßigkeit näher einzugehen (aaO S. 29); vgl. dazu sogleich.

[198] So Schünemann, Madrid-Symposium, S. 285 f.; siehe auch Otto, Vortrag, S. 21 mwN; Hirsch, ZStW 107 (1995), S. 294 f.; kritisch Kaiafa-Gbandi, KritV 1999, S. 174. Siehe auch Jakobs (ZStW 101 [1989], S. 516 ff.), der auf eine positive Generalprävention abstellt.

[199] Schünemann, Madrid-Symposium, S. 286. Dagegen Brender, S. 97; Hirsch, ZStW 107 (1995), S. 291 f.

[200] Schünemann, Wistra 1982, S. 49 f. Tiedemann (Freiburger-Begegnung, S. 47 f.) weist in diesem Zusammenhang auf das „Dilemma" hin, „ob denn das materielle Strafrecht legitimiert ist, prozessualen Nöten abzuhelfen".

[201] Schünemann, Madrid-Symposium, S. 286. Kritisch Bosch (S. 70 ff.), der auch die von Schünemann (aaO, S. 287) angenommene kriminelle Verbandsattitüde anzweifelt.

[202] Schünemann, Madrid-Symposium, S. 288. Bosch (S. 70 ff.) bezweifelt, dass auf diesem Wege „hinreichende rechtsstaatliche Konturen" geschaffen werden können.

Geltungsbereich des Schuldprinzips als Ausfluss der Verhältnismäßigkeit nicht nur im Rahmen der Entwicklung eines einheitlichen europäischen Strafrechts deutlich einzugrenzen.[203]

Die Bedeutung des Schuldprinzips folgt hauptsächlich aus zwei Funktionen. Zum einen bindet es die Begründung[204] und zum anderen das Maß von Strafe[205] an subjektive Kriterien.[206] Begreift man das Schuldprinzip als Ausfluss des Verhältnismäßigkeitsgrundsatzes, so sind letztlich beide Funktionen einer Abwägung zugänglich.[207] Hingegen sind subjektive Elemente in beiden Funktionen zwingend zu berücksichtigen, wenn man die Schuld mit der Menschenwürde verknüpft.[208] Letzteres würde im Ergebnis jedoch zu einer unbefriedigenden Bevorzugung der formalistischen Kategorisierung von Sanktionstypen zum Nachteil der funktionsorientierten Verfolgung des mit der Sanktion verfolgten Zwecks[209] führen.[210] Dieser liegt letzt-

---

[203] Vogel, JZ 1995, S. 339. Wie Vogel (GA 2002, S. 522 ff.) ausgehend von dem Prinzip der Methodenoffenheit nachweist, ist das Schuldprinzip nicht Teil eines umfassenden und klaren Systems, sondern es ermöglicht lediglich „prinzipiengeleitete Argumentationen zu problematischen Einzelfällen". Dies kann letztlich auch die Verhältnismäßigkeit leisten. Tiedemann (ZStW 110 [1998], S. 507) spricht von einer „Konkretisierung". Auch nach Otto (Jura 1998, S. 416) begründet die Zweckmäßigkeit der Bestrafung die Schuld und nicht umgekehrt; das Schuldprinzip sei „auf das Prinzip zweckmäßiger, d.h. geeigneter und erforderlicher Strafe reduziert". Auch nach Paliero (Madrid-Symposium, S. 259) ist das typische Zurechnungskriterium objektiver und nicht subjektiver Natur.

[204] Zur Schaffung einer Exkulpationsmöglichkeit für den Betroffenen.

[205] Hirsch, ZStW 106 (1994), S. 748; Calliess, S. 180.

[206] Näher zu den einzelnen Funktionen für das deutsche Recht: Appel, S. 109 ff.; Kaufmann, FS-Lange, S. 32; Hirsch, ZStW 106 (1994), S. 748; Calliess, S. 179 ff. Für das europäische Recht etwa Tsolka, S. 220 ff.

[207] Hingegen erkennt das deutsche BVerfG diese Möglichkeit allenfalls für die Strafzumessung an; vgl. Appel, S. 109 f. Gleichwohl dürfte dies an der praktisch kaum durchführbaren notwendigen gesteigerten Verhältnismäßigkeitsprüfung für die Strafbegründung liegen; vgl. Appel, S. 174 f.

[208] Dannecker (GA 2001, S. 113 f.) hält das Schuldprinzip zwar für einen Ausdruck der Menschenwürde, sieht in einer Verbandsstrafe aber keinen Verstoß hiergegen, da diese kein Individuum treffe; Unternehmensschuld könne daher nur aus allgemeinen rechtsstaatlichen Anforderungen hergeleitet werden.

[209] Mit Zweck ist hier die objektive Teleologie gemeint, welche Vogel (JZ 1995, S. 326 f.) als „rechtsinternes" Element der Funktion bezeichnet.

[210] Vogel (JZ 1995, S. 339) bezeichnet dieses Problem treffend als „teleologische Fundierung des Schuldprinzips im Strafrecht".

lich darin, die Geltung und Wirkung einer bestimmten Verhaltensnorm sicherzustellen.[211]

Im Rahmen einer Verhältnismäßigkeitsprüfung hingegen mag der Gesetzgeber subjektive Kriterien vorsehen oder außer Acht lassen. Kommt er zu dem Ergebnis, dass es geeignet, erforderlich und angemessen ist, auf subjektive Merkmale zu verzichten, kann er eine objektive Haftung festlegen.[212] Ob diese nach überkommenem Etikettenverständnis als Kriminalstrafe[213] oder als Verwaltungssanktion[214] eingeordnet wird, ist dabei von untergeordneter Bedeutung.[215] Entscheidend ist nur, ob der verfolgte Sanktionszweck in bestimmten Bereichen[216] eine objektive (verschuldensunabhängige) Sanktionierung rechtfertigt[217], d.h. für die vorliegende Thematik ob die Bestrafung eines Verbandes hierfür verhältnismäßig ist.[218]

---

[211] Vogel, JZ 1995, S. 339. Bestimmte Rechtsgüter sind hingegen nicht vorrangiger Legitimationsgrund für Straftatbestände; Vogel, GA 2002, S. 529 f.

[212] Eine solche ist in Dänemark, Frankreich, Griechenland und England zulässig; Tiedemann, NJW 1993, S. 28 f.

[213] So in einem Fall, der dem EuGH (Urteil vom 10.07.1990, Rs. C-326/88, Slg. 1990, S. 2911 – Hansen; insb. Entscheidungsgrund 19) vorgelegt wurde und in dem das Gericht selbst die Wirksamkeit einer objektiven kriminalstrafrechtlichen Haftung nicht abgelehnt hat; vgl. Vogel, JZ 1995, S. 339; Neumann, S. 71 f. Gleichwohl lehnte Siohl (S. 85) eine Ersetzung des Schuld- durch den Verhältnismäßigkeitsgrundsatz unter Verweis insbesondere auf die Notwendigkeit einer Begrenzung willkürlicher strafrechtlicher Inanspruchnahme ab. Dem ist gleichwohl entgegenzuhalten, dass gerade willkürliche Maßnahmen niemals verhältnismäßig sein können. Zudem hat der EuGH in der benannten Entscheidung auf die Tatbegehung im Interesse des Sanktionierten abgestellt (Entscheidungsgrund 4), was ein weiteres Regulativ darstellt.

[214] Vogel (JZ 1995, S. 339) verweist auch auf Art. 4 Abs. 2 „Vorschlag für eine Verordnung (EG, Euratom) des Rates über den Schutz der finanziellen Interessen der Gemeinschaften", KOM/94/214 endg., ABl. Nr. C 216 vom 06.08.1994, S. 11:
„(2) Ein nichtvorsätzlicher oder nichtfahrlässiger Verstoß kann jedoch durch verwaltungsrechtliche Sanktionen der Gemeinschaften geahndet werden, wenn die ordnungsgemäße Anwendung der betreffenden Regelung eine Verhängung verwaltungsrechtlicher Sanktionen unabhängig davon erforderlich macht, dass ein subjektives Tatbestandsmerkmal vorliegt."

[215] Vgl. Heine/Meinberg, D 61. Kaiafa-Gbandi (S. 107) hingegen schlägt ausgehend von der klassischen Einteilung der Rechtsnatur vor, lediglich die Verwaltungssanktionen mit erhöhten Garantien zu versehen. Damit würde aber letztlich eine „getarnte" Kriminalstrafe geschaffen. Im Übrigen geht dieser Ansatz offenbar von einer eingeschränkten Geltung strafrechtlicher Garantien für Verwaltungssanktionen aus, was bereits umstritten ist.

[216] Siehe auch den Schlussantrag des Generalanwalts Van Gerven vom 05.12.1989 in der Rs. C-326/88 (Nr. 13), der diese Möglichkeit mit der „Notwendigkeit eines wirksamen Schutzes allgemeiner Belange in einem bestimmten Bereich" begründet.

[217] Vogel, JZ 1995, S. 339.

[218] Dabei wäre insbesondere auch der Grundsatz des Kriminalstrafrechts als ultima ratio zu beachten, welcher ebenfalls aus dem Verhältnismäßigkeitsprinzip entstammt; vgl. dazu Böse, S. 370.

Da die Funktionen des Schuldprinzips letztlich in der Berücksichtigung personenbezogener Kriterien liegen, deren Geltung eingeschränkt bzw. ausgeblendet werden können, stellt sich die Frage nach der Fähigkeit von Verbänden, diesen Kriterien überhaupt zugänglich zu sein, nicht mehr.[219] Eine Verbandskriminalstrafe wird dogmatisch konsequent möglich.[220] Zudem wird der Vorwurfcharakter der Strafe[221] auf diesem Wege nicht ersetzt, sondern nur durch eine Vertiefung bereits existenter Entpersonalisierung in eine praktikablere Form gegossen. Diese wiederum führt letztlich zu einer klareren Sanktionierung und damit gerade zu einer qualitativen Intensivierung des Vorwurfscharakters. Vor allem im europäischen Wettbewerbsrecht wird der Schuldbegriff ohnehin bereits abstrahiert und generalisiert;[222] es genügt ein objektiver Schuldnachweis.[223] Mit dem eigentlichen Verständnis von Schuld als etwas persönlich (und damit menschlich) Vorwerfbarem[224] hat dies nur noch wenig zu tun.[225]

Daneben kann der Gesetzgeber im Rahmen einer Verhältnismäßigkeitsprüfung Kriterien wie das zu schützende Rechtsgut[226] oder die Rechte des Betroffenen[227] in die Abwägung einfließen lassen. Selbst kriminalpolitische Notwendigkeiten können

---

219 Siehe hierzu Teile 3 und 4 (ungelöste und wohl auch unlösbare dogmatische Schwierigkeiten in Bezug auf die Schuldfähigkeit der Verbände).

220 Wenngleich es auf diese Kategorisierung dann nicht mehr ankommt. Hingegen meint Bosch (S. 40 f.), dass auf individuelle Verhaltensfehler als Anknüpfungspunkt für strafrechtliche Sanktionen nicht verzichtet werden kann.

221 Der Ansatz von Ellscheid/Hassemer (S. 27 ff.) zum deutschen Recht zielt in diese Richtung, dass nämlich die Strafe von ihrem Vorwurfscharakter gelöst wird. Kaufmann (FS-Lange, S. 35) verneint die Ersetzung des Schuld- durch den Verhältnismäßigkeitsgrundsatz im deutschen Recht hauptsächlich unter diesem Aspekt.

222 Ausgehend vom sozialen Schuldbegriff (dazu Schünemann, Madrid-Symposium, S. 283 ff.) fragt man, wie sich ein anderes Durchschnittsunternehmen in der gleichen Situation verhalten hätte (vgl. Hildebrandt, S. 170). Dazu kritisch Kaiafa-Gbandi, S. 104 f.

223 Hildebrandt, S. 170 f.

224 Vgl. etwa Wessels AT, S. 130; Siohl, S. 75.

225 So auch Otto, Jura 1998, S. 416.

226 Auch wenn der Rechtsgüterschutz auf europäischer Ebene nicht den primären Legitimationsgrund zur Einführung von Straftatbeständen darstellt; Vogel, GA 2002, S. 529 f.

227 In Form des Interesses des Sanktionsadressaten; vgl. EuGH (10.07.1990, Rs. C-326/88, Slg. 1990, S. 2911; Entscheidungsgrund 4). Böse (S. 379) möchte die Schwere der Zuwiderhandlung nicht nur von subjektiven sondern auch von objektiven Kriterien – wie dem Umfang der Nichterfüllung einer Verpflichtung oder dem Ausmaß der Abweichung bei Falschangaben – bestimmen; diese könnten bei der Festlegung einer objektiven Haftung i.R.d. Verhältnismäßigkeit vorgesehen werden.

berücksichtigt werden.[228] Das Sanktionsrecht wird im Hinblick auf den jeweils verfolgten Zweck insgesamt flexibler. Die Exkulpationsmöglichkeiten des Betroffenen – auch eines Unternehmens – können anhand der Verhältnismäßigkeitsprüfung „weicher" ausgestaltet werden. Darüber hinaus sind auf diesem Wege sogar die subjektiven Kriterien selbst einer Abwägung zugänglich.

Doch nicht nur funktionelle Argumente sprechen für diesen Ansatz. Auch die Rechtsanwendung und die Tendenzen der Rechtssetzung weisen in diese Richtung. Der EuGH hat in seinem Urteil „Hansen" jedenfalls im Bereich der Strafzumessung das Schuldprinzip dem Verhältnismäßigkeitsgrundsatz untergeordnet.[229] Schon im Urteil „griechischer Mais"[230] hatte das Gericht die Vorzugsstellung des Verhältnismäßigkeitsprinzips bei der Sanktionierung angedeutet, indem es von den Mitgliedstaaten die Verhängung wirksamer, abschreckender und angemessener[231] Maßnahmen (sog. Mindesttrias) verlangte.[232] Eine Verpflichtung zur Beachtung des Schuldelements wurde hingegen nicht ausgesprochen. Diese Mindesttrias liegt verschiedenen weiteren Rechtssätzen zu Grunde.[233] Auch das Corpus Juris verlangt im Rahmen der Sanktionszumessung explizit nur eine verhältnismäßige Entscheidung.[234]

Schließlich sind die Grundsätze aus der EMRK auf Verbände ohnehin nicht übertragbar, was bereits aus der Verwendung des zentralen Begriffs Mensch folgt.[235] Damit sind weitergehend selbst die klassischen strafrechtliche Garantien auf Verbände unanwendbar, soweit sie – wie das Schuldprinzip – in der Menschenwürde wurzeln. Dies führt gleichwohl nicht dazu, dass die juristischen Personen insoweit schutzlos sind. Die „weichere" Verhältnismäßigkeit vermag die Lücke etwa im

---

[228] Vgl. Neumann, S. 71.
[229] EuGH (10.07.1990, Rs. C-326/88, Slg. 1990, S. 2911 - Hansen); Vogel, JZ 1995, S. 339.
[230] EuGH 21.09.1989, Rs. 68/88, Slg. 1989, S. 2965; dazu näher in Teil 6.
[231] Also verhältnismäßiger.
[232] So genannte Mindesttrias. Eingehend dazu in Teil 6.
[233] Insbesondere Art. 4 Abs. 1 Zweites Protokoll und die Regelungen, welche dies als Textbaustein übernommen haben; dazu Teil 6 (A, II, 3).
[234] Vgl. Teil 6 (A, VI, 1, b, aa, ccc).
[235] Zwar spricht Art. 1 EMRK allgemein von „Personen", doch steht diese Bezeichnung in unmittelbarem Zusammenhang mit der des Menschen, so dass nur natürliche Personen gemeint sind.

Schuldbereich zu schließen. Ein Verband ist eben nicht gleich schutzwürdig wie eine natürliche Person, was sich in Deutschland an der eingeschränkten Anwendbarkeit von Grundrechten auf juristische Personen zeigt.[236]

Ingesamt verbindet der Ansatz *Vogels* dogmatische Konsequenz mit pragmatischer Effektivität. Dabei ist die Flexibilität des Verhältnismäßigkeitsgrundsatzes nicht als Gefahr, sondern vielmehr als notwendiges Instrument auf dem Weg in eine europäische Rechtszukunft zu sehen.

II) Meinungsbild in Europa

In den anderen Mitgliedstaaten wird die Schuldfähigkeit von Verbänden ebenfalls diskutiert. Nachfolgend werden einige relevante Modelle beispielhaft dargestellt. Eine vertiefende bzw. rechtsvergleichende Darstellung kann in diesem Rahmen nicht erfolgen.[237]

1) Unternehmenskriminalstrafe ablehnende Staaten

Die Situation in *Spanien* ist mit der in Deutschland vergleichbar,[238] da die seit dem 19. Jahrhundert gefestigte Rechtsprechung des obersten Gerichtshofs eine Strafbarkeit juristischer Personen grundsätzlich ablehnt.[239] Die Verhängung von Sanktionen aus dem Verwaltungsstrafrecht ist gleichwohl anerkannt.[240] In diesem Bereich werden jedoch das Fehlen eines dogmatischen Fundaments und die letztlich stark objektivierte Sanktionierung kritisiert.[241] Andererseits sind unter anderem massive Sanktionen gegen juristische Personen als Nebenfolgen vorgesehen, wie die Auflö-

[236] Auch der „Entwurf eines Vertrages über eine Verfassung für Europa" (dem Europäischen Rat auf seiner Tagung in Thessaloniki am 20.06.2003 überreicht [CONV 820/03] in der Fassung des CONV 820/3/03 [REV 3] vom 04.07.2003; nachfolgend „EU-Verfassungsentwurf I") schützt in Art. II-17 selbst das Eigentum nur zugunsten des Menschen, obwohl die Differenzierung zwischen natürlicher und juristischer Person vorgesehen ist; dies kommt in Artt. I-49, I-58, II-42, II-43, II-44 zum Ausdruck. Hingegen sah die „Charta der Grundrechte der Europäischen Union" (ABl. Nr. C 364 vom 18.12.2000, S. 1) in Art. 17 noch den Begriff der „Person" vor.

[237] Vgl. dazu Ackermann, S. 75 ff.; Eidam, Straftäter Unternehmen, S. 30 ff.; Hamann, S. 135 ff.; Papachristos, S. 44 ff.

[238] Hamann, S. 146 f.

[239] Martín, S. 15.

[240] Martín, S. 16. Nach Zapatero (ZStW 110 [1998], S. 447 mwN) steht das Schuldprinzip damit auch der Kriminalstrafe letztlich nicht entgegen.

[241] Martín, S. 16 mwN.

sung der Gesellschaft oder Eingriffe in die Unternehmensführung,[242] was unter Verwendung des auch hierzulande bekannten Begriffs des Etikettenschwindels bemängelt wird.[243] Bemerkenswert ist schließlich, dass der Anwendungsbereich des Schuldprinzips in Spanien im Gegensatz zu Deutschland nur die Strafbegründung umfasst, während die Sanktionsbemessung nach dem Verhältnismäßigkeitsprinzip erfolgt.[244]

In *Österreich* scheint sich eine Abkehr vom Zurechnungsmodell zu vollziehen,[245] seitdem eine Regelung zum Verfall eingeführt wurde, bei welcher der Schuldbereich einer Verhältnismäßigkeitsprüfung zugänglich ist.[246] Man verzichtet bei der Sanktionierung auf sozialethischen Tadel und somit auf Schuld im traditionellen Sinn.[247] Begründet wird dies damit, dass der Präventionsgedanke im Vordergrund stehe.[248] In *Italien* schließlich setzt das Kriminalstrafrecht eine streng persönliche Verantwortlichkeit voraus, welche bei verwaltungsrechtlicher Sanktionierung gelockert wird.[249] Für juristische Personen besteht gleichwohl eine dem deutschen Recht vergleichbare verwaltungsrechtliche Haftung, die von einer Gesamthaftung für das begangene Unrecht ausgeht.[250] Dogmatisch wird für eine de lege ferenda einzuführende Verbandsstrafe unter anderem das Modell des Organisationsverschuldens von Tiedemann diskutiert.[251]

2) Unternehmenskriminalstrafe bejahende Staaten

Das Rechtssystem in *Großbritannien* wurde bereits vorgestellt, so dass an dieser Stelle unter Verweis auf die obigen Ausführungen die drei Modelle zur Schuldfähigkeit juristischer Personen lediglich zusammengefasst werden. Im Bereich der

---

242 Zapatero, ZStW 110 (1998), S. 453.
243 So Zapatero, ZStW 110 (1998), S. 454; kritisch auch Martín, S. 15. In Deutschland hat Jescheck (JZ 1959, S. 462) diesen Begriff geprägt.
244 Zapatero, ZStW 110 (1998), S. 458.
245 Schick, ZStW 110 (1998), S. 489.
246 Dazu Leitner, S. 109 ff. mwN.
247 Schick, ZStW 110 (1998), S. 489 f.
248 Schick, ZStW 110 (1998), S. 490.
249 Siohl, S. 76 ff. mwN.
250 Paliero, Kollektive, S. 159 f. Gleichwohl ist Paliero (ZStW 110 [1998], S. 432, 437) für eine europäische Verbandsstrafe.
251 Militello, S. 185 f. Paliero (Kollektive, S. 164 f.) schließt jedenfalls das Zurechnungsmodell aus.

verschuldensunabhängigen Strict liability, welche mittlerweile den Regelfall darstellt,[252] kann unproblematisch eine Strafe gegen einen Verband verhängt werden. Insoweit genügt die strafbare Handlung eines einfachen Mitarbeiters.[253] Bei verschuldensabhängigen Delikten ist die Schuld der Organebene als Alter Ego mit derjenigen der juristischen Person selbst identisch. Schließlich ist im Rahmen der Vicarious liability eine Zurechnung der Schuld einfacher Angestellter möglich.

Für *Irland* gelten die Ausführungen zu Großbritannien entsprechend.[254] In den *Niederlanden* wird die Schuld des Handelnden dem Unternehmen zugerechnet, ausgehend von der Identifikationstheorie.[255] Entscheidend ist auch hier der soziale Kontext.[256] In *Dänemark* steht die Pragmatik derart im Vordergrund, dass kaum dogmatische Diskussionen zu diesem Thema geführt werden.[257] Der Gesetzgeber gestattet hier eine verschuldensunabhängige Strafhaftung.[258] Auch in *Frankreich* gaben pragmatische Erwägungen den Ausschlag für die Einführung einer Unternehmensstrafbarkeit.[259] Entsprechend der Diskussion zur Handlungsfähigkeit ist auch die eigene Schuldfähigkeit des Verbandes umstritten.[260] Dessen ungeachtet verlangt nach der Rechtspraxis selbst die Annahme des Zurechnungsmodells keine Identifizierung einer verantwortlichen natürlichen Person.[261] Der Verband haftet grundsätzlich für Organe und Vertreter und nur bei einer Aufsichtspflichtverletzung auch für sonstige Betriebsangehörige.[262]

---

[252] Ashworth, S. 467.
[253] Eidam, Straftäter Unternehmen, S. 31 mwN.
[254] Eidam, Straftäter Unternehmen, S. 38.
[255] Eidam, Straftäter Unternehmen, S. 42; Papachristos, S. 57.
[256] Papachristos, S. 57.
[257] Papachristos, S. 59.
[258] Dies hat der EuGH ausdrücklich bestätigt; vgl. Teil 3 (B, I, 2, b) und Tiedemann, ZStW 110 (1998), S. 507.
[259] Hamann, S. 143 f.; Tiedemann, ZStW 110 (1998), S. 507. Eingehend zur Straftatlehre in Frankreich Vogel, GA 1998, S. 128 ff.
[260] Dafür: Delmas-Marty, Madrid-Symposium, S. 305; Eidam, Straftäter Unternehmen, S. 39. Dagegen: Pradel (S. 40 ff.), der auch auf die uneinheitliche Rechtsprechung in diesem Bereich hinweist. Zieschang (ZStW 115 [2003], S. 129) geht von einer Zurechnung aus.
[261] Kritisch zu dieser Praxis Pradel, S. 45 f. Zum Zurechnungsmodell Tiedemann, CJ Huber, S. 65.
[262] Nachweise bei Eidam, Straftäter Unternehmen, S. 39. Nach Koch (ZStW 107 [1995], S. 412 mwN) will es die Lehre genügen lassen, dass ein einfacher Angestellter die Tat begeht und dem betreffenden Organ ein persönlicher Schuldvorwurf gemacht werden kann.

C) Straffähigkeit

Weiter wird vorgetragen, dass die Strafe ein sozial-ethisches Missbilligungsurteil der Gesellschaft zum Ausdruck bringe und diejenige Behandlung des Verbrechers enthalte, die ihn als sittliche Persönlichkeit ergreife. Daher sei der Strafbegriff nur auf natürliche Personen anwendbar.[263] Dem wird jedoch mit dem Argument entgegengetreten, dass der auf die sittliche Persönlichkeit des Menschen ausgerichtete Strafbegriff mittlerweile überholt sei und statt dessen die Präventionstheorien vorherrschend seien.[264] Eine solche präventive Wirkung könne auch gegenüber Verbänden bestehen.[265] Damit würde auch eine Besserung der juristischen Personen erreicht.[266]

D) Doppelbestrafungsverbot

Daneben wird als Argument gegen eine Verbandsstrafe die Gefahr eines Verstoßes gegen das Verbot der Doppelbestrafung vorgebracht. Da der handelnde Einzeltäter einmal unmittelbar selbst und einmal mittelbar als Teil des Kollektivs zur Verantwortung gezogen werden kann, komme es in diesen Fällen im Ergebnis zu einer doppelten Bestrafung für eine Tat. Dies widerspreche dem Grundsatz ne bis in idem.[267] Insbesondere würden bei gleichzeitiger Sanktionierung von Unternehmen und Leitungsperson letztere auch durch die Buße gegen den Verband berührt, sofern sie am Gesellschaftsvermögen beteiligt ist.[268] Diesem Einwand wird entgegengehalten, dass sich die Sanktion gegen verschiedene Subjekte richte[269] und sich die mittelbare Wirkung genauso bemerkbar mache, wie bei jedem anderen Mitglied des Kollektivs.[270] Zudem können zumindest im Bereich des deutschen Ordnungswidrigkeitenrechts nach § 88 Abs. 3 OWiG bei der Bemessung der Sanktion gegen

---

263 Meinungsüberblick bei Ehrhardt, S. 50 ff.
264 So Hirsch, ZStW 107 (1995), S. 294 mwN.
265 Hirsch, ZStW 107 (1995), S. 294; Dannecker, GA 2001, S. 114; aus französischer Sicht Ackermann, S. 163 mwN.
266 Ackermann, S. 163 mwN.
267 Ehrhardt, S. 55 f. mwN.
268 Schünemann, Madrid-Symposium, S. 279 ff.
269 Mitsch, S. 117.
270 Hirsch (ZStW 107 [1995], S. 298), der zudem den Vergleich mit einem Unternehmen anstellt, dessen Inhaber eine Einzelperson ist. Dort wollte niemand einen strafbaren Inhaber wegen unsozialer Auswirkungen auf die Arbeitnehmer straflos lassen.

die juristische Person die Tatsache und die Höhe des Bußgeldes gegen die natürliche Person berücksichtigt werden (und umgekehrt), wodurch ebenfalls ein Verstoß gegen den Grundsatz *ne bis in idem* vermieden wird.[271]

E) Ergebnis

Vor allem die modernen Modelle zeigen, dass eine Unternehmenskriminalstrafe dogmatisch konsequent begründbar ist. Das klassische Verständnis insbesondere der uneingeschränkten Geltung des Schuldprinzips kommt bei der Verbandsstrafe an seine Grenzen und sollte daher überdacht werden. Einige europäische Staaten haben dies bereits getan; anderen fehlt hierzu die Notwendigkeit oder der Mut. Ob etwa das aktuelle deutsche Modell echte Lücken hat, die es zu schließen gilt, wird anschließend in Teil 4 näher untersucht. Dessen ungeachtet ist jedenfalls die Einschränkung des Schuld- durch den Verhältnismäßigkeitsgrundsatz dogmatisch schlüssig und gestattet zugleich die Teilnahme an einer sich international deutlich abzeichnenden Entwicklung.

[271] Tiedemann, NJW 1988, S. 1171.

Teil 4. Unternehmensverantwortlichkeit nach geltendem deutschen Recht

Im deutschen nationalen Recht finden sich bereits de lege lata Regelungen zur im weiteren Sinne strafrechtlichen Unternehmensverantwortlichkeit. Diese sind zwar im Recht der Ordnungswidrigkeiten angesiedelt, ermöglichen aber dennoch die Festsetzung empfindlicher Sanktionen. So hat etwa das Bundeskartellamt im April 2003 gegen die sechs größten deutschen Zementhersteller[272] Geldbußen i.H.v. insgesamt etwa € 660 Mio. verhängt.[273]

Die Ausgestaltung der Regelungen wird nachfolgend näher untersucht. Dabei liegt nach einem geschichtlichen Abriss (sub A) der Schwerpunkt auf der neuen Fassung des § 30 OWiG, der aufgrund eines völkerrechtlichen Vertrages der Mitgliedstaaten der EG angepasst wurde, weshalb von einer „europäisierten" Fassung gesprochen wird (sub B). Im Anschluss werden weitere Verbandssanktionen vorgestellt (sub C).

A) Entwicklung der Unternehmensstrafbarkeit in Deutschland

I) Römisches Recht

Ob der berühmte Satz *societas delinquere non potest* im römischen Recht galt, ist nicht eindeutig geklärt.[274] Hintergrund ist, dass der Begriff der juristischen Person damals noch nicht entwickelt war, weshalb man auch die Frage nach deren Strafbarkeit nicht bewusst reflektierte.[275] Dennoch waren bereits zu dieser Zeit Personenverbände als selbständige von der Existenz ihrer Mitglieder losgelöste Korporationen anerkannt.[276] Ausnahmsweise kam es auch zur Bestrafung von Verbänden,

---

[272] Alsen AG, Dyckerhoff AG, HeidelbergCement AG, Lafarge Zement GmbH, Readymix AG und Schwenk Zement KG.

[273] Pressemitteilung des Bundeskartellamts vom 14.04.2003 (im Internet zu finden unter: „http://www.bundeskartellamt.de/14_04_2003.html").

[274] Engisch, E 7 (in Anm. 2); Heine (S. 201) ordnet diesen Begriff der Zeit der Postglossatoren zu.

[275] Vgl. Heinitz, S. 67 f. mwN; Brender, S. 27 f.; Schmitt, S. 18.

[276] Busch, S. 39 f. (in Anm. 26).

was jedoch mit pragmatischen Erwägungen zu erklären ist und keine planmäßige Anerkennung einer Verbandsstrafbarkeit darstellte.[277]

II) Mittelalter

Die Strafbarkeit von Verbänden wurde erst im Mittelalter diskutiert.[278] Die schon von den Glossatoren aufgeworfene Frage nach der Identität von *universitas* und der Summe ihrer Mitglieder haben die Kanonisten aufgegriffen und sie neben der Anerkennung der *universitas* als selbständiges Rechtssubjekt auch mit der Bejahung ihrer Straffähigkeit beantwortet.[279] Zwar hat Papst *Innocenz IV.* diesem Ansatz noch auf dem Konzil von Lyon 1245 mit dem Argument fehlender Schuldfähigkeit widersprochen, gleichwohl entschied sich die Mehrzahl der Kanonisten und auch der Legisten dafür.[280] Insbesondere die Bejahung der Straffähigkeit durch die Postglossatoren führte im weiteren Verlauf dazu, dass sich diese Ansicht auch in Deutschland über mehrere hundert Jahre bis Mitte des 18. Jahrhunderts hielt.[281] Besondere Bedeutung kam dabei der auf *Bartolus*[282] zurückgehenden Unterscheidung zwischen eigentlichen und uneigentlichen Körperschaftsdelikten zu.[283]

III) Jüngere Gegenwart bis heute[284]

Seit Anfang des 19. Jahrhunderts schlug das Meinungsbild um[285] und die Strafbarkeit juristischer Personen verschwand auch aus den Strafgesetzbüchern.[286] Ausgelöst wurde dies letztlich durch eine Schrift des Erlanger Professors *Malblanc*,[287] der aufkommenden theoretischen Bedenken Nährboden gab. Der eigentliche Grund für

---

[277] Schmitt, S. 18; Brender, S. 28.
[278] Heinitz, S. 68.
[279] Busch, S. 39 f. mwN; Heinitz, S. 68; Brender, S. 28.
[280] Heinitz, S. 68; Brender, S. 28 f.; Hirsch, Vorträge, S. 6 f.
[281] Heinitz, S. 70 mwN; Hirsch, Vorträge, S. 7.
[282] D XLVIII, 19, De poenis 16, 10 u. 1ff.; zitiert nach Heinitz, S. 69 (in Anm. 10).
[283] Bei den eigentlichen war die universitas Täter und das Mitglied Mittäter oder Anstifter, bei den uneigentlichen verhielt es sich umgekehrt; Heinitz, S. 69.
[284] Die bis weit ins zwanzigste Jahrhundert hinein parallel geführte Diskussion um die Rechtsnatur eines Verbandes wird hier nicht vertieft. Insoweit ist die von Gierke entwickelte Theorie der realen Verbandsperson als grundlegend anerkannt; vgl. etwa Hirsch, Vorträge, S. 7 ff. mwN; Schmidt, Gesellschaftsrecht, S. 196 ff. mwN; Papachristos, S. 29 ff.
[285] Nicht zuletzt da auch große Autoritäten dieser Zeit (wie etwa Feuerbach) eine Unternehmensstrafbarkeit nicht mehr anerkannten; vgl. in der ersten Auflage seines Lehrbuchs von 1801 § 36 und später § 28; zitiert nach Engisch, E 9 (in Anm. 1).
[286] Heinitz, S. 70 mwN; Hirsch, Vorträge, S. 7; Engisch, E 9.
[287] Observationes quaedam ad delicta universitatum spectantes (1793), zitiert nach Heinitz, S. 71.

die Abschaffung der Verbandsstrafe lag aber wohl in der abnehmenden praktischen Bedeutung der Verbandsstrafe, was die Durchsetzung der theoretischen Bedenken sehr erleichterte.[288] Gleichwohl ist die Ansicht, dass eine Unternehmensstrafbarkeit zumindest de lege ferenda denkbar und wünschenswert ist, nie ganz verstummt.[289] Doch selbst *Busch*[290] konnte sich mit seiner 1933 erschienenen Schrift[291] nicht gegen die vorherrschende ablehnende Lehre durchsetzen.[292] In den Nachkriegsjahren gab es dann vorübergehend eine Regelung im Besatzungsrecht, aufgrund derer juristische Personen bestraft werden konnten.[293]

Gleichwohl währte die Diskussion über die Notwendigkeit der Einführung einer Verbandskriminalstrafe in der Forschung fort. Im Jahre 1953 kam es auf dem vierzigsten deutschen Juristentag zu einer umfassenden Beratung über diese Frage, welche in tiefgehenden Abhandlungen untersucht wurde. *Heinitz*, *Engisch* und *Hartung* haben in ihren Beiträgen eine Verbandsstrafe im Ergebnis aufgrund strafrechtsdogmatischer Bedenken abgelehnt. *Münn* hingegen widersprach dieser Auffassung basierend auf praktischen Erwägungen.[294]

Im Jahre 1998 bündelte sich die Unruhe zu diesem Thema erneut und äußerte sich in einer großen Anfrage an die Bundesregierung.[295] Diese verwies zur Frage[296], ob gesetzgeberischer Handlungsbedarf hinsichtlich der Einführung einer Verbandsstrafbarkeit besteht, auf die noch laufende Untersuchung hierüber durch eine vom

---

[288] Schmitt, S. 27; Heinitz, S. 71; Hirsch, Vorträge, S. 7.
[289] Vertreten etwa von Gierke (1881), Franz v. Liszt (1881), A. Merkel (1889); so benannt nach Engisch, E 9; vgl. auch Hirsch, Vorträge, S. 8 mwN (in Anm. 15).
[290] Busch, S. 89 ff.
[291] „Grundfragen der strafrechtlichen Verantwortlichkeit der Verbände".
[292] Engisch, E 10.
[293] Art. 5 Nr. 7 des Gesetzes Nr. 14 der Alliierten Hohen Kommission (AHKG 14) vom 25.11.1949 betreffend strafbarer Handlungen gegen die Interessen der Besatzung; oder Art. 10(a) Militärregierungsgesetz Nr. 53. Beide zitiert nach Engisch, E 10. Auch in § 393 RAO war bis 1967 eine Kriminalstrafe gegen Verbände vorgesehen, welche durch das 1. AO StrafÄndG vom 10.08.1967 (BGBl. I, S. 877) aufgehoben wurde; vertiefend Hartung, E 43 ff. und Müller, S. 29.
[294] Vgl. Teil 4 (A, III).
[295] Große Anfrage BT-Drucksache 13/9682. Das Land Hessen hat im selben Jahr im Bundesrat einen Entschließungsantrag eingebracht, der die Einführung einer strafrechtlichen Unternehmenssanktion vorsieht; dazu Krekeler, FS-Hanack, S. 641 f., 653 ff. mwN.
[296] Frage 17 der Großen Anfrage (aaO).

Bundesministerium der Justiz eingerichtete Kommission zur Reform des strafrechtlichen Sanktionensystems.[297] Deren Abschlussbericht wurde im März 2000 vorgelegt und kommt zu einer ablehnenden Entscheidung.[298]

Im September 2002, noch vor den Wahlen zum 15. Deutschen Bundestag, hat der Verein Transparency International die wichtigsten Parteien unter anderem zu dem Thema der Einführung einer Unternehmensstrafe ins deutsche nationale Recht befragt. Hierbei hat sich die SPD auf das ablehnende Ergebnis der genannten Kommission zur Reform des Strafrechts berufen.[299] Ebenso lehnte die FDP ein abstraktes Unternehmensstrafrecht unter Verweis auf diese Kommission ab.[300] Die PDS kam wegen dogmatischer Bedenken zu demselben Ergebnis.[301] Bündnis 90 / Die Grünen hielt die Einführung von Sanktions- und erweiternden Haftungsvorschriften gegen Unternehmen für geeignet und zweckmäßig, sprach aber nicht ausdrücklich von einer Unternehmenskriminalstrafe.[302] Lediglich CDU und CSU haben die Einführung einer Kriminalstrafe überwiegend im Bemühen um einen einheitlichen internationalen Standard befürwortet.[303]

IV) Verbandssanktionierung nach dem Ordnungswidrigkeitengesetz

Bereits 1949 wurde durch das Wirtschaftsstrafgesetz die Möglichkeit der Verbandssanktionierung mittels einer ordnungswidrigkeitenrechtlichen Geldbuße eingeführt.[304] Entsprechende Regelungen wurden zunächst in einer zunehmenden Zahl

---

[297] Antwort der Bundesregierung BT-Drucksache 13/11425.

[298] Beschluss 12-1 im Abschlussbericht der Kommission zur Reform des strafrechtlichen Sanktionensystems (im Internet zu finden unter: „http://www.bmj.bund.de/images/10365.pdf").

[299] Zu finden im Internet unter „http://www.transparency.de/html/themen/Wahlpruefsteine / WahlPruefBTag_08_02/AntwortSPD_09_02.html". Interessanter Weise hatte die Landes-SPD (zusammen mit Bündnis 90 / Die Grünen) noch 1998 im Hessischen Landtag einen Entschließungsantrag für eine Bundesratsinitiative zur Einführung einer Verbandskriminalstrafe gestellt; Drucks. 14/4031. Dazu Hamm, NJW 1998, S. 662 f.

[300] Zu finden im Internet unter „http://www.transparency.de/html/themen/Wahlpruefsteine / WahlPruefBTag_08_02/AntwortFDP_09_02.html".

[301] Zu finden im Internet unter „http://www.transparency.de/html/themen/Wahlpruefsteine / WahlPruefBTag_08_02/AntwortPDS_09_02.html".

[302] Zu finden im Internet unter „http://www.transparency.de/html/themen/Wahlpruefsteine / WahlPruefBTag_08_02/AntwortGruene_09_02.html".

[303] Zu finden im Internet unter „http://www.transparency.de/html/themen/Wahlpruefsteine / WahlPruefBTag_08_02/AntwortCDU_09_02.html".

[304] Vgl. Brender, S. 67 ff.

von Einzelgesetzen verstreut vorgesehen und erst 1968 in § 26 Ordnungswidrigkeitengesetz (OWiG) vereinheitlicht.[305] Im Rahmen der Überführung der Regelungen zur Unternehmenssanktion aus § 26 OWiG 1968 in § 30 OWiG a.F.[306] durch das Zweite Gesetz zur Bekämpfung der Wirtschaftskriminalität von 1986 wurde die bisherige Beschränkung der Verbandsgeldbuße im OWiG als bloße *Nebenfolge* ersatzlos gestrichen.[307] Die Geldbuße konnte davor lediglich unselbständig in dem Verfahren gegen die natürliche Person verhängt werden. Nunmehr kann alternativ auch ein selbständiges Verfahren gewählt werden. Mit der alten Formulierung war versucht worden, die Verbandsgeldbuße individualstrafrechtlich eingebunden zu lassen und so scheinbar Bedenken im Hinblick auf die Verletzung des *ne bis in idem*-Grundsatzes zu zerstreuen.[308] Insgesamt trägt das Modell der Verbandshaftung im OWiG dem Problem Rechnung, dass Korporationen (ordnungswidrigkeiten- und strafrechtlich) nicht selbst handlungs- bzw. schuldfähig sind. Aus diesem Grunde hat man ein Zwittermodell[309] entwickelt, welches weder klar dem Individualstrafrecht, noch einem Verbandsstrafrecht zugeordnet werden kann.[310] Man lässt den Verband unter gewissen noch darzustellenden Voraussetzungen akzessorisch für eine Straftat oder Ordnungswidrigkeit haften, welche eine natürliche Person begangen hat. Die Haftung beruht letztlich darauf, dass der Verband die Taten seiner Organe nicht entsprechend verhindert hat.[311] Den Hintergrund für diese Ausgestaltung bildet eine Entscheidung des BVerfG aus dem Jahre 1966, wonach für die Verhängung ahnender Sanktionen gegen eine nicht natürliche Person nur die Schuld der für

---

[305] Näher Brender, S. 74 ff.

[306] Die Fassungen vor In-Kraft-Treten des Ausführungsgesetzes zum Zweiten Protokoll werden auch nachfolgend als „a.F." bezeichnet.

[307] Zur vollständigen Beseitigung dahingehender Regelungsreste durch die letzte Gesetzesänderung i.R.d. Gesetz zur Ausführung des Zweiten Protokolls sogleich. Siehe auch Achenbach, Wistra 2002, S. 444. Vertiefend zur Entwicklung der Norm durch das Zweite Gesetz zur Bekämpfung der Wirtschaftskriminalität von 1986 vgl. Tiedemann, NJW 1988, S. 1171; Brender, S. 90 ff. Aus grundsätzlichen Erwägungen heraus sind Lang-Hinrichsen (S. 66) und Jescheck (AT, S. 228 f.) gegen diese Regelung.

[308] Tiedemann, NJW 1988, S. 1171.

[309] So Günther, S. 382.

[310] Zu diesem Streitstand übersichtlich Schroth, S. 41 f. mit zahlreichen weiteren Nachweisen; siehe auch Tiedemann, NJW 1988, S. 1170 f. Zur Zweiteilung von Strafrecht und Ordnungswidrigkeitenrecht vgl. Appel, S. 91 ff.

[311] Tiedemann, NJW 1988, S. 1173.

sie verantwortlich handelnden Person maßgeblich sein kann.[312] Die Möglichkeit der Trennung von Pflicht(-verstoß) und Haftung hatte schon *Kelsen* beschrieben.[313] Nach dessen Ansicht können Rechte und Pflichten nur menschliches Verhalten und nicht solches von Verbänden zum Inhalt haben,[314] gleichwohl vermöge ein Verband für menschliches Verhalten zu haften.[315] Mit dem zweiten Gesetz zur Bekämpfung der Umweltkriminalität von 1994 wurde insbesondere der Kreis der zurechnungsfähigen Täter auf bestimmte Bevollmächtigte in leitender Stellung erweitert.[316]

B) § 30 OWiG „europäisierte" Fassung[317]

Erst deutlich später kam es erneut zu einer wesentlichen Änderung der Vorschrift. Die Bundesregierung hat zum Ende der 14. Legislaturperiode einen Gesetzesentwurf[318] vorgelegt, welcher unter anderem das Zweite Protokoll zum Übereinkommen über den Schutz der finanziellen Interessen der EG[319] und den Rahmenbeschluss zum Schutz gegen Geldfälschung[320] ausführen soll.[321] Die aktuelle Fassung wird daher nachfolgend auch als „europäische" bezeichnet. Den Entwurf hat der Bundestag am 13. Juni 2002 nach einer Beschlussempfehlung und einem Bericht des Rechtsausschusses[322] unverändert angenommen.[323] Das Gesetz wurde am 29.08.2002 verkündet und trat am folgenden Tag in Kraft.[324]

---

312 BVerfGE 20, S. 323, 335 f.; nach Schünemann (Madrid-Symposium, S. 282) steht die Begründung des BVerfG allerdings im Widerspruch zum strafrechtlichen Schuldbegriff.
313 Kelsen, Reine Rechtslehre, S. 126 f.
314 Kelsen, Reine Rechtslehre, S. 179 f.
315 Kelsen, Reine Rechtslehre, S. 189 f.
316 BGBl. 1994, Teil I, S. 1440.
317 Nachfolgend werden auch ohne besonderen Zusatz die §§ 9, 30, 130 OWiG sowie § 14 StGB in der Fassung nach In-Kraft-Treten des Ausführungsgesetzes zum Zweiten Protokoll behandelt; teilweise werden sie als „europäisierte" Fassung oder „n.F." bezeichnet.
318 Entwurf eines Gesetzes zur Ausführung des Zweiten Protokolls vom 19. Juni 1997 zum Übereinkommen über den Schutz der finanziellen Interessen der Europäischen Gemeinschaften, der Gemeinsamen Maßnahme betreffend die Bestechung im privaten Sektor vom 22. Dezember 1998 und des Rahmenbeschlusses vom 29. Mai 2000 über die Verstärkung des mit strafrechtlichen und anderen Sanktionen bewehrten Schutzes gegen Geldfälschung im Hinblick auf die Einführung des Euro; BT-Drucks. 14/8998 (13.05.2002).
319 Dazu eingehend Teil 6 (A, I und II).
320 ABl. Nr. 140 vom 14.06.2000, S. 1.
321 Ob dies erreicht wurde, wird hinsichtlich des Zweiten Protokolls in Teil 6 (A, II) überprüft.
322 BT-Drucksache 14/9413.
323 BR-Drucksache 553/02.
324 Gesetz zur Ausführung des Zweiten Protokolls vom 19. Juni 1997 zum Übereinkommen über den Schutz der finanziellen Interessen der Europäischen Gemeinschaften, der Gemeinsamen Maß-

Durch die Neufassung hat sich insbesondere der Umfang der Sanktionierungsmöglichkeiten gegen Verbände erweitert. Betroffen sind von den Änderungen im vorliegenden Zusammenhang hauptsächlich die §§ 14, 75 StGB und die §§ 9, 29, 30, 130 OWiG. Zudem mussten auch verschiedene Verweisungen auf § 30 OWiG korrigiert werden; im Einzelnen hat man § 40 Schiffsbankgesetz sowie § 39 Hypothekenbankgesetz aufgehoben und schließlich § 59 Kreditwesengesetz angepasst.

Nachfolgend wird zunächst die Verbandshaftung nach § 30 OWiG n. F. eingehend untersucht (sub I). Sodann folgen Erörterungen zur Ausgestaltung der Verbandssanktion (sub II).

I) Verbandshaftung

Im Rahmen der Verbandshaftung nach § 30 OWiG „europäisierte" Fassung folgt die Darstellung des Normadressatenkreises (sub 1) und der Konstruktion der Handlungsfähigkeit (sub 2). Hieran schließen sich Ausführungen zur Schuldfähigkeit (sub 3), zum Täterkreis (sub 4), zu den Zurechnungskriterien (sub 5) und schließlich den Bezugstaten (sub 6) an.

Vorab soll zur Vermeidung von Unklarheiten über den Wortlaut die für diesen Abschnitt relevante Regelung des § 30 OWiG „europäisierte" Fassung zitiert werden:[325]

> *„(1) Hat jemand*
>
> *1. als vertretungsberechtigtes Organ einer juristischen Person oder als Mitglied eines solchen Organs,*
>
> *2. als Vorstand eines nicht rechtsfähigen Vereins oder als Mitglied eines solchen Vorstandes,*

---

nahme betreffend die Bestechung im privaten Sektor vom 22. Dezember 1998 und des Rahmenbeschlusses vom 29. Mai 2000 über die Verstärkung des mit strafrechtlichen und anderen Sanktionen bewehrten Schutzes gegen Geldfälschung im Hinblick auf die Einführung des Euro, BGBl. I 2002, S. 3387 – 3389 (nachfolgend „Ausführungsgesetz zum Zweiten Protokoll"). Dabei wurden auch Vorschläge des Abschlussberichts der Kommission zur Reform des strafrechtlichen Sanktionensystems (im Internet zu finden unter „http://www.bmj.bund.de/images/10365.pdf") berücksichtigt.

[325] Die Neuerungen hat der Verfasser durch Fettdruck hervorgehoben.

3. *als vertretungsberechtigter Gesellschafter einer* ***rechtsfähigen Personengesellschaft,***

4. *als Generalbevollmächtigter oder in leitender Stellung als Prokurist oder Handlungsbevollmächtigter einer juristischen Person oder einer in Nummern 2 oder 3 genannten Personenvereinigungen* ***oder***

5. ***als sonstige Person, die für die Leitung des Betriebs oder Unternehmens einer juristischen Person oder einer in Nummer 2 oder 3 genannten Personenvereinigung verantwortlich handelt, wozu auch die Überwachung der Geschäftsführung oder die sonstige Ausübung von Kontrollbefugnissen in leitender Stellung gehört,***[326]

eine Straftat oder Ordnungswidrigkeit begangen, durch die Pflichten, welche die juristische Person oder die Personenvereinigung treffen, verletzt worden sind oder die juristische Person oder die Personenvereinigung bereichert worden ist oder werden sollte, so kann gegen diese eine Geldbuße festgesetzt werden.

...“

1) Normadressaten[327]

Wie oben bereits dargestellt, führt die Ausgestaltung des § 30 OWiG nicht zu einer eigenständigen und originären Verbandshaftung.[328] Im Rahmen des § 30 OWiG werden nicht Pflichten für Verbände als Adressaten festgeschrieben und sodann für den Verstoß hiergegen Sanktionen festlegt. Entsprechende Pflichten werden statt dessen vorausgesetzt.[329] Einen Normadressaten im eigentlichen Sinn gibt es hier

326 Ziel ist der Gleichklang von §§ 75 StGB, 29 und 30 OWiG.

327 Speziell zur Frage, ob Unternehmen als solche überhaupt (jedenfalls theoretisch) als Normadressaten in Betracht kommen, vgl. Schroth, S. 13 ff.

328 Teil 4 (A, IV).

329 Diese werden an anderen Stellen festgeschrieben, etwa im Wettbewerbsrecht oder in § 288 StGB, soweit der Verband Vollstreckungsschuldner ist.

nicht.[330] Gleichwohl kann ein Verband i.S.d. § 30 OWiG Adressat anderenorts normierter Verhaltenspflichten sein.[331]

2) Handlungsfähigkeit

Nach deutschem Recht können Straftaten bzw. Ordnungswidrigkeiten nur von natürlichen Personen begangen werden. Dieser Grundsatz bleibt auch in der neuen Fassung bestehen. Bereits seit der Streichung des Begriffs der Nebenfolge im Jahre 1986[332] wird in § 30 OWiG eine ausdrückliche Zurechnungsnorm gesehen.[333] Der Gesetzgeber hat sich für das Modell der Zurechnung fremden Verhaltens, namentlich der Handlungen natürlicher Personen entschieden.[334] Folglich muss das Verhalten einer individualisierten Person nachgewiesen werden.[335] Im Gegensatz etwa zu § 9 OWiG werden dabei nicht einzelne Deliktsmerkmale, sondern das gesamte Delikt zugerechnet.[336]

3) Schuldfähigkeit

Der Verband wird für eine fremde Delinquenz verantwortlich gemacht und ist über die Zurechnung der fremden Schuld der Vertreter bzw. Organe quasi selbst schuldfähig.[337] Dies führt wie bei der Handlungsfähigkeit dazu, dass die Schuld einer konkreten zurechnungsfähigen Person nachgewiesen werden muss, was die Sanktionierung letztlich erschwert.

4) Täterkreis

Während auch § 30 OWiG n.F. die juristische Person (sub a) und den nichtrechtsfähigen Verein (sub b) unverändert erfasst, wird der Kreis der haftenden Verbände

---

330 So dürfte im Ergebnis auch Achenbach, FS Stree/Wessels, S. 547 zu verstehen sein.
331 Tiedemann, NJW 1988, S. 1171 f. mwN.; Dannecker, GA 2001, S. 109 ff.
332 Vgl. hierzu Teil 4 (A, IV).
333 Tiedemann, NJW 1988, S. 1172; gleichwohl ist die Norm auch eine generelle (tatbestandsunabhängige) Sanktionsbegründungs- und –zumessungsnorm.
334 Rogall-KK-OWiG, § 30, Rd. 2; zu beachten bleibt, dass diese rechtswidrig und schuldhaft erfolgt sein müssen.
335 Dies erschwert die Sanktionierung des Verbandes und erhöht somit ihren rechtlichen Schutz.
336 Mitsch (S. 117), der diese akzessorische Haftung mit der des Bürgen bzw. mit der Haftung des Staates für Amtspflichtverletzungen vergleicht.
337 Rogall-KK-OWiG, § 30, Rd. 8; vgl. hierzu auch Siohl, S. 139 ff. Auch Tiedemann (NJW 1988, S. 1172 f.) nimmt eine Zurechnung an, wobei er allerdings für ein de lege ferenda einzuführendes Modell des Organisationsverschuldens plädiert. Ransiek hält die Frage, ob die Zurechnung im Wege des Eigenverschuldens oder des Einstehenmüssens für fremde Schuld für belanglos.

durch die Einbeziehung rechtsfähiger Personengesellschaften (sub c) erheblich erweitert. Bei einigen Verbände stellen sich Sonderprobleme (sub d). Weiter ist die für alle Gesellschaftsformen übergreifend geltende Erweiterung des zurechenbaren Personenkreises um sonstige Leitungspersonen besonders zu beachten (sub e). Hieran schließen sich Ausführungen zur Rechtsnachfolge an (sub f).

a) Juristische Person

aa) Einzelne Verbände

Im Bereich der juristischen Person ergeben sich keine Änderungen. Verbände in diesem Sinn sind nach wie vor hauptsächlich der eingetragene oder konzessionsorientierte[338] Verein, die rechtsfähige Stiftung, die Gesellschaft mit beschränkter Haftung (GmbH), die Aktiengesellschaft (AG), die Kommanditgesellschaft auf Aktien (KGaA), die eingetragene Genossenschaft (eG) und der Versicherungsverein auf Gegenseitigkeit. Zudem fallen auch juristische Personen des öffentlichen Rechts[339] unter die Norm.[340]

bb) Personenkreis

Der Kreis der möglichen Täter umfasst bei juristischen Personen zunächst deren vertretungsberechtigte Organe und Organmitglieder.[341] Dabei soll das Merkmal der Vertretungsberechtigung nicht eine zusätzliche Voraussetzung der alleinigen rechtsgeschäftlichen Vertretungsmacht festschreiben, sondern lediglich die Organstellung genauer umschreiben und zu anderen Organen (etwa dem Aufsichtsrat) abgrenzen. Dies folgt aus der Formulierung „als" solches Organ.[342] Der Täter handelt erst dann nicht mehr „als" Organ, wenn er ausschließlich im eigenen Interesse tätig wird.[343] Bei juristischen Personen gilt das Prinzip der Fremdorganschaft, wonach die Organe nicht aus Gesellschaftern zu bestehen brauchen, sondern sich auch aus

[338] Schmidt, Wistra 1990, S. 133.
[339] Interessante Kritik an der etwaigen Einführung einer Kriminalstrafe gegen Körperschaften des öffentlichen Rechts aufgrund der Gewaltenteilung bei Hirsch, ZStW 107, S. 308 mwN.
[340] So Rogall-KK-OWiG, § 30, Rd. 32; Göhler, § 30 OWiG, Rd. 2; Mitsch, S. 119; Rosenkötter, S. 155.
[341] Für die Verhängung einer Geldbuße gegen einen Verband kann es letztlich offen bleiben, welches Organ gehandelt hat; vgl. Tiedemann, NJW 1988, S. 1173 mwN.
[342] Rosenkötter, S. 157.
[343] Vgl. Amtl. Begründung Bundesrat-Drucks. 420/66, S. 61.

Dritten zusammensetzen können.[344] Die Frage, ob der Bestellungsakt wirksam war, ist entsprechend dem Gedanken des § 9 Abs. 3 OWiG[345] irrelevant. Es kommt auf eine faktische Betrachtungsweise an.[346] Zudem sind Beschränkungen der Vertretungsmacht im Innenverhältnis unbeachtlich. Es ist lediglich auf das Außenverhältnis abzustellen.[347]

Weiter können wie bisher auch die Handlungen einer als Generalbevollmächtigter oder einer in leitender Stellung als Prokurist[348] oder Handlungsbevollmächtigter tätigen natürlichen Person zugerechnet werden. Die Person muss Vertretungsmacht innehaben und daneben eine leitende Stellung ausüben, was im Einzelfall festzustellen ist.[349] Die Einführung der Zurechnungsfähigkeit von Taten dieser Personengruppe 1994[350] war bereits längere Zeit gefordert worden und hat die Schlagfertigkeit der Norm deutlich erhöht.[351] Seitdem ist es den Vorständen nicht mehr möglich, sich hinter einer Verantwortungsdelegation zu verstecken, welche zu einer relativ unproblematischen Umgehung des § 30 OWiG führen konnte. Hierdurch wurde das Prinzip der faktischen Betrachtungsweise gestärkt.

Gleichwohl konnten Taten von anderen Leitungspersonen mit Kontrollbefugnissen seither nicht zugerechnet werden. Dies hat sich erst jetzt durch die Einführung des neuen § 30 Abs. 1 Nr. 5 OWiG geändert.[352]

---

[344] Vgl. näher dazu Schmidt, Gesellschaftsrecht, S. 409 ff.
[345] Siehe auch Teil 4 (B, I, 6, a).
[346] Rogall-KK-OWiG, § 30, Rd. 70; Rosenkötter, S. 157; Achenbach, FS Stree/Wessels, S. 562; vgl. auch Krekeler, FS-Hanack, S. 647 ff. Allgemein kritisch dazu Tiedemann, Wirtschaftsstrafrecht I, S. 174 f.; eine tatsächliche Betrachtungsweise befürwortet Bruns, JR 1984, S. 133 ff.
[347] Rogall-KK-OWiG, § 30, Rd. 69.
[348] Der Prokurist wurde ursprünglich nicht als zurechnungsfähig angesehen, da es sonst zu einer Ungleichbehandlung gegenüber natürlichen Personen kommen würde, welche für Taten der Prokuristen nur im Falle von Aufsichtspflichtverletzungen einzustehen haben. Vgl. Amtl. Begründung Bundesrat-Drucks. 420/66, S. 61.
[349] Rogall-KK-OWiG, § 30, Rd. 65 ff.
[350] Durch das 2. UKG (Gesetz zur Bekämpfung der Umweltkriminalität) vom 27.06.1994; weitere Nachweise bei Rogall-KK-OWiG, § 30, Rd. 27.
[351] Rogall-KK-OWiG, § 30, Rd. 27 mwN.
[352] Eingehend dazu Teil 4 (B, I, 4, e).

b) Nichtrechtsfähiger Verein

aa) Einzelne Verbände

Mit dem Begriff des nichtrechtsfähigen Vereins ist im Rahmen des § 30 OWiG wie bisher der Idealverein gemeint, dessen Hauptzweck nicht auf einen wirtschaftlichen Geschäftsbetrieb gerichtet ist.[353] Hintergrund der Einbeziehung dieser Vereine ist das häufig außergewöhnliche Gefälle der Vermögenssituation von Verein und Vorstand.[354]

bb) Personenkreis

Als zurechnungsfähige Täter beim nichtrechtsfähigen Verein werden die Vorstände bzw. Vorstandsmitglieder genannt. Das Merkmal der Vertretungsberechtigung ist hier entbehrlich, da es bei einem nichtrechtsfähigen Verein keine entsprechenden Kontrollorgane gibt. Zudem gilt auch hier das Prinzip der Selbstorganschaft nicht, so dass das Verhalten von dritten Personen zugerechnet werden kann, die nicht einmal Mitglieder des Verein sind.[355] Der besondere Vertreter i.S.d. § 30 BGB ist hingegen kein tauglicher Täter.[356]

Hinsichtlich der sonstigen Leitungspersonen gelten die obigen Ausführungen entsprechend. Auch hier wurde schon bisher der Bestellungsakt des Vorstandes nach der faktischen Betrachtungsweise bewertet.[357]

c) Neu: Rechtsfähige Personengesellschaft

aa) Einzelne Verbände

Eine grundlegende Neuerung folgt aus der Ersetzung des Begriffs „Personenhandelsgesellschaft“ durch „rechtsfähige Personengesellschaft“. Hintergrund für die geänderte Wortwahl in § 30 Abs. 1 Nr. 3 OWiG n.F. ist letztlich der durch das

---

[353] So Achenbach, FS Stree/Wessels, S. 552 mwN; Schmidt (Gesellschaftsrecht, S. 668 f.) weist darauf hin, dass die Unterscheidung zwischen Idealverein und wirtschaftlichem Verein nicht nur in dem Bereich der rechtsfähigen, sondern auch dem der nichtrechtsfähigen Vereine vorzunehmen ist.
[354] Vgl. Amtl. Begründung Bundesrat-Drucks. 420/66, S. 59.
[355] Vgl. näher zum nichtrechtsfähigen Verein Schmidt, Gesellschaftsrecht, S. 736 ff.
[356] Rogall-KK-OWiG, § 30, Rd. 60 mwN.
[357] Rogall-KK-OWiG, § 30, Rd. 70.

Fernabsatzgesetz vom 27. Juni 2000[358] in § 14 Abs. 2 BGB eingeführte Begriff der rechtsfähigen Personengesellschaft. Dort steht die rechtsfähige Personengesellschaft neben der natürlichen und der juristischen Person, weshalb insoweit keine Überschneidungen oder Abgrenzungsschwierigkeiten auftreten können.

Als rechtsfähige Personengesellschaft gelten zunächst die Personenhandelsgesellschaften, also insbesondere die offene Handelsgesellschaft (oHG), die Kommanditgesellschaft (KG), wie auch die GmbH & Co. KG[359] und die Partenreederei.[360] Daneben werden nunmehr aber grundsätzlich auch die Gesellschaft bürgerlichen Rechts (sub aaa), die Partnerschaftsgesellschaft (sub bbb) und die Europäische wirtschaftliche Interessenvereinigung (sub ccc) erfasst.[361] Mithin werden alle Personengesellschaften einbezogen, die positiv-rechtlich mit der Fähigkeit ausgestattet sind, Rechte zu erwerben und Verbindlichkeiten einzugehen.[362] Der Gesetzgeber stellt in der Neufassung also lediglich auf die Rechtsfähigkeit ab, während seither daneben der Begriff der Handelsgesellschaft mitbestimmend war.[363]

aaa) Gesellschaft bürgerlichen Rechts

Die Gesellschaft bürgerlichen Rechts (GbR) fiel nicht unter § 30 OWiG a.F.[364] Bei ihr handelt es sich um eine Personengesellschaft und nicht um eine Personen*handels*gesellschaft, wie es der bisherige Gesetzeswortlaut forderte.[365] Nunmehr konnte

---

[358] BGBl. I, S. 897.

[359] Schmidt, Wistra 1990, S. 133.

[360] Rogall-KK-OWiG, § 30, Rd. 37 mwN; Göhler, § 30 OWiG, Rd. 6.

[361] Sogleich näher zu diesen beiden Gesellschaftsformen.

[362] Vgl. Begründung zum Gesetzentwurf, BT-Drucks. 14/8998, S. 8.

[363] Tiedemann (Wirtschaftsstrafrecht I, S. 206) hatte ausgehend von der Rechtslage 1976 vorgeschlagen, alle Handelsfirmen als mögliche Sanktionsadressaten vorzusehen.

[364] Gemeint ist die Fassung vor dem Ausführungsgesetz zum Zweiten Protokoll; dazu Rogall-KK-OWiG, § 30, Rd. 37 mwN; Göhler, § 30 OWiG, Rd. 6; Schmitt, FS-Lange, S. 878.

[365] Zudem hatte sie kein Sondervermögen und war nicht parteifähig; vgl. auch Amtl. Begründung Bundesrat-Drucks. 420/66, S. 59. Weiter sprach in den Übergangsphasen zwischen einzelnen Rechtsformen auch der Grundsatz *in dubio pro reo* gegen die Einbeziehung der GbR. Dies ergab sich aus folgender Überlegung. Eine oHG wird im Außenverhältnis unter anderem bereits mit dem Zeitpunkt des Geschäftsbeginns wirksam, soweit sich nicht aus § 2 HGB oder § 105 Abs. 2 HGB etwas anderes ergibt (vgl. § 123 Abs. 2 HGB). Betreibt die oHG also etwa kein Handelsgewerbe i.S.d. § 1 Abs. 2 HGB, handelt es sich bei der entstandenen Gesellschaft nicht um eine oHG, sondern um eine GbR. Dasselbe gilt, wenn einst gegebene Voraussetzungen später wieder entfallen. Liegen die Voraussetzungen hingegen erneut vor, wird aus der GbR wieder eine oHG (sog. auto-

sich der Gesetzgeber offenbar den mannigfaltigen Argumenten für eine Einbeziehung[366] nicht mehr entziehen.[367] Im Einzelnen bestand zunächst scheinbar ein Widerspruch darin, dass die GbR nicht unter § 30 OWiG a.F. fiel, während der nicht rechtfähige Verein (auf den über § 54 S. 1 BGB i.V.m. §§ 705 ff. BGB die Gesellschaftsregeln anzuwenden sind) seit jeher von § 30 OWiG erfasst war.[368]

Den Grundstein für die neue Fassung aber hat der BGH in seiner wegweisenden Entscheidung[369] vom 29. Januar 2001 gelegt, in welcher er die Rechtsfähigkeit der GbR in Form einer Außengesellschaft ausdrücklich anerkannte. Hintergrund hierfür wiederum war unter anderem die Erklärbarkeit des automatischen identitätswahrenden Formwechsels von GbR in oHG et vice versa. Insgesamt hat der BGH in seiner Entscheidung die Haftung der Gesellschafter für Verbindlichkeiten der GbR derjenigen von oHG-Gesellschaftern angenähert.[370] Hieraus könnte man nun entnehmen, dass die GbR allgemein wie die oHG zu behandeln sei. Dieser Gedanke trifft aber so nicht zu. Die Entscheidung bezieht sich nur auf eine Außengesellschaft[371] und auch die Begründung zum Gesetzentwurf der Bundesregierung benennt nur „die am

---

matischer identitätswahrender Formwechsel). Es ist für Dritte (etwa Ermittler und Gericht) und selbst für die Gesellschafter im Grenzbereich nur schwer abgrenzbar, ob aktuell eine oHG oder eine GbR betrieben wird. Dasselbe gilt dann auch für die Zurechenbarkeit des Verhaltens. Wenn die Teilhaber als Gesellschafter einer oHG handeln, kann dies zu einer Verbandsgeldbuße führen, während sie bei einer GbR dieser Gefahr nach dem Wortlaut nicht begegnen. Daher empfahl es sich schon seither aus Gründen der Rechtssicherheit auch die GbR zu erfassen, was aber nach dem Gesetzeswortlaut nicht möglich war, ohne in der praktischen Anwendung auch den Grundsatz *in dubio pro reo* zu verletzen. Allerdings wurde eine Sanktionierung der „neuen" GbR in der Praxis über den Weg der Haftung bei Rechtsnachfolge (vgl. dazu näher Teil 4 [B, I, 4, f]) erreicht, wenn sie zuvor eine oHG war und aus dieser heraus die Tat begangen wurde; somit entstanden auch hier im Ergebnis keine wesentliche Sanktionierungslücken. Andererseits aber konnte bei Begehung aus einer GbR später nicht die oHG sanktioniert werden.

366 Diese wurde schon von Busch (S. 191) gefordert, der nur die Gelegenheitsgesellschaft ausschließen wollte.

367 Siehe auch Achenbach, FS Stree/Wessels, S. 550 f. mwN; zur Berücksichtigung der Auswirkung von Unternehmenssanktionen auf Mitgesellschafter bei Sanktionierung derselben als natürliche Personen vgl. Achenbach, Wistra 2002, S. 443 mwN.

368 Der nichtrechtsfähige Verein wurde dem rechtsfähigen in der praktischen Rechtsanwendung normativ angenähert; Mitsch, S. 119 mwN. Die Bezeichnung schließt lediglich die Einordnung als juristische Person aus, nicht hingegen die Fähigkeit, Träger von Rechten und Pflichten zu sein; Schmidt, Gesellschaftsrecht, S. 736 ff.

369 Vgl. BGH, WM 2001, S. 408.

370 Vgl. BGH, WM 2001, S. 408.

371 Zur Unterscheidung von Außen- und Innengesellschaft vgl. Schmidt, Gesellschaftsrecht, S. 1288 ff.

Rechtsverkehr teilnehmende“ GbR als Adressat.[372] Man kann also - insbesondere vor dem Grundsatz Strafrecht als ultima ratio - keine generelle Haftung der GbR annehmen.

bbb) Partnerschaftsgesellschaft

Auch die Partnerschaftsgesellschaft ist keine Personenhandelsgesellschaft, da sie gemäß § 1 Abs. 1 S. 2 PartG kein Handelsgewerbe ausübt.[373] Aus diesem Grund kam sie seither nicht als haftender Verband in Betracht. Zwar konnte man schon bisher die Vergleichbarkeit zu den Personenhandelsgesellschaften (etwa im Rahmen der Insolvenzfähigkeit[374]) nachweisen, doch war dies gerade nicht das vom Gesetzgeber gewählte Kriterium, ebenso wenig wie die Rechtsfähigkeit. Der Wortlaut verlangte eine Handelsgesellschaft.

Dies hat sich grundlegend geändert. Entscheidend ist nunmehr die Rechtsfähigkeit, welche sich für die Partnerschaftsgesellschaft aus der Verweisung von § 7 Abs. 2 PartGG auf § 124 Abs. 1 HGB ergibt. In ihrer Begründung führt die Bundesregierung weiter aus, der Gesetzgeber habe bereits in der (zu § 14 Abs. 2 BGB) „identischen Vorgängerregelung in § 1059a Abs. 2 BGB“ die Zugehörigkeit der Partnerschaft zu den Personengesellschaften nachgewiesen.[375] Tatsächlich wird in der Begründung nur aus der genannten Verweisung auf § 124 Abs. 1 HGB geschlossen, dass „Partnerschaften in diesem Zusammenhang ebenso behandelt werden wie die oHG“. Es handelt sich also nicht um eine generelle Gleichstellung, sondern nur um eine mit dem vorliegenden Problemkreis nicht identische bereichsspezifische Schlussfolgerung. Im Ergebnis aber fällt die Partnerschaft unter § 30 OWiG n.F. Etwas anderes ergibt sich auch nicht aus der Überlegung, dass für die Partnerschaft grundsätzlich die Regelungen der GbR anwendbar sind und nur in aufgezählten

[372] Vgl. Begründung zum Gesetzentwurf, BT-Drucks. 14/8998, S. 8.
[373] Rogall-KK-OWiG, § 30, Rd. 37.
[374] Vgl. § 11 Abs. 2 Nr. 1 InsO.
[375] Vgl. Begründung zum Gesetzentwurf, BT-Drucks. 14/8998, S. 8; vgl. zur Vorgängerregelung in § 1059a BGB Bundestag-Drucks. 13/3604, S. 7 f.

Einzelfällen[376] das oHG-Recht gilt[377], da es hier ausschließlich auf die eindeutig bestehende Rechtsfähigkeit ankommt.

ccc) Europäische wirtschaftliche Interessenvereinigung (EWIV)[378]
Die EWIV nimmt eine gewisse Sonderstellung ein. Bei ihr handelt es sich um eine Spezialrechtsform für wirtschaftliche Kooperationen, welche dem französischen *Groupement d'intérêt économique* nachgeahmt ist.[379] Gemäß § 1 EWIV-AG[380] sind auf die EWIV die für die oHG geltenden Vorschriften anzuwenden. Die Vereinigung gilt mithin als Handelsgesellschaft[381] und konnte daher schon nach § 30 OWiG a.F. „bebußt" werden.[382] Allerdings war diese Auffassung nicht unbestritten. Manche schlossen aus der steuerrechtlichen Behandlung der EWIV als Gesellschaft bürgerlichen Rechts (GbR), dass sie auch sanktionsrechtlich als GbR zu behandeln sei.[383] Nach alter Rechtslage hat sich damit der Streit um die seither fehlende Sanktionierungsfähigkeit der GbR ausgewirkt.[384] Mittlerweile kommt es hierauf jedoch nicht mehr an.

bb) Personenkreis
Der zurechnungsfähige Personenkreis besteht bei rechtsfähigen Personengesellschaften aus deren vertretungsberechtigten Gesellschaftern. Ausgehend von dieser vermeintlich klaren Formulierung ergeben sich jedoch hinsichtlich der GmbH & Co. KG (sub aaa), der GbR (sub bbb), der Partnerschaftsgesellschaft (sub ccc) und der EWIV (sub ddd) spezifische Probleme.

---

376 Also etwa der Außengesellschaft.
377 Kritisch dazu Schmidt, Gesellschaftsrecht, S. 1878.
378 Verordnung (EWG) Nr. 2137/85 des Rates vom 25.07.1985 über die Schaffung einer Europaeischen wirtschaftlichen Interessenvereinigung (EWIV), Amtsblatt Nr. L 199 vom 31.07.1985, S. 1.
379 Schmidt, Gesellschaftsrecht, S. 1902 f. mwN.
380 Gesetz zur Ausführung der EWG-Verordnung über die Europäische Wirtschaftliche Interessenvereinigung (EWIV-Ausführungsgesetz) vom 14.04.1988, BGBl. I, S. 514.
381 Schmidt, Gesellschaftsrecht, S. 1903.
382 So wohl Göhler, § 30, Rd. 4.
383 So Papachristos, S. 154 f.
384 Dagegen sprach bereits die Haftungssituation bei der EWIV. Zwar haften auch hier die Gesellschafter unbeschränkt, allerdings erst sekundär nach der Gesellschaft. Damit steht die EWIV, vom Standpunkt der Personenhandelsgesellschaften aus betrachtet, näher bei den juristischen Personen als bei der GbR. Auch die Rechtsprechung betont die Strukturnähe der EWIV zur Kapitalgesellschaft; nachgewiesen bei Papachristos, S. 153 f.

aaa) GmbH & Co. KG

Vertretungsberechtigt sind nur die unbeschränkt haftenden Gesellschafter.[385] Dies ist Ausdruck des im Bereich der Personengesellschaften geltenden Prinzips der Selbstorganschaft. Bedenken folgen daher vor allem in Bezug auf die Behandlung des vertretungsberechtigten Geschäftsführers der Komplementär-GmbH bei einer GmbH & Co. KG. Da er kein Gesellschafter der KG sein muss, wird seine Handlung uneinheitlich bewertet. Nach der Rechtsprechung reicht sie für eine Bebußung der GmbH & Co. KG aus, während die Literatur überwiegend der gegenteiligen Auffassung ist.[386]

Die Auffassung der Rechtsprechung wird unter anderem durch folgende Überlegung gestützt. Eine juristische Person haftet auch für die Taten von eigentlich außenstehenden (dritten) Organmitgliedern, wohingegen bei Personengesellschaften der Kreis der zurechnungsfähigen Personen enger ist, da diese primär dem Kern der Gesellschafter entstammen.[387] Dies würde abstrakt zu einer Besserstellung der Personengesellschaften führen, weshalb eine erweiterte Auslegung des Begriffs des Gesellschafters hier zulässig sein muss. Ausgehend von diesem Gedanken könnte man daher fordern, dass allgemein für die Personengesellschaften der Kreis der sonstigen Leitungspersonen im Rahmen der Rechtsanwendung weiter gezogen wird als bei den anderen Sanktionsadressaten. Dabei wären jedoch die Grenzen des Analogieverbotes zu beachten.

Im Übrigen wird auch hier der Bestellungsakt des Vorstandes nach der faktischen Betrachtungsweise bewertet.[388]

bbb) Gesellschaft bürgerlichen Rechts

Im Rahmen der GbR werden Handlungen von vertretungsberechtigten Gesellschaftern erfasst.[389] Bei den bereits von § 30 OWiG a.F. erfassten Personenhandelsge-

[385] Vgl. näher dazu Schmidt, Gesellschaftsrecht, S. 1648 f.
[386] Rogall-KK-OWiG, § 30, Rd. 64 mit zahlreichen weiteren Nachweisen.
[387] Die sonstigen Leitungspersonen nach § 30 Abs. 1 Nr. 5 OWiG n.F. betreffen alle Gesellschaftsformen und sind somit hier nicht zu berücksichtigen.
[388] Rogall-KK-OWiG, § 30, Rd. 70.

sellschaften kam es nicht auf die Wirksamkeit der Vertretungsmacht ihrer Gesellschafter an, vielmehr wurde dort die Vertretungsberechtigung nur zur Abgrenzung der verschiedenen Organe verwendet. Hinzu kam die faktische Betrachtungsweise.[390]

Nun tritt aber ein neues Problem auf, welches sich in der bisherigen Debatte so nicht stellte. Die seither erfassten Verbände waren allesamt gewissen Formerfordernissen (auch für den Gesellschaftsvertrag) unterworfen und es mussten bestimmte Angaben für die Eintragung in das Handelsregister gemacht werden,[391] woraus sich die Gesellschafter ermitteln ließen. Dies gilt für die GbR nicht. Man wird sich in der Verfolgung der Verbandsgeldbuße schwer damit tun, die Gesellschafter zu bestimmen, sofern nicht eben doch ein schriftlicher Gesellschaftsvertrag vorliegt. Die praktische Auswirkung dieser Problematik wird sich aber erst noch zeigen.

Zudem sprach bereits nach alter Rechtslage die Interessenverteilung teilweise gegen die Einbeziehung der GbR in den Adressatenkreis. Der Gesellschafter einer GbR handelt stets auch für sich selbst und nicht allein als Organ oder Vertreter eines anderen bzw. eines Sondervermögens. Ebenso treffen ihn die verletzten Pflichten auch selbst und ihm fließen mögliche Vorteile aus der Tat zu.[392] Es bleibt abzuwarten, wie dieser Konflikt in der praktischen Anwendung gelöst wird. Gegebenenfalls wird man ihn bei einer gleichzeitigen Sanktionierung von Gesellschafter und GbR im Rahmen der Sanktionshöhe berücksichtigen müssen.

ccc) Partnerschaftsgesellschaft

Die Partnerschaft wird von den Partnern vertreten. Da diese in das Partnerschaftsregister einzutragen sind (vgl. § 5 Abs. 1 PartGG), stellen sich die eben besprochenen Umsetzungsschwierigkeiten der GbR hier nicht. Problematisch ist hier jedoch die Frage, inwieweit der in einer Partnerschaftsgesellschaft tätige Freiberufler „in Aus-

---

389 So auch Achenbach, Wistra 2002, S. 442.
390 Vgl. etwa Teil 4 (B, I, 4, b, bb).
391 Vgl. etwa §§ 106 Abs. 2, 162 Abs. 1 HGB.
392 So Göhler, § 30, Rd. 6.

übung“ oder nur „bei Gelegenheit“ seiner Funktion als vertretungsberechtigter Gesellschafter handelt.[393] Bei diesem Parallelproblem zum GbR-Gesellschafter wird im Ergebnis wohl ein Handeln im Interesse von Partner und Partnerschaft ausreichen.[394] Auch hier könnten die Unsicherheiten im Bereich der Sanktionsbemessung eine Relativierung erfahren.

ddd) Europäische wirtschaftliche Interessenvereinigung (EWIV)

Da die EWIV im Außenverhältnis von den Geschäftsführern – und nicht wie die oHG durch vertretungsberechtigte Gesellschafter – vertreten wird,[395] sind deren Handlungen zurechenbar. Das von den juristischen Personen bekannte Prinzip der Fremdorganschaft ändert nichts an dieser Zurechenbarkeit.[396]

d) Sonderfälle „Verbände“

aa) Nicht erfasst: Unternehmen des Einzelkaufmanns

Der Betrieb eines Einzelkaufmanns wird von § 30 OWiG n.F. nach wie vor nicht erfasst.[397] Die Erweiterungen beziehen sich nur auf Gesellschaften, also Verbindungen von mindestens zwei Personen. Der Begriff des Einzelkaufmanns ist nicht mit der im Bereich der juristischen Personen anzutreffenden Ein-Mann-Gesellschaft (insbesondere der Ein Mann-GmbH) zu verwechseln. Letztere ist ihrer Rechtsnatur nach eine juristische Person.[398] Die Ein-Mann-Personen(handels)gesellschaft gibt es dagegen grundsätzlich nicht.[399] Der Einzelkaufmann ist regelmäßig ein alleine auftretender Kaufmann. Gleichwohl folgt hieraus keine Sanktionslücke, da der Einzelkaufmann als natürliche Person sanktioniert werden und die Bemessung der Sanktionshöhe unter Einbeziehung des Wertes seines Unternehmens erfolgen kann.[400]

[393] Vgl. Begründung zum Gesetzentwurf, BT-Drucks. 14/8998, S. 8.
[394] Vgl. Göhler, § 30, Rd. 24 ff.
[395] Schmidt, Gesellschaftsrecht, S. 1909.
[396] Es stellte vielmehr schon bisher ein Argument dagegen dar, die EWIV als GbR zu behandeln.
[397] Achenbach, Coimbra-Symposium, S. 292.
[398] Schmidt, Gesellschaftsrecht, S. 1243 f.
[399] Näher hierzu und Ausnahmen bei Schmidt, Gesellschaftsrecht, S. 212 f., 1311 ff.
[400] Schäfer-LK, § 75, Rd. 1. Siehe auch Ehrhardt, S. 88 f.

Etwas anderes gilt aber, wenn Dritte eine den Voraussetzungen des § 30 OWiG n.F. entsprechende Tat für das Unternehmen begehen. Für Taten seiner Mitarbeiter kann gegen den Einzelkaufmann nur dann eine Geldbuße verhängt werden, wenn die Voraussetzungen für Mittäterschaft bzw. mittelbare Täterschaft oder für eine Aufsichtspflichtverletzung i.S.d. § 130 OWiG vorliegen.[401] Andererseits kann gegen das Einzelunternehmen unter erleichterten Voraussetzungen eine Geldbuße verhängt werden, wenn eine Korporation Unternehmensinhaber i.S.d. § 30 OWiG n.F. ist.[402] Dies stellt zwar einen gewissen Wertungswiderspruch dar, doch dürfte sich dieser in der Praxis kaum auswirken, da insoweit § 130 OWiG einen hinreichenden Auffangtatbestand darstellt. Gleichwohl besteht zumindest eine theoretische Sanktionslücke.

bb) Nicht erfasst: Innengesellschaft

Schließlich werden auch von § 30 OWiG „europäisierte" Fassung keine Innengesellschaften erfasst. Dies ergibt sich daraus, dass die Innengesellschaft nicht nach außen auftritt und somit keine vertretungsberechtigten Gesellschafter als zurechenbare Täter handeln können.[403] Vielmehr schließen allenfalls einzelne Gesellschafter Rechtsgeschäfte im eigenen Namen mit Dritten ab, die dann im Innenverhältnis auf gemeinsame Rechnung der Gesellschafter erfolgt.[404] § 30 Abs. 1 Nr. 3 OWiG n.F. setzt aber ein Handeln als vertretungsberechtigter Gesellschafter voraus, bezieht sich also klar auf das Außenverhältnis. Eine solche Vertretung kann es jedoch wie gesagt bei einer Innengesellschaft nicht geben. Die Problematik der Innengesellschaften bezieht sich letztlich auf alle Gesellschaftsformen, auch auf solche, deren „entsprechende" Außengesellschaft schon seither von § 30 OWiG a.F. erfasst wurden. Etwas anderes könnte sich allenfalls aus der unten ausgeführten Gesamtbetrachtung mit § 30 Abs. 1 Nr. 5 OWiG n.F. ergeben.[405]

---

[401] Hirsch, ZStW 107, S. 309 f.; kritisch auch Schünemann, Unternehmenskriminalität, S. 166.

[402] So wohl Hirsch, ZStW 107, S. 310.

[403] Eine Innengesellschaft erschöpft sich regelmäßig in einer schuldrechtlichen Sonderverbindung; Schmidt, Gesellschaftsrecht, S. 170.

[404] Schmidt, Gesellschaftsrecht, S. 1288 ff. mwN.

[405] Vgl. hierzu die Ausführungen zu den sonstigen Leitungspersonen in Teil 4 (B, I, 4, e, bb am Ende).

Fraglich ist, ob durch den Ausschluss der Innengesellschaft eine Sanktionslücke entsteht. Betrachtet man die in der Praxis auftretenden Erscheinungsformen von solchen Innengesellschaften, ist dies im Ergebnis zu bejahen. Konsortien, Pools, Metaverbindungen und Kartelle sind regelmäßig als Innengesellschaften einzuordnen.[406] Zwar können die zusammengeschlossenen Gesellschafter der Innengesellschaften (gleich ob es sich um Verbände i.S.d. § 30 OWiG n.F. oder um Einzelpersonen handelt) für sich genommen sanktioniert werden; allerdings kann man die Sanktion nicht an der Vermögenslage der gesamten Innengesellschaft (etwa eines Kartells) bemessen, sondern nur anhand der Situation des einzelnen Innengesellschafters. Dies dürfte teilweise zu relevanten Unterschieden führen, gerade wenn man sich vorstellt, dass eine kleine Gesellschaft mit einem Großkonzern einen Pool bildet und nur Mitarbeiter der kleinen Gesellschaft relevante Handlungen vornehmen. Dann ergibt sich letztlich eine zur organisierten Unverantwortlichkeit parallele Problematik. Dort geht es um Haftung für untergeordnete Mitarbeiter und hier um Haftung für untergeordnete Mitgesellschafter. Solches sollte aber durch die Verbandssanktion gerade verhindert werden.

cc) Vorgesellschaft und faktische Gesellschaft

Die Haftungsfähigkeit von Vorgesellschaften war seither umstritten.[407] Soweit der Zusammenschluss eine GbR in Form einer Außengesellschaft darstellt, fällt er unter § 30 OWiG n.F.[408] Hingegen wurde schon für § 30 OWiG a.F. die Anwendbarkeit auf faktische Gesellschaften bejaht, da es sich letztlich um vollständig gültige Verbände handelt.[409] Hieran ändert sich nichts.

e) Auffang-Personenkreis: Sonstige Leitungsperson

Grundlegend neu ist die Aufnahme der Leitungspersonen in § 30 Abs. 1 Nr. 5 OWiG n.F. Sie wurde schon vor Jahren gefordert[410], basiert aber gleichwohl primär auf der Umsetzung des Zweiten Protokolls zum Übereinkommen über den Schutz

[406] Schmidt, Gesellschaftsrecht, S. 1709 ff.
[407] Dafür Schmidt, Wistra 1990, S. 134.
[408] So Rogall-KK-OWiG, § 30, Rd. 41.
[409] Schmidt, Wistra 1990, S. 134; Rogall-KK-OWiG, § 30, Rd. 42.
[410] Vgl. Begründung zum Gesetzentwurf, BT-Drucks. 14/8998, S. 11; siehe auch Hirsch, ZStW 107, S. 304; Achenbach, Wistra 2002, S. 443; jeweils mit zahlreichen weiteren Nachweisen.

der finanziellen Interessen der Europäischen Gemeinschaften.[411] Ein eingehender Vergleich mit diesem Protokoll folgt unten in Teil 6. Da § 30 OWiG n.F. aber nicht auf die materiellrechtlichen Tatbestände dieses Zweiten Protokolls beschränkt ist, sondern allgemein gilt, ist diese Neuregelung zunächst eigenständig zu bewerten.

Entscheidend ist, ob die Person eine gewisse Leitungsposition innehat. Der kriminalpolitische Hintergrund hierfür liegt darin, dass man der organisierten Verlagerung von Verantwortlichkeit mittels Delegierung auf nicht erfasste (formale) Positionen durch die Verwendung des weiten Begriffes wirksam begegnen möchte.[412]

Nachfolgend wird zunächst versucht, den Begriff der Leitungsperson genauer zu fassen (sub aa). Sodann werden die Grenzen der Regelung dargestellt (sub bb) und anschließend bewertet (sub cc).

aa) Begriff der Leitungsperson

Nach dem Wortlaut der Norm muss die Person für die Leitung des Betriebs oder Unternehmens einer juristischen Person bzw. einer der genannten Personenvereinigungen verantwortlich handeln. Eine solche Verantwortung kann sich etwa aus der Überwachung der Geschäftsführung oder der sonstigen Ausübung von Kontrollbefugnissen in leitender Stellung ergeben.[413]

Diese Begriffsbeschreibung ist sehr offen gestaltet. Im Gegensatz zum Zweiten Protokoll wird hier nicht auf eine Führungs- sondern auf eine Leitungsposition abgestellt, woraus sich aber kein relevanter Unterschied herleiten lässt. Personalwirtschaftlich betrachtet wird in beiden Fällen ein Über-/Unterordnungsverhältnis beschrieben. Die Person muss ähnlich dem zivilrechtlichen Direktionsrecht mit der Macht ausgestattet sein, andere zu einem bestimmten Verhalten anzuweisen. Es muss sich dabei aber um eine rechtlich fundierte Macht handeln, d.h. um eine durch

---

411 „Zweites Protokoll aufgrund von Artikel K.3 des Vertrages über die Europäische Union zum Übereinkommen über den Schutz der finanziellen Interessen der Europäischen Gemeinschaften" (ABl. 1997, Nr. C 221 vom 19.07.1997, S. 11).

412 Vgl. Begründung zum Gesetzentwurf, BT-Drucks. 14/8998, S. 11.

413 Vgl. Begründung zum Gesetzentwurf, BT-Drucks. 14/8998, S. 10.

(auch rein interne) hierarchische Strukturen und Weisungsbefugnisse gesicherte. Die faktische Macht darf hingegen nur dann genügen, wenn sie von der Unternehmensspitze, also der Organebene, lückenlos abgeleitet werden kann. Dies ergibt sich bereits aus dem Zurechnungskriterium „als" solche Person, wonach rein egoistisch motivierte Handlungen nicht erfasst werden sollen.[414] Gleichwohl scheint der Verweis, dass die Person „verantwortlich handelt" auf das Außenverhältnis abzustellen; hierbei handelt es sich jedoch offenbar lediglich um eine nicht hinreichend deutliche Formulierung. Die Leitungsperson muss gerade nicht nach außen tätig werden, sondern es genügt ein internes Handeln.

Eine solche Leitungsverantwortlichkeit kann sich nach der beispielhaften Aufzählung in § 30 Abs. 1 Nr. 5 OWiG n.F. zunächst aus der Überwachung der Geschäftsführung ergeben. Im deutschen Recht übt diese Funktion der Aufsichtsrat einer AG oder - soweit aufgrund § 52 GmbHG vorhanden - einer GmbH[415] bzw. GmbH & Co. KG aus. Aber auch eine Publikumsgesellschaft, die selbst unter anderem in Form einer KG, GbR oder Partenreederei aufzutreten vermag,[416] kann einen Aufsichtsrat bestellen[417] und würde dann unter den Regelungsbereich fallen.

Als weitere Beispiele für die Begründung einer Leitungsfunktion nennt die Bundesregierung in ihrer Gesetzesbegründung - unter Verweis auf den Erläuternden Bericht zum Zweiten Protokoll[418] - die Übertragung der Verantwortung für einen bestimmten Unternehmensbereich, etwa die interne Finanzkontrolle oder die Rechnungsprüfung. Auch der mit Leitungsbefugnissen ausgestattete Umweltbeauftragte soll erfasst werden.[419] Ob damit - wie beim Zweiten Protokoll[420] – externe Rechnungsprüfer bzw. Personen von Wirtschaftsprüfungsgesellschaften von der neuen

---

[414] Vgl. Teil 4 (B, I, 5, a).
[415] Soweit die Begründung zum Gesetzentwurf, BT-Drucks. 14/8998, S. 10.
[416] Näher Schmidt, Gesellschaftsrecht, S. 1668 ff.
[417] Schmidt, Gesellschaftsrecht, S. 1674 f.
[418] „Erläuternder Bericht zu dem Zweiten Protokoll zum Übereinkommen über den Schutz der finanziellen Interessen der Europäischen Gemeinschaften" vom 12.03.1999, ABl. 1999, Nr. C 91, S. 8 ff.
[419] Vgl. Begründung zum Gesetzentwurf, BT-Drucks. 14/8998, S. 10.
[420] Vgl. „Erläuternder Bericht zum Zweiten Protokoll" aaO, S. 11.

Regelung ausgeschlossen werden sollen, bleibt unklar, da der Gesetzgeber diesen Punkt in seiner Begründung gerade nicht mit aufgenommen hat. Gleichwohl spricht die Struktur der neuen Ziffer 5 eher für einen Ausschluss.[421] Hingegen sind der Insolvenzverwalter und der eine KG faktisch leitende Kommanditist wegen des offenen Wortlauts als taugliche Täter anzusehen.[422]

Schließlich genügt die Ausübung von Kontrollbefugnissen in leitender Stellung, wobei der Begriff der Kontrollbefugnis dem der Leitungsverantwortlichkeit unterzuordnen ist und damit einen Auffangbegriff darstellt.

bb) Grenzen und Auswirkungen der neuen Regelung

Die neue Regelung bewegt sich mit der Erweiterung auf sonstige Leitungspersonen in dem nicht unproblematischen Bereich der unbestimmten Rechtsbegriffe.[423] Das erfordert eine gewisse Gratwanderung, sind diese Begriffe doch zum einen nur schwer fassbar, zugleich aber zur effektiven Verfolgung gewisser Sachverhalte notwendig.[424] Dennoch stellt sich hierbei das Problem eines Verstoßes gegen das Bestimmtheitsgebot. Nach diesem in Art. 103 Abs. 2 GG festgeschriebenen Grundsatz muss der Tatbestand eines Strafgesetzes und einer Ordnungswidrigkeit[425] so bestimmt umschrieben werden, dass grundsätzlich berechenbar ist, ob ein geplantes Handeln strafbar ist.[426] Auch wenn dieses Postulat schwer zu verwirklichen ist, stellt erst die willkürliche Anwendbarkeit eine Grenze dar.[427] Hier hat der Gesetzgeber durch die Aufzählung der Beispielgruppen aber genügend Anhaltspunkte geschaffen, welche letztlich zu einer hinreichenden Bestimmtheit führen.[428]

[421] So im Ergebnis für externe Prüfer auch Achenbach, Wistra 2002, S. 443.
[422] Vgl. insoweit zur alten Fassung Schmidt, Wistra 1990, S. 136 f.
[423] Eine exakte Definition der auf Kontrollbefugnissen beruhenden Leitungspersonen ist mangels Formalstellung eben nicht möglich; siehe Begründung zum Gesetzentwurf, BT-Drucks. 14/8998, S. 11.
[424] Achenbach (Wistra 2002, S. 443) hält den neuen § 30 Abs. 1 Nr. 5 OWiG der Sache nach für eine Generalklausel.
[425] Mitsch, S. 21.
[426] Etwa Tröndle-Tröndle/Fischer, Vor § 13, Rd. 6.
[427] Mitsch, S. 22.
[428] Zu diesem Ergebnis kommt auch die Bundesregierung in ihrer Begründung zum Gesetzentwurf, BT-Drucks. 14/8998, S. 11; Achenbach (Wistra 2002, S. 443) bezeichnet die neue Nr. 5 daher zu Recht als Generalklausel, deren Bestimmtheit durch die vorherige Aufzählung von Beispielsfällen

Weiter könnte sich die Formulierung „des Betriebs oder Unternehmens einer juristischen Person oder ...“ auf die Auslegung des Täterkreises auch bei den anderen Ziffern auswirken. Offenbar sollen von der neuen Nr. 5 nur Leitungspersonen unternehmenstragender Gesellschaften erfasst sein. Dies könnte dann im Gegenschluss dazu führen, dass unter die neue Nr. 3 eben auch nicht unternehmenstragende Gesellschaften – wie etwa die Innen-GbR[429] – fallen sollen. Hiergegen spricht jedoch der klare Bezug auf die Rechtsfähigkeit.

cc) Stellungnahme

Der Gesetzgeber hat die schon vor Jahren durch die Einbeziehung von gewillkürten Vertretern eingeschlagene Richtung hin zur Bekämpfung der organisierten Unverantwortlichkeit weiter fortgesetzt.[430] Dieser Schritt ist sehr zu begrüßen. Es dürfte nunmehr schwer fallen, die tatsächliche Geschäftsführung auf untere Positionen zu verlagern und in der Führungsebene „Organ“hüllen ohne Leitungsmacht einzusetzen.

Speziell für die Beweisführung ergeben sich durch die neue Fassung hingegen kaum Erleichterungen. Diesem Problem wird seit jeher durch die faktische Betrachtungsweise Rechnung getragen.[431] Zudem treten die schon bisher erfassten Vertretungspersonen typischerweise nach außen auf. Allein hierdurch verbesserte sich die Beweissituation, da man externe Dritte (z.B. Kunden) als Zeugen vernehmen und dabei auch diesen zugänglich gemachte Unterlagen (etwa Visitenkarten oder Verträge) vorlegen konnte. Der neue Bezug auf rein interne Strukturen wirkt sich auf die Beweisführung daher nur unwesentlich aus.

---

gewährleistet ist. Dannecker (GA 2001, S. 122 f. mwN) hingegen bezweifelt dies und schlägt schon im Hinblick auf eine nun in § 30 OWiG n.F. vorgesehene Einbeziehung von Leitungspersonen unter Verweis auf die Law Commission for England and Wales folgende Umschreibung vor: „...director, manager, secretary or other similar officer (whether or not he was, or was validly, appointed in any such office)“.

429 Vgl. hierzu Teil 4 (B, I, 4, d, bb).

430 Vgl. 2. Gesetz zur Bekämpfung der Umweltkriminalität vom 27.06.1994 (BGBl. Teil I, S. 1440).

431 Eine tatsächliche Betrachtungsweise befürwortet Bruns, JR 1984, S. 133 ff.

f) Rechtsformwechsel

Ein Verband, dem ein von seiner Leitungsperson begangener Verstoß zugerechnet werden könnte, wird versucht sein, sich der Bebußung zu entziehen, indem er eine Gesellschaftsform annimmt, die nicht Adressat von Sanktionen sein kann.

Solches Vorgehen soll verhindert werden. Daher kann auch nach dem Wechsel der Rechtsform eine Geldbuße verhängt werden.[432] Hierfür müssen allerdings zwei Voraussetzungen erfüllt sein. Zum einen muss die frühere Gesellschaft, d.h. diejenige, unter deren Mantel die Tat beendet wurde, zum Kreis der zurechnungsfähigen Verbände gehören. Zum anderen ist eine Identität zwischen der früheren und der neuen Gesellschaft notwendig.[433] Der erste Aspekt wurde durch die Erweiterung des § 30 OWiG n.F. gestärkt. Die zweite Frage nach der Identität hängt zwar seit jeher vom Einzelfall ab, wird aber sogar dann bejaht, wenn die Gesellschafter des Verbandes gewechselt haben oder ein Unternehmen zwischenzeitlich von einem Einzelkaufmann fortgeführt wurde, der die Tat nicht selbst begangen hat.[434] Im speziellen Fall der Rückwandlung einer oHG in eine GbR wurde schon nach alter Rechtslage eine Sanktionsfähigkeit angenommen, wenn die Gesellschafter der GbR bereits Träger der Rechte und Pflichten bei der oHG waren, die Tat von einem der Gesellschafter begangen wurde und die oHG-Gesellschafter auch die GbR bilden.[435] Auch dieses Problem hat sich durch die neue Fassung des § 30 OWiG erledigt. Die theoretisch denkbare Möglichkeit, dass ein Verband für die Dauer der Tat eine Rechtsform annimmt, welche sich nicht im Adressatenkreis befindet, ist in der Praxis kaum umsetzbar. Dafür wäre die Rechtsform einer Innengesellschaft zu wählen, was die Fortführung des sonstigen Geschäftsbetriebs ausschließen würde.

---

[432] Der Wechsel nur der Firmenbezeichnung ändert hingegen nichts an der Sanktionsmöglichkeit gegen das (ursprüngliche) Unternehmen; vgl. Göhler, § 30, Rd. 38a mwN.
[433] Rogall-KK-OWiG, § 30, Rd. 43 f.; Göhler, § 30, Rd. 38b.
[434] Rogall-KK-OWiG, § 30, Rd. 45 mwN.
[435] Rogall-KK-OWiG, § 30, Rd. 46 mwN.

5) Zurechnungskriterien

Nicht jede Tat eines zurechenbaren Täters kann zu einer Verbandsgeldbuße führen. Es müssen noch weitere Zurechnungskriterien erfüllt sein. Entgegen früheren Forderungen besteht keine Beschränkung mehr auf gewisse Lebensbereiche und somit auch Tatbestände.[436] Allerdings muss der Täter „als" Vertreter eine Tat begangen haben, durch die eine betriebsbezogene Pflicht verletzt wurde oder der Verband bereichert worden ist bzw. werden sollte.

a) Begehung als Vertreter

Der hier geforderte funktionelle Zusammenhang zwischen Tat, Täter und Verband ist dann gegeben, wenn die Handlung ihrer Art nach als ein Agieren *in Wahrnehmung der Angelegenheiten des Verbandes* angesehen werden kann. Der Vertreter muss gerade diejenigen Handlungsmöglichkeiten einsetzen, die aus seiner Vertreterstellung erwachsen.[437] Dies ist jedenfalls bei rein egoistischem Handeln des Täters nicht mehr gegeben.[438] Andererseits darf es aber, ebenso wie bei § 9 OWiG und § 14 StGB, nicht auf die Kongruenz zwischen den im Innenverhältnis vereinbarten Befugnissen und der Vertretungsmacht nach außen ankommen.

Das Kriterium „als Vertreter" stellt ein notwendiges Regulativ dar, welches eine flexiblere Handhabung der Norm ermöglicht. Der Verband soll letztlich nur für diejenigen Vertreter einstehen müssen, die (noch) in seinem Sinne handeln. Die im Zivilrecht geltende Vermutung des § 344 HGB, wonach im Zweifel alle Geschäfte eines Kaufmanns Handelsgeschäfte sind, darf dabei jedoch aufgrund des Analogieverbotes nicht ins (wenn auch im weiteren Sinne) Strafrecht übertragen werden.[439]

---

[436] Zu solchen Forderungen Müller, S. 72 mwN.

[437] Achenbach, Coimbra-Symposium, S, 286 mwN.

[438] Ehrhardt, S. 36 mwN; Müller (S. 76 f.) hält dieses Kriterium hingegen für entbehrlich; sehr kritisch dazu auch Schünemann, Unternehmenskriminalität, S. 164.

[439] Zur Geltung dieses Prinzips auch im Ordnungswidrigkeitenrecht vgl. Teil 4 (B, II, 2, b, gg, aaa).

b) Verletzung einer betriebsbezogenen Pflicht

Die verletzte betriebsbezogene Pflicht muss aus dem besonderen Wirkungskreis des Verbandes stammen.[440] Dies ist der Fall, wenn Pflichten verletzt werden, deren Adressat nicht jedermann, sondern nur der Inhaber eines Unternehmens sein kann; sei es als Arbeitgeber, Teilnehmer am Außenwirtschaftsverkehr oder als Gewerbetreibender.[441] In diesem Zusammenhang richten sich primär verwaltungsrechtliche Gesetze an die Betriebsinhaber.[442] Nach Ansicht von *Müller* muss dann aber auch die Verletzung einer Pflicht ausreichen, deren Maß sich aus allgemeinen Bestimmungen (etwa der Pflicht, Veruntreuungen zu unterlassen) ergibt. Daher könne auf das Merkmal der betriebsbezogenen Pflichtverletzung verzichtet werden.[443] Die Aufsichtspflicht nach § 130 OWiG stellt einen Sonderfall betriebsbezogener Pflichten dar.[444]

c) Bereicherung bzw. Bereicherungsabsicht

Der Begriff der Bereicherung ist mit dem des Vermögensvorteils in § 263 StGB identisch. Mithin reicht für eine Bereicherung jede Erhöhung des wirtschaftlichen Wertes des Vermögens aus.[445] Letztlich wird also auf die Nutznießerschaft des Unternehmens abgestellt. Der Hintergrund dieser Regelung liegt darin begründet, dass eben auch ohne Verletzung einer betriebsbezogenen Pflicht ein unrechtmäßiger Gewinn des Verbandes abgeschöpft werden soll.[446]

---

[440] Rogall-KK-OWiG, § 30, Rd. 72; Müller (S. 73 f.) hält dieses Kriterium - ausgenommen bei Exzesstaten - hingegen für entbehrlich; kritisch dazu auch Schünemann, Unternehmenskriminalität, S. 166 f.

[441] Amtl. Begründung zu § 19 EOWiG, BT-Drucks. V/1269 (entspricht BR-Drucks. 420/66), S. 60; EOWiG, BT-Drucks. V/1319, S. 63 (bzgl. § 50a E-StGB).

[442] Ehrhardt, S. 35 f.

[443] Müller, S. 73 f.

[444] Dazu Teil 4 (B, I, 6, b).

[445] Rogall-KK-OWiG, § 30, Rd. 82.

[446] Rogall (KK-OWiG, § 30, Rd. 79 f.), der dieses Ziel aber zu Recht bereits durch § 29a Abs. 2 OWiG als erfüllt ansieht. Kritisch zum Kriterium der Bereicherung Müller (S. 74 f.) und Schünemann (Unternehmenskriminalität, S. 166 f.).

6) Bezugstaten – Erweiterung des Täterkreises

a) §§ 9 OWiG und 14 StGB „europäisierte" Fassung[447]

Sofern ein Tatbestand besondere Tätermerkmale voraussetzt, kann Täter nur sein, wer die Tat begeht und diese Merkmale erfüllt. Damit könnte die Anwendung entsprechender Sonderdelikte an sich umgangen werden, indem ein „Qualifizierter" einen „Nichtqualifizierten" die Tat begehen lässt.[448] Um dies zu verhindern erweitern § 9 OWiG n.F.[449] und § 14 StGB n.F.[450] den Kreis der Normadressaten bei Sondertatbeständen auf Repräsentanten.[451] Die Qualifikation des „Nicht-Handelnden" wird dem Handelnden zugerechnet und ermöglicht so die Sanktionierung des unqualifizierten Täters. Zugleich wird damit die Voraussetzung für die Festsetzung einer Geldbuße gegen das Unternehmen geschaffen, da aufgrund der Organ- bzw. Vertreterhaftung eine für § 30 OWiG erforderliche Bezugstat gegeben ist. Zwar ist Voraussetzung dafür, dass der Täter „als" Vertreter oder „aufgrund" des Auftrages gehandelt hat. Nach der von der Rechtsprechung entwickelten Interessentheorie ist dies aber bereits gegeben, wenn der Täter wenigstens auch im Interesse des Verbandes tätig wird. Erst bei ausschließlich egoistisch begründeter Motivation sind § 14 StGB und § 9 OWiG unanwendbar.[452]

Im Übrigen greifen diese Zurechnungsnormen auch, wenn die Rechtshandlung, welche die Vertretungsbefugnis oder das Auftragsverhältnis begründen sollte, unwirksam ist (vgl. § 14 Abs. 3 StGB, § 9 Abs. 3 OWiG). Über Abs. 3 hinaus kann jedoch eine tatsächliche Betrachtungsweise für § 14 StGB und § 9 OWiG, welche auch das Handeln sonstiger faktischer Organe ohne Rücksicht auf eine zugrundelie-

[447] „Europäisierte Fassung" und „n.F." steht für die Fassung nach dem Ausführungsgesetz zum Zweiten Protokoll.
[448] Mitsch, S. 37.
[449] § 9 OWiG wurde aufgrund des Ausführungsgesetzes zum Zweiten Protokoll ebenfalls geändert; dazu sogleich.
[450] § 14 StGB wurde aufgrund des Ausführungsgesetzes zum Zweiten Protokoll ebenfalls geändert; dazu sogleich.
[451] Zur alten Fassung dieser Normen vgl. Tiedemann, NJW 1986, S. 1842 ff.; Marxen, JZ 1988, S. 286 ff.
[452] Achenbach, Coimbra-Symposium, S. 285 mwN; a.A. die herrschende Lehre, nachgewiesen bei Achenbach aaO, S. 286.

gende unwirksame Rechtshandlung ausreichen lassen will, nicht anerkannt werden.[453]

b) Unterschiede zwischen § 30 OWiG und §§ 9 OWiG, 14 StGB

Zu bemerken bleibt, dass zwischen den Regelungen in § 30 OWiG und in § 9 OWiG bzw. § 14 StGB gewisse Unterschiede bestehen. So können bei § 9 OWiG auch Merkmale der gesetzlichen Vertreter zugerechnet werden. Zudem wird der nichtrechtsfähige Verein nur in § 30 OWiG, nicht jedoch im Rahmen von § 9 OWiG bzw. § 14 StGB erwähnt. Zur Begründung hierfür wird angeführt, dass dieser Verein aufgrund seiner fehlenden Rechtsfähigkeit die besonderen Merkmale überhaupt nicht aufweisen kann.[454] Allerdings ist der nichtrechtsfähige Verein als solcher sehr wohl fähig, Träger von Rechten und Pflichten zu sein. Dies zeigt sich etwa daran, dass er im Zivilprozess nach § 50 Abs. 2 ZPO passiv parteifähig ist und auch als klagender Beklagter (z.B. im Rahmen einer Widerklage[455]) auftreten kann.[456] Hieraus könnte sich dann eine Sanktionslücke ergeben, wenn ein Idealverein etwa als Arbeitgeber nebenbei auch wirtschaftlich tätig wird.[457]

Aufgrund der Änderungen in § 30 OWiG n.F. war auch eine Anpassung von § 9 OWiG und § 14 StGB notwendig.[458] Diese bezieht sich aber nur auf die Ersetzung des Begriffs der Personenhandelsgesellschaft durch den der rechtsfähigen Personengesellschaft. Hingegen wurde der Täterkreis hier nicht wie bei § 30 Abs. 1 Nr. 5 OWiG n.F. auf Leitungspersonen erweitert, was zu einer offenen Flanke führt.[459]

c) § 130 OWiG „europäisierte“ Fassung[460]

Innerhalb eines Unternehmens bestehen besondere Aufsichts- und Kontrollpflichten.[461] Deren Verletzung führt nach § 130 OWiG n.F. zu einer bußgeldrechtlichen

---

[453] Achenbach, Coimbra-Symposium, S. 285; a.A. Bruns, GA 1982, S. 19 ff.; JR 1984, S. 133 ff.
[454] EOWiG, BT-Drucks. V/1319, S. 63 (bzgl. § 50a E-StGB).
[455] Putzo-Thomas/Putzo, ZPO, § 50, Rd. 7.
[456] Näher dazu Schmidt, Gesellschaftsrecht, S. 750 ff. mwN.
[457] Achenbach, FS Stree/Wessels, S. 552 f.
[458] Vgl. Begründung zum Gesetzentwurf, BT-Drucks. 14/8998, S. 7, 8, 10.
[459] So Achenbach, Wistra 2002, S. 445.
[460] „Europäisierte Fassung“ und „n.F.“ steht für die Fassung nach dem Ausführungsgesetz zum Zweiten Protokoll.

Verantwortlichkeit des Unternehmensinhabers, gleich ob hierdurch eine Straftat oder eine Ordnungswidrigkeit begangen wurde.[462] Dabei ist § 130 OWiG n.F. die praktisch relevanteste Bezugstat des § 30 OWiG n.F. Nach allgemeiner Auffassung handelt es sich bei dem Tatbestand der Aufsichtpflichtverletzung um ein echtes Unterlassungsdelikt.[463] Ein Einschreiten gegen den Verband wird auch dann ermöglicht, wenn die nicht verhinderte betriebsbezogene Zuwiderhandlung unterhalb der Organ- oder Vertreterebene begangen worden ist. Die Aufsichtspflichtverletzung muss aber von dem Betriebsinhaber[464] oder einer in § 9 OWiG n.F. bezeichneten Person begangen werden.

Im Rahmen der Änderungen durch das Ausführungsgesetz zum Zweiten Protokoll wurde ausschließlich der Bußgeldrahmen entsprechend der Neufassung von § 30 Abs. 2 OWiG angepasst.[465] Mithin führt auch hier die Nichtanpassung an § 30 Abs. 1 Nr. 5 OWiG n.F. (sonstige Leitungspersonen) zu einer Regelungslücke.

7) Zwischenergebnis

Insgesamt werden nach neuer Rechtslage lediglich das Unternehmen des Einzelkaufmanns und die Innengesellschaft nicht von der Verbandshaftung erfasst. Eine bemessungsrelevante Lücke besteht daraus aber nur für letztere.

Im Bereich des Täterkreises werden nach wie vor nicht die Taten aller Mitarbeiter abgedeckt.[466] Der vom Gesetzgeber zu Recht eingeschlagene Weg der Erweiterung des Täterkreises um sonstige Leitungspersonen in § 30 OWiG n.F. entfaltet jedoch erst dann seine volle Wirkung, wenn auch die Regelungen in §§ 9, 130 OWiG n.F. insoweit angepasst werden. Im diesem Fall wäre eine Haftung für jeden Mitarbeiter

---

461 Zu deren Umfang zuletzt Korte, NStZ 2002, S. 589.

462 Kritisch Schünemann, Madrid-Symposium, S. 276.

463 Rogall-KK-OWiG, § 130, Rd. 36; Göhler, § 130 OWiG, Rd. 9 jeweils mwN. Daraus folgert die herrschende Meinung, dass es sich bei § 130 OWiG um ein abstraktes Gefährdungsdelikt handelt, wobei die Begehung der Pflichtverletzung lediglich eine objektive Bedingung der Ahndung sei. Vgl. auch Otto, Jura 1998, S. 413 ff.

464 Betriebsinhaber kann auch eine juristische Person oder eine Personenvereinigung sein; vgl. Göhler, § 130, Rd. 6.

465 Vgl. Achenbach, Wistra 2002, S. 442.

466 Dies hat Möschel (FS-Kummer, S. 447) schon vor Längerem gefordert.

bereits möglich, wenn eine sonstige Leitungsperson erforderliche Aufsichtsmaßnahmen unterlassen hat. Der Gesetzgeber bleibt aufgefordert, diese Änderung vorzunehmen.

II) Verbandssanktion

Die Rechtsfolgen werden in § 30 OWiG „europäisierte" Fassung unter anderem wie folgt geregelt:[467]

...

(2) Die Geldbuße beträgt

*1. im Falle einer vorsätzlichen Straftat bis zu **einer Million** Euro,*

*2. im Falle einer fahrlässigen Straftat bis zu **fünfhunderttausend** Euro.*

Im Falle einer Ordnungswidrigkeit bestimmt sich das Höchstmaß der Geldbuße nach dem für die Ordnungswidrigkeit angedrohten Höchstmaß der Geldbuße. Satz 2 gilt auch im Falle einer Tat, die gleichzeitig Straftat und Ordnungswidrigkeit ist, wenn das für die Ordnungswidrigkeit angedrohte Höchstmaß der Geldbuße das Höchstmaß nach Satz 1 übersteigt.

(3) § 17 Abs. 4 und § 18 gelten entsprechend.

...

In § 17 Abs. 4 OWiG findet sich folgende Regelung[468]:

(4) Die Geldbuße soll den wirtschaftlichen Vorteil, den der Täter aus der Ordnungswidrigkeit gezogen hat, übersteigen. Reicht das gesetzliche Höchstmaß hierzu nicht aus, so kann es überschritten werden.

---

[467] Die Neuerungen wurde durch den Verfasser mittels Fettdruck hervorgehoben.

[468] Durch die Begrenzung auf den wirtschaftlichen Vorteil sind keine unbestimmt hohen Bußgelder möglich, weshalb die Norm verfassungsrechtlich unbedenklich ist; Göhler, § 17, Rd. 50.

1) Sanktionsadressaten[469]

Der Kreis der Sanktionsadressaten muss mit dem der Normadressaten nicht zwingend identisch sein.[470] Vorliegend werden in § 30 OWiG n.F. aber schon keine bestimmten Normadressaten bestimmt. Gleichwohl können die benannten Gesellschaften für das Verhalten ihrer Mitarbeiter sanktioniert werden, wenn diese Personen vom Täterkreis erfasst sind. Damit kommen sämtliche der oben im Rahmen des Täterkreises genannten Gesellschaften als Sanktionsadressaten in Betracht.[471]

Der nationale Gesetzgeber hat von einer abschließenden Aufzählung der zivilrechtlichen Gesellschaftsformen abgesehen, welche als Norm- bzw. Sanktionsadressaten in Frage kommen. Vielmehr stellt er auf die letztlich relevante Vermögensträgerschaft i.S.d. Rechtsfähigkeit ab.[472] Seit der teilweisen Einbeziehung der Gesellschaft bürgerlichen Rechts und der Partnerschaftsgesellschaft bestehen im Ergebnis kaum Regelungslücken, obwohl die Normierungstechnik durch ihre Unentschlossenheit im Grenzbereich zu Abgrenzungsschwierigkeiten führen kann.[473]

2) Rechtsnatur der Verbandsgeldbuße

Die Verbandsgeldbuße nach § 30 OWiG n.F. ist eine ordnungswidrigkeitenrechtliche Sanktion und mithin Strafe im weiteren Sinn. Diese vermeintlich unumstößliche Aussage soll nachfolgend jedoch anhand einer Überprüfung der Unterschiede zur Strafe im engeren Sinn hinterfragt werden.

Dazu werden zunächst die Theorien zur Abgrenzung von Kriminalstraftat und Ordnungswidrigkeit vorgestellt (sub a). Sodann werden die Sanktionsarten Kriminalstrafe und Geldbuße auf auch unter praktischen Gesichtspunkten relevante Unterschiede hin überprüft (sub b).

---

[469] Kriminelle Vereinigung i.S.d. § 129 StGB scheiden von vornherein als Sanktionsobjekt aus, da ihr Gründungsakt wegen Gesetzesverstoß nichtig ist; vgl. etwa Stratenwerth, FS-Schmitt, S. 297; Hirsch, ZStW 107 (1995), S. 300. Andererseits sollte gerade hier eine Sanktionierung zugelassen werden, da sie regelmäßig auf Dauer angelegt sind und sich nicht nach einer Tat wieder auflösen.

[470] Vgl. Kelsen, Reine Rechtslehre, S. 125 f.

[471] Teil 4 (B, I, 4).

[472] Im Gegensatz zum europäischen Verordnungsgeber („Unternehmen"); vgl. näher hierzu Teil 4 (A, II, 1, a).

[473] Zu Einzelheiten vgl. insbesondere Teil 4 (B, I, 4, c und d).

a) Abgrenzung von Kriminalstraftat und Ordnungswidrigkeit

Die Abgrenzung[474] von Kriminalstraftat und Ordnungswidrigkeit kann entweder formal aus der Sicht des Rechtsanwenders (sub aa) oder materiell aus Sicht des Gesetzgebers (sub bb) vorgenommen werden.

aa) Formale Abgrenzung

Formal ergibt sich die Abgrenzung entweder anhand der Bezeichnung der Rechtsfolge als Geldbuße oder durch Beschreibungen der Art *„...ordnungswidrig handelt, wer..."* im Gesetzestext. In diesen Fällen handelt es sich um Strafen im weiteren Sinn.[475] Diese einfache formale Abgrenzung ist notwendig, da es sich bei Ordnungswidrigkeiten meist um Massenverstöße handelt und die Rechtsanwender nur selten Volljuristen sind.[476]

bb) Materielle Abgrenzung

Die formale Abgrenzbarkeit setzt eine vorherige materielle Einordnung durch den Gesetzgeber voraus. Dieser trifft die Entscheidung darüber, welcher Verstoß als Ordnungswidrigkeit und welcher als Straftat einzuordnen ist. Die Relevanz der Einordnung liegt darin, dass das StGB auf Ordnungswidrigkeiten keine Anwendung findet und somit insbesondere die Sanktionen des StGB[477] nicht verhängt werden können.[478] Der Gesetzgeber kann als Rechtsfolge für eine Kriminalstraftat eine Kriminalstrafe, für eine Ordnungswidrigkeit eine Geldbuße festsetzen.[479]
Seine Entscheidung kann er jedoch nicht frei treffen; es gilt vielmehr der Grundsatz, dass etwas, das materiell Straftat ist, nicht als Ordnungswidrigkeit bewertet werden darf und umgekehrt.[480]

Zur materiellen Abgrenzung wurden verschiedene Theorien entwickelt, welche entweder einen qualitativen (sub aaa), einen quantitativen (sub bbb) oder einen ge-

---

[474] Anschauliche und kritische Darstellung bei Günther, S. 387 ff.
[475] Näher Mitsch, S. 8 f.
[476] Mitsch, S. 8.
[477] Also Kriminalstrafen.
[478] Mitsch, S. 8 mwN.
[479] Zwar existieren daneben weitere Sanktionen, doch werden diese aufgrund ihrer untergeordneten Bedeutung nachfolgend nicht besprochen.
[480] Mitsch, S. 10.

mischt qualitativ-quantitativen (sub ccc) Unterschied zwischen Kriminalstraftat und Ordnungswidrigkeit annehmen.[481] Diese Ansätze beziehen sich zwar primär auf die Frage der Rechtsnatur des Verstoßes und nicht der folgenden Sanktion (Kriminalstrafe oder Geldbuße). Gleichwohl schlagen sie auf die Sanktionen durch, da sich Tatbestand und Rechtsfolge insoweit nicht trennen lassen.[482] Schließlich stellt sich die Frage, ob in § 30 OWiG n.F. nicht gegen die Abgrenzungstheorien verstoßen wird (sub ddd).

aaa) Qualitative Theorie

Noch Anfang dieses Jahrhunderts[483] wurde im Anschluss an die Lehren vom Verwaltungsstrafrecht ein *qualitativer* Unterschied, also ein Aliud-Verhältnis,[484] angenommen.[485] Danach schütze das Kriminalstrafrecht wesensmäßig vorgegebene Rechtsgüter des Einzelnen und der Gemeinschaft.[486] Das Ordnungswidrigkeitenrecht hingegen sehe diesen Schutz nur als Motiv für die jeweilige Regelung an; der Unrechtscharakter liege hier in der Störung staatlicher Verwaltungstätigkeit.[487] Ordnungswidrigkeiten seien daher erst durch den Gesetzgeber konstituiertes Unrecht, das seinen Unwert primär im Rechtsungehorsam hätte.[488] Die Verletzung grundlegender Ordnungsregeln des Staates sei wesensmäßig etwas anderes als der bloße Verwaltungsungehorsam. Daher fehle es der Ordnungswidrigkeit im Gegensatz zur Kriminalstraftat an einer sozial-ethischen Missbilligung.[489] Nach dieser An-

---

[481] Dazu auch Winkler, S. 36 ff. mwN.

[482] Nach Tiedemann (FS-Jescheck, S. 1415; Tatbestandsfunktionen, S. 48 f.) kann auch von der Rechtsfolge auf die materielle Bewertung des Unrechts durch den Gesetzgeber geschlossen werden. Vgl. auch Müller, S. 40.

[483] Vertiefend Jakobs, S. 50 ff.

[484] Nach dieser Ansicht wäre eine Geldbuße somit nicht Strafe im weiteren Sinne; gleichwohl wird diese Auffassung aus Gründen der Übersichtlichkeit an dieser Stelle beschrieben.

[485] Ausführlich hierzu Tiedemann (Wirtschaftsstrafrecht I, S. 115 ff.), der auch auf die Habilitationsschrift „Das Verwaltungsstrafrecht" von Goldschmidt (1902) hinweist. Weitere Nachweise bei Winkler, S. 36 ff.; Müller, S. 36. Vgl. auch Hamm, NJW 1998, S. 662 f.

[486] Mitsch, S. 11; Müller, S. 36.

[487] Mitsch, S. 10. Lange (JZ 1957, S. 233 ff.) wehrt sich bereits gegen die Formulierung des BGH aus dem Jahre 1957, es handle sich „nur um Ordnungswidrigkeiten".

[488] Müller, S. 36 mwN.

[489] Hirsch, ZStW 107 (1995), S. 289 mwN.

sicht fehlt der Geldbuße jede Beziehung zur Sühneidee, zudem diene sie weder einem Sicherungszweck noch der Resozialisierung des Rechtsgenossen.[490]

bbb) Quantitative Theorie

Später[491] hat man mit der Begründung, dass die Ordnungswidrigkeit eine lediglich abgeschwächte sozial-ethische Missbilligung enthalte, einen *quantitativen* Unterschied angenommen, welcher Ausdruck eines geringeren Unwertgehaltes sei.[492] Nach dem rechtlich relevanten Charakter seien Ordnungswidrigkeit und Straftat aber gleichwertig.[493] Ein Unterschied bestehe nur in Gewicht und Umfang der Merkmale, die ihr grundsätzlich gemeinsames Wesen prägen (Plus-Minus-Verhältnis). Die Ordnungswidrigkeit ist danach eine Straftat im weiteren Sinne mit geringem Unrechts- und Schuldgehalt.[494] Dennoch stelle die Geldbuße nicht nur eine in die Zukunft gerichtete Pflichtenmahnung, sondern auch eine Ahndung für vergangenes Fehlverhalten dar. Mithin kommt ihr ein Sühnecharakter[495] zu und sie wirkt ebenso wie die Kriminalstrafe auch spezial- und generalpräventiv.[496]

ccc) Gemischt qualitativ-quantitative Theorie

Mittlerweile wurde die qualitative Theorie durch die sog. *gemischt qualitativ-quantitative Theorie*[497], welche sich an die Rechtssprechung des BVerfG[498] anlehnt, als herrschende abgelöst.[499] Nach dieser gemischten Theorie besteht grundsätzlich keine qualitative Wesensverschiedenheit; auch das Ordnungswidrigkeitenrecht bezwecke Rechtsgüterschutz und zwar teilweise sogar Individualrechtsgüterschutz.[500] Mithin sei der Unterschied im Ansatz quantitativ, die Ordnungswidrigkeiten hätten lediglich einen geringeren Unrechts- und Schuldgehalt; auch die Begehungsweise

---

490 Müller, S. 40 f. mwN.
491 Jedenfalls nach der Entkriminalisierung des Straßenverkehrsrechts 1968; vgl. Müller, S. 36.
492 Mitsch, S. 11 mwN.
493 Mitsch, S. 10.
494 Mitsch, S. 10.
495 Müller, S. 41 mwN; Schoreit, GA 1967, S. 225.
496 Müller, S. 41 mwN.
497 Nachweise bei Mitsch, S. 12.
498 BVerfGE 27, S. 18, 28; BVerfGE 45, S. 272, 289.
499 Vgl nur Hirsch, ZStW 107 (1995), S. 290 mwN; Weber-BWM, S. 46; Jescheck AT, S. 58 f.; Jakobs, S. 54 f.; Göhler, Vor § 1, Rd. 6 mwN.
500 Mitsch, S. 11.

erreiche meist nur einen niedrigeren Verwerflichkeitsgrad. Zudem hätten die betroffenen Rechtsgüter einen geringeren Wert bzw. wären weniger intensiven Beeinträchtigungen ausgesetzt. Letztlich bestehe die Funktion der Ordnungswidrigkeit darin, einen Denkzettel bzw. eine Ermahnung zu erteilen; sie solle aber keine entehrende oder diskriminierende Wirkung haben.[501] Der ordnungswidrigkeitenrechtlichen Sanktion fehle der Ernst des staatlichen Strafens.[502]

In den Kernbereichen von Ordnungswidrigkeiten- und Kriminalstrafrecht sei der Unterschied hingegen qualitativer Art.[503] Der Kernbereich sozial-ethischer Vorwerfbarkeit umfasse alle bedeutsamen Unrechtstatbestände[504] und sei dem Kriminalstrafrecht vorbehalten. Gewichtige und elementare Gemeinschaftsgüter[505] muss der Gesetzgeber strafrechtlich schützen.[506] Hingegen stellen Verstöße gegen Regelungen zur Erleichterung der Verwaltungstätigkeit nur eine Ordnungswidrigkeit dar.[507] Im Grenzbereich hingegen erfolgt eine quantitative Angrenzung.[508] Somit sind die Übergänge von Ordnungswidrigkeit und Straftat fließend und nur annäherungsweise bestimmbar.

Dem Gesetzgeber steht für die Einordnung der Sanktionen ein gewisser Ermessensspielraum zu, der seine Grenze im Verfassungsrecht findet.[509] Das BVerfG überprüft die gesetzgeberische Entscheidung nur daraufhin, ob sie mit den Bestimmungen der Verfassung, insbesondere dem Verhältnismäßigkeitprinzip, den ungeschriebenen Verfassungsgrundsätzen und Grundentscheidungen des Grundgesetzes über-

---

[501] Mitsch, S. 11 f.
[502] Vgl. BVerfGE 22, S. 49, 81; BVerfGE 27, S. 18, 28.
[503] So auch die ständige Rechtsprechung des BVerfG; vgl. etwa BVerfGE 27, S. 18, 28; BVerfGE 45, S. 272 ,289. Siehe auch Weber-BWM, S. 46 mwN.
[504] BVerfGE 22, S. 49, 81. Siehe auch Lange, JZ 1957, S. 237.
[505] Gemeint sind Rechtsgüter mit Gemeinschafts- oder Sozialbezug, also ggf. auch Individualrechtsgüter; vgl. hierzu eingehend Vogel, StV 96, S. 111.
[506] So letztlich Tiedemann (Tatbestandsfunktionen, S. 30), der sogar einen „strikten" Kernbereich umschreibt.
[507] Weber-BWM, S. 46; Göhler, Vor § 1, Rd. 8.
[508] Müller, S. 38 mwN.
[509] Siehe dazu Teil 4 (B, II, 2, a, bb); Mitsch, S. 10; Eser-SchSch, Vorbem. zu § 1, Rd. 29 mwN; vertiefend Volk ZStW 83 (1971), S. 422 ff. mwN.

einstimmen,[510] nicht hingegen ob die Einordnung zweckmäßig oder vernünftig ist.[511] Dabei ist festzustellen, dass die Hürde des Gerichts, einen Verstoß „nach unten" gegen das Übermaßverbot anzunehmen, sehr hoch liegt. Eine Kriminalstrafe ist zum Schutz einer Vielzahl von Rechtsgütern noch zulässig. Die Frage nach dem Untermaßverbot, bei welchem ein Verstoß „nach oben" vorliegt und statt einer Verwaltungssanktion eine Strafe einzuführen ist, wurde weit weniger dezidiert untersucht.[512] Im Ergebnis dürfen die Nachteile durch die Anwendung von Strafrecht nicht außer Verhältnis zu dem damit erzielbaren Nutzen stehen.[513] Bei der Abwägung sind auch pragmatische Gesichtspunkte zu berücksichtigen, wie etwa die einfachere prozessuale Bewältigung im Bußgeldverfahren oder die teilweise größere Sachkompetenz der Verwaltungsbehörden.[514]

ddd) Annex: Geldbuße für Straftat?

Der vorliegend näher zu untersuchende § 30 OWiG n.F. sieht unter gewissen Voraussetzungen für die Ordnungswidrigkeit *oder Straftat* einer Leitungsperson einheitlich die Verhängung einer Geldbuße[515] gegen einen Verband vor. Damit droht der Gesetzgeber auf den ersten Blick auch im Kernbereich materiellen Strafrechts eine Geldbuße an, was aus Sicht der Allgemeinheit insbesondere einen Verstoß gegen das dem Verhältnismäßigkeitsgrundsatz entstammende Untermaßverbot darstellen könnte.[516] Dies ist jedoch mit Blick auf die besondere dogmatische Konstruktion des § 30 OWiG n.F. zu verneinen.

Während sich die Abgrenzungstheorien primär auf Tatbestände beziehen, mit welchen der Gesetzgeber ein bestimmtes Verhalten entweder als Straftat oder als Ordnungswidrigkeit einstuft und entsprechend mit einer Kriminalstrafe oder einer

---

[510] Vertiefend Vogel (StV 96, S. 113 f.), der auch darauf hinweist, dass der Grundsatz der Subsidiarität des Strafrechts im Kernbereich nicht gilt.
[511] Vogel, StV 96, S. 112.
[512] Vgl. Vogel, StV 96, S. 112 ff.
[513] Hierunter fällt auch das Untermaßverbot; vgl. Göhler, Vor § 1, Rd. 8 mwN; Mitsch, S. 14.
[514] Mitsch, S. 14.
[515] Der Begriff des Bußgeldes ist identisch; Tiedemann, Wirtschaftsstrafrecht I, S. 120.
[516] Auf eine Differenzierung im Grenzbereich kommt es mithin nicht mehr an. Vertiefend zur Strafpflicht des Gesetzgebers Tiedemann, Verfassungsrecht, S. 50 ff.

Geldbuße versieht, handelt es sich hier um eine *nachgeschaltete Zusatzhaftung*. Es kann nicht Pflicht des Gesetzgebers sein, etwa das Grundrecht auf Leben mit Kriminalstrafen gegen alle von einer Verletzungshandlung irgendwie Profitierenden zu sichern. Es muss ausreichen, dass der die Tötung Ausführende mit einer entsprechenden Sanktion belegt wird. Man wird kaum verlangen können, dass der Verstoß mehrfach sanktioniert werden muss, zumal der Verband den Verstoß nicht selbst begeht, sondern nur dafür haftet.[517] Hiergegen spricht auch nicht die Überlegung, dass das Verfahren gegen den Individualtäter eingestellt werden und der Schutz dann nur noch von der Verbandssanktion gewährleistet werden könnte. Da die Einstellung als Element des strafrechtlichen Schutzes des Kernbereichs bereits für sich genommen verfassungsrechtlich unbedenklich ist, sind Bedenken im Hinblick auf das Untermaßverbot hier zu verneinen.

b) Unterschiede zwischen Kriminalstrafe und Geldbuße

Aus Sicht der betroffenen Verbände stellt sich insbesondere aufgrund des beachtlichen Sanktionsrahmens die Frage, ob und inwieweit sich die in § 30 OWiG n.F. normierte Geldbuße von einer potentiellen Verbandsstrafe unterscheidet.[518] Sofern es sich bei der Geldbuße materiell um eine Kriminalstrafe handelt, kommt ein Verstoß gegen die bereits in Teil 3 dargestellten Prinzipien in Betracht.[519] Die nachfolgende Prüfung orientiert sich an wichtigen Kriterien, den zu beachtenden Grundsätze und den Verfahrensabläufen.

Die *Kriminalstrafe*[520] stellt ein öffentliches sozial-ethisches Unwerturteil über den Täter wegen einer von ihm begangenen rechtswidrigen, schuldhaften und strafbaren

[517] Andererseits bleibt nach Hirsch (ZStW 107 [1995], S. 290) der ethische Unwertgehalt der von § 30 OWiG erfassten Straftaten bestehen.
[518] Die Kriterien orientieren sich an der Prüfungstechnik des BVerfG, welches die Frage nach der Rechtsnatur primär anhand der Wirkungen der Sanktion untersucht; eingehend hierzu Volk, ZStW 83 (1971), S. 405 ff.
[519] Es kann nicht nur von der Tatbestandsseite auf die Rechtsfolge geschlossen werden, sondern auch umgekehrt von der Sanktion auf die Qualität des Verstoßes; Tiedemann, FS-Jescheck, S. 1415; Volk, ZStW 83 (1971), S. 409; Müller, S. 38 mwN.
[520] Kritisch zum Versuch der Bestimmung des Wesens der Strafe durch das BVerfG Volk, ZStW 83 (1971), S. 420 ff.

Handlung dar.[521] Nach der herrschenden Vereinigungstheorie[522] bezweckt die Verhängung einer Kriminalstrafe zum einen die Vergeltung der begangenen Straftat (Repression).[523] Zum anderen soll aber auch die Vorbeugung und Verhinderung künftiger Straftaten (Prävention) erreicht werden[524], wobei sich die Präventionswirkung sowohl auf den Täter (Spezialprävention), als auch auf die Allgemeinheit (Generalprävention) bezieht.[525] Dasselbe gilt für die *Geldbuße*, welche als Rechtsfolge der Begehung einer Ordnungswidrigkeit verhängt werden kann. Sie setzt neben der Tatbestandsmäßigkeit und Rechtswidrigkeit auch die Vorwerfbarkeit[526] voraus.[527]

aa) Sühnegedanke

Nach der qualitativen Theorie zur Abgrenzung von Straftat und Ordnungswidrigkeit kommt der Geldbuße keine Sühnefunktion zu.[528] Sie ist kein Ausgleich für sozialethische Schuld, sondern in erster Linie darauf gerichtet, eine bestimmte Ordnung durchzusetzen.[529] Da die qualitative ein Element der herrschenden gemischt qualitativ-quantitativen Theorie ist, gilt dies mittlerweile nur noch in den Kernbereichen der jeweiligen Sanktion, da die qualitative Theorie nur dort greift. Im Grenzbereich hingegen kann man der Geldbuße wohl kaum eine Sühnefunktion absprechen.[530]

---

[521] Vgl. Jescheck AT, S. 65; ders. -LK, Einl., Rd. 21; siehe auch BVerfGE 22, S. 125, 132.

[522] Etwa Weber-BWM, S. 25 ff. Dort ist auch beschrieben, dass die Literatur innerhalb der Vereinigungstheorie stärker die relativen Theorien betont, während die Rechtsprechung gleichwohl vorrangig auf den Sühnegedanken abstellt. Die Grenze ist auch für die Judikative das schuldangemessene Maß; sie verfolgt dabei die Spielraumtheorie, wonach die präventiven Zwecke innerhalb eines Rahmens zwischen schon und noch schuldangemessener Strafe berücksichtigt werden können.

[523] Weber-BWM, S. 22 f.; dieser Ansatz beruht auf den absoluten Straftheorien, welche vor allem von Kant und Hegel vertreten wurden.

[524] Basierend auf den sog. relativen Theorien.

[525] Näher hierzu etwa Weber-BWM, S. 16 ff.

[526] Welche der Schuld entspricht.

[527] Mitsch, S. 9. Auch in weiteren nationalen Rechtsordnungen der EG-Mitgliedsstaaten gibt es eine ähnliche Unterscheidung von Kriminalstrafrecht und Verwaltungssanktionsrecht, wobei letzterem eine gewisse Nähe zum Strafrecht überwiegend zugesprochen wird; vgl. im einzelnen Böse, S. 40 ff.

[528] Im Gegensatz zur quantitativen Theorie; vgl. Teil 4 (B, II, 2, a, bb, aaa und bbb).

[529] Vgl. Göhler, Vor § 1, Rd. 9 mwN; Tiedemann, Wirtschaftsstrafrecht I, S. 148 f.; beide erklären dies aber ohne Differenzierung nach den unterschiedlichen Theorien. Es bleibt daher unklar, ob sie der Geldbuße den Sühnegedanken auch im Grenzbereich absprechen wollen. Sofern dies der Fall ist, kann man dagegen vortragen, dass eine sehr hohe Sanktion eben auch einen besonderen Tadel mit sich bringt und zu einer entsprechenden staatlichen Bestrafung führt.

[530] Vgl. auch Sieber, FS-Geerds, S. 116 f.; ders., Europäische Rechtsakademie, S. 72 f.

Die Unternehmensdelinquenz spielt sich aber überwiegend in eben diesem Grenzbereich ab, soweit man etwa von Betrugsfällen oder Wettbewerbsverstößen ausgeht. Hier handelt es sich nicht um den Kernbereich sozial-ethischer Vorwerfbarkeit. Man kann vielmehr über die Einordnung durchaus geteilter Meinung sein.[531] Folglich richtet sich die Beantwortung der Frage, ob die Geldbuße auch den Sühnegedanken verfolgt, schwerpunktmäßig nach der quantitativen Theorie. Diese wiederum spricht der Geldbuße aber ein gewisses (wenn auch geringeres) Maß an Sühnefunktion zu, welches im Ergebnis wohl von der Höhe der Sanktion abhängt.[532] Der Sühnegedanke liegt damit zumindest teilweise auch der Geldbuße zu Grunde.

bb) Prävention

Da sowohl die qualitative, als auch die quantitative Theorie sämtliche präventiven Aspekte auch bei der Geldbuße bejahen,[533] kann nach der gemischt qualitativ-quantitativen Theorie nichts anderes gelten. Damit lässt sich hieraus kein praktischer Unterschied zwischen Kriminalstrafe und Geldbuße ableiten.

cc) Sozial-ethische Missbilligung

Die sozial-ethische Verwerflichkeit, die im Kernbereich der Kriminalstrafe ausgesprochen wird, stellt das wichtigste Abgrenzungskriterium dar.[534] Die Verhängung einer Geldbuße beinhalte nicht den Vorwurf sittlichen Versagens.[535] Diese Aussage wird mit guten Gründen bestritten.[536]

---

[531] Siehe hierzu etwa Weber-BWM, S. 46 f.

[532] Hierzu auch sogleich im Rahmen der sozial-ethischen Missbilligung.

[533] Vgl. Teil 4 (B, II, 2, a, bb, aaa und bbb); siehe auch Müller, S. 41; Ehrhardt, S. 71; Göhler, Vor § 1, Rd. 9; Volk, ZStW 83 (1971), S. 418 f. mwN.

[534] Überblick bei Ehrhardt, S. 65 mit zahlreichen Nachweisen. Vgl. auch Paliero, Madrid-Symposium, S. 249.

[535] Tiedemann, FS-Jescheck, S. 1415; skeptisch auch Appel, S. 220 ff.; zahlreiche Nachweise bei Rebmann/Roth/Herrmann, Vor § 1 OWiG, Rd. 13.

[536] Vgl. auch Kaufmann (FS-Lange, S. 36), der bei der Maßregel zur Besserung und Sicherung die fehlende „sozialethische Valenz" bestreitet.

So wird bereits bezweifelt, ob man überhaupt zwischen ethisch fundierten und wertneutralen Verhaltensnormen unterscheiden kann.[537] Doch selbst wenn man dies bejaht, stellt sich die Frage, ob speziell Verbände einem sittlichen Unwerturteil zugänglich sind oder ob sich moralische Normen nicht ohnehin nur an natürliche Personen richten können.[538] Nach der Ansicht, dass Strafe letztlich nicht mehr an die sittliche Persönlichkeit anknüpft, sondern präventiv wirkt,[539] können auch Verbände im Bereich der Ordnungswidrigkeiten gegen sozial-ethische Normen verstoßen. Zwar betrifft die Ordnungswidrigkeit generell nur eine abstrakte Gefährdung, doch finden sich entsprechende Tatbestände auch im StGB. Die Einordnung ist eher historisch bedingt und weniger ein Ausfluss konkreter Abgrenzungstechnik.[540]

Dagegen, dass der Geldbuße eine sozial-ethische Missbilligung fehle, spricht zudem die soziale Realität. Eine sittliche Missbilligung wird nur ausgesprochen, wenn die Allgemeinheit einen bestimmten Vorgang auch als ernsthaftes Versagen empfindet.[541] Gerade die Sozialethik unterliegt aber ständigen Veränderungen durch den Wandel von Moralvorstellungen innerhalb der Gesellschaft.[542] War in den Anfangstagen des Ordnungswidrigkeitenrechts[543] aufgrund entsprechender Tatbestände noch eine klare Unterscheidung auch in Bezug auf das Sanktionsmaß möglich, so können heute auch massive Geldbußen[544] verhängt werden. Ob die Allgemeinheit der Verhängung einer Kriminalstrafe als solcher wesentliche Bedeutung beimisst, kann hier nicht näher untersucht werden. Dieser Aspekt wird aber häufig schlicht unterstellt. Man wird jedoch davon ausgehen können, dass sich die Öffentlichkeit insbesondere bei der leicht vergleichbaren Geldsanktionierung eher für die Höhe

[537] Ehrhardt (S. 65 ff., S. 71 f.), die einem Verstoß gegen die gesetzte Ordnung sittlichen Unwert zukommen lässt. Der korrespondierende Vorwurf müsse dann ebenfalls ethisch fundiert sein; vgl. auch Hirsch, ZStW 107 (1995), S. 290.

[538] Nach Jescheck (AT, S. 227) kann ein Schuldvorwurf nur gegen eine verantwortliche Einzelperson erhoben werden.

[539] Vgl. etwa Teil 3 (B, I, 2, a); Hirsch, ZStW 107 (1995), S. 294 f. mwN.

[540] Eingehend Hirsch, ZStW 107 (1995), S. 285 ff.; auch Jescheck (AT, S. 59) hält Ordnungswidrigkeiten nicht für „sozialethisch farblose Lässigkeiten".

[541] Ähnlich Satzger, S. 77 f.; Ehrhardt, S. 65 ff. mwN.

[542] Kerber (S. 11) spricht von einer dynamischen Gesellschaft.

[543] Sehr anschauliche Darstellung bei Günther, S. 381 ff.

[544] Insbesondere im Wettbewerbsrecht.

der Sanktion interessiert.[545] Wer sich schwer unsittlich verhalten hat, soll schwer sanktioniert werden; wer sich hingegen nur leicht unsittlich verhalten hat, soll nur leicht sanktioniert werden. Aber auch der Umkehrschluss muss gelten; wer schwer sanktioniert wird, muss sich schwer unsittlich verhalten haben.[546] Wird gegen einen Verband eine entsprechend hohe Sanktion festgesetzt, so wird aus Sicht der Öffentlichkeit bereits durch das Sanktionsmaß die Begehung eines sittlichen Verstoßes ausgedrückt. Ob diese Sanktion in Form einer Geldstrafe oder einer Geldbuße ergeht, scheint nur in zweiter Linie wahrgenommen zu werden. Somit kann auch eine Buße ab entsprechender Höhe eine sozial-ethische Missbilligung zum Ausdruck bringen.[547] Im europäischen Kartellrecht wird diese Argumentation vor dem Hintergrund massiver Sanktionen mit dem (dort schlagenden) Argument bestritten, dass bei der Festlegung der Höhe der Geldbuße nach Art. 15 VO 17/62[548] auch der rechtswidrig erlangte Vorteil zu berücksichtigen ist.[549] Im Rahmen des § 30 OWiG n.F. ist dies aber gerade nicht der Fall, da im deutschen Recht Verfall und Abführung des Mehrerlöses gesondert geregelt werden.[550] Daraus folgt, dass die Höhe der Sanktion jedenfalls im deutschen nationalen Recht bei der Einordnung der Rechtsnatur mit einzubeziehen ist. Die Frage nach der sozial-ethischen Missbilligung durch Verhängung einer Geldbuße ist also quantitativ zu bewerten.[551]

Aus diesem Grund wird nachfolgend erörtert, ob der konkrete Sanktionsrahmen des § 30 OWiG n.F. eine hinreichende Missbilligung begründet. Dies hätte zur Folge, dass die Geldbuße – vorbehaltlich der weiteren Prüfkriterien - faktisch einer Kriminalstrafe entsprechen würde.

---

545 Tiedemann (Wirtschaftsstrafrecht I, S. 123) macht etwa den Umfang der Begründung eines Bußgeldbescheides von der Höhe der Sanktion abhängig. Hildebrandt (S. 13) verbindet für das Gemeinschaftsrecht ebenfalls die Sanktionshöhe mit ihrer stigmatisierenden Wirkung.

546 Vgl. Tiedemann, FS-Jescheck, S. 1415.

547 Wegner (S. 83 f.) äußert ähnliche Bedenken bei der Erörterung der Frage, ob bei Anknüpfung der Verbandsgeldbuße an eine Straftat eine Spaltung der gesellschaftlichen Wertschätzung in Individualtat und Verbandstat vorgenommen werden kann.

548 Dazu eingehend in Teil 5.

549 Winkler, S. 61 f.; Satzger, S. 82.

550 §§ 17 Abs. 4, 29a OWiG bzw. § 73 StGB.

551 So im Ergebnis auch Ehrhardt, S. 73.

Annex: Höhe der Sanktion

Nach § 30 OWiG n.F. können unter der Bezeichnung *Geldbuße* mittlerweile Sanktionen in Höhe von bis zu € 1 Mio. verhängt werden.[552] Der Gesetzgeber begründet die Verdoppelung der Obergrenze mit einem praktischen Erfordernis, welches er aus der wiederholten Ausschöpfung des Höchstrahmens durch die Rechtsprechung herleitet.[553] Zudem werden die Obergrenzen für Ordnungswidrigkeitentatbestände auch in § 60 Wertpapiererwerbs- und Übernahmegesetz[554] und in § 59 Börsengesetz[555] auf € 1 Mio. festgesetzt.[556]

Diese beachtliche Sanktionshöhe könnte bewirken, dass sich die Rechtsnatur der Sanktion entgegen ihrer Bezeichnung faktisch hin zu einer Kriminalstrafe verlagert hat.[557] Dazu ist die Schwere des Eingriffs in die Rechtsstellung des Betroffenen zu bewerten.[558] Mit *Jescheck* ist dabei ein Vergleich der höchsten Verbandsgeldbuße (€ 1 Mio.) mit der höchsten zulässigen Geldstrafe, welche maximal € 1,8 Mio. betragen kann, anzustellen.[559] Während die höchste Geldbuße vor der Neufassung des § 30 OWiG weniger als ein Drittel der höchsten Geldstrafe betrug und insoweit nicht zu beanstanden war,[560] ergeben sich nunmehr verstärkt Bedenken. Unbegrenzt hohe Geldbußen dürfen nicht zugelassen werden, da der Gesetzgeber sonst auf „kaltem" Wege den oben ausgeführten Konflikt um die Einführung einer Verbandsstrafe umgehen könnte.[561] Die Frage ist jedoch, wo man die Grenze ziehen muss. Der Gesetzgeber selbst hätte erst bei der aus § 39 WpHG entnommenen Obergrenze von € 1,5 Mio. Bedenken, was mehr als drei Viertel der höchsten

---

[552] Die Schwere und damit die Höhe der Sanktion ist auch verfassungsrechtlich relevant; vgl. Volk, ZStW 83 (1971), S. 412 ff. mwN.
[553] Vgl. Begründung zum Gesetzentwurf, BT-Drucks. 14/8998, S. 11.
[554] Gesetz vom 20.12.2002, BGBl. Teil I, S. 3824, 3835.
[555] Regierungsentwurf Drucks.-BT 14/8017.
[556] Vgl. Begründung zum Gesetzentwurf, BT-Drucks. 14/8998, S. 11.
[557] „Etikettenschwindel"; vgl. Jescheck, JZ 1959, S. 462; ders. AT, § 23 V 3. Siehe auch Tiedemann/Vogel, HWiStR, S. 3 f.; Volk, ZStW 83 (1971), S. 410.
[558] Für Staatsbürger vgl. Volk, ZStW 83 (1971), S. 414 mwN.
[559] Vgl. § 40 Abs. 1, 2 StGB. Bei Bildung einer Gesamtstrafe sind € 3,6 Mio. zulässig; § 54 Abs. 2 StGB. Siehe auch Jescheck AT, S. 59.
[560] Jescheck AT, S. 59.
[561] Siehe Teil 3.

zulässigen Geldstrafe entspricht.[562] Doch auch die aktuelle Fassung des § 30 OWiG übersteigt bereits die Hälfte dieses Sanktionsrahmens. Man kann jedoch abstrakt nur schwer einen Betrag festlegen, ab welchem sich die Geldbuße in eine Kriminalstrafe wandelt. Entscheidend bleibt das Verständnis der Allgemeinheit, welches andernorts noch untersucht werden sollte. Dabei wäre auch die Praxis der Sanktionsbemessung zu berücksichtigen. Wenn (wie bei § 30 OWiG a.F.) der Rahmen für eine Verbandsgeldbuße wiederholt ausgeschöpft wird und andererseits im Bereich der individualstrafrechtlichen Geldstrafe entsprechend hohe Sanktionen nur in extremen Ausnahmefällen verhängt werden,[563] würde gegenüber Verbänden im Ergebnis zumindest keine geringere sozial-ethische Missbilligung ausgesprochen.[564]

Dessen ungeachtet ändert sich die Rechtsnatur der Verbandsgeldbuße jedenfalls dann, wenn die höchste Geldbuße den möglichen Höchstbetrag einer Geldstrafe überschreitet bzw. auf eine Obergrenze völlig verzichtet würde. Letzteres scheint bei der Bußgelderhöhung nach § 17 Abs. 4 OWiG vorzuliegen. Danach kann der absolute Sanktionsrahmen des § 30 Abs. 2 OWiG n.F. überschritten werden, wobei aus § 17 Abs. 3 OWiG nur eine mittelbare Obergrenze folgt.[565] Allerdings zielt die Bußgelderhöhung darauf ab, den rechtswidrig erlangten Vorteil abzuschöpfen, weshalb sie bei der Bewertung der Rechtsnatur nicht zu berücksichtigen ist.[566] Hingegen sieht etwa § 81 Abs. 2 S. 1 GWB[567] eine Sanktionserhöhung auf das Dreifache des durch die Zuwiderhandlung erlangten Mehrerlöses vor. Das Argument der Ab-

---

[562] Nach der „Ausnahmevorschrift“ des § 39 Abs. 4 Wertpapierhandelsgesetz (vom 09.09.1998, BGBl. I, S. 2708) i.d.F. von Art. 2 Nr. 27 des Gesetz zur weiteren Fortentwicklung des Finanzplatzes Deutschland (Viertes Finanzmarktförderungsgesetz) vom 21.06.2002 (BGBl. I, S. 2010) können € 1,5 Mio. verhängt werden; siehe Begründung zum Gesetzentwurf, BT-Drucks. 14/8998, S. 11.

[563] Hierfür spricht eine starke Vermutung.

[564] Die vereinzelte Verhängung einer im Vergleich zu Geldstrafen höheren Geldbuße wirkt sich selbstverständlich nicht aus; vgl. nur Mitsch, S. 12.

[565] Zur Anwendbarkeit auf Verbandsgeldbußen vgl. Göhler, § 30, Rd. 37; Achenbach, Wistra 2002, S. 445 (in Fn. 42 mwN).

[566] Ebenso wie Verfall und Abführung des Mehrerlöses; vgl. Teil 4 (B, II, 2, b, cc). Siehe auch Winkler, S. 61 f.

[567] Zur Vorgängerregelung (§ 38 Abs. 4 GWB a.F.) vgl. Tiedemann/Vogel, HWiStR, S. 3 f. mwN und Möschel, S. 701 ff. Zur neuen Fassung vgl. Dannecker/Biermann-Immenga/Mestmäcker, § 81, Rd. 318 ff.

schöpfung greift bei dieser Multiplikatorlösung nicht. Da der Mehrerlös zudem theoretisch unbegrenzt hoch sein kann,[568] hat die Geldbuße hier praktisch keine Obergrenze. Obschon hier das Nettoprinzips und der Grundsatz in dubio pro reo gelten,[569] muss man zumindest dort von einer sozial-ethischen Missbilligung ausgehen.[570]

Insgesamt spricht einiges dafür, dass der Sanktionsrahmen des § 30 OWiG n.F. quantitativ das „kriminelle Maß" an sozial-ethischer Missbilligung erreicht, auch wenn diese Frage hier nicht abschließend geklärt werden kann. Jedenfalls wird eine weitere Anhebung der Obergrenze im Bereich des Ordnungswidrigkeitenrechts kaum mehr zu vertreten sein. Dessen ungeachtet wird durch die hohen Verbandsgeldbußen ein erhebliches sozial-ethisches Unwerturteil ausgesprochen, weshalb sich Ordnungswidrigkeitensanktion und Kriminalstrafe in diesem Punkt zumindest nicht wesentlich unterscheiden.[571]

Davon zu unterscheiden ist die Frage, ob es nicht kriminalpolitisch geboten ist, die Obergrenze gleichwohl anzuheben. Geht man davon aus, dass eine Sanktionshöhe von 10 % des Umsatzes selbst bei florierenden deutschen Weltkonzernen etwa dem Gewinn von drei bis fünf Jahren entspricht,[572] so erwirtschaften diese Unternehmen pro Jahr einen Gewinn in Höhe von etwa 2 – 3 % ihres Umsatzes. Selbst wenn man in erheblicher Distanz zur Obergrenze im europäischen Kartellrecht weiter davon ausgeht, dass eine nachhaltige Präventionswirkung bei zumindest vollständiger Ab-

---

[568] Vgl. Dannecker/Biermann-Immenga/Mestmäcker, § 81, Rd. 377. Siehe auch Tätigkeitsbericht des Bundeskartellamtes 2001/2002, BT-Drucks. 15/1226, passim; für Deutschland v.a. S. 43.

[569] Einzelheiten bei Göhler, § 17, Rd. 37 ff. Die Grundlagen des (schätzbaren) Mehrerlöses müssen mit an Sicherheit grenzender Wahrscheinlichkeit festgestellt und offengelegt werden; so Dannecker/Biermann-Immenga/Mestmäcker, § 81, Rd. 340 mwN.

[570] Möhlenkamp (S. 126 f.) attestiert der Regelung jedenfalls einen konkreten Tatbezug. Zu einem in ähnlichem Kontext ergangenen Urteil des EuGH vgl. Vogel, Europäische Rechtsakademie, S. 170 f.

[571] So im Ergebnis wohl auch Wegner, S. 83 f. Neumann (S. 81) hingegen sieht in der Einführung einer Unternehmensstrafe wegen fehlender sozial-ethischer Missbilligung bei Unternehmen und Entmoralisierung des strafrechtlichen Schuldvorwurfs keine kriminalpolitischen Vorteile; vgl. auch Kaiafa-Gbandi, S. 107 f. Zur wachsenden Unmoral der Gesellschaft vgl. etwa Guy Kirsch, „Die Kosten der Unmoral", FAZ vom 19.10.2002, S. 13.

[572] So Schulz, Europäisierung, S. 190.

schöpfung eines Jahresgewinns erzielt wird, vermag § 30 OWiG n.F. aufgrund seines Sanktionsrahmens allenfalls Unternehmen bis zu einem Jahresumsatz von ca. € 30 – 50 Mio. nachhaltig beeindrucken. Die mit deutlich höheren Umsätzen kalkulierenden Großunternehmen und Konzerne[573] hingegen werden hier letztlich bevorzugt.

dd) Registereintragung[574]

Geldbußen werden nicht in das Bundeszentralregister[575] eingetragen und es existiert auch kein sonstiges Zentralregister für das Ordnungswidrigkeitenrecht.[576] Zwar erfolgt teilweise eine Aufnahme in das Verkehrszentralregister[577] oder das Gewerbezentralregister[578], doch wird damit ein anderer Zweck verfolgt, wie bereits das Nebeneinander der verschiedenen Register zeigt.[579] Mithin liegt die Besonderheit der Kriminalstrafe lediglich in der möglichen Eintragung in das Bundeszentralregister. Eine solche schlägt sich hauptsächlich in einem negativen polizeilichen Führungszeugnis nieder, welches wiederum einen Verband kaum belasten könnte.[580]

ee) Täterschaft

Das Modell des Einheitstäters im Ordnungswidrigkeitenrecht sorgt dafür, dass die in der Praxis oft schwierige Abgrenzung von Teilnehmer und Täter umgangen wird. Zugleich wird damit aber die rechtsstaatliche Garantiefunktion des Tatbestandes eingeschränkt, indem die „strafrechtsrestringierende Handlungsbeschreibung" auf-

---

[573] Zum Vergleich hat etwa die DaimlerChrysler AG im Geschäftsjahr 2002 bei einen Umsatz von knapp € 150 Mrd. einen „Operating Profit" von € 5,8 Mrd. erwirtschaftet; vgl. DaimlerChrysler AG, Geschäftsbericht 2002, im Internet zu finden unter „http://www.daimlerchrysler.de/index_g.htm".

[574] Hinzuweisen ist auf den „Entwurf eines Gesetzes zur Einrichtung eines Registers über unzuverlässige Unternehmen" vom 11.06.2002, BT-Drucks. 14/9356; vgl. dazu Bottke, S. 86.

[575] Vgl. § 3 BZRG; eine analoge Anwendung auf das allgemeine Ordnungswidrigkeitenrecht scheidet aufgrund des Wesensunterschieds (!) von Strafe und Geldbuße aus; vgl. BayObLG (NStZ 84, S. 461), das auf OVG Münster (NJW 74, S. 1346) verweist. Auf diesen Punkt kann jedoch nicht näher eingegangen werden. Diese Art der Begründung ist jedenfalls nicht untypisch; vgl. Volk, ZStW 83 (1971), S. 405 ff.

[576] BayObLG, NStZ 84, S. 461.

[577] Nach § 28 StVG.

[578] Vgl. § 14a Abs. 2 GewO.

[579] Göhler, vor § 1, Rd. 9 mwN; diese Registrierungen dienen nicht dem persönlichen Makel; vgl. Steindorf-KK-OWiG, § 17, Rd. 7.

[580] Vgl. Dannecker/Biermann-Immenga/Mestmäcker, § 81, Rd. 377. Allerdings könnte ein neues Register geschaffen werden, welches weitergehende Wirkungen für den Verband hat.

gegeben wird.[581] Im Bereich der Unternehmensdelinquenz nach dem OWiG wirkt sich dieser Aspekt jedoch nicht aus, da der Verband hier ohnehin nicht Täter, sondern nur Sanktionsadressat ist.[582]

ff) Ersatzfreiheitsstrafe

Eine Geldbuße kann im Gegensatz zur Geldstrafe[583] bei Uneinbringlichkeit nicht in eine Freiheitsstrafe umgewandelt werden. Allerdings kann auch die Vollstreckungsbehörde einer Geldbuße als Beugemittel die Erzwingungshaft nach § 96 OWiG verhängen. Diese hat allerdings keinen pönalen Charakter.[584] Entscheidend ist im hier zu untersuchenden Bereich der Unternehmenssanktionierung jedoch, dass eine Freiheitsstrafe für einen Verband ohnehin nicht denkbar ist. Mithin wirkt sich die fehlende Umwandlungsmöglichkeit nicht aus.[585]

gg) Grundsätze

Betrachtet man die Grundsätze, nach denen Kriminalstrafen und Geldbußen verhängt werden, zeigen sich ebenfalls kaum relevante Unterschiede.

aaa) Gesetzlichkeitsprinzip

In Art. 103 Abs. 2 GG ist das im Kriminalstrafrecht geltende Gesetzlichkeitsprinzip festgeschrieben, welches wiederum den *nullum crimen*-Grundsatz mit seinen Unterfällen Bestimmtheitsgebot, Rückwirkungsverbot und Analogieverbot begründet.[586] Das Gesetzlichkeitsprinzip gilt unbestritten auch im Ordnungswidrigkeitenrecht.[587] Der Gesetzgeber muss lediglich „die Strafbarkeit um so präziser bestimmen, je schwerer die angedrohte Strafe ist".[588] Da aber die Verbandsgeldbuße ebenfalls als

[581] So Tiedemann, Wirtschaftsstrafrecht I, S. 123 mwN.

[582] Zudem kann dieser Aspekt über § 47 Abs. 1 OWiG (Opportunitätsprinzip) wieder relativiert werden; vgl. Tiedemann, Wirtschaftsstrafrecht I, S. 154 f.

[583] Vgl. § 43 StGB.

[584] Mitsch, S. 115 mwN; dies wird hier aber nicht weiter nachgeprüft. Da im Ergebnis wohl zwischen der Rechtsnatur von Ersatzfreiheitsstrafe und Erzwingungshaft ähnlich marginale Unterschiede festzustellen sein werden, dürften die Überlegungen hinsichtlich der sozial-ethischen Missbilligung einer Geldbuße entsprechend übertragbar sein.

[585] So auch Dannecker/Biermann-Immenga/Mestmäcker, § 81, Rd. 377.

[586] Anschaulich und ausführlich hierzu Weber-BWM, S. 123 ff. Zum Rückwirkungsverbot umfassend Dannecker, Intertemporäres Strafrecht, S. 1 ff.

[587] Göhler, § 3, Rd. 1, 9; BVerfGE 25, S. 269, 285; Appel, S. 124.

[588] So BVerfGE 14, S. 245, 251. Zum entsprechenden Problem auf europäischer Ebene vgl. Teil 5 (A, III, 1, c, aa).

schwere Sanktion einzustufen ist, dürfte das Gesetzlichkeitsprinzip entsprechend anwendbar sein.

bbb) Verhältnismäßigkeitsprinzip

Daneben gilt der dem Rechtsstaatsprinzip immanente Verhältnismäßigkeitsgrundsatz.[589] Dieses Prinzip hat Verfassungsrang und ist damit auch im Ordnungswidrigkeitenrecht zu beachten.

ccc) Schuldprinzip

Strafe setzt Schuld voraus.[590] Diesem elementaren Grundsatz kommt Verfassungsrang zu.[591] Auch eine Ordnungswidrigkeit setzt letztlich schuldhaftes Handeln voraus.[592] Der Begriff des „schuldhaften" wird durch den des „vorwerfbaren" Handelns ersetzt. Inhaltlich ändert sich hierdurch aber nichts.[593]

Gerade im Bereich der Unternehmensverantwortlichkeit wirft dieser Grundsatz jedoch dogmatische Probleme auf.[594] So beharrt das BVerfG entgegen der Rechtsprechung des EuGH auf einer Geltung des Schuldprinzips als materielles Verbrechensmerkmal und Verbindung zwischen Unrecht und Schuld.[595] Diese dogmatische Schwierigkeit könnte durch eine Einbettung des Schuldgedankens in den Verhältnismäßigkeitsgrundsatz gelöst werden.[596]

---

[589] BVerfGE 16, S. 194, 201 f.; BVerfGE 19, S. 342, 348 f.; BVerfGE 20, S. 45, 49; BVerfGE 23, S. 127, 133; BVerfGE 65, S. 1, 44; BVerfGE 70, S. 297, 311; Fischer-Trönle/Fischer, § 62, Rd. 1 mwN.

[590] BVerfGE 95, S. 96, 131. Zum Hintergrund des Schuldprinzips vgl. Kaufmann, FS-Lange, S. 27 ff.

[591] Tröndle-Tröndle/Fischer, Vor § 13 Rd. 28 mwN; Tiedemann, FS-Jescheck, S. 1433.

[592] Vertiefend Appel, S. 113 ff.; Jescheck AT, S. 228; im Ergebnis auch EGMR, EuGRZ 1985, S. 62 ff. („Öztürk").

[593] Göhler, Vor § 1, Rd. 30.

[594] Zur Diskussion über die Schuldfähigkeit von Verbänden vgl. ausführlich oben Teil 3 (B). Siehe auch Lagodny, S. 412 ff.

[595] BVerfGE 20, S. 323, 331, 335 f.; im Gegensatz zu diesen beiden Aspekten sieht Kaufmann (FS-Lange, S. 31) nur die Schuldangemessenheit - als dritten Teilaspekt der Schuld – für ersetzbar durch das Verhältnismäßigkeitsprinzip.

[596] Vgl. Vogel (JZ 1995, S. 339), der vorschlägt, den Einsatz subjektiver Elemente von der Verhältnismäßigkeit abhängig zu machen; näher Teil 3 (B, I, 2, b).

ddd) Legalitätsprinzip

Im Kriminalstrafrecht verpflichtet das Legalitätsprinzip als Ausfluss des Willkürverbots[597] die Staatsanwaltschaft, bei Vorliegen eines Anfangsverdachts Ermittlungen aufzunehmen und ggf. Anklage zu erheben.[598] Im Ordnungswidrigkeitenrecht hingegen gilt das Legalitätsprinzip grundsätzlich nicht. Die Verfolgungsbehörde[599] ist nicht verpflichtet, ein Bußgeldverfahren einzuleiten und durchzuführen; sie entscheidet hierüber nach pflichtgemäßem Ermessen.[600] Dieses wiederum kann aber insbesondere bei erheblichen Eingriffen reduziert sein.[601] Andererseits ist auch im Strafverfahren das Legalitätsprinzip durch verschiedene Ausnahmen eingeschränkt,[602] von denen in der Praxis rege Gebrauch gemacht wird.

eee) Opportunitätsprinzip

Nach dem Opportunitätsprinzip[603], welches im Kriminalstrafrecht die Ausnahme zum Legalitätsprinzip darstellt, können die Strafverfolgungsbehörden bestimmte Straftaten ahnden oder davon absehen.[604] Das praktische Ausmaß dieser Regelungen ist enorm und faktisch durch reine Zweckmäßigkeitserwägungen geleitet.[605] Bei der Verfolgung von Ordnungswidrigkeiten hingegen stellt das Opportunitätsprinzip die Regel dar.[606]

fff) Untersuchungsgrundsatz

In §§ 155 Abs. 2, 160 Abs. 1, 244 Abs. 2 StPO ist der Untersuchungsgrundsatz[607] festgelegt. Danach müssen die Strafverfolgungsorgane den Sachverhalt von Amts

---

597 Pfeiffer, StPO, Einl. Rd. 4.
598 §§ 152 Abs. 2, 170 Abs. 1 StPO.
599 Vorrangig die Verwaltungsbehörde, § 35 OWiG.
600 Göhler, § 47, Rd. 1.
601 Ggf. sogar auf Null.
602 Beispielsweise das Opportunitätsprinzip.
603 An sich Ausfluss des Verhältnismäßigkeitsprinzips; vgl. Pfeiffer, StPO, Einl. Rd. 5.
604 Vgl. insbesondere §§ 153 – 154e StPO.
605 Krehl-HK-StPO, Einl. Rd. 23; a.A. Pfeiffer, StPO, Einl. Rd. 5.
606 Göhler, § 47, Rd. 1. Dabei wird § 47 OWiG im Gegensatz zu § 153 StPO überwiegend von Gerichten angewendet; Ostendorf, ZRP, S. 335. Zur Bonusreglung des Bundeskartellamts Stockmann, Instrumente, S. 93 ff.
607 Oder Ermittlungsgrundsatz.

wegen und ohne Bindung an Parteianträge erforschen und aufklären.[608] Über § 46 Abs. 1, 2 OWiG gilt dieser Grundsatz auch für Ordnungswidrigkeiten.[609]

ggg) In dubio pro reo

In dubio pro reo ist ein prozess- bzw. beweisrechtlicher Grundsatz, welcher als Prozessgewohnheitsrecht eigentlich dem Art. 6 Abs. 2 EMRK entstammt.[610] Die Unschuldsvermutung hat zudem Verfassungsrang und gilt mithin für das Kriminalstrafrecht und das Ordnungswidrigkeitenrecht.[611]

hhh) Rechtliches Gehör

Der Anspruch auf rechtliches Gehör entstammt Art. 103 Abs. 1 GG. Er gilt im Kriminalstrafverfahren und ist gemäß § 55 Abs. 1 OWiG, § 163a Abs. 1 StPO auch im Ordnungswidrigkeitenrecht zu beachten.[612]

iii) Ne bis in idem

Das Doppelbestrafungsverbot ergibt sich aus Art. 103 Abs. 3 GG. Es ist im Kriminalstrafrecht und auch im Ordnungswidrigkeitenrecht zu beachten.[613]

jjj) weitere Prinzipien

Daneben gelten im Strafverfahren unter anderem auch das Mündlichkeitsprinzip[614], der Grundsatz der freien Beweiswürdigung, der Grundsatz der Unmittelbarkeit (§ 250 StPO), das Konzentrationsprinzip, das Beschleunigungsgebot und der Grundsatz der Öffentlichkeit.[615] Sofern das Ordnungswidrigkeiten-Verfahren in ein Strafverfahren übergeht, gelten diese Prinzipien jedenfalls von da an auch für die Verhängung von Geldbußen.[616]

---

608 Krehl-HK-StPO, Einl. Rd. 25.

609 Rosenkötter, S. 185.

610 Weber-BWM, S. 150; nach Pfeiffer (StPO, Einl. Rd. 12) leitet sich dieses Prinzip aus dem Schuldgrundsatz i.V.m. § 261 StPO und Art. 6 Abs. 2 EMRK ab. Umfassend zum idpr-Grundsatz Zopfs passim.

611 Vgl. etwa Rosenkötter, S. 185 f.

612 Göhler, Vor § 59, Rd. 55.

613 Göhler, Vor § 59, Rd. 50. Differenzierend Appel, S. 135 ff.

614 Zweck ist die bessere Nachvollziehbarkeit für den Angeklagten; Krehl-HK-StPO, Einl. Rd. 27.

615 Pfeiffer, StPO, Einl. Rd. 8 ff., 13.

616 Für den Grundsatz der Öffentlichkeit vgl. Göhler, § 71, Rd. 56a; allgemein zur Ähnlichkeit von Straf- und Bußgeldverfahren im gerichtlichen Stadium vgl. Schäfer-Dalcke/Fuhrmann/Schäfer, S. 456.

kkk) Zwischenergebnis

Mithin gelten nahezu alle strafrechtlichen Grundsätze auch für die Ordnungswidrigkeit.[617] Lediglich das Regel-Ausnahme-Verhältnis von Legalitäts- und Opportunitätsprinzip ist nach der gesetzlichen Vorlage verdreht, wobei in der Praxis von den Mitteln der Opportunität rege Gebrauch gemacht wird.

hh) Verfahren

aaa) Kriminalstrafe

Das Verfahren, welches bis zur Verhängung einer Kriminalstrafe durchlaufen werden muss, wird grundsätzlich von der Staatsanwaltschaft eröffnet[618] und dann ggf. vor einem Gericht weitergeführt.[619] Gegen die Entscheidung des Gerichts sind als Rechtsmittel im Wesentlichen die Revision und die Berufung[620] vorgesehen.

bbb) Geldbuße

Für die Eröffnung eines Bußgeldverfahrens ist hingegen grundsätzlich die Verwaltungsbehörde zuständig.[621] In einem Vorverfahren prüft sie zunächst, ob ein Bußgeldverfahren eingeleitet wird. Bejahendenfalls erlässt sie einen Bußgeldbescheid[622], der als vorläufiger Spruch in einem vorgeschalteten Verfahren dem Betroffenen ein Angebot macht, die festgesetzte Buße zu akzeptieren und damit das Verfahren endgültig zum Abschluss zu bringen.[623] Nimmt der Betroffene dieses Angebot nicht an, sondern legt er Einspruch ein, beginnt das Zwischenverfahren, in dem zunächst die Verwaltungsbehörde und dann die Staatsanwaltschaft prüfen, ob der Einspruch zulässig ist[624] und der Bußgeldbescheid aufgehoben wird.[625] Erst da-

---

[617] Nicht nur die strafrechtlichen Garantien. Hierunter wird grundsätzlich hauptsächlich das Gesetzlichkeits- und das Schuldprinzip verstanden, wobei letzteres gegenüber Verbänden unanwendbar ist; vgl. Teil 3 (B, I, 2, b) und Vogel, JZ 1995, S. 337.

[618] Mit dem Ermittlungsverfahren.

[619] Im Zwischen- und im Hauptverfahren.

[620] Nur gegen Urteile des erstinstanzlich zuständigen Amtsgerichts.

[621] Vgl. §§ 35 ff. OWiG.

[622] Seiner Rechtsnatur nach ein Verwaltungsakt.

[623] Göhler, vor § 65 Rd. 6; Kurz-KK-OWiG, § 65, Rd. 8.

[624] Gegen diese Entscheidung hat der Einspruchsführer die Möglichkeit des Antrages auf gerichtliche Entscheidung. Die Staatsanwaltschaft kann der Einspruch zwar nicht als unzulässig verwerfen, aber ggf. das Verfahren einstellen; vgl. Mitsch, S. 191 mwN.

[625] § 69 OWiG.

nach folgt das strafgerichtliche Bußgeldverfahren, in welchem der Tatvorwurf originär verhandelt wird.[626] Gegen die Entscheidung des Gerichts ist nur die Rechtsbeschwerde statthaft.[627] Diese findet nach den Regeln der strafrechtlichen Revision statt.[628]

Insgesamt wird letztlich nur auf eine zweite Tatsacheninstanz verzichtet. Dies reicht aber wohl nicht aus, um im Ordnungswidrigkeitenrecht von einem verkürzten Rechtsschutz zu sprechen, da jedenfalls die Prüfung von Rechtsfehlern stattfindet. Das vorgeschaltete Verfahren bei der Verwaltungsbehörde stellt nur ein Plus zu dem nach Einlegung eines Einspruchs ebenfalls durchzuführenden strafgerichtlichen Verfahren dar. Gleichwohl besteht nach *Jescheck* darin „ein großer Unterschied, ob das Gericht schon in erster Instanz aufgrund der Ermittlungen und der Anträge der Staatsanwaltschaft nach eigener Auffassung urteilt oder ob der Beschwerdeführer bereits das ganze Gewicht der Verwaltungsvorentscheidung gegen sich hat".[629] Andererseits sind gerade Richter in besonderem Maße dazu befähigt, Sachverhalte losgelöst von anderen Rechtsauffassungen völlig objektiv und unparteiisch zu bewerten.

ccc) Verbandsgeldbuße

Im speziellen Fall der Verbandsgeldbuße hängt der Verfahrensgang davon ab, ob die Pflichtverletzung des zurechenbaren Individuums eine Ordnungswidrigkeit oder eine Straftat ist. Im letzteren Fall sind sogar grundsätzlich Staatsanwaltschaft und Gericht zuständig.[630]

---

[626] Es handelt sich bei diesem Verfahren mithin nicht um eine Rechtsmittelinstanz; vgl. Mitsch, S. 187 mwN. Dieser Ablauf soll hauptsächlich die Strafgerichte entlasten.
[627] § 79 Abs. 1 OWiG.
[628] § 79 Abs. 3 OWiG.
[629] Jescheck, JZ 1959, S. 462.
[630] Näher dazu Göhler, § 30, Rd. 43.

Über das Verfahren zur Festsetzung der Verbandsgeldbuße findet sich in § 30 OWiG n.F. folgende Regelung:

...

(4) Wird wegen der Straftat oder Ordnungswidrigkeit ein Straf- oder Bußgeldverfahren nicht eingeleitet oder wird es eingestellt oder wird von Strafe abgesehen, so kann die Geldbuße selbständig festgesetzt werden. Durch Gesetz kann bestimmt werden, dass die Geldbuße auch in weiteren Fällen selbständig festgesetzt werden kann. Die selbständige Festsetzung einer Geldbuße gegen die juristische Person oder Personenvereinigung ist jedoch ausgeschlossen, wenn die Straftat oder Ordnungswidrigkeit aus rechtlichen Gründen nicht verfolgt werden kann; § 33 Abs. 1 Satz 2 bleibt unberührt.

...

§ 33 Abs. 1 Satz 2 OWiG lautet wie folgt:

(1) ... Im selbständigen Verfahren wegen der Anordnung einer Nebenfolge oder der Festsetzung einer Geldbuße gegen eine juristische Person oder Personenvereinigung wird die Verjährung durch die dem Satz 1 entsprechenden Handlungen zur Durchführung des selbständigen Verfahrens unterbrochen.

...

Die Geldbuße kann in einem selbständigen Verfahren festgesetzt werden. Die Sanktionierung des Verbandes hängt somit nicht (mehr) von der Verfolgung seines Organs ab; die Verbandssanktion ist lediglich materiellrechtlich akzessorisch zur Tat des Organs und nicht auch prozessual abhängig.[631] Im selbständigen Verfahren muss zwar die Tatbegehung durch ein Organ nachgewiesen werden, jedoch kann die genaue Person des Täters offen bleiben.[632] Zudem wirken verjährungsunterbrechende Handlungen gegenüber dem Organ auch gegen den Verband.[633] Schließlich bleibt anzumerken, dass auf die Geltung des Grundsatzes ne bis in idem in der Be-

[631] Schmitt, FS-Lange, S. 882.
[632] Göhler, § 30, Rd. 40.
[633] Göhler, § 30, Rd. 43b.

gründung zur neuen Fassung nochmals klarstellend[634] hingewiesen wurde.[635] Bei gleichzeitiger Sanktionierung von Gesellschaft und Leitungsperson werde letztere auch durch die Geldbuße gegen den Verband berührt, wenn sie am Gesellschaftsvermögen beteiligt ist.[636]

3) Zwischenergebnis

Bei näherer Betrachtung zeigt sich also, dass sich die üblicherweise angeführten Unterschiede zwischen einer de lege ferenda einzuführenden Kriminalstrafe und der bestehenden ordnungswidrigkeitenrechtlichen Geldbuße gegenüber Verbänden praktisch kaum auswirken. Dieses Ergebnis kann man in zwei Richtungen deuten. Zum einen besteht augenscheinlich kein Erfordernis für die „dogmatische" Umstrukturierung der vorhandenen Regelung in Kriminalstrafrecht, zum anderen sprechen aber auch keine zwingenden Gründe dagegen, zumal die Wirkung einer besonders hohen Geldbuße durchaus mit der einer Kriminalstrafe gleichgestellt werden kann.[637]

C) Weitere Verbandssanktionen

I) Verfall (§§ 73 – 73d StGB, 29a OWiG)

Wenn jemand eine rechtswidrige Tat begangen hat und dadurch ein Dritter etwas erlangt hat, so kann auch diesem gegenüber der Verfall des Erlangten erklärt werden.[638] Dritter in diesem Sinn kann eine juristische Person sein.[639] Durch die Einfügung des Begriffes „etwas" anstelle des ursprünglichen „Vermögensvorteils" wurde der Übergang von der Netto- zur Bruttoabschöpfung festgeschrieben.[640] Nach dem Bruttoprinzip ist nicht bloß der Gewinn (so das Nettoprinzip) abzuschöpfen, son-

---

634 Achenbach, Wistra 2002, S. 443.

635 Wobei der dogmatische Hintergrund freilich nicht geklärt wird; dazu Zopfs passim.

636 Vgl. Begründung zum Gesetzentwurf, BT-Drucks. 14/8998, S. 8.

637 Im Ergebnis ähnlich Hefendehl, MschrKrim 2003, S. 42. Vogel (GA 1998, S. 149) wirft im Hinblick auf ein mögliches Verbandsstrafrecht die Frage nach berechtigten kriminalpolitischen Zwecken jenseits der Gewinnabschöpfung auf.

638 § 73 Abs. 1 i.V.m. Abs. 3 StGB bzw. § 29a Abs. 1, 2 OWiG. Zur Anwendbarkeit auf Verbände vgl. Göhler, § 30, Rd. 37. Zur kriminalpolitischen Bedeutung vgl. Ehrhardt, S. 167 und Müller, S. 10 f.

639 Fischer-Tröndle/Fischer, § 73, Rd. 13 mwN; Krekeler, FS-Hanack, S. 644.

640 Fischer-Tröndle/Fischer, § 73, Rd. 3 mwN; Achenbach, Coimbra-Symposium, S. 290 (in Anm. 24) mwN; Krekeler, FS-Hanack, S. 644; kritisch Eser, FS Stree/Wessels, S. 842 ff.

dern grundsätzlich alles, was der Täter für die Tat oder aus ihr erlangt hat. Ein Abzug der eingesetzten Aufwendungen des Täters ist nicht möglich.[641] Je höher also der Kostenaufwand des Verfallsadressaten für die begangene Tat ist, desto höher ist auch sein tatsächlicher Vermögensverlust.[642]

Dieser Gedanke entspricht dem § 817 S. 2 BGB zu Grunde Liegenden, wonach das in ein unrechtmäßiges Geschäft investierte Vermögen nicht geschützt wird.[643] Gleichzeitig wurde dadurch die Rechtsnatur des Verfalls von einer quasikondiktionellen Ausgleichsmaßnahme hin zu einem Übel, welches zumindest inhaltlich einen gewissen Strafcharakter hat, verändert.[644] Da der Verfall gegenüber schuldlosen Personen angeordnet werden kann, scheinen sich verfassungsrechtliche Bedenken zu ergeben.[645] Allerdings hat der BGH zuletzt festgestellt, dass es sich bei dem Verfall nach dem Bruttoprinzip gerade nicht um eine Strafe handelt.[646] Der Verfall sei vielmehr eine Maßnahme eigener Art. Durch die erhöhte Abschöpfung werde primär ein Präventionszweck verfolgt. Hingegen sei die Abschöpfung nach dem Nettoprinzip wirtschaftlich risikolos. Ein Präventionszweck könne so nicht erreicht werden. Dies gelte auch gegenüber einem Unternehmen, für welches ein Angestellter gehandelt hat. Dennoch vermag die Stellungnahme des BGH keine Rechtssicherheit hinsichtlich der Verfassungskonformität herbeiführen. Dies hat sich zuletzt bei der Vermögensstrafe (§ 43a StGB) gezeigt; dort hatte der BGH wegen der Möglichkeit zur verfassungskonformen Auslegung entsprechende Bedenken verworfen. Zwischenzeitlich wurde § 43a StGB jedoch vom BVerfG für verfassungswidrig erklärt.[647]

---

[641] Fischer-Tröndle/Fischer, § 73, Rd. 3 mwN.
[642] Kritisch zu den Folgen Eidam, Straftäter Unternehmen, S. 213.
[643] Vgl. Müller, S. 10 mwN.
[644] Fischer-Tröndle/Fischer, § 73, Rd. 2 mwN.
[645] Fischer-Tröndle/Fischer, § 73, Rd. 2 mwN; siehe auch Güntert, S. 15 ff.
[646] Urteil des 1. Strafsenat des BGH vom 21. August 2002 (1 StR 115/02); BGH NJW 2002, S. 2257 f.; BGH NJW 1995, S. 2235.
[647] BVerfG NJW 2002, S. 1779; Überblick über die bereits zuvor äußerst kritische Meinung zu dieser Norm bei Eser, FS Stree/Wessels, S. 836 ff.

Zu beachten bleibt gleichwohl, dass gemäß § 30 Abs. 5 OWiG n.F. nach der Festsetzung einer Geldbuße gegen einen entsprechenden Verband die Anordnung des Verfalls ausgeschlossen ist.

II) Mehrerlösabschöpfung

Das Gesetz zur weiteren Vereinfachung des Wirtschaftsstrafrechts von 1954[648] hat einen sehr begrenzten praktischen Anwendungsbereich. Lediglich Verstöße gegen einzelne Normen aus Nebengesetzen werden sanktioniert. Gleichwohl kann nach §§ 8, 10 Abs. 2 WiStG 1954 die Abführung des Mehrerlöses selbständig gegen eine juristische Person angeordnet werden.[649]

III) Einziehung (§§ 74, 75 StGB, 29 OWiG)

Über §§ 74, 75 StGB bzw. § 29 OWiG kann sich die Einziehung auf das Eigentum Dritter erstrecken.[650] Diese Normen wurden ebenfalls im Zuge des Ausführungsgesetzes zum Zweiten Protokoll[651] angepasst. Der Kreis der Sanktionsadressaten sowie der tauglichen Täter deckt sich weiterhin mit dem in § 30 OWiG n.F. genannten. Mithin ergeben sich auch dieselben Sanktionslücken wie dort.[652]

IV) Auflösung von Verbänden

Die gerichtlich bzw. durch eine Verwaltungsbehörde verordnete Auflösung von juristischen Personen ist prinzipiell mit der lebensbeendigenden Todesstrafe bei natürlichen Personen vergleichbar und kommt somit nur in Ausnahmefällen in Betracht.[653] Voraussetzung ist gemäß § 62 Abs. 1 GmbHG, dass das Gemeinwohl durch gesetzwidrige Gesellschafterbeschlüsse oder Handlungen der Geschäftsführer gefährdet wird. Ähnlich verhält es sich bei einer Aktiengesellschaft; dort muss die Gemeinwohlgefährdung durch gesetzwidriges Verhalten der Verwaltungsträger er-

---

648 BGBl. I 1313; III 453-11 mit Änderung vom 21.07.1993 (BGBl. I 1257); nachfolgend „WiStG 1954".

649 Vgl. auch Göhler, § 30, Rd. 37.

650 Zur kriminalpolitischen Bedeutung vgl. Ehrhardt, S. 168 und Müller, S. 12 f.

651 Vgl. Teil 4 (B, am Anfang).

652 Näher Achenbach, Wistra 2002, S. 444.

653 Sie ist ultima ratio; vgl. Hirsch, ZStW 107, S. 302. Zur kriminalpolitischen Bedeutung vgl. Ehrhardt, S. 168 und Müller, S. 13 f. Ransiek (S. 112) gibt zu bedenken, dass diese schwerste aller möglichen Sanktionen weder im StGB, noch im OWiG geregelt ist.

folgen.[654] Daneben kann der juristischen Person auch eine Tätigkeitsbeschränkung auferlegt werden.[655]

D) Ergebnis

Das deutsche nationale Recht sieht mittlerweile eine umfassende Verbandssanktionierung vor, die im Vergleich zu einer Verbandsstrafe keine wesentlichen Defizite aufweist. Dies hat Auswirkungen in zwei Richtungen. Aus Sicht der betroffenen Verbände bedarf es keiner Einführung einer Kriminalstrafe, da sie auch im vorhandenen System unter rechtsstaatlichen Aspekten hinreichend geschützt sind. Aus Sicht der Allgemeinheit mag man den Gesetzgeber fragen, weshalb er sich trotz vorliegender dogmatischer Lösungen einer Verbandsstrafe vehement verweigert, während das aktuelle Sanktionsinstrumentarium einer solchen faktisch weitgehend entspricht.[656]

[654] § 396 AktG. Vgl. auch § 81 GenG und § 43 BGB. Weitere Möglichkeiten der Auflösung bei Hirsch, ZStW 107, S. 301; Dannecker, GA 2001, S. 126 (in Fn. 102).
[655] Hirsch, ZStW 107, S. 302.
[656] Die mögliche anschließende Fragestellung, ob sich damit die Kriminalstrafe der Geldbuße angenähert hat oder umgekehrt, wird hier nicht vertieft.

Teil 5. Europarechtliche Vorschriften zur Unternehmensverantwortlichkeit mit unmittelbarer Geltung für und gegen Unternehmen

Mangels eigener Kriminalstrafgewalt der Europäischen Gemeinschaft existiert noch kein europäisches Strafrecht im engeren Sinn.[657] Es finden sich jedoch vereinzelte auf bestimmte Deliktsbereiche bezogene Rechtssätze, die zumindest im weiteren Sinn strafrechtlichen Charakter haben und teilweise Regelungen zur Unternehmensverantwortlichkeit vorsehen.

In diesem Teil sollen gemeinschaftsrechtliche Regelungen untersucht werden, welche als geltendes supranationales Recht eine unmittelbare Unternehmensverantwortlichkeit festschreiben. Der Schwerpunkt der Darstellung liegt auf den Haftungs- und Sanktionssystemen, welche mit denen des deutschen Rechts verglichen werden. Entsprechend der Bedeutung folgen zunächst die Normen des europäischen Wettbewerbsrechts VO 17/62[658] (sub A) und VO 1/2003[659] (sub B). Hieran schließen sich Ausführungen zu Sanktionsmöglichkeiten im Bereich der Europäischen Zentralbank (sub C), der Atomgemeinschaft (sub D), der Fusionskontrolle (sub E) und der Montanunion (sub F) an.

---

[657] Dannecker, JZ 1996, S. 869; Tiedemann, NJW 1993, S. 24; Zuleeg, JZ 1992, S. 762; a.A. Pache (S. 355) bezüglich des Schutzes der finanziellen Interessen der EG. Einführend und vertiefend hierzu vgl. Nachweise in Teil 1 (A).

[658] Verordnung Nr. 17 des Rates, ABl. Nr. 13/204 vom 06.02.1962, zuletzt geändert durch VO 118/63 vom 05.11.1963, ABl. Nr. 162, S. 2696; nachfolgend „Kartell-VO“ oder „VO 17/62“. Es bestehen zwei Ausführungsverordnungen zur VO 17/62: VO 3385/94 (ABl. 1994, Nr. L 377, S. 28) über die Form der Anträge und die Anmeldung; VO 2842/98 (ABl. 1998, Nr. L 354, S. 18) über Anhörungen. Zahlreiche weitere im Zusammenhang mit der VO 17/62 stehende Regelungen sind bei de Bronett-Groeben/Thiesing/Ehlermann (Art. 87 – Zweiter Teil, Verordnung Nr. 17, Rd. 2) nachgewiesen.

[659] Verordnung Nr. 1/2003 des Rates vom 16.12.2002 zur Durchführung der in den Art. 81 und 82 EG niedergelegten Wettbewerbsregeln, ABl. Nr. L 1 vom 04.01.2003, S. 1 (nachfolgend „VO 1/2003“).

A) Art. 15 VO 17/62

I) Regelungsgegenstand der VO 17/62

Bereits in Artt. 3 und 3a EGV a.F.[660] war die Schaffung eines unverfälschten Wettbewerbs als Zielvorgabe für die gemeinschaftliche Wirtschaftspolitik vorgesehen. Hierzu fanden sich in den Artt. 85 bis 90 EGV a.F.[661] materiellrechtliche und verfahrensrechtliche Bestimmungen gegen Beeinträchtigungen des europäischen Wettbewerbs. So hat bereits Art. 85 EGV a.F. wettbewerbsbeschränkende Vereinbarungen und Verhaltensweisen, Art. 86 EGV a.F. hingegen den Missbrauch einer marktbeherrschenden Stellung untersagt.[662] Diese Verbotsnormen sind sowohl von der Kommission der EG, als auch von den nationalen Behörden und Gerichten anzuwenden.[663]

Daneben enthielt das Primärrecht in Art. 87 EGV a.F.[664] eine Ermächtigungsgrundlage zur Einführung gemeinschaftsrechtlicher Bußgeldvorschriften, von welcher der Rat schon im Jahre 1962 durch die Einführung der VO 17/62 Gebrauch gemacht hat.[665] Der Anwendungsbereich dieser Kartell-VO beschränkt sich grundsätzlich nicht auf bestimmte wirtschaftliche Sektoren, sondern erfasst insbesondere auch die Bereiche Energie, Banken, Versicherungen und Telekommunikation.[666] Lediglich die Sektoren Verkehr[667] und Landwirtschaft[668] sind ausgeschlossen, soweit dort

---

660 Entspricht weitgehend Artt. 3 und 4 EGV n.F.; „a.F." bezeichnet dabei auch im Folgenden die Fassung bis zum Amsterdamer Vertrag und „n.F." die anschließende Fassung.

661 Artt. 81 bis 85 EGV n.F.

662 Entsprechende Regelungen finden sich nunmehr in Artt. 81 und 82 EGV n.F.

663 Dannecker-Wabnitz/Janovsky/Handbuch Wirtschaftsstrafrecht, S. 964.

664 Entspricht weitgehend Art. 83 EGV n.F.

665 Eingehend zur Frage, ob und inwieweit die Europäische Gemeinschaft die Mitgliedstaaten zur Einführung von Kriminalstrafen verpflichten kann Hugger, S. 17 ff.

666 Ritter-Immenga/EG Wettbewerbsrecht, Vorbemerkungen VO 17, Rd. 3 mwN.

667 Dies ergab sich ursprünglich aus der VO 141/62 (ABl. 1962, Nr. B 124 vom 28.11.1962), welche durch die Verordnungen über die Einzelheiten der Anwendung von Wettbewerbsregeln im Binnen-, See- und Luftverkehr ersetzt worden waren: Eisenbahn-, Straßen- und Binnenschiffsverkehr (Art. 22 VO 1017/68, ABl. 1968, Nr. L 175 vom 23.07.1968, S. 1), dazu auch Tiedemann, FS-Jescheck, S. 1415; Seeverkehr (Art. 19 VO 4056/86, ABl. 1986, Nr. L 378 vom 31.12.1986, S. 4); Luftverkehr (Art. 12 VO 3975/87, ABl. 1987, Nr. L 374 vom 31.12.1987, S. 1). Als Besonderheit sei hier nur auf ein spezielles Widerspruchsverfahren hingewiesen, welches ggf. eine Freistellung zur Folge hat. Die genannten Verordnungen werden aber nunmehr ihrerseits durch die VO 2843/98 (ABl. 1998, Nr. L 354 vom 22.12.1998) ersetzt, welche eine Vereinfachung der Wettbewerbsregeln im Verkehrsbereich vorsieht.

spezielle Regelungen gelten. Schließlich gilt auch für die Fusionskontrolle eine Sonderverordnung.[669] Alle diese Rechtssätze enthalten aber vergleichbare Regelungen.[670]

Verstöße gegen Artt. 81 bzw. 82 EGV n.F., sowie Zuwiderhandlungen gegen eine nach Art. 8 Abs. 1 VO 17/62 erteilte Auflage können aufgrund der VO 17/62 mit erheblichen Sanktionen belegt werden.

II) Verbandshaftung

In Art. 15 VO 17/62 werden unter anderem folgende Regelungen getroffen:

> *(1) Die Kommission kann gegen Unternehmen und Unternehmensvereinigungen durch Entscheidung Geldbußen in Höhe von einhundert bis fünftausend Rechnungseinheiten[671] festsetzen, wenn sie vorsätzlich oder fahrlässig:*
>
> *a) in einem Antrag nach ... unrichtige oder entstellte Angaben machen,*
>
> *b) eine nach ... verlangte Auskunft unrichtig oder nicht innerhalb der ... Frist erteilen,*
>
> *c) bei Nachprüfungen ... die angeforderten Bücher oder sonstigen Geschäftsunterlagen nicht vollständig vorlegen oder ... angeordnete Nachprüfung nicht dulden.*
>
> *(2) Die Kommission kann gegen Unternehmen und Unternehmensvereinigungen durch Entscheidung Geldbußen in Höhe von eintausend bis einer Million Rechnungseinheiten oder über diesen Betrag hinaus bis*

---

668 VO 26/62, ABl. 1962, S. 993.

669 Art. 14 VO 4064/89, ABl. 1989, Nr. L 395 vom 30.12.1989; dazu Teil 5 (E).

670 Zu den teilweise abweichenden Verfahrensvorschriften vgl. Ritter- Immenga/EG Wettbewerbsrecht, Vorbemerkungen VO 17, Rd. 41 ff. In der VO 11/60 (ABl. 1960, Nr. P 52 vom 16.08.1960; dazu Tiedemann, FS-Jescheck, S. 1415) fand sich unter Artt. 17, 19, 22 noch eine etwas anders ausgestaltete Regelung; hierzu näher Winkler, S. 20 ff.

671 Als Rechnungseinheit wurden Euro festgelegt. Dies ergibt sich aus Art. 18 VO 17/62 i.V.m. Artt. 277, 279 EGV n.F. und Art. 16 Abs. 1 der aktuellen seit dem 01.01.2003 geltenden Haushaltsordnung (VO 1605/2002, ABl. 2002, Nr. L 248 vom 16.09.2002).

zu zehn vom Hundert des von dem einzelnen an der Zuwiderhandlung beteiligten Unternehmen im letzten Geschäftsjahr erzielten Umsatzes festsetzen, wenn sie vorsätzlich oder fahrlässig:

a) gegen Artikel 85 Absatz 1 oder Artikel 86 des Vertrages verstoßen,

b) einer nach Artikel 8 Absatz 1 erteilten Auflage zuwiderhandeln.

Bei der Festsetzung der Höhe der Geldbuße ist neben der Schwere des Verstoßes auch die Dauer der Zuwiderhandlung zu berücksichtigen.

...

(4) Die Entscheidungen auf Grund der Absätze 1 und 2 sind nicht strafrechtlicher Art.

...

1) Autonome Bewertung[672]

a) Normadressaten: Unternehmen und Unternehmensvereinigungen

Adressaten der wettbewerbsrechtlichen Verbote in Artt. 81, 82 EGV n.F. sind nach dem Wortlaut Unternehmen und Unternehmensvereinigungen.[673] Sie werden auf supranationaler Ebene als Träger von Rechten und Pflichten anerkannt und ihnen wird insoweit kraft Gesetz Subjektsqualität verliehen.[674] Darüber hinaus wird ihnen die Fähigkeit zugesprochen, als Vertragspartner wettbewerbswidrige Vereinbarungen zu treffen.[675] Natürliche Personen sind dagegen keine Normadressaten.[676]

---

[672] Die europäischen Wettbewerbsregeln sind autonom auszulegen. Diese Praxis verfolgt auch der EuGH; vertiefend Dannecker-Immenga/EG Wettbewerbsrecht, Vorbem. Art. 15 VO 17, Rd. 46 ff.

[673] Erfasst werden auch Vereinigungen von Unternehmensvereinigungen; Dannecker-Immenga/EG Wettbewerbsrecht, Kommentierung zu Art. 15 VO 17, Rd. 70; Tiedemann, ZStW 102 (1990), S. 101; nachfolgend wird jedoch zusammenfassend schlicht von „Unternehmen" gesprochen. Die Begrenzung der Normadressaten auf Unternehmen führt dazu, dass es sich bei diesen wettbewerbsrechtlichen Verstößen um Sonderdelikte handelt (vgl. Dannecker, Madrid-Symposium, S. 331, 334 mwN; Tiedemann, FS-Jescheck, S. 1419 f.). Zum Unternehmensbegriff eingehend Mügge, S. 110 ff.

[674] Dannecker/Fischer-Fritsch, S. 253 mwN. Nach Hamann (S. 158) kann die Subjektsqualität im Gesellschaftsrecht und im Wettbewerbsrecht ebenso wie im nationalen und im europäischen Recht unterschiedlich bestimmt werden; für die Gemeinschaftsebene ebenso Dannecker-Immenga/EG Wettbewerbsrecht, Kommentierung zu Art. 15 VO 17, Rd. 73. Zur Folgeproblematik bei der Sanktionsfestsetzung vgl. Teil 5 (A, III, 1, a).

[675] Vgl. Dannecker/Fischer-Fritsch, S. 253 mwN.

Die bloße Benennung in Art. 15 Abs. 1 und 2 VO 17/62 führt noch nicht zu einer Begründung der Normadressatenfähigkeit, da die Bußgeldtatbestände lediglich auf Normen verweisen, deren Adressaten Unternehmen sind. Art. 15 VO 17/62 ist mithin ein Blankettgesetz, dessen vollständiger Tatbestand erst durch das Zusammenlesen von verweisendem und ausfüllendem Gesetz gebildet wird.[677] Aufgrund der engen Bindung kann man Unternehmen gleichwohl als Normadressaten von Art. 15 VO 17/62 bezeichnen.

Der Begriff des Unternehmens entscheidet letztlich darüber, in welchem Umfang Handlungen einzelner Personen zugerechnet und dem jeweiligen Unternehmen Pflichten auferlegt werden können, wobei dieses „soziale Subjekt" für Verstöße haftungsrechtlich einzustehen hat.[678] Daher kommt der autonomen Bestimmung des Unternehmensbegriffs zentrale Bedeutung zu.[679] Gleichwohl wird dieser in der VO 17/62 nicht legaldefiniert[680] und ist daher in besonderem Maße unterschiedlichem Verständnis zugänglich.[681]

aa) Unternehmensbegriff der Kommission

Die Kommission vertritt den wirtschaftlichen Begriff.[682] Danach kann jede gewerblich tätige Einheit ein Unternehmen sein, wobei alle selbständigen, nicht rein privaten und auf den Austausch von Waren oder Dienstleistungen gerichteten Tätigkeiten

---

676 Dazu kritisch Dannecker/Fischer-Fritsch, S. 290; Tiedemann, NJW 1986, S. 1843. Etwas anderes kann gelten, wenn sie ihre Leistungen gewerblich verwerten, während hingegen das Halten von Gesellschaftsanteilen nicht genügt; vertiefend Gleiss/Hirsch, Rd. 18, 23 f., 27.

677 Dannecker-Wabnitz/Janovsky/Handbuch Wirtschaftsstrafrecht, S. 977.

678 Papakiriakou (S. 154 ff.), der zudem in der Bestimmung des Unternehmensbegriffs die eigentliche Festlegung der materiell bußgeldbewehrten Tätigkeiten sieht.

679 Gleiss/Hirsch, Rd. 8.

680 In Art. 1 des Protokolls 22 zum EWR-Abkommen (ABl. 1994, Nr. L 1, vom 03.01.1994, S. 185 f.) findet sich folgende Definition: „Als Unternehmen (gilt) jedes Rechtssubjekt, das eine kommerzielle oder wirtschaftliche Tätigkeit ausübt." Näher hierzu Papakiriakou, S. 162 (in Fn. 33); vgl. auch Dannecker-Wabnitz/Janovsky/Handbuch Wirtschaftsstrafrecht, S. 965. In Art. 1 Nr. 3 VO 2532/98 (ABl. Nr. L 318 vom 27.11.1998, S. 4) findet sich eine zweite Legaldefinition.

681 Obschon sich die Auswirkungen der unterschiedlichen Begriffe letztlich auf die Bereiche Rechtsnachfolge, Konzern und Handelsvertreter beschränken.

682 Im Sinne eines funktionalen Begriffs; vgl. Koch-Grabitz/Hilf, Art. 85, Rd. 7; Gleiss/Hirsch, Rd. 9; Dannecker-Immenga/EG Wettbewerbsrecht, Kommentierung zu Art. 15 VO 17, Rd. 74; zum früher teilweise vertretenen Zurechnungsmodell vgl. Hamann, 18 ff.

erfasst werden.[683] Eine Gewinnerzielungsabsicht ist nicht erforderlich.[684] Jedoch muss zumindest die Möglichkeit bestehen, die Wettbewerbsbedingungen am Markt tatsächlich zu beeinflussen.[685] Die Feststellung der Unternehmenseigenschaft erfolgt somit unabhängig von den durch die nationalen Gesetzgeber vorgesehenen Gesellschaftsformen.[686]

In einem Konzern kann nach diesem Verständnis die Muttergesellschaft, die Tochtergesellschaft oder die von diesen gebildete wirtschaftliche Einheit die Unternehmenseigenschaft erfüllen.[687] Entscheidend sind die kapitalmäßige Verbundenheit der Unternehmen, die Beteiligung der Muttergesellschaft an dem Verstoß und eine beherrschende Einflussnahme der Muttergesellschaft auf die Geschäftspolitik der Tochtergesellschaft.[688] Dabei lässt die Kommission teilweise Mutter- und Tochtergesellschaften gesamtschuldnerisch haften.[689] Die weite Auslegung begründet die Kommission mit dem Zweck des umfassenden Wettbewerbsschutzes. Der offene Wortlaut steht dem nicht entgegen.[690]

Es können also weitreichende Zuordnungen vorgenommen werden. Sofern die wirtschaftliche Einheit aus mehreren Gesellschaften besteht, ist ggf. kaum noch ein Bezug zu nach wie vor relevanten menschlichen Handlungen vorhanden. Die Handlung eines Organs der A-GmbH kann der B-GmbH zugerechnet werden, wenn A- und B-GmbH als wirtschaftliche Einheit angesehen werden.[691] Dabei ist diese Zu-

---

[683] Hamann, S. 13.
[684] Gleiss/Hirsch, Rd. 22.
[685] Dannecker-Immenga/EG Wettbewerbsrecht, Kommentierung zu Art. 15 VO 17, Rd. 74.
[686] Dannecker-Immenga/EG Wettbewerbsrecht, Kommentierung zu Art. 15 VO 17, Rd. 73; Hamann, S. 14; Streitstand zum Erfordernis zivilrechtlicher Rechtsfähigkeit bei Koch-Grabitz/Hilf, Art. 85, Rd. 7 mwN.
[687] Vgl. etwa KOME, ABl. 1972 Nr. L 7, S. 25 („Continental Can"); zur Entwicklung der Entscheidungspraxis Tsolka, S. 292 ff.
[688] Dannecker-Immenga/EG Wettbewerbsrecht, Kommentierung zu Art. 15 VO 17, Rd. 76 ff.; Tsolka, S. 302 ff.; Rütsch, S. 47 ff. Letztlich entsprechen diese Voraussetzungen denen zivilrechtlicher Haftung beim qualifiziert faktischen Konzern nach deutschem Recht; näher dazu Schmidt, Gesellschaftsrecht, S. 964 f., 1224 ff.
[689] Näher Dannecker/Fischer-Fritsch, S. 262 ff.
[690] Hamann, S. 13.
[691] Näher Gleiss/Hirsch, Rd. 54 ff.

ordnung kaum klaren Vorgaben unterworfen, was im Hinblick auf das Analogieverbot bedenklich ist. Daher wird von der Kommission und dem Gerichtshof die Entwicklung eindeutigerer Kriterien gefordert.[692] Der offene wirtschaftlich-soziologische Unternehmensbegriff hat zwar den Vorteil der höheren Flexibilität, doch birgt er zugleich die Gefahr mangelnder Rechtssicherheit.[693]

Andererseits stellen die meisten rechtlich anerkannten Verbände wirtschaftliche Einheiten dar.[694] Im einzelnen fallen auch gemeinnützige Organisationen, Sport- und Kulturvereine sowie Unternehmen der öffentlichen Hand unter den tatbestandlichen Geltungsbereich.[695] Sogar ein Staat selbst kann dem Geltungsbereich des Art. 15 VO 17/62 unterliegen.[696]

Dasselbe gilt für Einzelkaufleute,[697] was letztlich dazu führt, dass durch die fehlende Einbeziehung von natürlichen Personen in den Normadressatenkreis des Art. 15 VO 17/62 keine Regelungslücke entsteht. Natürliche Personen, welche auf supranationaler Ebene entsprechende wettbewerbswidrige Verhaltensweisen begehen, werden regelmäßig ein Handelsgewerbe betreiben oder aus anderen Gründen Kaufleute sein.[698] Somit ist auch eine Haftung des Einzelkaufmanns für seine Angestellten denkbar, was allerdings in Bezug auf das Schuldprinzip problematisch ist.[699] Darüber hinaus kann eine wirtschaftliche Einheit zwischen einem Unternehmer und seinem Handelsvertreter angenommen werden.[700] Auch die im deutschen nationalen

---

[692] Dannecker-Immenga/EG Wettbewerbsrecht, Kommentierung zu Art. 15 VO 17, Rd. 75.
[693] So im Ergebnis auch Papakiriakou (S. 159 ff., 229) unter Hinweis auf die sonst mögliche Umgehung der „legitimen" Haftungsbegrenzung für juristische Personen, die überzogene Pflichtenauferlegung für bestimmte Konzerngesellschaften und die Problematik der Rechtsnachfolge. Insgesamt kritisch zum Unternehmensbegriff auch Mügge, S. 185.
[694] Sofern sie wirtschaftlich tätig sind; vgl. näher Gleiss/Hirsch, Rd. 25.
[695] Bei Teilnahme am Wirtschaftsverkehr; vgl. Gleiss/Hirsch, Rd. 29 ff.; Lange, WuW 2002, S. 955.
[696] Papakiriakou, S. 157 f.; vertiefend Lange, WuW 2002, S. 953 ff.
[697] Hamann, S. 13 mwN; Koch-Grabitz/Hilf, Art. 85, Rd. 7 mwN; Mailänder, Müller-Henneberg/Gemeinschaftskommentar I, EWGV-Art. 85, Rd. 4.
[698] Etwa indem sie ihre Leistungen gewerblich verwerten; vgl. Gleiss/Hirsch, Rd. 18, 23 f.
[699] Siohl, S. 148 f.
[700] Vertiefend Papakiriakou, S. 214 ff.; Gleiss/Hirsch, Rd. 14; Weiß-Calliess/Ruffert, § 81, Rd. 42, 119 ff.; Mailänder, Müller-Henneberg/Gemeinschaftskommentar I, EWGV-Art. 85, Rd. 4.

Recht problematisierte Sanktionierung von Vorgesellschaft, faktischer Gesellschaft, Gesellschaft bürgerlichen Rechts und der Partnerschaftsgesellschaft ist hier möglich. Ebenso kann der nichtrechtsfähige Verein unter den Unternehmensbegriff subsumiert werden.[701] Die Innengesellschaft des deutschen Rechts wird hingegen nur erfasst, wenn sie gewerblich aktiv ist. Dies hat aber keine Regelungslücke zur Folge, da sich ein als Innengesellschaft organisiertes Kartell regelmäßig wirtschaftlich betätigt.

bb) Unternehmensbegriff des EuGH

Der Begriff des EuGH entspricht im Wesentlichen dem der Kommission.[702] Nach dem Gerichtshof ist ein Unternehmen eine einheitliche, einem selbständigen Rechtssubjekt zugeordnete Zusammenfassung personeller, materieller und immaterieller Faktoren, mit welcher auf Dauer ein bestimmter wirtschaftlicher Zweck verfolgt wird.[703] Auch hier kommt es auf die Beteiligung am Wirtschaftsleben an,[704] welche neuerdings den Umfang einer tatsächlichen Möglichkeit zur Marktbeeinflussung haben muss.[705] Hauptunterschied zur Kommission ist die Orientierung an der rechtlichen Selbständigkeit.[706]

Damit verlangt der EuGH in Konzernkonstellationen[707] für die Bebußung einzelner Gesellschaften nicht nur eine faktische, sondern auch eine rechtliche Einbindung bzw. einen eigenen Tatbeitrag zumindest in Form von Kenntnis und Verhinderungsmöglichkeit.[708]

---

701 Gleiss/Hirsch, Rd. 47. Schmidt (Gesellschaftsrecht, S. 736 ff.) weist darauf hin, dass der nichtrechtsfähige Verein zwischenzeitlich mit eigenen Rechten (z.B. Verfahrensrechte, Vermögensträgerschaft) ausgestattet ist und somit de facto auch rechtsfähig ist; gemeint ist mit der Bezeichnung aus heutiger Sicht eher nichteingetragener Verein.

702 Wobei eine klare Definition des EuGH fehlt; vgl. Gleiss/Hirsch, Rd. 2.

703 EuGH 13.07.1962, Verb. Rs. 17 und 20/61, Slg. 1962, S. 653, 687; weitere Nachweise bei Wegner, S. 237.

704 Dannecker/Fischer-Fritsch, S. 253; Dannecker, Madrid-Symposium, S. 331, 334.

705 Dannecker-Immenga/EG Wettbewerbsrecht, Kommentierung zu Art. 15 VO 17, Rd. 74.

706 Dannecker/Fischer-Fritsch, S. 253 mwN. Dieses Kriterium wird zunehmend durch eine funktionale Betrachtung relativiert; vgl. Wegner, S. 239 mit zahlreichen Nachweisen.

707 Hierauf scheint sich Papakiriakou (S. 170 ff.) hauptsächlich zu beziehen.

708 Eine Ausnahme besteht nur in den Fällen der Rechtsnachfolge; Papakiriakou, S. 170 f.

b) Handlungsfähigkeit

Die Frage nach der eigenen Handlungsfähigkeit von Unternehmen wird überwiegend bejaht.[709] Man konstruiert diese über eine Gesamtbetrachtung[710] bzw. mittels Zurechnung[711] von Handlungen einzelner Menschen, wodurch eine eigene rechtliche Handlungsfähigkeit des Unternehmens entsteht.[712] Da jedoch bis auf Exzesstaten die Handlungen jedes Mitarbeiters als Taten des Unternehmens angesehen werden, muss de facto keine natürliche Person explizit benannt und einem Fehlverhalten zugeordnet werden.[713] Dies stellt die rechtliche der tatsächlichen Handlungsfähigkeit weitgehend gleich.

c) Täterkreis im Rahmen der Handlungsfähigkeit

Von besonderem Interesse ist der Kreis der Personen, deren natürliches Handeln dem Unternehmen noch als eigenes zugerechnet werden kann.

Die *Kommission* rechnet die Handlung jeder natürlichen Person zu, die für das Unternehmen befugterweise tätig wird und zwar unabhängig von ihrer Stellung in der Unternehmenshierarchie.[714] In der Navewa-Anseau-Entscheidung hat die Kommission sogar das Verhalten von Beauftragten und Bevollmächtigten außerhalb des Unternehmens zugerechnet.[715] Zur Begründung wurde im konkreten Fall angeführt, dass die Verantwortlichkeit des sanktionierten Unternehmens auch auf seiner Eigenschaft als Mitglied eines Verbandes beruhe, welcher bei dem Wettbewerbsver-

---

[709] Dannecker, Strafrechtsentwicklung, S. 91. Diese Frage ist wegen der Eigenständigkeit des supranationalen Europarechts unabhängig von der entsprechenden nationalen Diskussion zu beantworten. Zur Situation in den Mitgliedstaaten Böse, S. 186 ff.

[710] Vogel, JZ 1995, S. 332.

[711] Dannecker/Fischer-Fritsch, S. 258; Hamann, S. 160 ff.; de Bronett-Groeben / Thiesing / Ehlermann, Art. 87, Zweiter Teil, Verordnung Nr. 17, Rd. 50 mwN; Koch-Grabitz/Hilf, Art 15 VO 17 Rd. 41; Schroth, S. 137; Lipowsky (S. 55) spricht unter Verweis auf Larenz hier auch von objektiver Zurechnung.

[712] Hamann, S. 160 f.; zur Begründung wird dabei angeführt, dass das Gemeinschaftsrecht in der VO 17/62 Unternehmen als Rechtssubjekte anerkennt. Als solche müssen sie die ihnen zugeordneten Rechte durch Handlungen auch ausüben können. Vgl. auch Tsolka, S. 158.

[713] Hierzu sogleich; vgl. auch Tsolka, S. 158.

[714] Dannecker-Immenga/EG Wettbewerbsrecht, Kommentierung zu Art. 15 VO 17, Rd. 106; Dannecker/Fischer-Fritsch, S. 258 mwN. Schroth (S. 137) bezeichnet dies als „funktionelle Betrachtungsweise“.

[715] KOME, ABl. L 167 vom 15.06.1982, S. 49 ff.

stoß eine aktive Rolle gespielt hat.[716] Hier wurde also das Verhalten eines Verbandes den Mitgliedern, für die er tätig geworden ist, zugerechnet.[717]

In seinem Pioneer-Urteil[718] hat der *EuGH* dieses Vorgehen bestätigt und weiter ausgeführt, dass die Inhaber oder Geschäftsführer des betreffenden Unternehmens weder selbst gehandelt, noch Kenntnis von dem entsprechenden Vorgang gehabt haben müssen.[719] Es genüge die Handlung einer Person, die berechtigt ist, für das Unternehmen tätig zu werden.[720] Als einzige Grenze wird lediglich die eindeutige Überschreitung des Aufgabenbereichs anerkannt, welcher der natürlichen Person betrieblich übertragen wurde.[721] Ergänzend hat der Gerichtshof in der konkreten Entscheidung aber auch auf das Verhalten höher gestellter Personen abgestellt.[722] Diese Praxis verfolgt auch die Kommission.[723] Anknüpfungspunkt für die Zurechnung ist letztlich die Nutznießerschaft des Unternehmens.[724]

d) Schuldfähigkeit[725]

Art. 15 der Kartell-VO verlangt ausdrücklich Vorsatz oder Fahrlässigkeit, so dass die Geltung des Schuldprinzips in diesem Bereich als solche grundsätzlich aner-

---

[716] Dannecker/Fischer-Fritsch, S. 260.

[717] Dannecker-Immenga/EG Wettbewerbsrecht, Art. 15 VO 17, Rd. 107 mwN; Dannecker/Fischer-Fritsch, S. 260.

[718] EuGH 07.06.1983, Verb. Rs. 100-103/80, Slg. 1983, S. 1825 ff.

[719] Vgl. Leitsatz 12 seines Urteils; näher zur vorab ergangenen Kommissionsentscheidung (KOME, ABl. Nr. L 60 vom 05.03.1980, S. 21) Dannecker/Fischer-Fritsch, S. 134 ff.

[720] Dannecker/Fischer-Fritsch, S. 258 f.

[721] Dies hat letztlich für die Handlungsfähigkeit des Verbandes zur Folge, dass kein konkreter Mitarbeiter benannt werden muss; vgl. Tsolka, S. 158.

[722] Vgl. Entscheidungsgrund 98; dazu Dannecker/Fischer-Fritsch, S. 259.

[723] Dannecker-Immenga/EG Wettbewerbsrecht, Art. 15 VO 17, Rd. 110.

[724] Dannecker-Immenga/EG Wettbewerbsrecht, Kommentierung zu Art. 15 VO 17, Rd. 109.

[725] Die Trennung von Tatbestandsmäßigkeit, Rechtswidrigkeit und Schuld entspricht der praktischen Übung von Kommission und Gerichtshof; vgl. Dannecker-Immenga/EG Wettbewerbsrecht, Kommentierung zu Art. 15 VO 17, Rd. 120 mwN; ders., FS-Hisch, S. 147 ff.; ders., Freiburg-Symposium, S. 147. Eingehend zur Straftatlehre in Frankreich und im Common Law Vogel, GA 1998, S. 127 ff.; dazu Ruegenberg, JZ 1998, S. 453.

kannt ist.[726] Die Kommission und der EuGH gehen dabei von einer (quasi) eigenen Schuldfähigkeit der Unternehmen aus.[727]

Die Begründung insbesondere durch die Kommission ist jedoch umstritten. Einerseits rechnet sie dem Unternehmen[728] das Wissen natürlicher Personen zu.[729] Andererseits begründet die Kommission diese Unternehmensschuld in der Praxis zunehmend auch mit der Verletzung von Organisations- und Aufsichtspflichten.[730] Dabei orientiert sie sich an dem Modell des französischen Verwaltungsrechts, wonach ein formales organisatorisches Verschulden ausreicht und weder festgestellt werden muss, wer konkret gehandelt hat, noch dass diese Person ein persönlicher Schuldvorwurf trifft.[731] Innerhalb des Organisationsverschuldens wendet die Kommission einen normativen Schuldbegriff an, wobei sie eine Informationspflicht des Unternehmens hinsichtlich des europäischen Wettbewerbsrechts konstituiert.[732] Diese ist je nach Größe, Marktstellung, Konzernzugehörigkeit und Tätigkeitsbereich des Unternehmens unterschiedlich groß.[733] Das Organisationsverschulden wird damit auf ein Unterlassen von entsprechenden Vorsorgemaßnahmen gestützt.[734]

---

[726] Vgl. allgemein Dannecker/Fischer-Fritsch, S. 278 f. mwN; Dannecker-Immenga/EG Wettbewerbsrecht, Kommentierung zu Art. 15 VO 17, Rd. 162; Dannecker, Madrid-Symposium, S. 341; Siohl, S. 52 f.

[727] Vgl. Dannecker/Fischer-Fritsch, S. 289 f.; Dannecker, Strafrechtsentwicklung, S. 98 f.; Dannecker-Immenga/EG Wettbewerbsrecht, Kommentierung zu Art. 15 VO 17, Rd. 163. Teile der Literatur stellen hingegen auf das Verschulden der handelnden natürlichen Person ab, welches dem Unternehmen zugerechnet wird; nachgewiesen bei Hamann, S. 170 mwN. Lipowsky (S. 55) spricht unter Verweis auf Larenz hier auch von subjektiver Zurechnung. Siohl (S. 140, 155) stellt klar, dass über die Zurechnung fremder Schuld letztlich ein eigenes Verschulden entsteht; unter Verweis auf die Gesamtbetrachtung kommt Vogel (JZ 1995, S. 332) zu demselben Ergebnis.

[728] Wie im Rahmen der Handlungsfähigkeit.

[729] Dannecker/Fischer-Fritsch, S. 279 f.; Müller-Gugenberger, Wirtschaftsstrafrecht, S. 104; Siohl, S. 153 f.

[730] Dannecker/Fischer-Fritsch, S. 289; Dannecker-Immenga/EG Wettbewerbsrecht, Kommentierung zu Art. 15 VO 17, Rd. 164 mwN; Tsolka, S. 261 ff.

[731] Dannecker-Immenga/EG Wettbewerbsrecht, Kommentierung zu Art. 15 VO 17, Rd. 164; ders., Madrid-Symposium, S. 342 f.

[732] Dannecker-Immenga/EG Wettbewerbsrecht, Kommentierung zu Art. 15 VO 17, Rd. 165; ders., Madrid-Symposium, S. 342 f.

[733] Dannecker/Fischer-Fritsch, S. 287; Dannecker, Madrid-Symposium, S. 342 f.

[734] Dannecker-Immenga/EG Wettbewerbsrecht, Kommentierung zu Art. 15 VO 17, Rd. 165.

Gegen dieses Vorgehen spricht, dass durch die Ausrichtung an sozialen und rechtlichen Kategorien der persönliche Schuldvorwurf hinter der abstrakten Festlegung einer Unternehmensverantwortlichkeit zurücktritt. Es ist jedoch inkonsequent, eine normative Unternehmensschuld anzunehmen, aber anstelle der Feststellung einer spezifischen (und somit auch mit einer gewissen Dauer behafteten) fehlerhaften Organisation teilweise auf einzelne schuldhafte Akte von natürlichen Personen abzustellen.[735] Andererseits kennen einige nationale Rechtsordnungen eine stark an rechtlichen (und nicht persönlichen) Bezügen ausgerichtete Unternehmensverantwortlichkeit im Ordnungswidrigkeitenrecht[736] bereits.[737]

Dessen ungeachtet begegnet das Vorgehen der Kommission dogmatischen Bedenken. Diese würden infolge einer Einschränkung des Schuldprinzips durch den Grundsatz der Verhältnismäßigkeit zerstreut.[738]

e) Täterkreis im Rahmen der Schuldfähigkeit

Soweit die Kommission die Unternehmensschuld mittels einer Zurechnung von Handlungen natürlicher Personen begründet, entspricht deren Kreis mangels anderweitiger gesetzlicher Normierung dem oben im Rahmen der Handlungsfähigkeit dargestellten.[739] Die Personen müssen lediglich schuldhaft für das Unternehmen gehandelt haben, wobei die Position außen stehender Beauftragter ausreicht.[740] Sie brauchen grundsätzlich nicht der Unternehmensleitung anzugehören.

---

[735] Dannecker/Fischer-Fritsch, S. 289.

[736] Welches im Gegensatz zum Kriminalstrafrecht angeblich keine moralische Verfehlung voraussetzt; hiergegen Teil 4 (B, II, 2, b, cc).

[737] Wie etwa Deutschland und Italien; vgl. Dannecker/Fischer-Fritsch, S. 288; Hamann, S. 171.

[738] Eingehend hierzu Teil 3 (B, I, 2, b).

[739] Teil 5 (A, II, 1, b). Siohl (S. 157 f.) weist auf die Normierung eines Personenkreises hinsichtlich einer Auskunftspflicht in Art. 11 Abs. 4 VO 17/62 hin: „Zur Erteilung der Auskunft sind die Inhaber der Unternehmen oder deren Vertreter, bei juristischen Personen, Gesellschaften und nichtrechtsfähigen Vereinen die nach dem Gesetz oder Satzung zur Vertretung berufenen Personen, verpflichtet.“ Danach würden Prokuristen und Handlungsbevollmächtigte nicht mehr erfasst werden; Siohl, S. 157 f. Dieser Ansatz wird aber von der herrschenden Meinung abgelehnt; vgl. auch zu weiteren Begrenzungsvorschlägen in der Literatur Siohl, S. 158 f. mwN.

[740] Dannecker-Immenga/EG Wettbewerbsrecht, Kommentierung zu Art. 15 VO 17, Rd. 107; kritisch dazu Siohl (S. 164 f.), der die Verbindung durch Beauftragung für zu lose hält, zumal die Person ja gerade für einen anderen handelt.

Gleichwohl benennt die Kommission in der Unternehmenshierarchie möglichst hoch stehende Personen, die Kenntnis von dem wettbewerbswidrigen Verhalten hatten oder zumindest hätten haben müssen. Ob sie den Verstoß selbst unmittelbar ausgeführt haben, ist dabei irrelevant. Dies ist jedoch inkonsequent. Soweit der Schuldvorwurf an persönlichen Kategorien ausgerichtet wird,[741] müsste die Kommission sowohl im Rahmen der Handlung, als auch des Verschuldens auf dieselbe Person abstellen.[742] Tatsächlich aber wird die Handlung irgendeiner Person im Unternehmen zugerechnet, während innerhalb des Verschuldens auf die Kenntnis einer anderen Person - möglichst aus der Unternehmensleitung - verwiesen wird.[743] Problematisch ist zudem grundsätzlich die Zurechnung fremden Verschuldens zur Begründung einer spezifischen Unternehmensschuld.[744]

Soweit die Kommission eine eigene Unternehmensschuld im Wege des Organisationsverschuldens begründet, kann sie auf jede Person abstellen, die für das Unternehmen gehandelt hat. Auf die Stellung als Leitungsperson kommt es also nicht an. Auch einfache Mitarbeiter können eine Haftung des Verbandes verursachen; ebenso externe Mitarbeiter wie etwa ein Rechtsanwalt.[745] Entscheidend ist nur, dass sie für das Unternehmen tätig waren.[746] Diese Praxis ist jedoch zumindest beim Einzelkaufmann im Hinblick auf das Schuldprinzip bedenklich, da letztlich eine gegen ihn selbst gerichtete Sanktion für fremdes Verschulden verhängt wird.[747]

f) Zurechnungskriterien

Ergänzende Zurechnungskriterien, wie etwa die Verletzung einer verbandsbezogenen Pflicht oder eine Bereicherung, werden nicht vorausgesetzt.[748] Lediglich im Rahmen einer Nutznießerschaft des Unternehmens mögen diese Aspekte berück-

---

[741] Vgl. Dannecker/Fischer-Fritsch, S. 288 f.
[742] Sauter-Langen/Bunte, VO 17/62, Art. 15, Rd. 4.
[743] Dannecker/Fischer-Fritsch, S. 287; Beispiele für Ausnahmen hiervon allerdings bei Dannecker/Fischer-Fritsch, S. 279 mwN.
[744] Näher dazu Dannecker/Fischer-Fritsch, S. 288 f.
[745] Siohl, S. 160 mwN.
[746] Dannecker/Fischer-Fritsch, S. 279.
[747] Siohl, S. 148 f.
[748] Gleichwohl dürften die meisten Kartellrechtsverstöße durch Bereicherungsabsichten motiviert sein.

sichtigt werden. Dieses Element wird aber nur als Anknüpfungspunkt für die Zurechnung des Verhaltens natürlicher Personen relevant.[749]

g) Bezugstaten – Erweiterung des Täterkreises

Aufgrund des weiten Täterkreises konnte auf die Normierung ergänzender Bezugstaten verzichtet werden.

h) Rechtsnachfolge

Sobald ein Unternehmen einen entsprechenden Wettbewerbsverstoß begangen hat, muss es damit rechnen, dass die Kommission eine Geldbuße verhängt. Dieser Gefahr könnte es grundsätzlich dadurch entgehen, dass die ursprüngliche Gesellschaft mit einer anderen fusioniert oder liquidiert bzw. umgewandelt wird.[750] Wäre dies möglich, würde die Androhung von Sanktionen ihre Wirkung verlieren. Daher muss für den Fall, dass die zu sanktionierende Gesellschaft nicht mehr selbständig fortbesteht, eine Ahndung auch gegen den neuen Träger erfolgen können.[751]

Im Sinne einer zweckmäßigen Durchsetzbarkeit der Kartell-VO gibt es daher zwei Möglichkeiten. Zum einen eine Gleichsetzung von Umgehungshandlungen mit der Tatbestandsverwirklichung, was starke Bedenken hinsichtlich des Analogieverbots aufwerfen würde.[752] Zum anderen eine wirtschaftliche Betrachtung des Sachverhalts anknüpfend an den bei der Frage des Normadressaten dargestellten wirtschaftlichen Unternehmensbegriff. Letzteren Weg ist die Kommission gegangen.[753] Dabei setzt die Verhängung einer Geldbuße gegen eine andere juristische Person voraus, dass die wirtschaftliche Einheit in gleicher oder ähnlicher Weise wie bisher eingesetzt

---

[749] Dannecker-Immenga/EG Wettbewerbsrecht, Kommentierung zu Art. 15 VO 17, Rd. 109.

[750] Vgl. bei Hamann (S. 90 f.) ergänzende Fälle „unechter Rechtsnachfolge"; dabei ist aber zu beachten, dass bei Fortbestand der Rechtspersönlichkeit die strafrechtliche Verantwortlichkeit des ursprünglichen Unternehmens selbst dann vorliegt, wenn der von den Wettbewerbsverstößen betroffene wirtschaftliche Tätigkeitsbereich übertragen wird; vgl. Dannecker/Fischer-Fritsch, S. 255.

[751] Selbst die Aufgabe des Geschäftsbetriebs beseitigt die Haftung nicht; vgl. de Bronett-Groeben/Thiesing/Ehlermann, Art. 87, Zweiter Teil, Verordnung Nr. 17, Rd. 50 mwN.

[752] Hamann, S. 90.

[753] Der EuGH hat diesem Vorgehen nicht widersprochen; vgl. Dannecker, Madrid-Symposium, S. 331, 335; siehe auch Tsolka, S. 305 ff.

wird.[754] Hierzu muss zwischen dem Unternehmen, welches den Wettbewerbsverstoß begangen hat und dem Rechtsnachfolger eine wirtschaftliche und funktionelle Kontinuität bestehen.[755] Dies ist jedenfalls dann der Fall, wenn das fragliche Unternehmen bei unverändertem Geschäftsgegenstand, Sitz und Management lediglich seinen Namen und seine Rechtsform geändert hat.[756] Nicht erforderlich ist hingegen, dass das übernommene Unternehmen in der neuen juristischen Person einen wesentlichen Teil des gesamten Vermögens ausmacht.[757]

i) Zwischenergebnis

Art. 15 VO 17/62 ist geprägt von einer zweckorientierten pragmatischen Vorgehensweise. Insgesamt ist eine umfassende Haftung von Verbänden möglich. Regelungslücken sind nicht erkennbar. Sämtliche wirtschaftlich aktiven Einheiten können für Handlungen jedweder Mitarbeiter verantwortlich gemacht werden. Eine umfassendere Normierung ist bei Beachtung rechtsstaatlicher Aspekte kaum denkbar.

2) Vergleich mit der deutschen nationalen Regelung

a) Normadressaten

Art. 15 VO 17/62 benennt in Form eines Blankettgesetzes Unternehmen und Unternehmensvereinigungen als Normadressaten. Hingegen hat § 30 OWiG n.F. keinen Blankettcharakter, zumal hier ein weniger enger Bezug zu den von zurechnungsfähigen Personen begangenen Taten besteht.

Hinsichtlich der Festlegung des Normadressatenkreises verwenden der nationale und der europäische Gesetzgeber unterschiedliche Ansatzpunkte. Im deutschen Recht werden einzelne Gesellschaftsformen aufgezählt, was auf den ersten Blick zu

---

[754] Hamann (S. 215 ff.) weist auf dogmatische Konfliktpunkte durch diese Praxis zum Bestimmtheitsgebot und dem Analogieverbot hin.

[755] Dannecker-Immenga/EG Wettbewerbsrecht, Kommentierung zu Art. 15 VO 17, Rd. 93 mwN.

[756] Dannecker-Immenga/EG Wettbewerbsrecht, Kommentierung zu Art. 15 VO 17, Rd. 93; Gleiss/Hirsch, Rd. 66.

[757] Dannecker-Immenga/EG Wettbewerbsrecht, Kommentierung zu Art. 15 VO 17, Rd. 93 mwN.

einem engeren Kreis führt[758] als die Verwendung des offenen und letztlich nur bedingt technischen Unternehmensbegriffs in der VO 17/62.[759]

Dieser weite Begriff hat im Wesentlichen zwei Vorteile. Zum einen ist er unabhängig von den Vorgaben nationaler Gesetzgeber hinsichtlich normativ festgelegter Gesellschaftsformen, was für eine europaweit einheitliche Anwendung unerlässlich ist. Zum anderen ist die Kommission so nicht einmal innerhalb einzelner Rechtsordnungen auf bestimmte Gesellschaftstypen festgelegt, was sich besonders deutlich in den Konzern-Fällen zeigt. Solches kann die Regelung des § 30 OWiG n.F. nicht leisten. Zu klären bleibt damit, hinsichtlich welcher im deutschen Recht vorgesehenen Gesellschaftsformen Unterschiede in Bezug auf den Adressatenkreis bestehen.

Von Art. 15 VO 17/62 werden bis auf die gewerblich nicht aktive Innengesellschaft alle Verbände erfasst, was einen umfassenden Schutz ohne Regelungslücken bewirkt. Die Einbeziehung des Einzelkaufmanns ist ebenfalls notwendig, da im Gegensatz zum deutschen Recht die Sanktionierung natürlicher Personen nicht möglich ist. Nach der alten Rechtslage in Deutschland konnten die Gesellschaft bürgerlichen Rechts, die Partnerschaft, die (auch wirtschaftlich aktive) Innengesellschaft und das Unternehmen des Einzelkaufmanns als solche nicht in eine Verbandshaftung einbezogen werden, was hinsichtlich der GbR, der Partnerschaft und der Innengesellschaft echte Sanktionslücken zur Folge hatte. Nach neuer Rechtslage findet sich lediglich ein Unterschied bei wirtschaftlich aktiven Innengesellschaften, da diese nur im Rahmen der VO 17/62 bebußt werden können. Somit hat der offene Unternehmensbegriff auf den ersten Blick kaum einen Vorteil gegenüber dem Modell der Benennung einzelner Verbände.

[758] Jedenfalls unter Berücksichtigung des Analogieverbotes und des Bestimmtheitsgrundsatzes.
[759] So auch Müller, S. 51.

b) Handlungsfähigkeit - Täterkreis

Die Handlungsfähigkeit von Unternehmen wird i.R.d. VO 17/62 ebenso wie im deutschen Recht mit der Zurechnung von Handlungen natürlicher Personen begründet.[760] Der Kreis der zurechnungsfähigen Personen erstreckt sich bei der europäischen Norm auf alle Mitarbeiter, welche berechtigt sind, für das Unternehmen tätig zu werden. Nach altem deutschem Recht konnte lediglich das Verhalten von formell bestellten Führungspersonen sowie Generalbevollmächtigten, Prokuristen und Handlungsbevollmächtigten in leitender Stellung zugerechnet werden, wobei eine Erweiterung allenfalls über § 130 OWiG möglich war, was aber wiederum eine entsprechende Aufsichtspflichtverletzung voraussetzte.[761] Nach § 30 OWiG n.F. kann nunmehr das Verhalten auch sonstiger Leitungspersonen zugerechnet werden, während § 130 OWiG n.F. nicht entsprechend angepasst wurde.[762] Die deutsche Normierung reicht damit nach wie vor nicht an den Umfang der VO 17/62 heran. Gleichwohl relativiert sich dieser Unterschied in der praktischen Umsetzung. So rechnet die Kommission zwar auch Handlungen von Personen zu, die für das Unternehmen berechtigt tätig sind, doch stellt sie regelmäßig ergänzend auf höher gestellte Personen ab.[763]

c) Schuldfähigkeit - Täterkreis

Bei der VO 17/62 wird die Schuld des Unternehmens einerseits mittels Zurechnung des Wissens natürlicher Personen und andererseits zunehmend über die Verletzung von Organisations- und Aufsichtspflichten begründet. Im deutschen Recht findet ebenfalls zunächst eine Zurechnung statt. Daneben ist das Modell einer Aufsichts- bzw. Organisationspflichtverletzung in § 130 OWiG normiert. Hinsichtlich des Täterkreises gilt das soeben im Rahmen der Handlungsfähigkeit Gesagte entsprechend. Da die Kommission im Bereich der Schuld zumindest ergänzend auf in der Unternehmenshierarchie höher gestellte Personen abstellt, verringert sich der Unterschied sogar noch.

---

[760] A.A. Vogel, JZ 1995, S. 332: Gesamtbetrachtung.

[761] Dannecker/Fischer-Fritsch, S. 260; vgl. zudem Teil 4 (B, I, 6, b).

[762] Teil 4 (B, I, 6, b).

[763] Dannecker/Fischer-Fritsch, S. 258 ff.

d) Zurechnungskriterien

Art. 15 VO 17/62 zieht allenfalls die Nutznießerschaft des Unternehmens als Zurechnungskriterium heran. Hingegen verlangt § 30 OWiG n.F. die Verletzung einer verbandsbezogenen Pflicht oder zumindest eine geplante Bereicherung des Verbandes. Auch an dieser Stelle zeigt sich die Weite der europarechtlichen Regelung.

e) Bezugstaten – Erweiterung des Täterkreises

Zwar sieht die VO 17/62 keine Erweiterung des Täterkreises über Bezugstaten vor, doch ist dies auch nicht notwendig, da ohnehin jeder Mitarbeiter und sogar Dritte zurechnungsfähige Täter sind.

f) Rechtsnachfolge

Im Bereich der Haftung bei Rechtsnachfolge sind europäische und nationale Voraussetzungen ähnlich. Während im deutschen Recht eine Identität der Unternehmen verlangt wird, arbeitet die Kommission mit dem Begriff der wirtschaftlichen Einheit. Relevante Unterschiede sind insoweit nicht zu erkennen. Allerdings muss in Deutschland noch eine zweite ergänzende Voraussetzung gegeben sein. Der frühere Verband, unter welchem die Tat beendet wurde, muss zu den Sanktionsadressaten gehören. Dies führte nach der alten Rechtslage zu Unsicherheiten vor allem beim Übergang von GbR zu oHG und umgekehrt. Nach der neuen nationalen Regelung hat sich dieses Problem aber aufgelöst.

g) Zwischenergebnis

Der nationale Gesetzgeber hat mit der Neufassung des § 30 OWiG einen wesentlichen Schritt in Richtung der europaweiten Angleichung von Unternehmensverantwortlichkeit geschafft. Die bestehenden Unterschiede sind nur marginal und dürften auch in der Praxis kaum zu nennenswerten Regelungslücken führen.

III) Verbandssanktion

Aus Art. 87 EGV a.F. entstammt die Kompetenz des Rates zur Einführung der Geldbuße in Art. 15 VO 17/62.[764] Sie wird von der Kommission verhängt, deren

[764] Entspricht Art. 83 EGV n.F. Nach Winkler (S. 22 ff.) ergab sich diese Kompetenz zudem bereits aus Art. 172 EGV a.F. Neben der Geldbuße sind keine zusätzlichen im weiteren Sinn strafrechtli-

Entscheidung vom EuG und ggf. auch vom EuGH überprüft wird.[765] Der Sanktionsrahmen bestimmt sich danach, ob ein Verfahrenverstoß (Abs. 1) oder eine Verletzung materiellen Kartellrechts (Abs. 2) geahndet wird. Um die seither mangelnde Transparenz der Sanktionsentscheidungen[766] zu erhöhen, erfolgt die Bemessung der Geldbußen seit 1998 anhand einer Leitlinie[767]. Gleichwohl muss die Kommission ihre Zahlen zur (v.a. umsatzbezogenen) Berechnung nicht offen legen.[768]

Insbesondere bei Großunternehmen wird nicht nur auf den Umsatz des verstoßenden Unternehmensteils abgestellt. Die Kommission setzt als „relevanten" Umsatz teilweise den Gesamtumsatz des Unternehmens bzw. Konzerns fest.[769] Gerade aufgrund dieser möglichen Orientierung am Umsatz des Gesamtunternehmens können empfindliche Geldbußen verhängt werden. Hierzulande hat insbesondere die Entscheidung der Kommission aus dem Jahre 1998 öffentliches Aufsehen hervorgerufen, in welcher sie wegen Verstößen gegen das Recht auf freien Einkauf über die

---

chen Sanktionen vorgesehen; auf die Zwangsgelder des Art. 16 VO 17/62 wird hier nicht eingegangen.

[765] Vgl. Art. 17 VO 17/62; dazu Dannecker-Immenga/EG Wettbewerbsrecht, Kommentierung zu Art. 15 VO 17, Rd. 126 ff. mwN; Oehler, FS-Baumann, S. 569.

[766] Dieses Vorgehen der Kommission hatte den Zweck, eine Schematisierung und damit Kalkulierbarkeit von Bußgeldentscheidungen zu vermeiden; vgl. Dannecker-Immenga/EG Wettbewerbsrecht, Kommentierung zu Art. 15 VO 17, Rd. 341. Letztlich sollte auf diesem Weg also die Präventionswirkung der Norm erhöht werden.

[767] „Leitlinien für das Verfahren zur Festsetzung von Geldbußen, die gemäß Art. 15 Abs. 2 der Verordnung Nr. 17 und gemäß Art. 65 Abs. 5 EGKS-Vertrag festgesetzt werden", ABl. Nr. C 9 vom 14.01.1998, S. 3 – 5, (nachfolgend „Leitlinien Bußgeld"). Hiernach erfolgt im Anschluss an die Berechnung mittels verschiedener Kriterien abschließend eine Korrektur unter Berücksichtigung eventuell erzielter wirtschaftlicher oder finanzieller Vorteile. Somit kann man bei der Vorteilsbemessung im EG-Wettbewerbsrecht - im Gegensatz zur deutschen nationalen Regelung des Verfalls - nicht von einem Brutto- sondern einem Nettoprinzip sprechen. Zur Leitlinie Bußgeld Wegner, S. 262 ff.; de Bronett-Groeben/Thiesing/Ehlermann, Art. 87, Zweiter Teil, Verordnung Nr. 17, Rd. 53 f.; Arhold, EuZW 1999, S. 167 ff. Kritisch Möhlenkamp, S. 129 f. Zur Ermäßigung aufgrund der Kronzeugenregelung vgl. Polley/Seeliger, EuZW 2002, S. 397 ff.

[768] Kritisch dazu Wegner, WuW 2001, S. 470; begründet wird dies mit der Verpflichtung zum Schutz von Geschäftsgeheimnissen aus Art. 21 Abs. 2 VO 17/62 und mit dem Bestreben der Kommission, durch eine Unkalkulierbarkeit der Bußgeldhöhe die Präventionswirkung zu erhöhen; näher dazu Dannecker-Immenga/EG Wettbewerbsrecht, Kommentierung zu Art. 15 VO 17, Rd. 242 ff., 340 ff.

[769] Vertiefend dazu Dannecker-Immenga/EG Wettbewerbsrecht, Kommentierung zu Art. 15 VO 17, Rd. 255 ff; Dannecker/Fischer-Fritsch, S. 315 ff.

Grenzen gegen die Volkswagen AG ein Bußgeld in Höhe von € 102 Mio. verhängt hat.[770] Diese Buße wurde mittlerweile auf € 90 Mio. gesenkt.[771]

Weiter hat die Kommission im Jahr 2001 gegen Arjo Wiggins Appleton Plc (Vereinigtes Königreich) eine Geldbuße von € 184,27 Mio. festgesetzt.[772] Es gab aber noch höhere Sanktionen gegen Unternehmen. Ebenfalls 2001 wurden gegen verschiedene Unternehmen als Teil des sog. Vitaminkartells Geldbußen in Höhe von insgesamt € 855,22 Mio. verhängt. Davon hatten allein die F. Hoffmann-La Roche AG (Schweiz) € 462 Mio.[773] und die BASF AG (Deutschland) € 296,16 Mio. zu tragen.[774]

Gegen die Nintendo Corporation und die Nintendo of Europe GmbH, welche gemeinsam hafteten, wurde 2002 ein Bußgeld von € 149,128 Mio. festgesetzt.[775] Im selben Jahr hat die Kommission wegen unerlaubter Preisabsprachen gegen die Degussa AG eine Geldbuße in Höhe von € 118 Mio. erlassen.[776]

Schließlich wurden zuletzt vier Unternehmen des sog. Gipsplattenkartells Geldbußen in Höhe von insgesamt € 478 Mio. auferlegt. Hiervon tragen allein BPB PLC (Vereinigtes Königreich) € 138,6 Mio. und Société Lafarge SA (Frankreich) € 249,6 Mio.[777]

---

[770] ABl. 1998, Nr. L 124 , S. 60; Müller-Gugenberger, Wirtschaftsstrafrecht, S. 1639 mwN.
[771] Dies wurde in erster Instanz vom EuG (Urteil vom 06.07.2000, RS T-62/98, Slg. 2000, S. II-2707) bestätigt. Derzeit ist der Fall in zweiter Instanz vor dem EuGH anhängig. Das Gutachten des Generalanwalts fordert eine Bestätigung (Az.: C-338/00).
[772] Selbstdurchschreibepapier; Pressemitteilung der Kommission vom 20.12.2001 (IP/01/1892). Bei diesem Verfahren kam erstmals die Kronzeugenregelung (vom 18.07.1996, C 207, S. 4) zur Anwendung.
[773] Dies ist die bisher höchste verhängte Einzelgeldbuße. Vgl. auch Möhlenkamp (S. 121 f.), der kritisch auf eine Verzehnfachung der Gesamtbußgeldhöhe in den letzten zehn Jahren hinweist.
[774] Pressemitteilung der Kommission vom 21.11.2001 (IP/01/1625); die BASF AG hat gegen die Entscheidung bereits Klage beim EuG eingereicht (ABl. vom 04.05.2002, C 109, S. 49f.).
[775] Pressemitteilung der Kommission vom 30.10.2002 (IP/02/1584). Dazu auch Weitbrecht, EuZW 2003, S. 359.
[776] Pressemitteilung der Kommission vom 02.07.2002 (IP/02/97).
[777] Pressemitteilung der Kommission vom 27.11.2002 (IP/02/1744). Dazu auch Weitbrecht, EuZW 2003, S. 358.

1) Autonome Bewertung

a) Sanktionsadressaten

Während Unternehmen Normadressaten der wettbewerbsrechtlichen Verbote der Artt. 81, 82 EGV n.F. und damit des Art. 15 VO 17/62 sein können[778], scheiden sie als Sanktionsadressaten aus. Grundsätzlich korrespondiert zwar die Fähigkeit, Subjekt einer Rechtspflicht zu sein, mit dem Erfordernis, Pflichtverstöße mit Sanktionen belegen zu können,[779] doch würde die Anwendung des materiellen Unternehmensbegriffs hier zu unbefriedigenden Ergebnissen führen. So richtet sich gemäß Art. 256 EGV n.F. die Vollstreckung der Geldbußen nach nationalem Recht, welches in der Regel jedoch die zivilrechtliche Rechtsfähigkeit voraussetzt.[780] Zudem sind nach Art. 230 EGV n.F. nur natürliche und juristische Personen klagebefugt.[781]

Das entscheidende Merkmal der Sanktionsadressaten ist ihre Rechts- und Parteifähigkeit.[782] In Deutschland haben diese Eigenschaft neben den natürlichen und juristischen Personen auch der nicht rechtfähige Verein und verschiedene Personengesellschaften, insbesondere neuerdings auch die Gesellschaft bürgerlichen Rechts in Form der Außengesellschaft; nicht hingegen die Innengesellschaft.[783]

Normadressaten und Sanktionsadressaten sind nicht zwingend identisch.[784] Relevant wird dieser Grundsatz aber letztlich nur in den Konzernfällen, da hier mittels des Begriffs der wirtschaftlichen Einheit ein Täter unabhängig von gesellschaftsrechtlichen Strukturen bestimmt werden kann.[785]

---

778 Tiedemann, ZStW 102 (1990), S. 101.

779 Kelsen, Reine Rechtslehre, S. 173.

780 Dannecker/Fischer-Fritsch, S. 258; vgl. auch Gleiss/Hirsch, Rd. 11.

781 Zur Rechtskontrolle durch den EuGH siehe Dannecker/Fischer-Fritsch, S. 57 ff.

782 Dannecker-Immenga/EG Wettbewerbsrecht, Kommentierung zu Art. 15 VO 17, Rd. 73 mwN; Wenig-Grabitz/Hilf, Art. 173 EGV, Rd. 52; Böse, S. 182.

783 Eingehend dazu Teil 4 (B, I, 4).

784 Kritisch dazu Dannecker, Madrid-Symposium, S. 331, 335; zudem ist hiervon die Anschlussfrage zu trennen, welcher juristischen Person die Bußgeldentscheidung tatsächlich zugestellt wird; vgl. Dannecker/Fischer-Fritsch, S. 274.

785 Kritisch dazu Dannecker/Fischer-Fritsch, S. 274; in der Regel wird der Bußgeldbescheid an die juristische Spitze der wirtschaftlichen Einheit adressiert; vgl. Dannecker-Immenga/EG Wettbewerbsrecht, Kommentierung zu Art. 15 VO 17, Rd. 73.

b) Rechtsnatur der Sanktion

Die Rechtsnatur der Geldbuße wird im Wesentlichen unter den Gesichtspunkten Regelungskompetenz und Geltung strafrechtlicher Garantien[786] diskutiert. Die EU hat keine Kompetenz zur selbständigen Setzung von Kriminalstrafrecht.[787] Folglich darf sie in Art. 15 VO 17/62 auch keine Sanktion vorsehen, deren wahre Natur die einer Kriminalstrafe ist.[788] Zum anderen wird die Geltung der strafrechtlichen Garantien meist durch einen Vergleich der Sanktion mit der Geldbuße des deutschen Ordnungswidrigkeitenrechts begründet.

Ausgehend von der bekannten Diskussion wird nachfolgend aufgezeigt, weshalb die in der deutschen Fassung als „Geldbuße" bezeichnete Sanktion des Art. 15 VO 17/62 ihrer Rechtsnatur nach keine Strafe im engeren Sinne ist (sub aa). Danach wird die Zweckmäßigkeit des klassischen Vergleichs mit nationalen Kategorien hinterfragt (sub bb).[789] Schließlich wird losgelöst von nationalen Vorgaben die autonome Wertung als Sanktion sui generis im Sinne einer Strafe im weiteren Sinne befürwortet (sub cc).

---

[786] Vogel, JZ 1995, S. 336 f.

[787] Tiedemann, ZStW 102 (1990), S. 100; ders., NJW 1993, S. 23; Schulz, Europäisierung, S. 189; a.A. Pache (S. 355) bezüglich des Schutzes der finanziellen Interessen. Nicht zu verwechseln ist diese Rechtssetzungskompetenz mit der Anweisungskompetenz gegenüber den Mitgliedstaaten, Kriminalstrafen einzuführen; vgl. Vogel, Europäische Rechtsakademie, S. 172; Dannecker, JZ 1996, S. 873; Gröblinghoff, S. 104 ff.; Oehler, FS-Jescheck, S. 1409; Sieber, ZStW 103 (1991), S. 968 ff.; Hugger, S. 1 ff.; Eisele, JA 2000, S. 993 ff. Grundsätzlich zu den Einflussmöglichkeiten der EG Tiedemann, NJW 1993, S. 24 ff.

[788] Die formelle Bezeichnung kann hierbei nur als Indiz im Rahmen der Auslegung herangezogen werden; Satzger, S. 64 ff., 67 mwN.

[789] Weitere Sanktionen vgl. bei Dannecker, Strafrechtsentwicklung, S. 41 ff. mwN. Satzger (S. 64 ff.) unterscheidet vorgelagert nicht-strafrechtliche Sanktionen und Strafrecht im weiteren bzw. engeren Sinn; da sich die Relevanz der Einordnung aber letztlich auf die Kompetenzfrage sowie die Geltung strafrechtlicher Garantien beschränkt, wird hier mit Satzger selbst auf den Zweck der Sanktion abgestellt und insoweit von der weitergehenden Formaldifferenzierung abgesehen.

aa) Strafe im engeren Sinne

Manche ordnen die Geldbuße der Kartell-VO dem Kriminalstrafrecht[790] zu.[791] Tatsächlich hat die Geldbuße eine repressive[792] und zugleich präventive[793] Funktion.[794] Die repressive Wirkung ergibt sich daraus, dass Zuwiderhandlungen geahndet werden.[795] Die Höhe der Geldbußen[796] sorgt zudem für eine der Kriminalstrafe vergleichbare spezialpräventive Wirkung.[797] Daneben werden entsprechende Verstöße

---

790 Satzger (S. 79 ff.) hat einen Katalog allgemeiner Kriminalstrafmerkmale entwickelt: Umwandlungsfähigkeit in eine Ersatzfreiheitsstrafe, Ausdruck eines sozialen Unwerturteils, Dokumentation durch Eintrag in Strafregister, Verhängung durch ein Gericht, Geltung des Gesetzlichkeits- und des Schuldprinzips sowie die punitive Wirkung einer Sanktion. Speziell für eine Verbandsstrafe scheiden die Registereintragung und die Ersatzfreiheitsstrafe aber von vornherein aus; vgl. Teil 4 (B, II, 2, b, dd und ff).

791 Diese Ansicht wird vor allem im Ausland vertreten. In Deutschland wohl hauptsächlich von Schroth, Wistra 1984, S. 165 (in Fn. 9); Schroth, EEC, S. 167. Nachweise bei: Dannecker-Immenga/EG Wettbewerbsrecht, Kommentierung zu Art. 15 VO 17, Rd. 202; Siohl, S. 27 f.; Wegner, S. 228; Wagemann, S. 15 f. Soltész/Steinle/Bielesz, EuZW 2003, S. 206. Vertiefend auch Böse, S. 139 ff. Grundlegend Winkler, S. 50 ff. Die Generalanwälte folgen dieser Ansicht (beinahe traditionsgemäß) teilweise bis heute; Nachweise bei Schwarze, EuZW 2003, S. 262.

792 Dannecker-Wabnitz/Janovsky/Handbuch Wirtschaftsstrafrecht, S. 965; Lipowsky, S. 53; Satzger, S. 80.

793 Dannecker-Immenga/EG Wettbewerbsrecht, Kommentierung zu Art. 15 VO 17, Rd. 206 mwN; Siohl, S. 28.

794 Schroth, EEC, S. 158 f.; Mailänder, Müller-Henneberg/Gemeinschaftskommentar II, VO Nr. 17, Art. 15, Rd. 90.

795 Vgl. Siohl (S. 29 mwN) und Hamann (S. 182), welche die Sanktion freilich nicht als Kriminalstrafe einordnen.

796 Auszugehen ist dabei von der 10 %-Grenze. Die Besonderheit des Sanktionsrahmens in Art. 15 VO 17/62 liegt darin, dass keine absolute, sondern nur eine relative Obergrenze existiert. Insofern kann mit *Höhe der Sanktion* nur letztere gemeint sein. Da sich dieser Wert aber nicht auf den relevanten Geschäftsbereich eines Unternehmens beschränkt, kann sich hieraus letztlich bei einem großen Konzern eine wesentlich höhere Quote ergeben als bei einem kleineren unabhängigen Unternehmen, welches ausschließlich in dem relevanten Geschäftsbereich tätig ist. In diesen Fällen bleiben die Bedenken zur Höhe der Sanktion bestehen. Soltész/Steinle/Bielesz (EuZW 2003, S. 207 f.) nehmen angesichts des außergewöhnlich weiten Bußgeldrahmens einen Verstoß gegen das Bestimmtheitsgebot an. Winkler (S. 62) hingegen hielt die Höhe der Geldbuße auch unter Verweis auf den Rechtsweg zum Gerichtshof noch für unbedenklich, wobei zwischenzeitlich die Höhe der verhängten Sanktionen massiv angestiegen ist. Schwarze (EuZW 2003, S. 267) benennt eine zahlenmäßig fixierte Grenze von € 50 Mio., ab welcher die Geldbuße in eine Sanktion „strafrechtlicher Art" umschlagen soll. Schwarze verbindet damit jedoch nur, dass die strafrechtlichen Garantien gelten, jedoch keine kompetenzrechtlichen Folgen. Mithin meint er nicht Kriminalstrafe, sondern Strafe im weiteren Sinn.

797 Siohl, S. 29 mwN; Hamann, S. 182; Tsolka, S. 46. Bereits Tiedemann (FS-Jescheck, S. 1415; Tatbestandsfunktionen, S. 48 f.) hat festgestellt, dass nicht vom Unrecht auf die Rechtsfolge, sondern von der Sanktion auf die Bewertung des Unrechts und der Schuld durch den Gesetzgeber zu schließen ist. Zur Beachtlichkeit der Sanktionshöhe wird auch auf die Ausführungen in Teil 4 verwiesen.

gegen das Wettbewerbsrecht in den meisten Mitgliedsstaaten mit Kriminalstrafen belegt.[798]

Allerdings kommt der Geldbuße des europäischen Kartellrechts keine sozialethische Verwerflichkeit zu,[799] da bei der Bemessung der Sanktionshöhe des Art. 15 VO 17/62 neben der Schwere und Dauer des Verstoßes auch und vor allem der unrechtmäßig erlangte Vorteil zu berücksichtigen ist.[800] Auf die Wahl des Begriffes *Geldbuße*, aufgrund dessen ein Vergleich zum deutschen Ordnungswidrigkeitenrecht an sich nahe liegt, kann es hingegen nicht ankommen.[801]

Weiter spricht Art. 15 VO 17/62 selbst gegen die Einordnung der Sanktion als Kriminalstrafe. Dort wird in Abs. 4 ausdrücklich bestimmt, dass die Entscheidungen aufgrund Abs. 1 und 2 „nicht strafrechtlicher Art" sind.[802] Gleichwohl wird vertreten, dass sich diese Wendung lediglich auf die Entscheidung selbst und nicht auf die Rechtsnatur der Geldbuße bezieht.[803] Die Entscheidung ist nicht strafrechtlich, da sie von dem Exekutivorgan Kommission und nicht von einem Strafgericht beschlossen wird.[804] Dagegen ist jedoch anzuführen, dass die legislatorische Klarstel-

[798] Siohl, S. 28; Winkler, S. 41 ff.
[799] Tiedemann, FS-Jescheck, S. 1415 f.
[800] So schon Winkler, S. 61 f. Im Gegensatz zum deutschen nationalen Recht ist dieses Argument hier schlagend; vgl. Teil 4 (B, II, 2, b, cc). A.A. Schulz, Europäisierung, S. 190 f. Kritisch zur fehlenden Trennung von Sanktions- und Abschöpfungsfunktion Wegner, S. 296.
[801] Dieses Argument wiegt angesichts der unterschiedlichen Bedeutung der in den Mitgliedstaaten verwendeten ähnlichen Begriffe nicht sehr schwer. Die Sanktion wird in der englischen Fassung als „fine", in Italien als „ammenda", in den Niederlanden als „Geldboete" und in Frankreich, Belgien und Luxemburg als „amende" bezeichnet. All diese Begriffe entstammen dem dortigen Kriminalstrafrecht. Dazu auch Tiedemann, FS-Jescheck, S. 1416 f.; Hildebrandt, S. 12 f.; Siohl, S. 43 f.; Satzger, S. 64 mwN.
[802] Vogel (Europäische Rechtsakademie, S. 178) spricht dem Gesetzgeber – ebenso wie Tiedemann (FS-Jescheck, S. 1416) - ein gewisses Einordnungsermessen zu. Allerdings betont Vogel (Strafverteidigertag, S. 121) zu Recht, dass eine gesetzgeberische Bezeichnung die Rechtsnatur der Sanktion nicht festzulegen vermag. Satzger (S. 66 f.) hält diesen gesetzgeberischen Vermerk ebenfalls für nicht konstitutiv und lehnt daher eine formelle Abgrenzung von vornherein ab. Oehler (FS-Baumann, S. 570) hingegen scheint auf den Wortlaut abzustellen; zur VO 2988/95 ebenso Lenaerts, S. 4 (in Fn. 6).
[803] Schroth, EEC, S. 156.
[804] Winkler, S. 57; Böse, S. 141 mwN. Auch hier geht das Verfahren wie im deutschen Recht ggf. in ein gerichtliches über, allerdings nicht in ein strafrechtliches, sondern ein verwaltungsrechtliches; vgl. Winkler, S. 58 mwN; weitere Nachweise auch bei Tsolka, S. 43 (in Fn. 61).

lung in Art. 15 VO 17/62 aufgenommen wurde, um gerade der nach herrschender Meinung fehlenden Kriminalstrafgewalt der Gemeinschaft Rechnung zu tragen.[805] Die Stellung der Kommission als Exekutivorgan und nicht als Strafgericht war bereits bei Einführung der Verordnung bekannt und bedurfte somit keiner Klarstellung.[806] Durch den Zusatz in Art. 15 Abs. 4 VO 17/62 sollte nur hervorgehoben werden, dass die Geldbuße weder entehrend noch stigmatisierend ist.[807]

Im Ergebnis ist die Einordnung als Kriminalstrafe also abzulehnen. Kompetenzrechtliche Bedenken bestehen mithin keine.[808]

bb) Strafe im weiteren Sinne

Die Geldbuße könnte damit Strafe im weiteren Sinne[809] oder reine Verwaltungsmaßnahme sein.[810] Es werden hauptsächlich zwei Vergleichsmodelle diskutiert, derer man sich zur Einordnung der Sanktion bedient.

Manche sehen in der Geldbuße eine Verwaltungsmaßnahme und vergleichen sie mit den französischen *sanctions administratives*.[811] Dies hätte allerdings zur Folge, dass die strafrechtlichen Garantien nicht unbeschränkt gelten.[812] Ähnlichkeiten mit den *sanctions administratives* bestehen insoweit, als auch im Gemeinschaftsrecht die Geldbuße von einer Verwaltungsbehörde festgesetzt und ein Verschulden verlangt wird. Der Hauptunterschied liegt jedoch darin, dass die hier relevanten Sanktionen französischen Rechts nur disziplinären und präventiven Charakter haben, die Geld-

---

[805] Dannecker, Strafrechtsentwicklung, S. 41; Dannecker-Immenga/EG Wettbewerbsrecht, Kommentierung zu Art. 15 VO 17, Rd. 199 mwN; Dannecker/Fischer-Fritsch, S. 6; Schwarze, EuZW 2003, S. 267 mwN. Kritisch zum Ansatz, dass die Rechtsnatur durch gesetzgeberische Definitionen nicht bestimmt werden könnte Tiedemann, FS-Jescheck, S. 1416.
[806] Böse, S. 140 ff.
[807] Dannecker-Immenga/EG Wettbewerbsrecht, Kommentierung zu Art. 15 VO 17, Rd. 199.
[808] Hildebrandt (S. 13 ff.) kommt zu demselben Ergebnis, wobei er auf das Festsetzungsverfahren und die Festsetzung durch eine Verwaltungsbehörde abstellt.
[809] Zur Zulässigkeit dieses Begriffes Hildebrandt, S. 26 f.
[810] Grundlegend Winkler, S. 63 ff.
[811] Nachweise bei Winkler, S. 63.
[812] Eingehend zu den *sanctions administratives* Winkler, S. 66 ff.

buße des Gemeinschaftsrechts aber zudem repressiv wirkt.[813] Auch spricht die Abhängigkeit der Sanktionsverhängung von einem vorsätzlichen oder fahrlässigen Verhalten gegen eine rein verwaltungsrechtliche Betrachtung.[814] Zudem soll die Klarstellung in Art. 15 Abs. 4 VO 17/62 nur eine kriminalstrafrechtliche Bewertung ausschließen und nicht jeden strafähnlichen Charakter verneinen.[815]

Hingegen sieht die nicht nur in Deutschland herrschende Meinung eine Parallele zur Geldbuße nach dem deutschen Ordnungswidrigkeitenrecht, welches in Italien sein Pendant findet.[816] Diese Ansicht wird letztlich darauf gestützt, dass es sich um eine punitive und schuldabhängige Sanktion handelt, welche andererseits aber mangels sozial-ethischer Verwerflichkeit keine Kriminalstrafe darstellt.[817] Mithin handle es sich um eine Sanktion des Strafrechts im weiteren Sinne, was die Geltung der strafrechtlichen Grundprinzipien zur Folge habe.[818] Der Vergleich mit der deutschen Geldbuße hat also vorrangig den Zweck, den Begriff einer im weiteren Sinne strafrechtlichen Sanktion greifbar zu machen.

cc) Sanktion sui generis

Gleichwohl werden zwischenzeitlich alle repressiv-ahndenden Sanktionen losgelöst von ihrer Bezeichnung dem Wirkungskreis der strafrechtlichen Garantien unterwor-

---

813 Dannecker-Wabnitz/Janovsky/Handbuch Wirtschaftsstrafrecht, S. 965; Lipowsky, S. 53; Satzger, S. 80; Winkler, S. 69; Hildebrandt, S. 17.

814 Zahlreiche Nachweise finden sich bei Winkler, S. 80; ebenso Dannecker, Strafrechtsentwicklung, S. 84; Dannecker/Fischer-Fritsch, S. 6.

815 Winkler, S. 77 f.

816 Die von Satzger (S. 81) in diesem Zusammenhang genannten Mitgliedstaaten Österreich und Portugal sehen andere Sanktionen vor. In Österreich besteht eine Art Bürgenhaftung. In Portugal ist hingegen eine Kriminalstrafe vorgesehen; Dannecker (GA 2001, S. 101); Tiedemann (FS-Miyazawa, S. 674 f.). Vgl. auch Winkler, S. 80 ff., 86; Tiedemann, FS-Jescheck, S. 1417 mit zahlreichen weiteren Nachweisen; ders., Kartellrechtsverstöße, S. 57; Dannecker/Fischer-Fritsch, S. 6; Dannecker-Immenga/EG Wettbewerbsrecht, Kommentierung zu Art. 15 VO 17, Rd. 204 mwN; vgl. auch die Nachweise bei Dannecker, Strafrechtsentwicklung, S. 84 (in Fn. 326). Mailänder (Müller-Henneberg/Gemeinschaftskommentar II, VO Nr. 17, Art. 15, Rd. 9,1) verweist auf die Entstehungsgeschichte der Geldbuße, welche ursprünglich nur für Verfahrensverstöße vorgesehen war und erst später auf materielle Verstöße gegen die Wettbewerbsregeln erweitert wurde; Böse, S. 148; Möschel (FS-Kummer, S. 440) zeigt zudem auf, welche Folgen eine Kriminalisierung von Kartellrechtsverstößen auf den Zweck des Kartellrechts (Sicherung des Wettbewerbs) hätte.

817 Winkler, S. 81.

818 Dannecker-Wabnitz/Janovsky/Handbuch Wirtschaftsstrafrecht, S. 442. Zum Umfang der strafrechtlichen Garantien vgl. Vogel, JZ 1995, S. 337 und Teil 3 (B, I, 2).

fen.[819] Damit erübrigt sich die Einordnung in nationale Systeme zunehmend.[820] Dieser Ansatz ist ohnehin im Hinblick auf die Autonomie des Gemeinschaftsrechts bedenklich.[821] Die Geldbuße der Kartell-VO sollte nicht in nationale Kategorien eingefügt werden, mit denen keine vollständige materielle und formelle Übereinstimmung besteht.[822] Sonst könnten auch weitere Folgen abgeleitet werden, welche nicht richtig passen.[823]

Die von *Oehler*[824] vertretene Bezeichnung als Sanktion sui generis hat *Tiedemann* unter dem Aspekt problematisiert, dass damit „wohl auch zu viele Lösungsansätze der nationalen Rechtsordnungen ausgeklammert" werden.[825] Dem ist zuzustimmen, da Offenheit hier die Gefahr birgt, nicht die zweckmäßigste Lösung zu entwickeln. Andererseits wird man sagen dürfen, dass auf diesem Weg die Entwicklung eines einheitlichen europäischen Strafrechts auch gefördert werden kann. Zudem sind auch nach Tiedemann „jedenfalls im Grundsatz strafrechtliche Lehren" anzuwenden. Da sich diese grundlegende Erkenntnis nunmehr angeknüpft an das Merkmal der repressiven Wirkung der EG-Geldbuße durchgesetzt hat, verliert deren Einordnung als Strafe i.w.S. an Bedeutung und die Bewertung der Geldbuße als Sanktion

---

[819] Papakiriakou, S. 14; unter Verweis auf das Öztürk-Urteil des EGMR bereits Tiedemann, ZStW 102 (1990), S. 102.

[820] Unter Verweis auf den Schlussantrag des Generalanwaltes im Polypropylen-Fall (Slg. 1991, II-869, S. 884 f.) und ein Urteil des EuGH (08.07.1999, Rs. C-199/92 P, Slg. 1999, S. I-4287; Entscheidungsgrund 149) auch Papakiriakou, S. 14. Im Ergebnis verneint auch Freier (S. 45 f. mwN) einen dogmatischen Gewinn durch den Vergleich der Rechtsnatur von deutscher und europäischer Geldbuße. Dannecker (Strafrechtsentwicklung, S. 84 f.) weist darauf hin, dass der Vergleich die Geltung der strafrechtlichen Garantien zum Ausdruck bringen soll.

[821] Mit gleichem Ergebnis Tsolka, S. 51.

[822] So kann man der Geldbuße des deutschen nationalen Rechts eher eine stigmatisierende Wirkung zusprechen. Zudem geht das Verfahren bei gerichtlicher Überprüfung in ein verwaltungsgerichtliches, bei der deutschen Geldbuße hingegen in ein strafgerichtliches Verfahren über; vgl. Winkler, S. 58 mwN.

[823] Vogel (GA 2002, S. 524 f.) hält es bereits für unzweckmäßig, „eine beste nationale Strafrechtsdogmatik" bei der Ergründung einer einheitlichen europäischen Strafrechtsdogmatik zu suchen. Es „gilt das methodische Prinzip des Vorrangs des Problemdenkens vor dem Systemdenken und der Beantwortung von Sachfragen vor Kategorienfragen" (Vogel aaO, S. 523). Dieser grundlegende Ansatz ist auch bei der Bewertung der Rechtsnatur der Sanktion anzuwenden. Vertiefend dazu Kühl, ZStW 109 (1997), S. 777 ff.; Schünemann, FS-Roxin, S. 1 ff.

[824] Oehler, Internationales Strafrecht, S. 564.

[825] Tiedemann, FS-Jescheck, S. 1417 f. In diesem Sinne auch Hildebrandt, S. 27; Wagemann, S. 18.

sui generis erscheint vorzugswürdig.[826] Damit kommt eine Bezeichnung der Sanktion etwa als „EU-Geldbuße" in Betracht.

dd) Zwischenergebnis

Insgesamt ist festzuhalten, dass die Geldbuße in Art. 15 VO 17/62 die Grenze zur Kriminalstrafe nicht überschreitet und somit keine Kompetenzprobleme bestehen. Bei der weiteren Kategorisierung der Sanktion kommt es hauptsächlich auf die Geltung strafrechtlicher Garantien an. Diese wird aber weder aufgrund der Orientierung an der Geldbuße des deutschen Ordnungswidrigkeitenrechts noch einer Strafe i.w.S. bejaht, sondern wegen einzelner Merkmale der Sanktion.[827] Folglich könnte die eigenständige Sanktion des Art. 15 VO 17/62 etwa als „EU-Geldbuße" bezeichnet werden.

c) Grundsätze

Die Geltung von Grundsätzen kann die Einordnung der Sanktionsnatur nicht begründen, sie folgt ihr allenfalls.[828] Da vorliegend der Beschreibung der Geldbuße als Sanktion sui generis Vorrang gegenüber der Einkategorisierung eingeräumt wird, folgt eine Darstellung der wichtigsten bei der Sanktionierung zu beachtenden Grundsätze.[829]

aa) Gesetzlichkeitsprinzip, insbesondere Bestimmtheitsgebot

Das Gesetzlichkeitsprinzip (*nullum crimen*-Grundsatz) mit seinen Ausgestaltungen Bestimmtheitsgebot[830], Rückwirkungsverbot[831] und Analogieverbot[832] gilt auch auf

---

[826] So im Ergebnis wohl auch Papakiriakou, S. 17.

[827] Insbesondere wegen der repressiven Wirkung.

[828] Böse, S. 140 f.; die Grundsätze folgen nicht einer Subsumtion unter gemeinschaftsrechtliche Sanktionsbezeichnungen, sondern bereits der unter einzelne Merkmale (z.B. repressive Funktion).

[829] Vgl. Tiedemann, FS-Jescheck, S. 1418: „Nicht die Geltung oder Nichtgeltung strafrechtlicher Lehren und Grundsätze, sondern das Ausmaß ihrer Einschränkung entsprechend dem nichtkriminellen Charakter der Sanktion steht also in Frage."

[830] Es handelt sich hierbei um einen allgemeinen Rechtsgrundsatz; vgl. Dannecker-Immenga/EG Wettbewerbsrecht, Vorbemerkung Art. 15 VO 17, Rd. 30 ff.; Dannecker, Strafrechtsentwicklung, S. 101; Dannecker, Strafrechtsentwicklung, S. 101; Böse S. 163 ff.; Tsolka, S. 94 ff., 100.

[831] Vgl. Dannecker, Strafrechtsentwicklung, S. 100 f.; Böse, S. 167 ff.; Dannecker-Immenga/EG Wettbewerbsrecht, Vorbemerkung Art. 15 VO 17, Rd. 36 ff.; ders., Strafrechtsentwicklung, S. 100 f.; Tiedemann, NJW 1993, S. 28; ausführlich Tsolka, S. 83 ff.; Böse, S. 167 ff. Problematisiert wird in diesem Zusammenhang auch die rückwirkende Anwendung der (bußgelderhöhend wirkenden)

Gemeinschaftsebene,[833] da es in allen Mitgliedstaten anerkannt und in den meisten nationalen Verfassungen enthalten ist.[834] Zudem findet sich dieser Grundsatz in Art. 7 EMRK[835] und in Art. II-49 EU-Verfassungsentwurf I[836].

Bedenken gegen die hinreichende Bestimmtheit der Sanktionierung in Art. 15 VO 17/62 werden insbesondere die folgenden Argumente entgegengehalten. Zunächst würde gerade die Unklarheit der Sanktionierung die Präventionswirkung erhöhen.[837] Weiter entwickelten die Kommission und der EuGH gerade in ständiger Praxis abstrakte Kriterien.[838] Auch seien die Bußgeldentscheidungen richterlich nachprüfbar.[839] Und schließlich gelte der Bestimmtheitsgrundsatz im Bereich der Geldbußen nicht mit gleicher Strenge wie im Kriminalstrafrecht.[840]

Leitlinien zur Festsetzung von Geldbußen (ABl. Nr. C 9 vom 14.01.1998, S. 3 – 5) auf längst abgeschlossene Vorgänge; näher Schwarze, EuZW 2003, S. 263 f. mwN.

[832] Dannecker-Immenga/EG Wettbewerbsrecht, Vorbemerkung Art. 15 VO 17, Rd. 39 ff.; Tiedemann, NJW 1993, S. 28; Tsolka, S. 90 ff.

[833] EGMR, EuGRZ 1985, S. 62 ff. („Öztürk"); Dannecker-Immenga/EG Wettbewerbsrecht, Vorbemerkung Art. 15 VO 17, Rd. 27; ders., Madrid-Symposium, S. 344 f. Pernice-Grabitz/Hilf, Vorbemerkung VO 17, Rd. 10; Vogel, JZ 1995, S. 332, 338 f.; ders., Freiburg-Symposium, S. 92 ff.; Böse, S. 128 f.; vertiefend Tsolka, S. 71 ff.; Tiedemann, FS-Jescheck, S. 1421 ff.; ders., ZStW 110 (1998), S. 501 ff., 514.

[834] Nachweise bei Tsolka (S. 72, in Fn. 6 f.), die auch die Geltung für das „Ordnungswidrigkeitenrecht" belegt (aaO in Fn. 8). Siehe auch Böse, S. 128 f., 163 ff. Für den Bereich des Common Law Vogel, GA 1998, S. 139.

[835] Prieß, S. 65 f.

[836] „Entwurf eines Vertrages über eine Verfassung für Europa", dem Europäischen Rat auf seiner Tagung in Thessaloniki am 20.06.2003 überreicht (CONV 820/03) in der Fassung des CONV 820/3/03 (REV 3) vom 04.07.2003 (nachfolgend „EU-Verfassungsentwurf I"). Dieser Vertrag wurde zwar noch nicht unterzeichnet, gleichwohl sind insoweit keine grundlegenden Änderungen zu erwarten.

[837] Dannecker-Immenga/EG Wettbewerbsrecht, Kommentierung zu Art. 15 VO 17, Rd. 244.

[838] Vgl. Tsolka, S. 100 mwN; Böse, S. 165 mwN. Gleichwohl stellen Soltész/Steinle/Bielesz (EuZW 2003, S. 208 ff.) insoweit eine hinreichende Kompensation und eine Vorhersehbarkeit der Kommissionsentscheidungen angesichts der ergangenen Maßnahmen zumindest in Frage. Zudem richte sich der Bestimmtheitsgrundsatz an den Gesetzgeber und nicht an den Gesetzanwender (dazu kritisch Tsolka, S. 96 mwN).

[839] Allerdings scheint der EuGH nur in einem Fall sein Recht aus Art. 17 VO 17/62 wegen Verletzung einer fundamentalen rechtsstaatlichen Garantie (überlange Verfahrensdauer) ausgeübt zu haben; nachgewiesen bei Schwarze, EuZW 2003, S. 266. Siehe auch Winkler, S. 62 mwN.

[840] Unter Verweis auf Kommission und EuGH Tsolka, S. 77, 98 ff. Der EuGH weist zudem in einem Urteil (13.12.1979, Rs. 85/76, Slg. 1979, S. 461) auf die Möglichkeit der Einholung eines Negativattestes hin, welches das von den Unternehmen vorgetragene Verhalten quasi freigibt; dazu Tiedemann, FS-Jescheck, S. 1425 f.

Gleichwohl wird diese „klassische Linie“ derzeit verstärkt kritisiert.[841] Insbesondere das Bestimmtheitsgebot müsse angesichts des enormen Bußgeldrahmens in vollem Umfang gelten.[842] Weiter unterliege das Entschließungsermessen der Kommission in der Praxis keiner richterlichen Kontrolle in Bezug auf die Grundsätze der Gleichheit und Verhältnismäßigkeit.[843] Die umsatzbezogene Sanktionsobergrenze führe zu einer Ungleichbehandlung, da die in einzelnen Unternehmen unterschiedliche Wertschöpfung und Leistungsfähigkeit übergangen werde und der Umsatz zudem ohnehin keinen vernünftigen Bezug zum Tatvorwurf hätte.[844] Da keine absolute Bußgeldobergrenze existiert, könnten derzeit Geldbußen zwischen € 1.000 und € 22 Mrd. verhängt werden.[845] Angesichts dieser enormen Spannweite würden sich jedoch zu wenige verbindliche Kriterien für die Festsetzung der Sanktionshöhe finden.[846] Damit bleibt für die Bejahung der hinreichenden Bestimmtheit nur die durch Unbestimmtheit erhöhte Präventivwirkung; dem ist wiederum entgegenzuhalten, dass ein einfacher Gesetzeszweck einen Verstoß gegen ein fundamentales Rechtsstaatsprinzip nicht zu rechtfertigen vermag.

---

[841] Vgl. schon Wolf, WuW 1962, S. 659; Wegner, S. 66 f., 286 f.; Möhlenkamp, S. 124; Soltész/Steinle/Bielesz, EuZW 2003, S. 202 ff. Vgl. auch Schwarze (EuZW 2003, S. 263 ff.), der eine allgemeine Geltung strafrechtlicher Garantien für Verwaltungssanktionen mit strafrechtlichem Charakter fordert, obschon er Bedenken letztlich nur punktuell in Bezug auf das Gesetzlichkeitsprinzip im Kartellrecht und das Schuldprinzip im Ausfuhrerstattungsrecht äußert.

[842] Möhlenkamp, S. 125. Tiedemann (ZStW 110 [1998], S. 513 f.) bezieht dies generell auf Garantien. Soltész/Steinle/Bielesz (EuZW 2003, S. 206) stellen auf die mögliche Höhe der Sanktion ab, welche sie anhand des Jahresumsatzes von ExxonMobil (€ 220 Mrd.) derzeit mit etwa € 22 Mrd. (also 10 %) maximal beziffern (S. 203). Tsolka (S. 96 f.) hingegen hält die Geldbuße des Art. 15 VO 17/62 für eine Sanktion des Ordnungswidrigkeitenrechts, bei welchem das Bestimmtheitsgebot generell eingeschränkt werden kann; die Grenze liege bei einem „total geringen Garantiegehalt“. Zudem ist unter dem Bestimmtheitsgesichtspunkt die Zulässigkeit von Blankettgesetzen generell umstritten; vgl. Tsolka, S. 95.

[843] Vgl. Dannecker/Fischer-Fritsch, S. 60; Soltész/Steinle/Bielesz, EuZW 2003, S. 207.

[844] So Möhlenkamp, S. 126.

[845] Soltész/Steinle/Bielesz, EuZW 2003, S. 207 f. Nach Schulz (Europäisierung, S. 190) entspricht die Sanktionshöhe 10 % des Umsatzes selbst bei florierenden deutschen Weltkonzernen etwa dem Gewinn von drei bis fünf Jahren.

[846] Die Berücksichtigung der „Schwere des Verstoßes“ und der „Dauer der Zuwiderhandlung“ führt mangels hinreichender Bestimmtheit dieser Begriffe ebenfalls nur bedingt weiter; Soltész/Steinle/Bielesz, EuZW 2003, S. 208. Diese Bedenken würden durch die Leitlinien zur Festsetzung von Geldbußen (ABl. Nr. C 9 vom 14.01.1998, S. 3–5) eher noch erhöht; im einzelnen Soltész/Steinle/Bielesz (EuZW 2003, S. 209), die beispielhaft an der Kommissionsentscheidung zulasten des Zitronensäure-Kartells deren fehlende Vorhersehbarkeit darlegen. Siehe auch Schwarze, EuZW 2003, S. 268.

bb) Verhältnismäßigkeitsgrundsatz

Der Verhältnismäßigkeitsgrundsatz gilt auch auf Gemeinschaftsebene, da er als Ausfluss des Rechtsstaatsprinzips den Verfassungen der Mitgliedstaaten immanent ist.[847] Zudem ist dieser Grundsatz allgemein in Art. II-52 Abs. 1 und speziell in Bezug auf das Strafmaß in Art. II-49 EU-Verfassungsentwurf I enthalten.[848]

cc) Schuldgrundsatz

Der Schuldgrundsatz gilt ebenfalls im Strafrecht der einzelnen Mitgliedstaaten[849] und damit auch auf Gemeinschaftsebene.[850] Auch der EuGH hat den Schuldgrundsatz indirekt anerkannt.[851] Die nationalen Verfassungen leiten das Schuldprinzip entweder aus dem Rechtsstaatsprinzip – genauer dem Verhältnismäßigkeitsgrundsatz[852] - oder der Garantie der Menschenwürde ab,[853] welche in Art. 6 Abs. 2 EMRK[854] festgeschrieben ist.[855] Ausgehend von der Rechtsprechung des EuGH sollte das Schuldprinzip als Ausfluss des Verhältnismäßigkeitsgrundsatzes jedoch zumindest für die Verbandssanktionierung eingeschränkt werden.[856]

---

[847] Zu dessen Geltung im Gemeinschaftsrecht Böse, S. 368 ff.; Schwarze, Instrumente, S. 82 ff.; Lenaerts, S. 11. Möhlenkamp (S. 127 f.) bezweifelt die Verhältnismäßigkeit des weiten Bußgeldrahmens.

[848] Zudem ist er in verschiedenen Kontexten in Artt. I-9, I-37, II-49, II-52 EU-Verfassungsentwurf I und Artt. III-155, III-279 des EU-Verfassungsentwurf II niedergelegt. Vgl. auch das Protokoll über die Anwendung der Grundsätze der Subsidiarität und der Verhältnismäßigkeit.

[849] Zur Ausgestaltung in den einzelnen Mitgliedstaaten Böse, S. 154 ff. mwN.

[850] Böse, S. 149; Hildebrandt, S. 168 jeweils mit zahlreichen Nachweisen; Winkler, S. 88; Dannecker, Strafrechtsentwicklung, S. 99 mwN; vgl. auch Wegner, S. 287; eingehend zum Verschulden Siohl, S. 108 ff. Prieß (S. 69) geht gegenüber juristischen Personen von einer eingeschränkten Geltung aus.

[851] EuGH, RS 188/82, Slg. 1983, S. 3721 (Thyssen); Tiedemann, FS-Jescheck, S. 1435; Tiedemann, NJW 1993, S. 28 f.; Dannecker, Madrid-Symposium, S. 341.

[852] Calliess, S. 187.

[853] Böse, S. 149 f. mit zahlreichen Nachweisen; Neumann, S. 71.

[854] Die Anwendbarkeit des Schuldprinzips in Verbindung mit der Menschenwürde auch auf das europäische Bußgeldrecht wird dem Öztürk-Urteil des EGMR (EuGRZ 1985, S. 62 ff.; „Öztürk") entnommen; vgl. dazu Hildebrandt, S. 28 ff. Dabei hat das Gericht unter anderem darauf abgestellt, dass der Schuldgrundsatz im deutschen Ordnungswidrigkeitenrecht zu beachten sei, welches wiederum mit der Gemeinschaftsgeldbuße vergleichbar sei (vor allem wegen deren punitiven, repressiven und präventiven Charakters; vgl. Böse, S. 151 f.).

[855] Böse, S. 149.

[856] Vgl. Vogel (JZ 1995, S. 339), der vorschlägt, den Einsatz subjektiver Elemente von der Verhältnismäßigkeit abhängig zu machen. Eingehend dazu Teil 3 (B, I, 2, b).

Vorliegend ist die Schuld strafbegründend zu berücksichtigen.[857] Hingegen spielt sie für die Bestimmung des Strafmaßes nur eine untergeordnete Rolle. Ausweislich der Leitlinie Bußgeld werden Verschuldenselemente erst in zweiter Linie als strafschärfende oder strafmildernde Aspekte berücksichtigt.[858]

dd) In dubio pro reo

Im Zusammenhang mit dem Schuldprinzip[859] wird im Ergebnis, wenn auch über den Weg der Strafmilderung, zudem der Grundsatz *in dubio pro reo* angewendet.[860] Dieser Grundsatz ist auch in Art. 6 Abs. 2 EMRK und Art II-48 Abs. 1 EU-Verfassungsentwurf I festgeschrieben. Allerdings vermag der Verhältnismäßigkeitsgrundsatz auch diese Wirkung zu erreichen. Die Sanktionierung eines unschuldigen[861] Beklagten ist nicht erforderlich, jedenfalls aber nicht angemessen.

ee) Opportunitätsprinzip

Weiter gilt für das Einschreiten der Kommission das Opportunitätsprinzip.[862] Bei der Ermessensausübung ist die Kommission an sich neben den Grundsätzen der *Verhältnismäßigkeit* und *Gleichheit* insbesondere durch Erwägungsgrund 9 der VO 17/62 beschränkt, wonach sie „für die Anwendung des Vertrages Sorge zu tragen“ hat und somit nur bei Bagatellschäden bzw. geringem Verschulden eine Einstellung in Betracht kommen kann.[863] Allerdings findet praktisch keine Kontrolle des Ermessens bezüglich Gleichbehandlung und Verhältnismäßigkeit statt.[864] Auch ist die

---

[857] Siehe Teil 5 (A, II, 1, c).
[858] Vgl. Leitlinie Bußgeld, S. 4.
[859] So jedenfalls die klassische Verbindung; umfassend Zopfs, S. 263 ff.
[860] EuGH 13.02.1979, Slg. 1979, Rs. 85/76, S. 461; Tiedemann, FS-Jescheck, S. 1426 f.; Koch-Grabitz/Hilf, Art. 15 VO 17 Rd. 6; Prieß, S. 71 f.; zur Anwendbarkeit dieses Grundsatzes kommt auch Dannecker, Strafrechtsentwicklung, S. 100 mwN.
[861] Zu den weiteren Anwendungsbereichen des Grundsatzes vgl. Zopfs passim.
[862] EuGH 11.10.1983, Rs. 210/81, Slg. 1983, S. 3045, 3063 ff.; Möschel, FS-Kummer, S. 440; Dannecker/Fischer-Fritsch, S. 83, 291; Dannecker-Immenga/EG Wettbewerbsrecht, Vorbemerkung Art. 15 VO 17, Rd. 60 ff.; Pernice-Grabitz/Hilf, Vorbemerkung VO 17, Rd. 12.
[863] Dannecker/Fischer-Fritsch, S. 83 f.; Dannecker-Immenga/EG Wettbewerbsrecht, Vorbemerkung Art. 15 VO 17, Rd. 62; Wegner, S. 287 f. A.A. die Kommission; vgl. Dannecker/Fischer-Fritsch, S. 222 ff. mwN. Ob dieser Gedanke auch auf das deutsche nationale Recht zu übertragen ist, kann in diesem Rahmen nicht vertieft werden.
[864] Dannecker/Fischer-Fritsch, S. 60; Soltész/Steinle/Bielesz (EuZW 2003, S. 207) weisen auch auf „die von der Kommission selbst geschaffene ‚Kronzeugenregelung'“ hin.

Subsidiarität der europäischen Verfolgung zu beachten, falls eine der nationalen Behörden zur Verfolgung des Verstoßes besser in der Lage ist.[865]

ff) Untersuchungsgrundsatz

Daneben hat die Kommission den Untersuchungsgrundsatz zu beachten. Sie muss mithin Nachweise für Zuwiderhandlungen beschaffen, wofür ihr korrespondierende Auskunfts- und Nachprüfrechte zustehen.[866]

gg) Rechtliches Gehör

Bereits aus Art. 19 Abs. 1 VO 17/62 ergibt sich, dass die Kommission dem betroffenen Unternehmen bzw. der Unternehmensvereinigung rechtliches Gehör zu gewähren hat.[867] Dieses kann als schriftlicher Vortrag oder als mündliche Anhörung ausgestaltet sein.[868] Soweit ein Unternehmen nicht oder nicht vollständig unterrichtet wurde, kann eine hierauf basierende Entscheidung vom EuG bzw. EuGH aufgehoben werden.[869]

hh) Ne bis in idem

Der Grundsatz *ne bis in idem* ist ebenfalls anzuwenden.[870] Er gilt in den meisten Mitgliedstaaten, obschon er nur in Deutschland und Portugal Verfassungsrang ge-

---

[865] Möschel, Submissionsabsprachen, S. 52 f.

[866] Ritter-Immenga/EG Wettbewerbsrecht, Vorbemerkung VO 17, Rd. 35; Dannecker, Strafrechtsentwicklung, S. 105 mwN; näher hierzu Pernice-Grabitz/Hilf, Vorbemerkung VO 17, Rd. 16 f.

[867] Es handelt sich dabei um einen fundamentalen Grundsatz des Gemeinschaftsrechts; vgl. EuGH 13.02.1979, Rs. 85/76, Slg. 1979, S. 461; EuGH 07.06.1983, Verb. Rs. 100-103/80, Slg. 1983, S. 1825, Rd. 6 ff.; EuGH 29.10.1980, Verb. Rs. 209-215 und 218/78, Slg. 1980, S. 3125, 3143; EuGH 18.10.1989, Rs. 374/87, Slg. 1989, S. 3283, Rd. 29-35; Dannecker/Fischer-Fritsch, S. 54, 80; Ritter-Immenga/EG Wettbewerbsrecht, Vorbemerkung VO 17, Rd. 36 mwN; Mailänder, Müller-Henneberg/Gemeinschaftskommentar II, EWGV-Verw., Rd. 5; näher Pernice-Grabitz/Hilf, Vorbemerkung VO 17, Rd. 23 ff. Zudem ist nach Artt. 15 Abs. 3 i.V.m. 10 Abs. 3 bis 6 VO 17/62 vor jeder Entscheidung ein Beratender Ausschuss für Kartell- und Monopolfragen anzuhören, welcher aus Beamten jeden Mitgliedsstaates besteht. Dies soll die aktive Teilnahme der Mitgliedstaaten sicherstellen; Dannecker-Immenga/EG Wettbewerbsrecht, Kommentierung zu Art. 15 VO 17, Rd. 195. Dannecker, Strafrechtsentwicklung, S. 113 f., verweist zudem auf die Anhörungsverordnung 99/63 mwN.

[868] Dannecker/Fischer-Fritsch, S. 54.

[869] Dannecker/Fischer-Fritsch, S. 54 f. mwN; vgl. zum Rechtsschutz auch Arhold, EuZW 1999, S. 171 ff.

[870] EuGH 14.12.1972, Rs. 7/72, Slg. 1972, S. 1281, Rd. 3; EuG 06.04.1995, Rs. C-310/93, Slg. 1991, II-1191, Rd. 132; Böse, S. 171 mwN; Ritter-Immenga/EG Wettbewerbsrecht, Vorbemerkung VO 17, Rd. 36; Dannecker, Strafrechtsentwicklung, S. 102 f.; Prieß, S. 70 f.; vertiefend Dannecker-Immenga/EG Wettbewerbsrecht, Vorbemerkung Art. 15 VO 17, Rd. 110 ff.

nießt.[871] Die Frage, ob der Grundsatz auch im Verhältnis zu nationalen Kartellsanktionen gilt, ist unter Hinweis auf die unterschiedlichen Unrechtsgehalte zu verneinen. Dieses unbillige Ergebnis wird allerdings im Wege der Anrechnung korrigiert. Bei entsprechender Sachlage wird eine zuvor ergangene nationale Sanktion von der Kommission angerechnet, während die nationalen Behörden gegebenenfalls ganz von einer Verfolgung absehen.[872]

ii) Grundrechte

Darüber hinaus wird die Kommission über Art. 6 Abs. 2 EUV angeregt, die Grundrechte der EMRK zu beachten.[873] Diese gelten jedoch nur für natürliche und schon ihrem Wesen nach nicht für juristische Personen, weshalb sie allenfalls mittelbar im Wege einer nuancierten Anwendung auch gegenüber Unternehmen beachtet werden können.[874]

jj) Sonstiges

An dem Verfahren wird der *inquisitorische Charakter* problematisiert, da die Kommission zugleich Untersuchungsbehörde, Ankläger und Richter ist.[875] Dieser Einwand relativiert sich jedoch angesichts der möglichen gerichtlichen Kontrolle durch den EuGH.[876] Hingegen wird die *Unverletzlichkeit der Wohnung* nicht geschützt. Zwar besteht kein direktes Recht auf eine umfassende Durchsuchung und

---

[871] Böse, S. 171 f.

[872] Dannecker-Immenga/EG Wettbewerbsrecht, Vorbemerkung Art. 15 VO 17, Rd. 117 ff.; de Bronett-Groeben/Thiesing/Ehlermann, Art. 87, Zweiter Teil, Verordnung Nr. 17, Rd. 50 mwN. Grundsätzlich zu ne bis in idem auf Gemeinschaftsebene Vander Beken/Vermeulen/Lagodny, NStZ 2002, S. 624 ff.

[873] Vgl. näher Böse (S. 122 ff.), der auf die fehlende Bindungswirkung dieser Verweisung eingeht. Gleichwohl ist die Geltung der Grundrechte als allgemeine Rechtsgrundsätze anerkannt; vgl. de Bronett-Groeben/Thiesing/Ehlermann, Art. 87, Zweiter Teil, Verordnung Nr. 17, Rd. 51 mwN. Diese Problematik bleibt trotz der Bemühungen im Europäischen Konvent aktuell, da auch dort keine unmittelbare Geltung vorgesehen ist.

[874] Ritter-Immenga/EG Wettbewerbsrecht, Vorbemerkung VO 17, Rd. 36 mwN. Zur Problematik der Vereinbarkeit des europäischen Wettbewerbsrechts mit den Menschenrechten der EMRK vgl. Pernice-Grabitz/Hilf, Vorbemerkung VO 17, Rd. 9 mwN.

[875] De Bronett-Groeben/Thiesing/Ehlermann, Art. 87, Zweiter Teil, Verordnung Nr. 17, Rd. 51 mwN; Soltész/Steinle/Bielesz, EuZW 2003, S. 207 mwN.

[876] Im Übrigen hat der EuGH einen Verstoß gegen Art. 6 EMRK zurückgewiesen (EuGH 07.06.1983, Verb. Rs. 100-103/80, Slg. 1983, S. 1825, Rd. 6 ff.). Die Kommission habe gemeinschaftsrechtliche Verfahrensgarantien zu beachten, wobei im speziellen Fall der Grundsatz des rechtlichen Gehörs wegen seiner Erheblichkeit für das Verfahren ausdrücklich bejaht wurde.

das Öffnen von Behältnissen, doch kann dies durch einzelstaatliches Recht ermöglicht werden.[877] Auch ein Aussageverweigerungsrecht ist nicht anerkannt, was gleichwohl nicht zu einem Verstoß gegen den Grundsatz *nemo tenetur se ipsum accusare* führt, da der hier typische Gewissenskonflikt bei Unternehmen nicht entstehen kann.[878] Daneben sind insbesondere das Recht auf einen fairen Prozess, auf angemessene Verfahrensdauer,[879] auf anwaltlichen Beistand[880] sowie der Schutz der Geheimsphäre,[881] etwaige Beweiserhebungs- sowie Beweisverwertungsverbote[882] und der Vertrauensschutz[883] zu beachten. Schließlich bleibt anzumerken, dass bei der VO 17/62 keine Teilnahme vorgesehen ist. Das betroffene Unternehmen ist entweder Täter oder Nichttäter.[884]

d) Zwischenergebnis

Selbst die in Art. 15 VO 17/62 vorgesehenen massiven Sanktionen können zwar aufgrund ihrer Zweckbestimmung nicht als Kriminalstrafe angesehen werden, gleichwohl bestehen Bedenken über die hinreichende Bestimmtheit. Hier ist der Gesetzgeber aufgefordert, die Sanktionsbemessung konkretisierende Maßnahmen vorzunehmen. Im Ergebnis sind außergewöhnlich weitgehende Sanktionierungen möglich.

2) Vergleich mit der deutschen nationalen Regelung

a) Sanktionsadressaten

Nach neuer Rechtslage in Deutschland fallen nahezu alle Verbände unter den Kreis der Sanktionsadressaten, wobei die Einbeziehung der Gesellschaft des bürgerlichen

---

[877] Dannecker/Fischer-Fritsch, S. 49; Dannecker, Strafrechtsentwicklung, S. 109 ff.

[878] Dannecker/Fischer-Fritsch, S. 48, 56; de Bronett-Groeben/Thiesing/Ehlermann, Art. 87, Zweiter Teil, Verordnung Nr. 17, Rd. 51 mwN; Dannecker, Strafrechtsentwicklung, S. 119 ff.; Pernice-Grabitz/Hilf, Vorbemerkung VO 17, Rd. 34; Prieß, S. 72; Wattenberg, StV 2000, S. 102. A.A. Hildebrandt, S. 26 mwN.

[879] De Bronett-Groeben/Thiesing/Ehlermann, Art. 87, Zweiter Teil, Verordnung Nr. 17, Rd. 51 mwN.

[880] Dannecker, Strafrechtsentwicklung, S. 114 f.; Dannecker/Fischer-Fritsch, S. 53.

[881] Ritter-Immenga/EG Wettbewerbsrecht, Vorbemerkung VO 17, Rd. 36.

[882] Pernice-Grabitz/Hilf, Vorbemerkung VO 17, Rd. 18 ff.; Mailänder, Müller-Henneberg/Gemeinschaftskommentar II, EWGV-Verw., Rd. 6.

[883] Ritter-Immenga/EG Wettbewerbsrecht, Vorbemerkung VO 17, Rd. 36.

[884] Hamann, S. 20; Dannecker-Immenga/EG Wettbewerbsrecht, Kommentierung zu Art. 15 VO 17, Rd. 112; Mailänder, Müller-Henneberg/Gemeinschaftskommentar II, VO Nr. 17, Art. 15, Rd. 96.

Rechts und der Partnergesellschaft besonders hervorzuheben ist. Zwar wird der Einzelkaufmann nach wie vor nicht von § 30 OWiG n.F. erfasst, doch kann er als natürliche Person sanktioniert werden. Die Bebußung einer gewerblich aktiven Innengesellschaft ist letztlich aber auch nach Art. 15 VO 17/62 ausgeschlossen. Ihre fehlende Rechtsfähigkeit verhindert die Sanktionierung.

b) Rechtsnatur der Sanktionen

Die deutsche Verbandsgeldbuße des § 30 OWiG n.F. hat eine starke Tendenz, sozial-ethische Missbilligung auszudrücken.[885] Hingegen vermag man diese Wirkung der Sanktion aus Art. 15 VO 17/62 nicht zu unterstellen. Letztere ermöglicht zwar die Verhängung von weit höheren Geldbußen, doch ist bei der Bemessung neben der Schwere und Dauer des Verstoßes vor allem der unrechtmäßig erlangte Vorteil zu berücksichtigen,[886] während die Abschöpfung unrechtmäßiger Vorteile im deutschen Recht anderweitig geregelt ist.[887] Hinsichtlich der Wirkung der Sanktionen lassen sich unmittelbar keine relevanten weiteren Unterschiede feststellen.[888]

c) Grundsätze

Bei den Verfahrensgrundsätzen bestehen ebenfalls keine entscheidenden Differenzen. Anders hingegen beim Verfahren selbst. Zwar kann in beiden Fällen eine Verwaltungsbehörde das Verfahren einleiten und eine Sanktion verhängen, doch findet der Rechtsschutz gegen die Entscheidungen in Deutschland vor dem Strafgericht und auf europäischer Ebene vor dem dann als Verwaltungsgericht tätigen EuGH statt.[889]

d) Zwischenergebnis

Die Kartell-VO stellt nach wie vor etwas umfassendere Sanktionsmöglichkeiten zur Verfügung. Gleichwohl vollzieht § 30 OWiG n.F. einen großen Schritt in Richtung der seit jeher als wegweisend angesehenen VO 17/62.

---

[885] Vgl. dazu Teil 4 (B, II, 2, b, cc).

[886] Unter dem Aspekt des Bestimmtheitsgebotes kritisch dazu Soltész/Steinle/Bielesz, EuZW 2003, S. 208.

[887] Vgl. §§ 73 – 73d StGB, § 29a OWiG, § 17 Abs. 4 OWiG; dazu näher Teil 4 (C).

[888] Der i.R.d. VO 17/62 geltende Einheitstäterbegriff wirkt sich letztlich ebenfalls nicht aus.

[889] Nachweise bei Tsolka, S. 43 (in Fn. 61).

B) Neue Kartellverordnung Nr. 1/2003[890]

Am 16.12.2002 hat der Rat die Kartellverfahrensordnung Nr. 1/2003 verabschiedet, welche die VO 17/62 zum 01.05.2004 ablösen wird.[891] Die neue Verordnung bringt hauptsächlich Änderungen im Verfahren mit sich. Zum einen wird die bisherige Pflicht zur Anmeldung und Genehmigung wettbewerbsbeschränkender Maßnahmen dadurch ersetzt, dass die Vereinbarungen i.S.d. Art. 81 Abs. 3 EGV ohne weiteres als gesetzlich freigestellt gelten.[892] Daneben wird die Anwendung und Durchsetzung der europäischen Wettbewerbsvorschriften dezentralisiert und erfolgt künftig hauptsächlich durch die nationalen Wettbewerbsbehörden und Gerichte.[893] Schließlich geht das europäische Wettbewerbsrecht nunmehr dem nationalen stets vor.[894]

Hinsichtlich der Unternehmensverantwortlichkeit wurden keine grundlegenden Änderungen vorgesehen.[895] Nachfolgend werden daher nur die Abweichungen zusammengefasst.

---

[890] Verordnung Nr. 1/2003 des Rates vom 16.12.2002 zur Durchführung der in den Art. 81 und 82 EG niedergelegten Wettbewerbsregeln, ABl. Nr. L 1 vom 04.01.2003, S. 1 (nachfolgend „VO 1/2003"). Die VO 1/2003 ist zwar bereits in Kraft getreten, gilt aber erst ab dem 01.05.2004.

[891] Art. 43 VO 1/2003.

[892] Sog. Legalausnahmesystem; vgl. Vorschlag für eine Verordnung des Rates zur Durchführung der in den Artikeln 81 und 82 EG-Vertrag niedergelegten Wettbewerbsregeln und zur Änderung der Verordnungen (EWG) Nr. 1017/68, (EWG) Nr. 2988/74, (EWG) Nr. 4056/86 und (EWG) Nr. 3975/87 vom 27.09.2000 („Durchführungsverordnung zu den Artikeln 81 und 82 EG-Vertrag"), KOM(2000) 582 endgültig (nachfolgend „Vorschlag VO 1/2003"), S. 4, 14, 21, 35. Es bedarf also nicht mehr einer Freistellung durch die Kommission; Hossenfelder/Lutz, WuW 2002, S. 118 f.; Weitbrecht, Beilage, S. 1; ders., EuZW 2003, S. 357. Hintergrund ist hauptsächlich die problematische praktische Bearbeitung der Anmeldeflut, insbesondere im Hinblick auf die Osterweiterung; vgl. Vorschlag VO 1/2003, S. 2 f.

[893] Hossenfelder/Lutz, WuW 2002, S. 118 f.; Weitbrecht, Beilage, S. 1; ders., EuZW 2003, S. 357. Die Sanktionierung erfolgt aber nach wie vor durch die Kommission; ein Änderungsvorschlag des Europäischen Parlaments zugunsten auch der nationalen Wettbewerbsbehörden fand keinen Niederschlag in der VO 1/2003; vgl. Bericht über den Vorschlag für eine Verordnung des Rates zur Durchführung der in den Artikeln 81 und 82 EG-Vertrag niedergelegten Wettbewerbsregeln und zur Änderung der Verordnungen (EWG) Nr. 1017/68, (EWG) Nr. 2988/74, (EWG) Nr. 4056/86 und (EWG) Nr. 3975/87 vom 21.06.2001, A5-0229/2001 endgültig (PE 296.005), S. 15 f.

[894] Hossenfelder/Lutz, WuW 2002, S. 120 f.; Weitbrecht, Beilage, S. 1; ders. EuZW 2003, S. 357.

[895] Eine etwaige Nachprüfung der Bußgeldentscheidung erfolgt auch hier durch den EuGH; Art. 31 VO 1/2003.

In Art. 23 VO 1/2003 werden unter anderem folgende Regelungen getroffen:

(1) Die Kommission kann gegen Unternehmen und Unternehmensvereinigungen durch Entscheidung Geldbußen bis zu einem Höchstbetrag von 1 % des im vorausgegangenen Geschäftsjahr erzielten Gesamtumsatzes festsetzen, wenn sie vorsätzlich oder fahrlässig:

a) ... unrichtige oder irreführende Angaben machen;

b) ... verlangten Auskunft unrichtige, unvollständige oder irreführende Angaben machen oder die Angaben nicht innerhalb der gesetzten Frist machen;

c) bei Nachprüfungen ... die angeforderten Bücher oder sonstigen Geschäftsunterlagen nicht vollständig vorlegen oder ... angeordnete Nachprüfung nicht dulden;

d) in Beantwortung einer ... gestellten Frage

- ... unrichtige oder irreführende Antwort erteilen oder

- ... eine ... erteilte unrichtige ... Antwort nicht ... berichtigen oder

- ... keine vollständige Antwort erteilen oder ... verweigern;

e) ...angebrachten Siegel erbrochen haben.

(2) Die Kommission kann gegen Unternehmen und Unternehmensvereinigungen durch Entscheidung Geldbußen verhängen, wenn sie vorsätzlich oder fahrlässig

a) gegen Art. 81 oder Art. 82 EG verstoßen oder

b) einer nach Art. 8 erlassenen Entscheidung zur Anordnung einstweiliger Maßnahmen zuwiderhandeln oder

c) durch Entscheidung gem. Art. 9 für bindend erklärte Verpflichtungszusagen nicht einhalten.

Die Geldbuße für jedes an der Zuwiderhandlung beteiligte Unternehmen oder jede beteiligte Unternehmensvereinigung darf 10 % seines bzw. ihres jeweiligen im vorausgegangenen Geschäftsjahr erzielten Gesamtumsatzes nicht übersteigen.

Steht die Zuwiderhandlung einer Unternehmensvereinigung mit der Tätigkeit ihrer Mitglieder im Zusammenhang, so darf die Geldbuße 10 % der Summe der Gesamtumsätze derjenigen Mitglieder, die auf dem Markt tätig waren, auf dem sich die Zuwiderhandlung der Vereinigung auswirkte, nicht übersteigen.

(3) *Bei der Festsetzung der Höhe der Geldbuße ist sowohl die Schwere der Zuwiderhandlung als auch deren Dauer zu berücksichtigen.*

(4) *Wird gegen eine Unternehmensvereinigung eine Geldbuße unter Berücksichtigung des Umsatzes ihrer Mitglieder verhängt und ist die Unternehmensvereinigung selbst nicht zahlungsfähig, so ist sie verpflichtet, von ihren Mitgliedern Beiträge zur Deckung des Betrages dieser Geldbuße zu fordern.*

Werden diese Beträge innerhalb einer von der Kommission festgesetzten Frist nicht geleistet, so kann die Kommission die Zahlung der Geldbuße unmittelbar von jedem Unternehmen verlangen, dessen Vertreter Mitglieder in den betreffenden Entscheidungsgremien der Vereinigung waren.

Nachdem die Kommission die Zahlung gem. Unterabs. 2 verlangt hat, kann sie, soweit es zur vollständigen Zahlung der Geldbuße erforderlich ist, die Zahlung des Restbetrages von jedem Mitglied der Vereinigung verlangen, das auf dem Markt tätig war, auf dem die Zuwiderhandlung erfolgte.

Die Kommission darf jedoch Zahlungen gem. Unterabs. 2 oder 3 nicht von Unternehmen verlangen, die nachweisen, dass sie den die Zuwiderhandlung begründenden Beschluss der Vereinigung nicht umgesetzt haben oder entweder von dessen Existenz keine Kenntnis hatten oder sich aktiv davon distanziert haben, noch ehe die Kommission mit der Untersuchung des Falls begonnen hat.

Die finanzielle Haftung eines Unternehmens für die Zahlung der Geldbuße darf 10 % seines im letzten Geschäftsjahr erzielten Gesamtumsatz nicht übersteigen.

(5) Die nach den Abs. 1 und 2 getroffenen Entscheidungen haben keinen strafrechtlichen Charakter.

I) Verbandshaftung

In Bezug auf Normadressaten, Handlungs- und Schuldfähigkeit, Zurechnungskriterien und Bezugstat ergeben sich keine Veränderungen, so dass auf die Ausführungen zur VO 17/62 verwiesen werden kann.

II) Verbandssanktion

1) Sanktionsadressaten

Hinsichtlich der Sanktionsadressaten ergibt sich ebenfalls keine Neuerung. Lediglich für Unternehmensvereinigungen wurden ergänzende Bestimmungen eingeführt.

Sofern eine Geldbuße gegen eine nicht liquide Unternehmensvereinigung festgesetzt wird, ist sie verpflichtet, entsprechende Beiträge von ihren Mitgliedern zu fordern. Bei Nichtleistung kann die Kommission die Sanktion nach Fristsetzung unmittelbar von den Mitgliedern verlangen.[896] Ziel dieser Regelung ist es, die in der Praxis problematische Sanktionsbeitreibung bei den selbst häufig schlecht kapitalisierten Vereinigungen zu erleichtern.[897] Nach Fristablauf haften die einzelnen Unternehmen grundsätzlich unabhängig von ihrem Verhalten, sofern dessen Vertreter Mitglieder „in den betreffenden Entscheidungsgremien der Vereinigung waren". Dies ist nach Art. 23 Abs. 4 Unterabs. 4 VO 1/2003 nur dann ausgeschlossen, wenn das Unternehmen die fehlende Umsetzung des relevanten Beschlusses und seine fehlende Kenntnis bzw. aktive Distanzierung nachweist.

---

[896] Art. 23 Abs. 4 VO 1/2003.

[897] Vorschlag VO 1/2003, S. 29.

Diese Ausgestaltung dieser *subsidiären Rechtskrafterstreckung*[898] wirft erhebliche Bedenken hinsichtlich des Untersuchungsgrundsatzes, sowie der Grundsätze *in dubio pro reo* und rechtliches Gehör auf.[899] Doch bereits das vorgesehene Verfahren ist bemerkenswert. Die Kommission wird ermächtigt, mit einem Titel[900] gegen die Vereinigung auch gegen Dritte (Mitglieder) vorgehen zu können, welche im „Erkenntnisverfahren" nicht beteiligt waren.[901] Zwar sind die Entscheidungen auch in Verfahren gegen Vereinigungen an deren Mitglieder zu richten, doch hält sich die Kommission hieran nicht. Vielmehr ergehen die Entscheidungen seither uneinheitlich teils gegen diese selbst, teils auch gegen ihre Mitglieder, sowie nur gegen die Mitglieder.[902] Daher besteht die Gefahr, dass die Kommission im Rahmen der Vollstreckung gegen die Vereinigung auch gegen Mitglieder eines Entscheidungsgremiums, welche nicht am Hauptverfahren gegen die Vereinigung beteiligt waren, ohne weiteres „Erkenntnisverfahren" vorgehen kann. Die Unternehmen können zu ihrer Verteidigung dann nur noch nachweisen, dass sie unter anderem den Beschluss nicht umgesetzt haben. Sie tragen also die Beweislast für ihre Nichtbeteiligung.

Dabei trägt nach dem *in dubio pro reo*- bzw. Untersuchungsgrundsatz die Kommission die Beweislast für die Beibringung der nötigen Beweismittel,[903] zumal sie nach

---

898 Hossenfelder/Lutz (WuW 2003, S. 128) bezeichnen dies als „gesamtschuldnerische Haftung", was nicht ganz zutrifft, da hier kein unmittelbarer Anspruch gegen alle Mitglieder gleichberechtigt besteht, welcher einem gegenüber durchgesetzt wird. Vielmehr haften die Mitglieder nur subsidiär aus einem Titel gegen die Vereinigung, weshalb sich dieses System eher mit der akzessorischen Bürgschaft bzw. einer Art subsidiären Ausfallhaftung oder besser noch Rechtskrafterstreckung vergleichen lässt.

899 Die Frage, ob der Untersuchungsgrundsatz, sowie in dubio pro reo und rechtliches Gehör nur im Ermittlungs- bzw. Erkenntnisverfahren oder auch im Vollstreckungsverfahren gelten, stellt sich hier nicht, da ggf. schon überhaupt kein Erkenntnisverfahren durchgeführt wird.

900 Die Bußgeldentscheidung ist ein vollstreckbarer Titel i.S.d. Art. 256 EGV n.F.; vgl. Dannecker-Immenga/EG Wettbewerbsrecht, Vorbemerkung Art. 15 VO 17, Rd. 96.

901 Daher wird der Vereinigung teilweise in der Entscheidung explizit die Pflicht auferlegt, ihre Mitglieder hierüber zu informieren. Vgl. etwa die Entscheidung der Kommission vom 13.07.1983 (83/361/EWG) - *Vimpoltu*; ABl. Nr. L 200 vom 23.07.1983, S. 44; Koch-Grabitz/Hilf, Art. 85, Rd. 17 mwN.

902 Welche wiederum Unternehmen oder Unternehmensvereinigungen sein können. Vgl. insgesamt Koch-Grabitz/Hilf, Art. 85, Rd. 17 mwN.

903 Vgl. Dannecker-Immenga/EG Wettbewerbsrecht, Vorbemerkung Art. 15 VO 17, Rd. 43 ff.; Pernice-Grabitz/Hilf, Vorbemerkung VO 17, Rd. 16 f. Die Beweislast umfasst neben dem tatbestandsmäßigen Verhalten auch die Schuld; vgl. Dannecker-Immenga/EG Wettbewerbsrecht, Vorbemerkung Art. 15 VO 17, Rd. 44.

der VO 1/2003 über umfangreichere Ermittlungsbefugnisse verfügt, als noch im Rahmen der VO 17/62.[904] Hingegen müssen nach der neuen Regelung die Unternehmen bereits die Nichtumsetzung des relevanten Beschlusses, also letztlich das Fehlen eines Tatbestandsmerkmals (z.B. Art. 81 EGV n.F.) nachweisen. Zwar wurde diese Lastenverteilung vorliegend in die Form eines Entlastungsbeweises[905] gegossen, doch kommt es hierauf nicht an. Entscheidend ist allein, wer die sanktionsbegründenden Umstände nachweisen muss. Dessen ungeachtet ist schon die Übertragung der Beweislast für das Eingreifen eines Rechtfertigungsgrundes auf den Beschuldigten in Hinblick auf *in dubio pro reo* bedenklich.[906] Zudem muss das beschuldigte Mitglied hier seine Entlastung im Rahmen des Vollstreckungsverfahrens gegen die Vereinigung nachweisen. Damit kann insbesondere das Recht auf rechtliches Gehör aus Art. 27 Abs. 1 VO 1/2003 umgangen werden, da gerade keine neue Entscheidung i.S.d. Art. 23 VO 1/2003 erlassen, sondern eine bestehende durchgesetzt wird.

Im Übrigen bestehen auch insoweit Bedenken, als die von den Mitgliedern nachzuweisenden Tatsachen sich auf die Zeit vor der Untersuchung durch die Kommission – also ein den Mitgliedern unbekanntes und nicht nachvollziehbares temporäres Moment – erstrecken. Damit wird es ihnen erschwert, entsprechende Dokumentationen vorzunehmen. Schließlich bleibt festzuhalten, dass der Zeitpunkt des Beginns der Frist und ihre Dauer zu unbestimmt sind. Theoretisch kann die Kommission eine Tagesfrist setzen und so de facto unter Umgehung der Verfahrensvorschriften zugunsten der einzelnen Unternehmen einen schnellen Titel gegen die Vereinigung erwirken, aus welchem sie dann gegen die Mitglieder vorgeht. Dies ist nicht zuletzt unter dem Aspekt des Bestimmtheitsgrundsatzes bedenklich.

2) Rechtsnatur der Sanktionen

a) Verfahrensverstöße

Für Verfahrensverstöße war seither ein absoluter Bußgeldrahmen von € 100 bis

---

904 Vorschlag VO 1/2003, S. 8.
905 Als Rechtfertigungsgrund bzw. Entschuldigungsgrund.
906 Dannecker-Immenga/EG Wettbewerbsrecht, Vorbemerkung Art. 15 VO 17, Rd. 45.

€ 5.000 vorgesehen (Art. 15 Abs. 1 VO 17/62). Dieses System wurde nunmehr an das Prinzip der relativen Obergrenze aus Art. 15 Abs. 2 VO 17/62 (und nunmehr Art. 23 Abs. 2 VO 1/2003) angepasst, wobei diese mit 1 % des Gesamtumsatzes[907] beachtlich hoch liegt.[908] Gleichwohl war diese Änderung notwendig, da einer Sanktionshöhe von maximal € 5.000 heutzutage keine hinreichend abschreckende Wirkung mehr zukommt.[909] Im Übrigen ist die relative Grenze gerechter, da eine auch für Kleinbetriebe geltende Obergrenze beispielsweise einen großen Konzern regelmäßig weit weniger trifft.[910] Die Rechtsnatur der Geldbuße wird dadurch aber nicht beeinflusst, da sich diese - gestützt auf die Sanktionshöhe - allenfalls oberhalb von 10 % auswirken könnte.

Nach Art. 23 Abs. 1 lit. d) und e) VO 1/2003 können nunmehr auch die unrichtige, verspätete oder unvollständige Beantwortung von Fragen der Kommission[911] sowie der Siegelbruch sanktioniert werden. Diese Befugnisse wurden durch Art. 20 Abs. 2 lit. d) bzw. e) VO 1/2003 neu eingeführt.[912]

b) Materielle Verstöße

Die 10 %-Höchstgrenze wurde ausdrücklich beibehalten.[913] Eine weitere Erhöhung wäre angesichts der ohnehin bestehenden rechtsstaatlichen Bedenken auch nicht unproblematisch gewesen.[914] Die Rechtsnatur der Geldbuße hat sich mithin nicht verändert.[915]

---

[907] Die 1 %-Obergrenze wurde aus Art. 47 EGKS entnommen; vgl. Vorschlag VO 1/2003, S. 29.

[908] Im Weißbuch (über die Modernisierung der Vorschriften zur Anwendung der Artikel 85 und 86 EG-Vertrag", ABl. Nr. C 132 vom 12.05.1999, S. 1 ff.; nachfolgend „Weißbuch"; S. 29 f.) war noch eine absolute Obergrenze von € 50.000 vorgesehen.

[909] Vgl. Vorschlag VO 1/2003, S. 29. Zur VO 17/62 vgl. Dannecker-Immenga/EG Wettbewerbsrecht, Kommentierung zu Art. 15 VO 17, Rd. 37.

[910] Bei Art. 15 Abs. 1 VO 17/62 war die Unternehmensgröße nämlich augenscheinlich kein Kriterium für die Festsetzung der Sanktionshöhe; vgl. Dannecker-Immenga/EG Wettbewerbsrecht, Kommentierung zu Art. 15 VO 17, Rd. 37.

[911] Zur Sorgfaltspflicht der Unternehmensleitung vgl. Hossenfelder/Lutz, WuW 2003, S. 127 f.

[912] Vgl. Vorschlag VO 1/2003, S. 27 f. (NB: Im Kommissionsvorschlag waren die genannten Rechte noch in Art. 20 Abs. 2 lit. e und f VO 1/2003 benannt).

[913] Vgl. Vorschlag VO 1/2003, S. 29.

[914] Zu diesen Bedenken, vor allem im Hinblick auf das Bestimmtheitsgebot vgl. Teil 5 (A, III, 1, c, aa) und Soltész/Steinle/Bielesz, EuZW 2003, S. 202 ff.

[915] Vgl. insbesondere den nahezu identischen Art. 23 Abs. 5 VO 1/2003.

Gleichwohl fällt auf, dass diese Grenze nunmehr in Art. 23 Abs. 2 S. 2 VO 1/2003 explizit auch für Unternehmensvereinigungen festgesetzt wird, während der Wortlaut von Art. 15 Abs. 2 S. 1 VO 17/62 insoweit nicht eindeutig ist. Bei Zuwiderhandlungen im Zusammenhang mit der Tätigkeit von Vereinigungsmitgliedern bestimmt sich die 10 %-Grenze sogar lediglich aus der Umsatzsumme der auf dem relevanten Markt tätigen Mitglieder.[916] Bei diesen neuen Regelungen handelt es sich wohl um Präzisierungen, welche Bedenken gegen die Bestimmtheit der ebenfalls neu eingeführten solidarischen Haftung von Unternehmensvereinigungen ausräumen sollen.[917] Eine reine Klarstellung scheint dies jedenfalls nicht zu sein, zumal die Kommission ihre Entscheidungen bei Unternehmensvereinigungen seither uneinheitlich teils gegen diese selbst, teils auch gegen ihre Mitglieder, oder nur gegen die Mitglieder[918] richtete.[919]

Weiterhin wurde durch das System der Legalausnahme der in Art. 15 Abs. 5 VO 17/62[920] noch vorgesehene Bußgeldausschließungsgrund[921] überflüssig, welcher die Zeitspanne zwischen der Anmeldung der Wettbewerbsbeschränkung und der Entscheidung der Kommission hierüber betraf.[922] Damit wird der präventive Effekt der Sanktion erhöht.[923]

Eine Art. 23 Abs. 2 lit. b) und c) VO 1/2003 entsprechende Regelung gab es vorher nicht, da insbesondere einstweilige Maßnahmen gesetzlich nicht vorgesehen waren. Allerdings hatte der EuGH eine entsprechende Befugnis anerkannt.[924] Diese Regelung dient daher lediglich der Klarstellung.

---

916 Art. 23 Abs. 2 S. 3 VO 1/2003.
917 Art. 23 Abs. 4 VO 1/2003.
918 Welche wiederum Unternehmen oder Unternehmensvereinigungen sein können.
919 Vgl. Koch-Grabitz/Hilf, Art. 85, Rd. 17.
920 Verbunden damit auch Art. 15 Abs. 6 VO 17/62.
921 So Dannecker-Immenga/EG Wettbewerbsrecht, Kommentierung zu Art. 15 VO 17, Rd. 209.
922 Aus demselben Grund ist auch die Regelung des Art. 15 Abs. 2 lit. b) VO 17/62 nicht mehr relevant.
923 Vgl. Weißbuch, S. 29.
924 Vgl. Pernice-Grabitz/Hilf, Vorbemerkung VO 17, Rd. 41 ff.

3) Grundsätze

Hinsichtlich der zu beachtenden Grundsätze haben sich zur VO 17/62 keine wesentlichen Änderungen ergeben, so dass die oben genannten Grundsätze auch hier Anwendung finden.[925] Das Recht auf rechtliches Gehör, die Verteidigungsrechte und der Schutz der Geschäftsgeheimnisse sind im Erwägungsgrund Nr. 32 der VO 1/2003 nunmehr explizit benannt.

Im Rahmen des Grundsatzes *ne bis in idem* könnte bei der Anwendung des neuen Art. 23 Abs. 4 VO 1/2003 die Gefahr entstehen, dass im Fall einer Entscheidung der Kommission gegen eine Unternehmensvereinigung und deren Mitglieder[926] letztere im Wege der subsidiären Ausfallhaftung doppelt haften. Dem soll Art. 23 Abs. 4 Unterabs. 5 VO 1/2003 entgegenwirken.

Schließlich findet sich die seither in Artt. 15 Abs. 3, 10 Abs. 3 bis 6 VO 17/62 geregelte Pflicht zur Anhörung des beratenden Ausschusses vor einer Bußgeldentscheidung neuerdings in Art. 14 Abs. 1 VO 1/2003.

III) Zwischenergebnis

Die neue VO 1/2003 bringt in Bezug auf die Unternehmenssanktion keine wesentlichen Änderungen mit sich. Damit gelten auch die zur VO 17/62 dargestellten rechtsstaatlichen Bedenken unvermindert weiter. Auch bezüglich der Bebußung von nicht hinreichend liquiden Unternehmensvereinigungen kommen erhebliche Bedenken auf.

C) Art. 110 Abs. 3 EGV

Die ESZB[927] soll vorrangig die Preisstabilität gewährleisten. Subsidiär hat sie die allgemeine Wirtschaftspolitik in der Gemeinschaft zu unterstützen.[928] Dabei beste-

---

[925] Teil 5 (III, 1, c).

[926] Dies entspricht teilweise der Kommissionspraxis; vgl. Koch-Grabitz/Hilf, Art. 85, Rd. 17.

[927] Europäisches System der Zentralbanken; vgl. Art. 1 des Protokolls über die Satzung des Europäischen Systems der Zentralbanken und der Europäischen Zentralbank vom 07.02.1992, ABl. C 191 vom 29.07.1992, nachfolgend „Protokoll ESZB", S. 68. Das ESZB besteht aus der Europäischen Zentralbank (EZB) und den nationalen Zentralbanken (Art. 107 Abs. 1 EGV n.F.).

[928] Art. 105 Abs. 1 EGV n.F.

hen die Aufgaben der ESZB hauptsächlich in der Festlegung und Durchführung der Geldpolitik, der Devisenpolitik, dem Halten von Währungsreserven, der Förderung der Funktion von Zahlungssystemen und der Genehmigung der Ausgabe von Euro-Banknoten.[929] Zur Erfüllung dieser Aufgaben darf die EZB unter anderem entsprechende Verordnungen und Entscheidungen erlassen.[930] Zu deren Durchsetzung hat die EZB nach Art. 110 Abs. 3 EGV n.F. das Recht, „Unternehmen bei Nichteinhaltung der Verpflichtungen, die sich aus ihren Verordnungen und Entscheidungen ergeben, mit Geldbußen oder in regelmäßigen Abständen zu zahlenden Zwangsgeldern zu belegen".[931] Diese Regelung wurde durch zwei Verordnungen[932] des Rates über das Sanktionierungsrecht der EZB konkretisiert.[933] Nachfolgend werden die Verbandshaftung (sub I) und die Verbandssanktion (sub II) näher untersucht.

I) Verbandshaftung

Sofern Unternehmen gegen ihre Verpflichtungen verstoßen,[934] können sie sanktioniert werden.[935] Damit wird der sanktionsrelevante Adressatenkreis der Maßnahmen benannt.[936] Der Unternehmensbegriff wird in Art. 1 Ziff. 3 VO 2532/98 wie folgt definiert:

---

[929] Artt. 105 Abs. 2, 106 Abs. 1 EGV n.F. Zur Erreichung der Ziele des ESZB und zur Erfüllung ihrer Aufgaben betreibt die EZB insbesondere folgende Bereiche: Refinanzierungspolitik, Mindestreservepolitik, Offenmarktpolitik, Devisenpolitik, Genehmigung der Ausgabe von Euro-Banknoten, Einholen statistischer Daten von nationalen Behörden und Wirtschaftssubjekten; vgl. Artt. 5.1, 16, 18, 19, 23 Protokoll ESZB und Hoppe, S. 166 ff.

[930] Art. 110 Abs. 1 EGV n.F.

[931] Diese Vorschrift ist nur im Bereich der an der dritten Stufe der Wirtschafts- und Währungsunion teilnehmenden Mitgliedstaaten anzuwenden; vgl. Art. 122 Abs. 4 EGV sowie Häde-Calliess/Ruffert, § 110, Rd. 8 mwN.

[932] VO 2532/98, ABl. 1989 Nr. L 318 vom 27.11.1998, S. 4 ff.; VO 2157/99, ABl. 1999 Nr. L 264 vom 12.10.1999, S. 21 ff.

[933] Vgl. Art. 34.3 Protokoll ESZB. Näher zum Verfahrensablauf Zilioli/Selmayr, S. 122 ff.

[934] Beispielsweise das nicht fristgerechte Nachkommen von Meldepflichten; dieses und weitere Beispiele bei Stadler, S. 214.

[935] Von den währungspolitischen Instrumenten sind selbstredend vorwiegend Kreditinstitute und deren Kunden betroffen; Hoppe, S. 174.

[936] Zwar ist denkbar, dass etwa in den einzelnen Verordnungen (Normen) andere Subjekte als „Normadressaten" festgelegt werden, doch könnte dann nur schwerlich eine Sanktion verhängt werden. Andererseits handelt es sich auch nicht um eine Beschreibung der Sanktionsadressaten, da sich dieser über die VO 2532/98 nach Art. 256 EGV n.F. und somit nach nationalem Zivilrecht richtet.

„Unternehmen": natürliche oder juristische Personen des privaten oder öffentlichen Rechts innerhalb eines teilnehmenden Mitgliedstaats, ausgenommen Personen des öffentlichen Rechts bei der Erfüllung ihres öffentlichen Auftrags, die Verpflichtungen unterliegen, die sich aus Verordnungen und Entscheidungen der EZB ergeben, und zwar einschließlich der Zweigstellen oder sonstigen ständigen Niederlassungen, die Unternehmen, die ihre Hauptverwaltung oder ihren juristischen Sitz außerhalb eines teilnehmenden Mitgliedstaats haben, in einem teilnehmenden Mitgliedstaat unterhalten.

Unternehmen sind also bestimmte natürliche und juristische Personen.[937] Im Gegensatz zum Unternehmensbegriff der Kartell-VO existiert hier eine Legaldefinition, welche insbesondere die „juristische Person" erfasst. Dieser Begriff wird nachfolgend auch im Hinblick darauf, welche Gesellschaftsformen des deutschen Rechts hierunter fallen, näher untersucht.

Die Bezeichnung „juristische Person" wird in der Verordnung nicht legaldefiniert. Der Wortlaut scheint deutsche Personengesellschaften als nicht juristische Personen auf den ersten Blick auszuschließen. Dies würde aber voraussetzen, dass die Verordnung einen technischen Rechtsbegriff des deutschen nationalen Rechts beinhaltet, was klar abzulehnen ist, da europäische Regelungen autonom auszulegen sind.[938] Man darf auch in der deutschen Textfassung nicht davon ausgehen, dass die verwendeten Begriffe mit denen des deutschen nationalen Rechts identisch sind.[939]

---

[937] Dabei fällt auf, dass im Gegensatz etwa zur Kartell-VO nach dem Wortlaut nicht auf einen wirtschaftlichen Zweck oder eine gewerbliche Tätigkeit abgestellt wird, sondern darauf, ob die Person einer Verpflichtung der EZB unterliegt. Zwar agieren jedenfalls juristische Personen de facto meist wirtschaftlich, doch ist die völlige Ausblendung dieses Merkmals bemerkenswert.

[938] Vgl. etwa Teil 5 (A, II, 1, a); EuGH 28.10.1982, Rs. 135/81, Slg. 1982, S. 3799, Entscheidungsgrund 10; Böse, S. 182 mwN; Randelzhofer/Forsthoff-Grabitz/Hilf, § 48, Rd. 7; Tsolka (S. 104 f.) will vorwiegend auf die Ziele und Zwecke der Gemeinschaft abstellen, da insbesondere die Autonomie des Gemeinschaftsrechts sonst „zu einem Übergewicht der systematisch-teleologischen Auslegungsmethode" führt; eingehend zur Auslegung Oppermann, S. 253 ff.

[939] Krück-Groeben/Thiesing/Ehlermann, Art. 173 a.F., Rd. 39 mwN.

Systematisch ist zunächst das Begriffspaar „natürliche oder juristische Person“ innerhalb von Art. 1 Ziff. 3 VO 2532/98 zu betrachten.[940] Dabei deutet der Verordnungsgeber eine gewisse Verselbständigung als Abgrenzungskriterium an, welche juristisch durch die Rechtsfähigkeit ausgedrückt wird.[941] Im nationalen deutschen Recht sind neben der juristischen Person des öffentlichen und privaten Rechts[942] auch die Personenhandelsgesellschaften und nach neuerer Rechtsprechung des BGH auch die Gesellschaft bürgerlichen Rechts (in Form der Außengesellschaft) rechtsfähig.[943]

Betrachtet man die Verwendung des Begriffs „juristische Person“ in einem weiteren Kontext, so findet sich ausgehend von Art. 1 lit. d) Zweites Protokoll[944] in verschiedenen Rechtsakten eine Legaldefinition auf „quasieuropäischer“ Ebene.[945] Danach ist eine juristische Person ein Rechtssubjekt, das diesen Status nach dem jeweils

---

940 Mangels übereinstimmenden Regelungsbereichs ist die Begriffsbestimmung in Erwägungsgrund 9 der „Empfehlung der Europäischen Zentralbank für eine Verordnung (EG) des Rates über die Erfassung statistischer Daten durch die Europäische Zentralbank“, ABl. Nr. C 246 vom 06.08.1998, S. 12 nicht vorrangig. Dort heißt es: „Der Begriff ‚natürliche und juristische Personen’ in Artikel 5.4 der Satzung muß entsprechend den Gepflogenheiten der Mitgliedstaaten im Bereich der Geld- und Bankenstatistik sowie der Zahlungsbilanzstatistik ausgelegt werden und umfaßt somit auch Rechtssubjekte, die nach jeweiligem nationalen Recht weder juristische noch natürliche Personen sind, aber dennoch den einschlägigen Teilsektoren des ESVG 95 zuzuordnen sind; daher können Rechtssubjekte wie Personengesellschaften, Niederlassungen und Organismen für gemeinsame Anlagen in Wertpapieren (OGAW) sowie Fonds, die nach jeweiligem Recht nicht den Status einer juristischen Person haben, berichtspflichtig sein; in diesen Fällen wird die Berichtspflicht denjenigen Personen auferlegt, die das jeweilige Rechtssubjekt nach geltendem nationalen Recht gesetzlich vertreten.“

941 Auf dieses Kriterium stellt auch Krück-Groeben/Thiesing/Ehlermann, Art. 173 a.F., Rd. 39 mwN ab.

942 Im Ergebnis ebenso Cremer-Calliess/Ruffert, § 230, Rd. 25; Randelzhofer/Forsthoff-Grabitz/Hilf, § 48, Rd. 7; Krück-Groeben/Thiesing/Ehlermann, Art. 173 a.F., Rd. 39 mwN. Auch Gewerkschaften, Unternehmensverbände und Gebietskörperschaften werden nach Ansicht des EuGH erfasst; vgl. Krück-Groeben/Thiesing/Ehlermann, Art. 173 a.F., Rd. 39 mwN.

943 Vertiefend hierzu Teil 4 (B, I, 4). Kritisch zu der weitverbreiteten Formulierung, etwa die oHG sei der juristischen Person angenähert; Schmidt, Gesellschaftsrecht, S. 1362 ff.

944 „Zweites Protokoll aufgrund von Artikel K.3 des Vertrages über die Europäische Union zum Übereinkommen über den Schutz der finanziellen Interessen der Europäischen Gemeinschaften“, ABl. 1997, Nr. C 221 vom 19.07.1997, S. 11 (nachfolgend „Zweites Protokoll“); eingehend dazu Teil 6 (A, I und II).

945 Die Rechtsakte gelten nicht supranational, sondern führen nur zu einer Harmonisierung nationaler Regelungen.

geltenden innerstaatlichen Recht besitzt.[946] Abgestellt wird also auch hier auf die Rechtsfähigkeit. Zu beachten ist allerdings, dass es sich bei dem Zweiten Protokoll um einen völkerrechtlichen Vertrag zwischen den Mitgliedstaaten und nicht um einen supranationalen Rechtssatz der EG selbst handelt.[947] Diese Definition gilt daher vorliegend nicht unmittelbar, hat aber indizierenden Charakter.

Zwingende systematische Relevanz hat hingegen die Formulierung des EGV, da eine EG-Verordnung diesem hierarchisch untergeordnet ist.[948] Der Ausdruck „juristische Person“ wird insbesondere in Artt. 48, 194, 230, 232, 255 Abs. 1 EGV n.F. verwendet. Zu Art. 230 EGV n.F. hat der EuGH entschieden, dass eine luxemburgische S.E.V. als juristische Person klagebefugt ist, wenn sie von der (diese Eigenschaft bestreitenden) Kommission selbst zu einer Ausschreibung zugelassen wurde und deren Angebot nach Prüfung abgelehnt hat.[949] Hieraus lassen sich jedoch für die Frage, welche deutschen Gesellschaften erfasst werden, keine zweckmäßigen allgemeinen Kriterien entnehmen. Dessen ungeachtet wird vertreten, dass eine juristische Person i.S.d. Art. 230 EGV bereits dann vorliegt, wenn der Verband nach innerstaatlichem Recht als Träger von Rechten und Pflichten partei- und prozessfähig ist.[950] Auch nach diesem Verständnis wäre neben den Personenhandelsgesellschaften auch die Gesellschaft des bürgerlichen Rechts sowie die Partnerschaftsgesellschaft erfasst.[951]

Hierfür spricht schließlich auch die Regelung in Art. 48 Abs. 2 EGV. Dort findet sich folgende Definition:

---

[946] Eine weitergehende Konkretisierung ergibt auch nicht der „Erläuternder Bericht zu dem Zweiten Protokoll zum Übereinkommen über den Schutz der finanziellen Interessen der Europäischen Gemeinschaften“ vom 12.03.1999, ABl. 1999, Nr. C 91, S. 8 ff.

[947] Vgl. näher dazu Teil 6 (A, I und II). Zur Zulässigkeit dieses Vorgehens Oppermann, S. 227 f. mwN.

[948] Vgl. Oppermann, S. 182.

[949] EuGH 28.10.1982, Rs. 135/81, Slg. 1982, 3799, Entscheidungsgrund 11.

[950] Wenig-Grabitz/Hilf, Art. 173 EGV, Rd. 52 mwN; Böse, S. 182; im Ergebnis wohl auch Krück-Groeben/Thiesing/Ehlermann, Art. 48, Rd. 39 ff.

[951] Näher dazu Teil 4 (B, I, 4, c).

Als Gesellschaften gelten die Gesellschaften des bürgerlichen Rechts und des Handelsrechts einschließlich der Genossenschaften und die sonstigen juristischen Personen des öffentlichen und privaten Rechts mit Ausnahme derjenigen, die keinen Erwerbszweck verfolgen.

Bereits die Formulierung „sonstigen juristischen Personen" deutet darauf hin, dass die zuvor genannten Personengesellschaften auch unter den Begriff der juristischen Person zu fassen sind. Im Rahmen einer autonomen Bewertung wird die genannte Wendung insofern als sprachliches Missgeschick verstanden, als neben den juristischen Personen des jeweiligen nationalen Rechts andere Verbände unter Art. 48 Abs. 2 EGV fallen, wenn sie im Rechtsverkehr unter eigenem Namen handeln können.[952]

Im Ergebnis ist also die Rechtsfähigkeit das entscheidende Kriterium. Danach wird – wie im deutschen Recht - neben den Personenhandelsgesellschaften oHG und KG neuerdings auch die GbR in Form der Außengesellschaft erfasst;[953] ebenso der nichtrechtsfähige Verein.[954] Der Einzelkaufmann kann als natürliche Person sanktioniert werden. Die Innengesellschaft hingegen scheidet mangels Rechtsfähigkeit aus,[955] was eine Regelungslücke mit sich bringt.[956]

II) Verbandssanktion

Die Entscheidungen der EZB sind gemäß Erwägungsgrund Nr. 9 der VO 2532/98 nach Art. 256 EGV n.F. vollstreckbar.[957] Damit richtet sich die Eigenschaft der Sanktionsadressaten wie bei VO 17/62 nach dem nationalen Zivilrecht. Auf die dortigen Ausführungen kann also verwiesen werden.

---

[952] Randelzhofer/Forsthoff-Grabitz/Hilf, § 48, Rd. 7; Bröhmer-Calliess/Ruffert, § 48, Rd. 4; Troberg-Groeben/Thiesing/Ehlermann, Art. 58, Rd. 2.
[953] So auch Randelzhofer/Forsthoff-Grabitz/Hilf, § 48, Rd. 7.
[954] Diese Bezeichnung verneint lediglich die Einordnung als juristische Person, nicht hingegen die Fähigkeit, Träger von Rechten und Pflichten zu sein; eingehend Schmidt, Gesellschaftsrecht, S. 736 ff.
[955] Vgl. Schmidt, Gesellschaftsrecht, S. 1290.
[956] Vgl. dazu Teil 4 (B, I, 4, d, bb).
[957] Erwägungsgrund Nr. 9 benennt noch Art. 192 EGV a.F.

Die Rechtsnatur der Sanktionen ist jedoch gesondert zu bewerten. Hierunter fallen Geldbußen und in regelmäßigen Abständen zu zahlende Strafgelder.[958] Der Verordnungsgeber definiert diese Begriffe in Art. 1 VO 2532/98 wie folgt:

> *5. „Geldbuße": ein Geldbetrag, den ein Unternehmen als Sanktion zu zahlen hat*
>
> *6. „in regelmäßigen Abständen zu zahlende Strafgelder": Geldbeträge, die ein Unternehmen im Fall einer fortlaufenden Übertretung als Sanktion zu zahlen hat, wobei diese für jeden Tag der Fortdauer der Übertretung nach Unterrichtung des Unternehmens gemäß Artikel 3 Absatz 1 Unterabsatz 2 über eine Entscheidung berechnet werden, in der die Einstellung einer solchen Übertretung verfügt wird*

Die Legaldefinition besagt nur wenig über die Rechtsnatur der Sanktionen. Da die Strafgelder regelmäßig zu bezahlen sind, folgt im Gegenschluss, dass die Geldbuße nach dem Geldsummensystem punktuell geleistet werden muss.

Bereits der Wortlaut „Strafgeld" deutet darauf hin, dass es sich um eine Kriminalstrafe handeln könnte.[959] Dies wäre im Hinblick auf die bereits mehrfach angesprochene fehlende Kriminalstrafkompetenz der EG problematisch.[960] Noch weniger dürfte die EG eine Kompetenz zur Verhängung von Kriminalstrafen dann auf einen Dritten (EZB) übertragen, der im Gegensatz zu den Vertretern der Mitgliedstaaten in der EG nicht demokratisch legitimiert ist.[961] Andererseits darf man nicht von den

---

[958] Vgl. Art. 1 Nr. 7 VO 2532/98.

[959] Vgl. auch die Bezeichnung als „periodic penalty payments" in der englischen Fassung. Dannecker (GA 2001, S. 125) verwendet den Begriff „Strafgeld", wenn auch unabhängig von vorliegender Regelung, zur Kennzeichnung der Eigenständigkeit einer Verbandsgeldstrafe gegenüber einer Individualgeldstrafe.

[960] Zur Frage, ob es sich nur um eine Befugnis zur Rahmenrechtssetzung handelt; vgl. Reumann, S. 145 f.

[961] Eine Anweisungskompetenz gegenüber den Mitgliedstaaten ist im Gegensatz zur selbständigen Regelungskompetenz anerkannt; vgl. Dannecker, JZ 1996, S. 873; Eisele, JA 2000, S. 994; ders., JZ 2001, S. 1157 ff.

Kompetenzverhältnissen auf die Rechtsnatur der Sanktion schließen, da es ausschließlich auf die materielle Wertung ankommt.

Beide Sanktionen der VO 2532/98 haben eine repressive[962] und zugleich präventive Funktion. Die repressive Wirkung ergibt sich schon aus Art. 2 Abs. 4 VO 2532/98, wonach die Verhängung einer Sanktion wegen Unterlassens das betroffene Unternehmen nicht von der Erfüllung der jeweiligen Verpflichtung befreit. Mithin stellen die Sanktionen keine Alternative zur Erfüllung einer Pflicht dar, sondern ahnden deren Nichterfüllung. Die präventive Wirkung folgt aus dem beachtlichen Sanktionsrahmen.

Als Obergrenze ist für die Geldbuße der absolute Betrag von € 500.000 und für die Strafgelder € 10.000 pro Tag der Übertretung festgelegt.[963] Dabei können Strafgelder maximal für einen Zeitraum von sechs Monaten verhängt werden. Insgesamt können also 182 Tagessätze zu je € 10.000 angesetzt werden, was zu einem möglichen Gesamtbetrag von € 1.820.000 führt.[964] Damit besteht zwischen der Geldbuße und dem Strafgeld ein erheblicher Unterschied im Sanktionsrahmen, was nach quantitativer Betrachtung eine differenzierende Einordnung der Rechtsnatur rechtfertigt.

Zunächst zum Strafgeld. Dessen Obergrenze entspricht nahezu derjenigen für die Geldstrafe (€ 1,8 Mio.) des deutschen nationalen Rechts.[965] Zwar ergibt sich hieraus nicht, dass das Strafgeld eine Kriminalstrafe ist, da nationale Kategorien für supranationale Regelungen nicht gelten.[966] Gleichwohl stellen sie Indizien dar. Dies gilt insbesondere für deutsche Einordnungen, da der Gesetzgeber hierzulande gerade bei der Einstufung einer Verbandssanktion als Kriminalstrafe sehr zurückhaltend ist.

---

[962] Mithin sind die strafrechtlichen Garantien zu beachten.
[963] Art. 2 Abs. 1a), b) VO 2532/98.
[964] Ausgehend von 365 Tagen pro Jahr und Abrundung der hälftigen 182,5.
[965] Vgl. Teil 4 (B, II, 2, b, cc). Wenn man die Gesamtstrafe einmal außer Acht lässt.
[966] Müller-Gugenberger (Wirtschaftsstrafrecht, S. 105) geht hingegen von einer nur im weiteren Sinne strafrechtlichen Sanktion aus.

Selbst dieser Gesetzgeber hätte Bedenken, Sanktionen über € 1,5 Mio. als Geldbußen anzusehen.[967] Wenn der Sanktionsrahmen für das Strafgeld sogar den Betrag der höchsten zulässigen Geldstrafe in Deutschland erreicht, dürfte man kaum noch von einer Strafe im weiteren Sinn ausgehen. Vielmehr wird hier eine erhebliche sozial-ethische Missbilligung ausgedrückt, zumal die Höhe des Strafgelds nicht von weiteren Faktoren, wie insbesondere der Gewinnabschöpfung abhängt.

Zudem trifft der Verordnungsgeber nur in Art. 3 der VO 2532/98 eine besondere Regelung für eine Sanktionsart, und zwar für das Strafgeld. Dort ist vorgesehen, dass die EZB oder eine nationale Zentralbank, wenn sie ein Übertretungsverfahren einzuleiten beabsichtigt, das Unternehmen hierüber zu informieren hat. Art. 3 Abs. 1 Unterabs. 2 der VO 2532/98 bestimmt, dass die Entscheidung gegebenenfalls die Einstellung der zur Last gelegten Übertretung verfügt und das Unternehmen darüber unterrichtet, „dass in regelmäßigen Abständen zu zahlende Strafgelder verhängt werden können". Es besteht somit nur in Bezug auf das Strafgeld eine erhöhte Informationspflicht. Der größere Schutz des Betroffenen vor der Sanktion deutet ebenso darauf hin, dass die Rechtsnatur der einer Kriminalstrafe entspricht.[968]

Insgesamt sprechen mehrere Aspekte dafür, das Strafgeld als Kriminalstrafe anzusehen.[969] Dann hätte die EG ihre Kompetenzen überschritten.[970] Dabei ist auch der Verstoß gegen den Wortlaut der Ermächtigungsgrundlage des Art. 110 Abs. 3 EGV zu beachten; dieser gestattet die Verhängung von „Geldbußen" oder „Zwangsgel-

[967] Vgl. Begründung zum Gesetzentwurf, BT-Drucks. 14/8998, S. 11.

[968] Vgl. Tiedemann, FS-Jescheck, S. 1415: „ Nicht vom Unrecht ist auf die Rechtsfolge, sondern von der Sanktion ist auf die Bewertung des Unrechts und der Schuld durch den Gesetzgeber zu schließen." Zur Sanktion gehört dabei auch deren Einbettung in Prinzipien, welche die Umsetzung regeln.

[969] Zumal ihr keine Abschöpfungsfunktion zukommt. Satzger (S. 61 f.) hält die Bezeichnung als „Strafgeld" lediglich für eine redaktionelle bzw. übersetzungstechnische Ungenauigkeit; eigentlich sei „Zwangsgeld" gemeint. Er führt dafür die in anderen Staaten übereinstimmende Übersetzung dieser Begriffe an.

[970] Böse (S. 106) hingegen spricht der Gemeinschaft im Rahmen der Regelung bestimmter Sachbereiche eine Kriminalstrafkompetenz zu. Bleckmann (FS-Stree/Wessels, S. 111) gesteht der EG über die Anweisungskompetenz auch eine Rechtssetzungskompetenz für das materielle Europäische Gemeinschaftsrecht zu.

dern". Strafgelder werden hingegen nicht erwähnt.[971] Zu Zwangsgeldern findet sich in den Verordnungen jedoch keine Regelung;[972] in Art. 1 der VO 2532/98 und Art. 34.3 der Satzung der EZB ist von „Strafgeldern" die Rede.[973]

Ohnehin ist an der Regelung bemerkenswert, dass die EZB über die Einleitung eines Übertretungsverfahrens entscheidet,[974] dann eine Sanktion verhängen kann[975] und deren Erlös der EZB selbst zusteht.[976] Dieses Vorgehen begegnet nicht nur angesichts der möglichen massiven Sanktionen rechtsstaatlichen Bedenken. Andererseits hat die EZB den Verhältnismäßigkeitsgrundsatz[977] und die jeweiligen Umstände des Einzelfalles[978] zu beachten. Zudem besteht die Möglichkeit der gerichtlichen Überprüfung vor dem EuGH.[979]

Bei der Geldbuße nach VO 2532/98 hingegen sind keine wesentlichen Unterschiede zu derjenigen aus VO 17/62 erkennbar.[980] Insoweit kann also auf die obigen Ausführungen verwiesen werden.[981]

Da beide Sanktionen unzweifelhaft punitiven Charakter haben, sind zwar die strafrechtlichen Garantien anzuwenden.[982] Insgesamt bleiben in Bezug auf das Strafgeld

---

[971] Dieser Begriff findet sich aber in Art. 34.3 Protokoll ESZB. Die Ursache hierfür ist wohl ein schlichter Übersetzungsfehler; vgl. auch Satzger, S. 62.
[972] Eine eingehende Überprüfung dieser Frage kann in diesem Rahmen nicht erfolgen.
[973] In Art. 7 Abs. 4 der „Empfehlung der Europäischen Zentralbank für eine Verordnung (EG) des Rates über die Erfassung statistischer Daten durch die Europäische Zentralbank", ABl. Nr. C 246 vom 06.08.1998, S. 12, wird hingegen für Strafgelder eine Obergrenze von € 100.000 festgesetzt, während Geldbußen bis € 200.000 verhängt werden können. Auch dies spricht für eine Einordnung des Strafgeldes aus der VO 2532/98 als Kriminalstrafe, da bei dieser Verordnung der Rahmen für die Verhängung von Strafgeldern mehr als dreimal so hoch ist wie der für Geldbußen.
[974] Art. 3 Abs. 1 VO 2532/98.
[975] Art. 3 Abs. 4 VO 2532/98.
[976] Art. 3 Abs. 9 VO 2532/98.
[977] Art. 2 Abs. 2 VO 2532/98.
[978] Art. 2 Abs. 3 VO 2532/98 mit weiteren Beispielen.
[979] Art. 5 VO 2532/98 i.V.m. Art. 230 Abs. 1 EGV n.F.
[980] Die Geldbuße aus VO 2532/98 hat eine (der ehemaligen deutschen Regelung in § 30 OWiG a.F. entsprechende) recht geringe absolute Obergrenze. Da bereits die Sanktion der VO 17/62 trotz ihrer relativen Grenze und der zulässigen massiven Geldbußen keine Kriminalstrafe darstellt, scheidet eine entsprechende Diskussion hier von vornherein aus.
[981] Teil 5 A).

aber kompetenzrechtliche Bedenken bestehen, zumal die EZB ihre endgültige Entscheidung mit Ausnahme vertraulicher Informationen im Amtsblatt der EG veröffentlichen darf.[983] Dies greift als „Prangerstrafe“ erheblich in die Rechte des Betroffenen ein, auch wenn Verbände insoweit weniger schutzbedürftig sind als natürliche Personen.[984]

D) Art. 83 Abs. 1 EAGV

Nach Art. 83 Abs. 1 EAGV kann die Kommission gegen „Personen oder Unternehmen“ verschiedene Sanktionen erlassen, wenn sie ihre Verpflichtungen zur Sicherung des gleichen Zugangs zu den Versorgungsquellen verletzen. Der Unternehmensbegriff wird in Art. 196 S. 1 lit. b) EAGV wie folgt legaldefiniert:

> *„Unternehmen“: jedes Unternehmen oder jede Einrichtung, die ihre Tätigkeit ganz oder teilweise in den Hoheitsgebieten der Mitgliedstaaten auf dem Gebiet ausübt, das in dem entsprechenden Kapitel dieses Vertrags bezeichnet ist; die öffentlich-rechtliche oder privatrechtliche Stellung der Unternehmen spielt dabei keine Rolle.*

Hier wurde ein allerdings nur für den speziellen Sachbereich geltender unabhängiger Unternehmensbegriff[985] entwickelt, der sich dadurch hervorhebt, dass auf typische Kriterien verzichtet wurde. Es muss lediglich eine Tätigkeit ausgeübt werden. Auf die Wirtschaftlichkeit oder Gewerblichkeit scheint es nicht anzukommen, ebenso wenig auf die Rechtsfähigkeit. Danach könnten neben den bereits von Art. 15 VO 17/62 erfassten Verbänden auch die Innengesellschaften des deutschen Rechts sanktioniert werden.

---

982 In der VO 2157/99 sind besonders genannt: ne bis in idem (Erwägungsgrund 7), rechtliches Gehör (Erwägungsgrund 10, Art. 6 Abs. 5) und Verteidigungsrechte (Erwägungsgründe 5, 8, 11).

983 Vgl. Art. 9 Abs. 1 VO 2157/99.

984 Einschränkungen sind hier nur in Bezug auf die Nichtdiskriminierung und die Sicherstellung gleicher Wettbewerbsbedingungen, nicht aber auf die Prangerwirkung vorgesehen.

985 Den europäischen Gemeinschaftsverträgen liegt kein einheitlicher Unternehmensbegriff zu Grunde; Mailänder, Müller-Henneberg/Gemeinschaftskommentar I, EWGV-Art. 85, Rd. 4.

Die Zwangsmaßnahmen werden in Stufen verhängt. Zunächst kommt es zu einer Verwarnung, dann zum Entzug besonderer Vorteile, wie finanzieller Unterstützung oder technischer Hilfe, und dann zur Übertragung der Verwaltung des Unternehmens für maximal vier Monate auf eine von der Kommission und dem entsprechenden Mitgliedsstaat bestellte Person bzw. Personengruppe. Zudem können auch die Ausgangsstoffe oder besondere spaltbare Stoffe vollständig oder teilweise entzogen werden.[986]

E) Art. 14 Abs. 1 FKVO[987]

Nach Art. 14 Abs. 1 FKVO kann die Kommission gegen die in Art. 3 Abs. 1 lit. b FKVO bezeichneten Personen, gegen Unternehmen und Unternehmensvereinigungen Geldbußen festsetzen. Diese Regelung entspricht weitgehend derjenigen in Art. 15 VO 17/62.[988] Lediglich die hier zusätzlich vorgesehene Verantwortlichkeit von natürlichen Personen ist hervorzuheben.

Im Zuge der Verabschiedung der neuen Kartellverfahrensordnung Nr. 1/2003[989] wurde auch ein Vorschlag für eine neue EG-Fusionskontrollverordnung entworfen.[990] Nach der neuen FKVO soll weiterhin ein Gleichlauf der beiden Regelungen sichergestellt sein.[991]

F) Artt. 80, 79, 66, 65, 64, 59, 58, 54 Abs. 6, 50 § 3, 47 Abs. 3 EGKSV

Zu erwähnen sind zudem die Vorschriften der ersten Säule in Artt. 80, 79, 66, 65, 64, 59, 58, 54 Abs. 6, 50 § 3 und 47 Abs. 3 EGKSV, welche nur für die Grundstoff-

---

[986] Vgl. Art. 83 Abs. 1 Satz 2 a) – d) EAGV. Diese Sanktionen werden überwiegend als nichtstrafrechtliche eingeordnet; vgl. Tsolka, S. 37 mwN. Allerdings bestehen hieran insoweit Bedenken, als etwa das Kuratel bei Verbänden ein Pendant zur Freiheitsstrafe bei Menschen darstellt; vgl. Heine, S. 302 f. Andererseits entspricht der Entzug von Betriebsmitteln der Einziehung, welche im deutschen Recht sowohl auf kriminalstrafrechtlicher, als auch auf ordnungswidrigkeitenrechtlicher Ebene über die Einziehung bzw. den Verfall vorgenommen werden.

[987] VO 4064/89, ABl. 1989 Nr. L 395 vom 30.12.1989, S. 1 ff.; sog. Fusionskontroll-Verordnung (FKVO). Zur Geltung des Verhältnismäßigkeitsgrundsatzes vgl. Schwarze, Instrumente, S. 75 ff.

[988] In dieser Verordnung ist das Verfahren neu und teilweise abweichend von der VO 17/62 geregelt; vgl. Ritter-Immenga/EG Wettbewerbsrecht, Vorbemerkungen VO 17, Rd. 4.

[989] ABl. 2003 Nr. L 1 vom 04.01.2003, S. 1 ff.; dazu Teil 5 (B).

[990] ABl. 2003 Nr. C 20 vom 28.01.2003, S. 4 ff.

[991] Vgl. S. 12 des Vorschlages.

industrien Kohle und Stahl galten.[992] Der größte Teil der hierauf basierenden Geldbußen wird wegen Produktionsquotenüberschreitungen festgesetzt und zwar einheitlich auf € 75 pro zuviel erzeugter Tonne Stahl. Da die Geltungsdauer dieses Vertrags gemäß Art. 97 EGKSV aber bereits am 23.07.2002 endete und die Bereiche Kohle und Stahl danach der VO 17/62 unterworfen wurden[993], erübrigt sich eine nähere Betrachtung.

G) Ergebnis

Insbesondere die Regelung des Art. 15 VO 17/62 und die darauf basierenden Entscheidungen von Kommission und Gerichtshof haben in den letzten mehr als vierzig Jahren wesentlich zur dogmatischen Entwicklung eines europäischen Wirtschaftsstrafrechts beigetragen. Der deutsche Gesetzgeber hat hierauf reagiert und die nationale Regelung durch die Neufassung des § 30 OWiG der europäischen stark angenähert. Praxisrelevante Unterschiede bestehen kaum mehr.

Im Rahmen der VO 2532/98 ist besonders auf das zumindest in den Grenzbereich zur Kriminalstrafe einzuordnende „Strafgeld" hinzuweisen, was kompetenzrechtliche Bedenken nach sich zieht.

---

[992] Vgl. näher zum Verhältnis dieser Normen zu Art. 15 VO 17/62 Winkler, S. 18 ff.
[993] Ritter-Immenga/EG Wettbewerbsrecht, Vorbemerkungen VO 17, Rd. 5.

Teil 6. Europarechtliche Vorschriften zur Unternehmensverantwortlichkeit mit mittelbarer Geltung für und gegen Unternehmen

Im vorherigen Teil 5 wurden geltende supranationale Regelungen zur Unternehmensverantwortlichkeit behandelt. In diesem Teil werden nun Regelungen auf Gemeinschaftsebene vorgestellt, welche überwiegend erst zukünftig zu einer europaweiten Harmonisierung der nationalen Regelungen zur Unternehmensverantwortlichkeit führen sollen. Ziel ist die Vermeidung von quasi-straffreien Gebieten. Hierfür sollen parallel die strafgerichtlichen Entscheidungen gegenseitig anerkannt und die gemeinschaftsweite Vollstreckung von Titeln erleichtern werden.[994] Davon bleiben auch juristische Personen nicht ausgenommen.[995]

Die darzustellenden Rechtssätze gelten meist nur mittelbar, da sie ihre Wirkung - abhängig von ihrer jeweiligen Rechtsnatur - erst nach einer Umsetzung durch die Mitgliedstaaten in nationales Recht entfalten.[996] Neben der Darstellung der Haftungs- und Sanktionssysteme wird auch geprüft, inwieweit die aktuelle Regelung der Unternehmensverantwortlichkeit im deutschen Recht den Anforderungen der verschiedenen Rechtssätze genügt. Der Schutz der finanziellen Interessen der EG steht dabei im Vordergrund (sub A). Dessen Regelungen zur Verbandssanktionierung wurden teilweise in andere Sachgebiete übernommen (sub B).

---

[994] Vogel (GA 2003, S. 333) problematisiert das Verhältnis von Strafrechtsharmonisierung und gegenseitiger Anerkennung. Im Zusammenhang mit dem Ziel des dritten Pfeilers – der Gewährung eines Raumes der Freiheit, der Sicherheit und des Rechts – macht Vogel (GA 2003, S. 318; GA 2002, S. 527) klar, dass „Inseln der Straflosigkeit (‚safe heavens')" zu beseitigen sind.

[995] Hinsichtlich Geldstrafen vgl. Ziff. 3.2 des Maßnahmenprogramms zur Umsetzung des Grundsatzes der gegenseitigen Anerkennung gerichtlicher Entscheidungen in Strafsachen, ABl. Nr. C 012 vom 15.01.2001, S. 10. Siehe auch Maßnahme Nr. 18.

[996] Lediglich für das Corpus Juris kommt eine Umsetzung durch unmittelbar geltende Verordnung bzw. (nach der neuen europäischen Verfassung) Europäisches Gesetz in Betracht; auch die VO 2988/95 gilt selbstverständlich unmittelbar.

A) Schutz der finanziellen Interessen der EG

Vergleichbar dem Wettbewerbsrecht für das supranationale Recht kommt den Regelungen zum Schutz der finanziellen Interessen der Gemeinschaft eine Vorreiterrolle zu. In diesem Bereich wird die Durchsetzung des Ziels einer europaweit harmonisierten Sanktionierung mittels verschiedener Rechtsakte bereits seit mehreren Jahren angestrebt. Dabei zeigt das ablehnende Verhalten der von den Mitgliedstaaten kontrollierten Organe, dass die Staaten auf ihre Autonomie - gerade im sensiblen Bereich strafrechtlicher Sanktionierung - nach wie vor großen Wert legen und sie sich einer (vermeintlich) fremdbestimmten Europäisierung durch die Kommission verweigern.[997]

Gleichwohl haben zumindest die Regelungen zur Verantwortlichkeit juristischer Personen mittlerweile eine breite Akzeptanz erfahren, welche sich nicht zuletzt darin äußert, dass die im Bereich des Schutzes der finanziellen Interessen der EG entwickelten Regelungen nunmehr als Textbausteine[998] in eine Vielzahl von einzelnen Regelungsmaterien nahezu unverändert übernommen wurden.[999]

Nachfolgend wird zunächst die dynamische Entwicklung dieses Bereichs zusammengefasst (sub I). Sodann folgt die Darstellung der einzelnen relevanten Maßnahmen, namentlich des Zweiten Protokolls (sub II), der VO 2988/95 (sub III), des Richtlinienvorschlags (sub IV), des Grünbuchs (sub V) und des Corpus Juris (sub VI).

I) Entwicklung des Regelungsbereichs

Der Schutz der finanziellen Interessen der Europäischen Gemeinschaften ist für das Bestehen und Funktionieren der Gemeinschaft von elementarer Bedeutung.[1000] Diese Interessen werden jedoch seit jeher von massiven Betrügereien bedroht,[1001] durch

---

[997] Vertiefend Vogel, GA 2003, S. 320 ff.

[998] Dieser Begriff stammt von Vogel GA 2003, S. 330; ders., GA 2002, S. 528 (in Fn. 49).

[999] Vogel, GA 2003, S. 320.

[1000] Tiedemann, NJW 1990, S. 2226 ff.

[1001] Bereits 1994 belief sich der Schaden durch Betrügereien zum Nachteil des Gemeinschaftshaushaltes auf mehr als € 1 Mrd. (entsprach 1,5 % des Gesamthaushaltes); vgl. „Erläuternder Bericht

welche allein im Jahr 2000 ein Haushaltsschaden von über € 2 Mrd. entstand.[1002] Dabei bestehen zwischen der Verfolgung und Ahndung in den einzelnen Mitgliedstaaten teilweise erhebliche Unterschiede, welche vom international agierenden organisierten Verbrechen ausgenutzt werden.[1003] Um dies zu unterbinden, hat die Gemeinschaft verschiedene Maßnahmen erlassen, deren wesentliche Entwicklungsschritte sogleich beschrieben werden.

Bereits 1976 wurde ein "Entwurf für einen Vertrag zur Änderung der Verträge zur Gründung der Europäischen Gemeinschaften zwecks gemeinsamer Regelung des strafrechtlichen Schutzes der finanziellen Interessen der Gemeinschaften sowie der Ahndung von Zuwiderhandlungen gegen die Vorschriften genannter Verträge"[1004] vorgelegt, später jedoch wieder zurückgezogen.[1005] Erst am 13.11.1991 kam es zu einer Entschließung des Rates und der im Rat vereinigten Vertreter der Regierungen der Mitgliedstaaten über den Schutz der finanziellen Interessen der Gemeinschaften, wonach die Zusammenarbeit zwischen den Mitgliedstaaten verstärkt werden sollte.[1006]

Kurz zuvor im Jahr 1989 war vom EuGH[1007] im sog. griechischen Maisskandal ein grundlegendes Urteil erlassen worden. In diesem Fall hatte ein griechisches Unternehmen Mais von Jugoslawien nach Griechenland eingeführt und von dort nach

---

zum Übereinkommen über den Schutz der finanziellen Interessen der EG" vom 23.06.1997, ABl. 1997, Nr. C 191, S. 1 (nachfolgend: „Erläuternder Bericht zum Übereinkommen"). Siehe auch Prieß/Spitzer, EuZW 1994, S. 297 f.

[1002] Vgl. Jahresbericht 2000 der Kommission „Schutz der finanziellen Interessen der Gemeinschaften und Betrugsbekämpfung" vom 23.05.2001; KOM (2001)255 endgültig/2, S. 84. Siehe auch Spinelli, KritV, S. 141 ff. Dies macht einen Anteil von 1,4 % des gesamten Haushaltes aus. Allerdings werden nach Schätzungen 10 bis 20 % des Haushaltes von Betrügereien betroffen; vgl. Sieber, Corpus Juris, S. 4; ders., Madrid-Symposium, S. 350 f.; Tiedemann, FS-Pfeiffer, S. 104, 107 f. Zum Finanzierungssystem der EG Dannecker, ZStW 108 (1996), S. 577 mwN; Tiedemann, NJW 1990, S. 2226; Magiera, S. 18 ff. mwN.

[1003] Es werden 90 % der Finanzierungsmaßnahmen durch die EU über die nationalen Verwaltungsbehörden abgewickelt. 80 % der hier relevanten Betrügereien begeht das organisierte Verbrechen; vgl. Theato, S. 48.

[1004] KOM (76)418; ABl. Nr. C 222 vom 22.09.1976, S. 2.

[1005] Hierzu auch Hetzer, Europa-Blätter 2002, S. 217.

[1006] ABl. Nr. C 328 vom 17.12.1991, S. 1.

[1007] EuGH 21.09.1989, Rs. 68/88, Slg. 1989, S. 2965. Mit Anmerkungen von Bleckmann, WuR 1999, S. 283 ff.

Belgien wieder ausgeliefert. Um zu verhindern, dass auf den „nicht EG-Mais" eine Agrarabschöpfung erhoben wird, haben griechische Behörden den Mais als griechischen deklariert.[1008] Trotz entsprechender Aufklärung konnte dieser Betrug jedoch nicht hinreichend verfolgt werden, da im griechischen Recht wirksame Vorschriften fehlten. Der Gemeinschaft ist dadurch ein Schaden entstanden, woraufhin die Kommission ein Verfahren wegen Vertragsverletzung gegen Griechenland einleitete. Der EuGH hat in seinem Urteil unmittelbar aus dem primären Gemeinschaftsrecht[1009] die Verpflichtung der Mitgliedstaaten hergeleitet, die Gemeinschaftsrechtsgüter mindestens so zu schützen wie vergleichbare nationale Rechtsgüter (Gleichstellungserfordernis). Dies bedeute, dass gegebenenfalls auch strafrechtliche Sanktionen gegen Verletzungen des Gemeinschaftsrechts einzuführen seien.[1010] Jedenfalls müssten die Sanktionen aber wirksam, verhältnismäßig und abschreckend sein (Mindesttrias). Nach *Tiedemann* bewirkt dies „eine Mindestharmonisierung der nationalen Strafrechtssysteme im Hinblick auf den Schutz von Gemeinschaftsinteressen".[1011]

In der Folge wurde im Vertrag von Maastricht Art. 209a EGV a.F.[1012] eingeführt, welcher die Anforderungen aus dem Urteil des EuGH weitgehend übernahm und festschrieb.

Um die Effektivität des Schutzes zugunsten der EG zu erhöhen,[1013] wurden auf Initiative der Kommission hin[1014] im Jahr 1995 im Wesentlichen zwei Maßnahmen

[1008] Näher dazu Dannecker, Strafrechtsentwicklung, S. 52 ff.
[1009] Namentlich aus dem Grundsatz der Gemeinschaftstreue (Art. 5 EWGV a.F. bzw. Art. 10 EGV n.F.).
[1010] Bleckmann (FS-Stree/Wessels, S. 110 und WuR 1991, S. 285) will diesen Grundsatz nicht nur auf die Verletzung europäischer finanzieller Interessen, sondern auch auf weitere Bereiche (personelle und materielle Mittel durch Beschädigung öffentlicher Sachen der EG oder eine Bestechung europäischer Beamter) ausgedehnt wissen. Er gesteht der EG eine Kompetenz zum Erlass strafrechtlicher Regelungen für das materielle Europäische Gemeinschaftsrecht zu (FS-Stree/Wessels, S. 111).
[1011] Jedenfalls im Besonderen Teil des Strafrechts; Tiedemann, FS-Nishihara, S. 497.
[1012] Vgl. Art. 280 EGV n.F.
[1013] Das bestehende Harmonisierungslevel war ungenügend; so Moor, S. 21.
[1014] Vgl. Pressemitteilung der Kommission vom 15.06.1994 (IP/94/531).

beschlossen. Zum einen hat der Rat die Verordnung Nr. 2988/95[1015] erlassen, welche insbesondere Rahmenregelungen zum Tatbestand der Unregelmäßigkeit und zu den auch gegen juristische Personen zu verhängenden Sanktionen beinhaltet.[1016]

Zum anderen haben die Mitgliedsstaaten am 26.07.1995, nach verschiedenen Vorläufern,[1017] einer Empfehlung des Rates und aufgrund von Artt. K.3 i.V.m. K.1 EUV a.F.[1018] das *Übereinkommen zum Schutz der finanziellen Interessen der Europäischen Gemeinschaften*[1019] unterzeichnet. Dadurch sollte zunächst eine Angleichung der Betrugsstrafbarkeit in den Mitgliedstaaten erreicht werden. Da aber neben betrügerischen Handlungen auch andere Delikte die finanziellen Interessen der EG gefährden, wurde bereits am 27.09.1996 das *Erste Zusatzprotokoll*[1020] unterzeichnet, welches das Übereinkommen auf Korruption und Bestechung erweiterte. Am 29.11.1996 wurde zudem ein *Protokoll* über die Auslegung des Übereinkommens vereinbart.[1021] Danach haben die Mitgliedstaaten am 19.06.1997 zur Erweiterung des Schutzes das *Zweite Zusatzprotokoll*[1022] unterzeichnet, welches auch Regelungen zu den unter den Mitgliedstaaten umstrittensten Bereichen beinhaltete.[1023]

[1015] „Verordnung (EG, Euratom) Nr. 2988/95 des Rates vom 18. Dezember 1995 über den Schutz der finanziellen Interessen der Europaeischen Gemeinschaften" (ABl. 1995, Nr. L 312 vom 23.12.1995, S. 1), nachfolgend „VO 2988/95".

[1016] Die VO 2988/95 stellt eine Rahmenregelung für die einheitliche Verhängung von Sanktionen dar; vgl. Wolffgang/Ulrich, EuR 1998, S. 616 ff.

[1017] Näher vgl. Erläuternder Bericht zum Übereinkommen; Vogel, JZ 1995, S. 331, 332 f.

[1018] Artt. 29, 31 EUV n.F.

[1019] „Übereinkommen aufgrund von Artikel K.3 des Vertrages über die Europäische Union über den Schutz der finanziellen Interessen der Europäischen Gemeinschaften" vom 26.07.1995 (ABl. 1995, Nr. C 316 vom 27.11.1995, S. 49); sog. PIF-Konvention (aus dem französischen: Protection des Intérêts Financiers); nachfolgend „Übereinkommen". Vgl. dazu Dannecker, ZStW 108 (1996), S. 594 ff.; Hefendehl, FS-Lüddersen, S. 411 ff.

[1020] „Protokoll aufgrund von Artikel K.3 des Vertrages über die Europäische Union zum Übereinkommen über den Schutz der finanziellen Interessen der Europäischen Gemeinschaften" vom 27.09.1996 (ABl. 1996, Nr. C 313 vom 23.10.1996, S. 2); nachfolgend „Erstes Protokoll".

[1021] „Protokoll aufgrund von Artikel K.3 des Vertrages über die Europäische Union betreffend die Auslegung des Übereinkommens über den Schutz der finanziellen Interessen der Europäischen Gemeinschaften durch den Gerichtshof der europäischen Gemeinschaften im Wege der Vorabentscheidung" vom 29.11.1996 (ABl. 1997, Nr. C 151 vom 20.05.1997); auf dieses Protokoll wird nicht weiter eingegangen.

[1022] „Zweites Protokoll aufgrund von Artikel K.3 des Vertrages über die Europäische Union zum Übereinkommen über den Schutz der finanziellen Interessen der Europäischen Gemeinschaften" (ABl. 1997, Nr. C 221 vom 19.07.1997, S. 11); nachfolgend „Zweite(s/n) Protokoll".

[1023] Korte, NJW 1998, S. 1464.

Dies war und ist neben der Geldwäsche vor allem die Verantwortlichkeit juristischer Personen.

Diese Harmonisierungsmaßnahmen entstammen mithin der dritten Säule.[1024] Da die dort geregelte Thematik jedoch stark in die einzelstaatliche Souveränität eingreift, sind die Rechte der Kommission und des Parlaments zugunsten des Rates eingeschränkt. Dies hat wiederum zur Folge, dass die Kommission als Hüterin des Gemeinschaftsrechts die Umsetzung der Maßnahmen nicht erzwingen kann,[1025] sondern die Übereinkommen als völkerrechtliche Verträge zum In-Kraft-Treten der Umsetzung durch die Mitgliedstaaten bedürfen. Die Ratifizierung fand aber bei weitem noch nicht in allen Nationen statt.[1026] Folglich wurden auch die strafrechtlichen Lücken nicht beseitigt und die Kommission sah sich gezwungen, die Umsetzung der Regelungen auf einem anderen Weg zu erreichen.[1027]

Sie hat daher am 23.05.2001 einen *Richtlinienvorschlag*[1028] vorgelegt, welcher sich direkt auf Art. 280 Abs. 4 EGV n.F. stützt und somit innerhalb der ersten Säule angesiedelt ist.[1029] Der Vorschlag übernimmt sämtliche Bestimmungen der genannten Übereinkommen und Zusatzprotokolle, soweit sie nicht das Strafprozessrecht bzw. die justizielle Zusammenarbeit betreffen.[1030] Die Wahl der Rechtsform einer Richtlinie[1031] als klassisches Instrument der Rechtsangleichung hat jedoch ebenfalls zur

---

[1024] Umfassend und aktuell zur Harmonisierung des Strafrechts in der Europäischen Union Vogel, GA 2003, S. 314 ff.

[1025] Vgl. hierzu auch Schwarzburg/Hamdorf, NStZ 2002, S. 618.

[1026] Das Übereinkommen und das erste Zusatzprotokoll sind zum 17.10.2002 in Kraft getreten. Nach Schwarzberg/Hamdorf (NStZ 2002, S. 618) wurde das Zweite Protokoll hingegen bis dahin (2002) von fünf Mitgliedstaaten, u.a. Deutschland, noch nicht ratifiziert; vgl. nunmehr Teil 4.

[1027] Vgl. hierzu Gröblinghoff, S. 150 ff.

[1028] „Vorschlag für eine Richtlinie des Europäischen Parlaments und des Rates über den strafrechtlichen Schutz der finanziellen Interessen der Gemeinschaft" vom 23.05.2001; KOM (2001) 272 endgültig; nachfolgend „Richtlinienvorschlag".

[1029] Der neue Art. 280 EGV unterscheidet sich von seinem Vorgänger, Art. 209a EGV, insbesondere dadurch, dass nunmehr die Gemeinschaft und die Mitgliedstaaten gemeinsam für die Betrugsbekämpfung zuständig sind; Vogel, Strafverteidigertag, S. 124 f.; Schoo-Schwarze, Art. 280, Rd. 17.

[1030] Satzger, ZRP 2001, 549 f.

[1031] Zur Verlagerung der Instrumente von der Richtlinie über Übereinkommen hin zum „moderneren" Rahmenbeschluss als Folge der Verlagerung der institutionellen Initiative von der Kommission hin zum Rat und den Mitgliedstaaten; vgl. Vogel, GA 2003, S. 321 f.

Folge, dass kein in den Mitgliedstaaten unmittelbar geltendes Recht geschaffen wird.[1032] Auch hier werden die Mitgliedstaaten zunächst nur verpflichtet, die Richtlinie innerhalb einer Frist[1033] umzusetzen. Der entscheidende Unterschied zwischen einer Richtlinie und Maßnahmen des dritten Pfeilers, also völkerrechtlichen Übereinkommen und Rahmenbeschlüssen[1034], besteht aber darin, dass die fehlende Umsetzung gemäß Art. 228 Abs. 2 EGV n.F. sanktioniert werden kann [1035] bzw. grundsätzlich auch automatische Geltung eintreten könnte.[1036] Gleichwohl müsste die Richtlinie im vorliegenden Fall vom Rat verabschiedet werden,[1037] der den Kommissionsvorschlag seither jedoch noch nicht behandelt hat.[1038] Art. 280 Abs. 4 EGV n.F. schafft zwar eine hinreichende Rechtsgrundlage für die Harmonisierung nationalen Kriminalstrafrechts[1039] und die eigenständige Verhängung von Verwaltungssanktionen. Allerdings ist unklar, ob die Gemeinschaft auch eigene Kriminalstraftatbestände zum Schutz der finanziellen Interessen schaffen darf.[1040]

Weiter hat die Kommission am 11.12.2001 ein entsprechendes *Grünbuch*[1041] vorgelegt. Ziel dieses Grünbuchs ist es, eine vertiefende Debatte insbesondere über die genauen Modalitäten der Schaffung einer europäischen Staatsanwaltschaft anzuregen. Dabei werden aber auch materielle Fragen zur Unternehmensverantwortlich-

---

1032 Hierfür eignet sich die Verordnung. Kritisch zur vermeintlich schonenderen Wirkung einer Richtlinie auf die nationalen Rechtssysteme - unter Verweis auf das Verhältnismäßigkeitsprinzip - Schwarzburg/Hamdorf, NStZ 2002, S. 621 ff.

1033 Die im Vorschlag genannte Frist lief aber bereits am 31.12.2001 ab.

1034 Diese werden mittlerweile zur Strafrechtsharmonisierung fast ausschließlich verwendet; Vogel, GA 2003, S. 321 f.

1035 Satzger, ZRP 2001, 549 f.

1036 An sich kommt bei einer Richtlinie mit „self-executing-Charakter" (vgl. hierzu Oppermann, S. 212) auch eine automatische Umsetzung in Betracht. Dies wird aber jedenfalls für den Bereich des Kriminalstrafrechts abgelehnt, da insoweit keine Hoheitsrechte übertragen wurden; vgl. Dannecker, Strafrechtsentwicklung, S. 61f. und Bleckmann, Rd. 433. Unklar ist, ob dies auch im Falle einer Geldbuße gilt.

1037 Siehe Art. 280 Abs. 4 EGV n.F.

1038 Vogel, GA 2003, S. 321 (in Fn. 29).

1039 Dagegen Satzger (ZRP 2001, 549, 552), der das nationale Kriminalstrafrecht generell vom Anwendungsbereich des Art. 280 Abs. 4 EGV n.F. ausgenommen sieht und aufgrund des Einflusses der Richtlinie auf eben dieses nationale Strafrecht das Vorgehen der Kommission klar ablehnt.

1040 Schoo-Schwarze, Art. 280, Rd. 22 ff. mwN. Dafür: Wolffgang/Ulrich, EuR 1998, S. 643 f.

1041 Grünbuch zum Schutz der finanziellen Interessen der Europäischen Gemeinschaften und zur Schaffung einer Europäischen Staatsanwaltschaft; KOM (2001) 715 endgültig; nachfolgend „Grünbuch".

keit aufgeworfen. Dieses Vorgehen entspricht insgesamt dem *Aktionsplan 2001-2003*[1042] der Kommission. Allerdings wird das Grünbuch in den Mitgliedstaaten insgesamt abgelehnt, weshalb die Kommission eine Durchsetzung über den Europäischen Konvent anstrebt.[1043]

Daneben hat ein weiteres Projekt den vorgenannten bereichsspezifischen Harmonisierungsbestrebungen bereits 1998 Rechnung getragen, namentlich der Entwurf des *Corpus Juris.*[1044] Dabei handelt es sich um eine Studie im Auftrag des Europäischen Parlaments, an der das Europäische Parlament, die Europäische Kommission, die Vereinigung für Europäisches Strafrecht sowie eine Arbeitsgruppe europäischer Strafrechtswissenschaftler mitgewirkt haben.[1045] Ziel des Corpus Juris ist ebenfalls die Verbesserung der Strafverfolgung zum Schutz der europäischen Finanzinteressen.[1046] Im Jahre 2000 wurde eine überarbeitete zweite Fassung („Fassung von Florenz") des Corpus Juris vorgelegt.

II) Zweites Protokoll[1047]

Das Zweite Protokoll ist in Form eines Gesetzes mit 19 Artikeln gestaltet. Es ist - wie auch das zu Grunde liegende Übereinkommen - ein zwischenstaatliches Abkommen, welches seine Rechtsgrundlage in Artt. K.3 i.V.m. K.1 EUV a.F. findet. In Art. 16 Zweites Protokoll ist festgelegt, dass es der Annahme durch die Mitgliedstaaten nach Maßgabe ihrer jeweiligen verfassungsrechtlichen Vorschriften bedarf. Der Abschluss des jeweiligen Verfahrens ist dem Rat mitzuteilen. 90 Tage nach der letzten Mitteilung tritt das Protokoll vorbehaltlich der Wirksamkeit des Übereinkommens in Kraft. Tatsächlich haben noch nicht alle Mitgliedstaaten das Übereinkommen bzw. die Protokolle ratifiziert und werden dies teilweise auch nicht in ab-

---

[1042] Vgl. Mitteilung der Kommission, Schutz der finanziellen Interessen der Gemeinschaften, Betrugsbekämpfung, Aktionsplan 2001–2003; KOM (2001) 254 endgültig; S. 17 ff.
[1043] Näher hierzu Vogel, GA 2002, S. 533 (in Fn. 77) mwN.
[1044] Der Titel sollte ursprünglich in Latein wie folgt lauten: „Corpus iuris ad defendendas utilitates oeconomicas unionis europaae"; siehe Spinellis, KritV 1999, S. 147 (in Fn. 16).
[1045] Näher Hassemer, KritV 1999, S. 136.
[1046] Sieber, Corpus Juris, S. 6.
[1047] „Zweites Protokoll aufgrund von Artikel K.3 des Vertrages über die Europäische Union zum Übereinkommen über den Schutz der finanziellen Interessen der Europäischen Gemeinschaften" (ABl. 1997, Nr. C 221 vom 19.07.1997, S. 11); nachfolgend „Zweite(s/n) Protokoll(s)".

sehbarer Zeit nachholen. Deutschland hat am 24.11.1998 das Übereinkommen und das erste Protokoll ratifiziert.[1048] Zum nunmehr umgesetzten Zweiten Protokoll siehe Teil 4.

Nachfolgend wird die Verbandshaftung[1049] (sub 1) und sodann die Verbandssanktionierung (sub 2) erörtert. Dabei werden die Regelungen zunächst autonom besprochen und anschließend mit denen des deutschen nationalen Rechts verglichen. Auf diese Weise kann festgestellt werden, ob die Änderungen durch das Ausführungsgesetz zum Zweiten Protokoll den Anforderungen genügen.[1050]

1) Verbandshaftung

Art. 3 Zweites Protokoll lautet wie folgt:

(1) Jeder Mitgliedstaat trifft die erforderlichen Maßnahmen, um sicherzustellen, dass eine juristische Person für den Betrug[1051]*, die Bestechung und die Geldwäsche, die zu ihren Gunsten von einer Person begangen werden, die entweder allein oder als Teil eines Organs der juristischen Person gehandelt hat und die eine Führungsposition innerhalb der juristischen Person aufgrund*

- der Befugnis zur Vertretung der juristischen Person oder

- der Befugnis, Entscheidungen im Namen der juristischen Person zu treffen, oder

- einer Kontrollbefugnis innerhalb der juristischen Person

innehat, sowie für die Beihilfe oder Anstiftung zu einem solchen Betrug, einer solchen Bestechung oder einer solchen Geldwäsche oder

---

[1048] Stand: 17.05.2001; vgl. Jahresbericht 2000 der Kommission „Schutz der finanziellen Interessen der Gemeinschaften und Betrugsbekämpfung" vom 23.05.2001; KOM (2001)255 endg./2, S. 78 f.

[1049] Die Trennung in Subjekt (Normadressat), Handlungsfähigkeit, Rechtswidrigkeit und Schuldfähigkeit ist sowohl innerhalb der Mitgliedstaaten, als auch im Rahmen einer europäischen Strafrechtsdogmatik anerkannt. Dieser Aufbau kann also ohne weitere Begründung verwendet werden; vgl. die Darstellung bei Hamann, S. 155 ff.; Dannecker-Immenga/EG Wettbewerbsrecht, Kommentierung zu Art. 15 VO 17, Rd. 120 f.; ders., FS-Hisch, S. 147 ff.; ders., Freiburg-Symposium, S. 147. Eingehend zur Straftatlehre in Frankreich und im Common Law Vogel, GA 1998, S. 127 ff.

[1050] Nicht näher dargestellt wird hingegen, welche materiellen Verstöße im einzelnen geahndet werden, also was Gegenstand der einzelnen Delikte ist.

[1051] Anm.: Im Sinne des Übereinkommen zum Schutz der finanziellen Interessen der EG.

für die versuchte Begehung eines solchen Betrugs verantwortlich gemacht werden kann.

(2) *Neben den in Absatz 1 bereits vorgesehenen Fällen trifft jeder Mitgliedstaat die erforderlichen Maßnahmen, um sicherzustellen, dass eine juristische Person verantwortlich gemacht werden kann, wenn mangelnde Überwachung oder Kontrolle seitens einer der in Absatz 1 genannten Personen die Begehung eines Betrugs, einer Bestechungshandlung oder einer Geldwäschehandlung durch eine dieser unterstellten Personen zugunsten der juristischen Person ermöglicht hat.*

(3) *Die Verantwortlichkeit der juristischen Person nach den Absätzen 1 und 2 schließt die strafrechtliche Verfolgung natürlicher Personen als Täter, Anstifter oder Gehilfen in dem Betrugs-, Bestechungs- oder Geldwäschefall nicht aus.*

a) Autonome Bewertung

aa) Normadressaten

Normadressaten sind nach dem Wortlaut nur juristische Personen.[1052] Eine juristische Person ist nach der Definition in Art. 1 lit. d) Zweites Protokoll „jedes Rechtssubjekt, das diesen Status nach dem jeweils geltenden innerstaatlichen Recht besitzt, mit Ausnahme von Staaten oder sonstigen Körperschaften des öffentlichen Rechts in der Ausübung ihrer hoheitlichen Rechte und der öffentlich-rechtlichen internationalen Organisationen". Unter innerstaatlichem Recht ist dabei das nationale Recht desjenigen Mitgliedstaates zu verstehen, der Maßnahmen gegen eine juristische Person gemäß dem Zweiten Protokoll ergreift.[1053] Entscheidend ist also die

[1052] Diese Auslegungsmethode ist zuerst anzuwenden; vgl. Oppermann, S. 254.
[1053] Vgl. „Erläuternder Bericht zu dem Zweiten Protokoll zum Übereinkommen über den Schutz der finanziellen Interessen der Europäischen Gemeinschaften" vom 12.03.1999, ABl. 1999, Nr. C 91, S. 8 ff., nachfolgend: „Erläuternde(r/n) Bericht(s) zum Zweiten Protokoll".

Fähigkeit, nach dem jeweiligen nationalen Recht ein Rechtssubjekt zu sein.[1054] Dies ist, wer Träger eines subjektiven Rechtes und damit rechtsfähig sein kann.[1055]

Aus deutscher Sicht fallen im Ergebnis neben juristischen Personen die rechtsfähigen Personengesellschaften,[1056] also insbesondere die GbR in Form der Außengesellschaft und die Partnerschaftsgesellschaft, sowie der rechtsfähige und der nichtrechtsfähige[1057] Verein unter den Normadressatenkreis des Zweiten Protokolls. Die Vorgesellschaft wird ebenfalls erfasst, da sie einer juristischen Person weitgehend gleichgestellt ist.[1058] Dasselbe gilt für die faktische Gesellschaft, welche einen vollgültigen Verband darstellt.[1059] Der Einzelkaufmann kann zwar nicht als juristische, dafür aber als natürliche Person belangt werden, da die strafrechtliche Verantwortlichkeit einer natürlichen neben der einer juristischen Person nicht ausgeschlossen ist. Dabei ist der Wert des Unternehmens des Einzelkaufmanns bei der Bemessung der Sanktionshöhe zu berücksichtigen.[1060] Dagegen ist die Innengesellschaft[1061] nicht sanktionierbar, was zu einer Sanktionslücke führt.[1062]

bb) Handlungsfähigkeit

Eine eigene Handlungsfähigkeit ist anzuerkennen, da bereits in der Definition des Begriffs „juristische Person" in Art. 1 Zweites Protokoll gerade darauf abgestellt wird, dass diese eigene Rechte besitzt. Daraus folgt die Anerkennung einer rechtlichen Handlungsfähigkeit.[1063] Da aber nur eine natürliche Person tatsächlich handeln

[1054] Hingegen scheidet aufgrund der Autonomie des völkerrechtlichen Vertrages eine Wortlautauslegung aus, nach der nur juristische Personen des nationalen Rechts erfasst werden. Hierauf wurde bereits in anderem Zusammenhang hingewiesen (vgl. etwa Teil 5).

[1055] Vgl. Schmidt, Gesellschaftsrecht, S. 189 ff.; Creifelds, S. 1079.

[1056] Näher hierzu Teil 4 passim.

[1057] Der nichtrechtsfähige Verein wurde dem rechtsfähigen in der praktischen Rechtsanwendung normativ angenähert; Mitsch, S. 119 mwN. Die Bezeichnung schließt lediglich die Einordnung als juristische Person aus, nicht hingegen die Fähigkeit, Träger von Rechten und Pflichten zu sein. Auch der nichtrechtsfähige Verein ist (wenn auch nur teilweise) rechtsfähig; eingehend Schmidt, Gesellschaftsrecht, S. 736 ff.

[1058] Insbesondere hinsichtlich der Rechtsfähigkeit; vgl. Schmidt, Gesellschaftsrecht, S. 1017 f. Siehe auch Schmidt, Wistra 1990, S. 134.

[1059] Schmidt, Wistra 1990, S. 134.

[1060] Jedenfalls soweit die nationalen Rechtsordnungen diesen Aspekt berücksichtigen.

[1061] Die Innengesellschaft ist nichtrechtsfähig; vgl. etwa Schmidt, Gesellschaftsrecht, S. 1290.

[1062] Vgl. hierzu Teil 4 (B, I, 4, d, bb).

[1063] Vgl. oben Teil 3 (A, I, 1) und Hamann, S. 160 ff.

kann, ist deren Verhalten der juristischen Person zuzurechnen.[1064] Dies ergibt sich auch aus dem Wortlaut in Art. 3 Abs. 1 Zweites Protokoll, wonach eine Person für die juristische Person „gehandelt" haben muss.

cc) Schuldfähigkeit

Art. 3 Zweites Protokoll geht von einer eigenen Schuldfähigkeit der juristischen Person aus.[1065] Diese wird in Absatz 1 dogmatisch im Wege der Zurechnung eines Leitungsverschuldens der Führungsperson begründet. Im Anwendungsbereich von Absatz 2 hingegen wird ein Aufsichtsverschulden als Unterfall des Leitungsverschuldens konstruiert.[1066]

dd) Täterkreis

Der Kreis der Personen, deren Handeln und Verschulden zugerechnet wird, ist in Art. 3 Abs. 1 Zweites Protokoll festgeschrieben. Der Täter muss in der juristischen Person eine Führungsposition aufgrund einer bestimmten Befugnis innehaben. Es werden insoweit drei Bereiche benannt, welche „alle" in nationales Recht zu überführen sind.[1067]

In Var. 1 wird auf die *Vertretungsbefugnis* Bezug genommen. Dieses Kriterium ist am eindeutigsten zu bestimmen, da es sich hierbei in der Regel um eine formale Rechtsstellung handelt,[1068] welche meist unproblematisch nachgeprüft werden kann. Im deutschen Recht fallen insbesondere Vorstände, Geschäftsführer sowie vertretungsberechtigte Gesellschafter hierunter.[1069]

[1064] Hierfür sprechen auch die Ausführungen im Erläuternden Bericht zum Zweiten Protokoll, S. 10; Hamann, S. 160 ff.

[1065] Dies ergibt sich insbesondere aus der Formulierung im Erläuternden Bericht zum Zweiten Protokoll, S. 10 („*... wird eine Beziehung zwischen dem physischen Täter und der für die Straftat verantwortlich zu machenden juristischen Person hergestellt.*").

[1066] Vogel, GA 2003, S. 330 f.

[1067] Vgl. Erläuternder Bericht zum Zweiten Protokoll, S. 11.

[1068] Erläuternder Bericht zum Zweiten Protokoll, S. 10.

[1069] Näher dazu Teil 4. Dort wird auch das Publizitätsproblem bei GbR-Gesellschaftern angesprochen.

Var. 2 stellt auf die *Entscheidungsbefugnis* ab, welche eine mittlere Intensitätsstufe zwischen der formalen Var. 1 und der eher sachbezogenen Var. 3 vorsieht.[1070] Die Besonderheit dieses Elements liegt darin, dass zugleich auf das Innen- und das Außenverhältnis abgestellt wird. Im Gegensatz zur Vertretungsbefugnis muss die Person für die Entscheidungsbefugnis keine wirksamen rechtlichen Beziehungen (also etwa Verträge etc.) abschließen können. Damit wird primär eine Rechtsmacht aus dem Innenverhältnis beschrieben, obschon die Wendung *„...im Namen der juristische Person..."* eher auf die Relevanz des Außenverhältnisses hindeutet. Ein Beispielsfall für Var. 2 ist der Mehrheitsgesellschafter einer GmbH[1071] oder einer anderen juristischen Person.

Var. 3 verlangt eine *Kontrollbefugnis*. Kontrolle ist dabei so zu verstehen, dass der eigentliche Täter aufgrund der Befugnis zur Beaufsichtigung eines zentralen Teils ihrer Verwaltung[1072] eine Führungsposition innerhalb der juristischen Person innehat. Diese Befugnis kann sich insbesondere aus der Verantwortung für die interne Finanzkontrolle und die Rechnungsprüfung oder aus der Mitgliedschaft in einem Kontroll- bzw. Aufsichtsgremium ergeben,[1073] soweit dies einer Führungsposition entspricht, welche die Möglichkeit zur Einflussnahme auf die Verwaltung der juristischen Person beinhaltet. Damit fallen etwa externe Rechnungsprüfer, beispielsweise Personen von Wirtschaftsprüfungsgesellschaften, nicht unter Art. 3 Abs. 1 Zweites Protokoll.[1074] Hingegen kommen der Insolvenzverwalter und der eine KG faktisch leitende Kommanditist als Täter in Frage.[1075] Abgestellt wird hier also nur

[1070] Bezeichnungen nach dem Erläuternden Bericht zum Zweiten Protokoll, S. 10.
[1071] Vogel (ZRP 2002, S. 10) für die insoweit entsprechende Regelung im Rahmenbeschluss des Rates vom 29.05.2000 über die Verstärkung des mit strafrechtlichen und anderen Sanktionen bewehrten Schutzes gegen Geldfälschung im Hinblick auf die Einführung des Euro; ABl. Nr. L 140 vom 14.06.2000, S. 1.
[1072] So wird die Darstellung im Erläuternden Bericht zum Zweiten Protokoll (S. 11) zu verstehen sein.
[1073] Etwa Aufsichtsratsmitglied einer AG; so Vogel (ZRP 2002, S. 10) für die insoweit entsprechende Regelung im Rahmenbeschluss des Rates vom 29.05.2000 über die Verstärkung des mit strafrechtlichen und anderen Sanktionen bewehrten Schutzes gegen Geldfälschung im Hinblick auf die Einführung des Euro; ABl. Nr. L 140 vom 14.06.2000, S. 1.
[1074] Erläuternder Bericht zum Zweiten Protokoll, S. 11.
[1075] Vgl. zu diesen Personen im (alten) deutschen Recht Schmidt, Wistra 1990, S. 136 f.

auf das Innenverhältnis der juristischen Person. Die Befugnis der Variante 3 stellt ein sachliches Kriterium dar, welches in der Vertretungs- und Entscheidungsbefugnis beinhaltet ist. Damit bildet Variante 3 einen Auffangtatbestand. Da die Regelung über die Abstufungen der verschiedenen Varianten konkretisiert werden kann, bestehen hinsichtlich des Bestimmtheitsgebotes keine Bedenken.[1076]

ee) Zurechnungskriterien

Die Tat muss zugunsten der juristischen Person begangen worden sein.[1077] Der eventuelle Vorteil „kann unmittelbar finanzieller Art (z. B. durch Erlangen der Erträge aus dem EG-Betrug) oder anderer Art sein (z. B. durch den Eingang von Aufträgen aufgrund der Bestechung eines Beamten)".[1078] Es muss also eine gewisse Nutznießerschaft des Verbandes bestehen. Hingegen kommt es auf die Verletzung einer verbandsbezogenen Pflicht nicht an. Die Ausgestaltung der Verbindung zwischen Täterhandlung und zu sanktionierendem Verband ist uneindeutig gehalten. Die Handlungen des rein egoistisch motivierten Täters werden nach dem Wortlaut gleichwohl ausgeschlossen.[1079]

ff) Bezugstat – Erweiterung des Täterkreises

Art. 3 Abs. 2 Zweites Protokoll erfasst die Fälle, in denen eine in Abs. 1 genannte Straftat von einer dem Führungspersonal „unterstellten Person" begangen wird. Strafgrund ist hier die mangelnde Überwachung oder Kontrolle durch die Leitungsperson, wodurch die Begehung der Straftat ermöglicht wurde.[1080] Wichtigste Bezugstat für Art. 3 Abs. 2 Zweites Protokoll dürfte Art. 3 des Übereinkommens sein. Dort werden die Mitgliedstaaten zur Durchführung der erforderlichen Maßnahmen verpflichtet, „damit die Leiter, Entscheidungsträger oder Träger von Kontrollbefug-

---

[1076] Dabei kommt zunächst streng genommen nur eine Überprüfung an einem völkerrechtlich entwickelten Bestimmtheitsgrundsatz in Betracht. Nach der Umsetzung der Regelung in das nationale Recht der Mitgliedstaaten wäre diese neue Normierung anhand des jeweiligen nationalen Bestimmtheitsgrundsatzes zu überprüfen.

[1077] Vgl. Art. 3 Abs. 1 und 2 des Zweiten Protokolls; siehe auch Erläuternder Bericht zum Zweiten Protokoll, S. 10.

[1078] Erläuternder Bericht zum Zweiten Protokoll, S. 10.

[1079] Müller (S. 76 f.) hält dieses Kriterium ohnehin für entbehrlich; sehr kritisch dazu auch Schünemann, Unternehmenskriminalität, S. 164.

[1080] Vgl. Erläuternder Bericht zum Zweiten Protokoll, S. 11.

nissen von Unternehmen bei betrügerischen Handlungen zum Nachteil der finanziellen Interessen der Europäischen Gemeinschaften gemäß Artikel 1 [*Anm.: des Übereinkommens*], die eine ihnen unterstellte Person zum Vorteil des Unternehmens begeht, nach den Grundsätzen des innerstaatlichen Rechts des Mitgliedstaats für strafrechtlich verantwortlich erklärt werden können".

gg) Zwischenergebnis

Insgesamt sieht das Zweite Protokoll eine umfassende Haftung von Verbänden vor. Bezüglich der Normadressaten wird auf die Rechtsfähigkeit der delinquenten Kollektive abgestellt. Dieses Modell wird praktisch dadurch unterstützt, dass immer mehr Gesellschaften die Rechtsfähigkeit zugestanden wird. Zudem kommen als relevante Täter letztlich alle Mitarbeiter in Betracht, wenn auch nur im Wege einer besonderen Bezugstat.

b) Vergleich mit der deutschen nationalen Regelung

aa) Normadressaten

Die Fokussierung auf die Rechtsfähigkeit im neuen nationalen deutschen Recht führt letztlich zum selben Kreis wie im Zweiten Protokoll. Die GbR in Form der Außengesellschaft wird ebenso wie die Partnergesellschaft erfasst. Ausgeschlossen bleiben hingegen auch hier die Innengesellschaft und das Unternehmen des Einzelkaufmanns. Auf mögliche Sanktionslücken kommt es daher nicht an. Die deutsche Regelung genügt der Vorgabe insoweit also vollumfänglich.[1081]

bb) Handlungsfähigkeit

Im Gegensatz zum deutschen Recht wird der juristischen Person nicht ein vollständiges Delikt zugerechnet, sondern nur die Handlung des (natürlichen) Täters. Dies wirkt sich jedoch auf die Umsetzungsverpflichtung nicht aus, da die dogmatische Konstruktion von der dem nationalen Gesetzgeber überlassenen Durchführungsfreiheit gedeckt ist.

[1081] So auch Achenbach (Wistra 2002, S. 445), nach dessen Ansicht die neue deutsche Regelung sogar über die EU-Vorgabe hinausgeht, was bei der Auslegung der Normen zu berücksichtigen ist.

cc) Schuldfähigkeit

Nach der deutschen Rechtslage wird dem Verband die fremde Schuld der natürlichen Täter als eigene zugerechnet. Im Rahmen des Zweiten Protokolls hingegen besteht ein eigenes Leitungsverschulden. Dieser Unterschied ist jedoch für die hinreichende Umsetzung ebenfalls nicht relevant.

dd) Täterkreis

Die Einführung des § 30 Abs. 1 Nr. 5 OWiG n.F. bedeutet eine wesentliche Erweiterung der Sanktionierungsmöglichkeiten. Da innerhalb von Art. 3 Abs. 1 Zweites Protokoll die Anforderungen bei den Varianten 1 bis 3 stetig entformalisiert und zugleich leichter zu erfüllen sind, genügt das deutsche Recht der Vorgabe, wenn jedenfalls die Variante 3 hinreichend umgesetzt ist.[1082] Da im deutschen Recht und im Zweiten Protokoll auf die Ausübung von Kontrollbefugnis aufgrund einer Leitungs- bzw. Führungsposition abgestellt wird, was sich entspricht, ist die Vorgabe vollständig umgesetzt worden.[1083]

Die neuen gesetzgeberischen Schritte in Deutschland waren notwendig, da die alte Rechtslage eine Sanktionierung der Verbände für Handlungen rein sachlich-faktischer Leitungspersonen nicht gestattete. Auf die zu erwartenden Beweisschwierigkeiten in der Praxis wurde bereits hingewiesen.[1084]

ee) Zurechnungskriterien

Nach deutschem Recht muss der Täter zunächst Angelegenheiten des Verbandes wahrgenommen haben („als“), um jedenfalls rein egoistisches Handeln des Täters auszuschließen. Weiter muss eine betriebsbezogene Pflicht verletzt werden[1085] oder das Unternehmen bereichert worden sein oder zumindest eine entsprechende Ab-

---

[1082] Der Erläuternde Bericht zum Zweiten Protokoll (S. 11) ist nicht so zu verstehen, dass eine Pflicht zur Umsetzung genau der drei vorgegebenen Tätergruppen besteht. Die genannten Varianten müssen nur im Ergebnis sanktioniert werden können, was das neue deutsche Recht gewährleistet.

[1083] Ebenso Achenbach, Wistra 2002, S. 443.

[1084] Teil 4 (B, I, 4, e, cc).

[1085] Dieses Kriterium wird teilweise abgelehnt; vgl. Müller, S. 73 f.

sicht bestanden haben.[1086] Letztlich wird also die Nutznießerschaft des Unternehmens als entscheidendes Kriterium betrachtet. Art. 3 Zweites Protokoll verlangt ebenfalls, dass die Tat zu Gunsten der juristischen Person begangen wird. Dabei genügt ein Vorteil „anderer Art“[1087], der sich letztlich zumindest auch in einem mittelbaren finanziellen Vorteil niederschlägt und so zu einer Bereicherung führen kann. Da auch in Art. 3 Zweites Protokoll rein egoistisches Handeln ausgeschlossen ist, bestehen hinsichtlich der Verbindung zwischen Täterhandlung und zu sanktionierendem Verband ebenfalls keine relevanten Unterschiede.

ff) Bezugstat – Erweiterung des Täterkreises

Die Regelung des § 130 OWiG n.F. entspricht als Bezugstat grundsätzlich der des Art. 3 Abs. 2 Zweites Protokoll. Inhaltlich besteht jedoch ein erheblicher Unterschied insoweit, als selbst nach den neuen §§ 9 i.V.m. 130 OWiG eine Aufsichtspflichtverletzung von einer vertretungsberechtigten Person begangen werden muss. Eine Person i.S.d. § 30 Abs. 1 Nr. 4 bzw. 5 OWiG n.F. genügt nicht. Art. 3 Abs. 2 Zweites Protokoll hingegen verweist auf seinen Abs. 1 und damit auch auf Leitungspersonen mit reiner Kontrollbefugnis. Diese gesteigerten Anforderungen erfüllt das deutsche Recht nicht. Hierdurch entsteht eine erhebliche Einbuße bei der Schlagkraft der Sanktionierung, weshalb der deutsche Gesetzgeber an dieser Stelle noch nachbessern sollte.[1088]

gg) Zwischenergebnis

Der deutsche Gesetzgeber ist seiner Umsetzungspflicht aus dem Zweiten Protokoll in Bezug auf die Verbandshaftung weitgehend nachgekommen. Zu bemängeln bleibt jedoch, dass der Kreis der Personen, welche ihre Aufsichtspflicht sanktionsrelevant verletzen können, nicht vollständig übertragen wurde. Dies sollte der Gesetz-

---

[1086] Wobei jede Erhöhung des wirtschaftlichen Wertes des Vermögens ausreicht.

[1087] Erläuternder Bericht zum Zweiten Protokoll, S. 10.

[1088] So auch Vogel (ZRP 2002, S. 10) im Rahmen seiner Ausführungen zum insoweit entsprechenden Rahmenbeschluss des Rates vom 29.05.2000 über die Verstärkung des mit strafrechtlichen und anderen Sanktionen bewehrten Schutzes gegen Geldfälschung im Hinblick auf die Einführung des Euro; ABl. Nr. L 140 vom 14.06.2000, S. 1. Hingegen hält Korte (NJW 1998, S. 1464 f.) insoweit die §§ 9, 30, 130 OWiG für ausreichend; dabei geht er allerdings auf die Verweisung hinsichtlich des Personenkreises von Art. 3 Abs. 2 auf Abs. 1 nicht näher ein.

geber durch das schlichte Anhängen der Regelungen aus § 30 Abs. 1 Nr. 4 und 5 OWiG n.F. an § 9 Abs. 1 OWiG n.F. (und zugleich § 14 StGB) nachholen.

2) Verbandssanktionen

Art. 4 Zweites Protokoll lautet:

(1) Jeder Mitgliedstaat trifft die erforderlichen Maßnahmen, um sicherzustellen, dass gegen eine im Sinne des Artikels 3 Absatz 1 verantwortliche juristische Person wirksame, angemessene und abschreckende Sanktionen verhängt werden können, zu denen strafrechtliche oder nichtstrafrechtliche Geldsanktionen gehören und andere Sanktionen gehören können, beispielsweise:

a) Maßnahmen des Ausschlusses von öffentlichen Zuwendungen oder Hilfen;

b) Maßnahmen des vorübergehenden oder ständigen Verbots der Ausübung einer Handelstätigkeit;

c) richterliche Aufsicht;

d) richterlich angeordnete Auflösung.

(2) Jeder Mitgliedstaat trifft die erforderlichen Maßnahmen, um sicherzustellen, dass gegen eine im Sinne des Artikels 3 Absatz 2 verantwortliche juristische Person wirksame, angemessene und abschreckende Sanktionen oder Maßnahmen verhängt werden können.

a) Geldbuße

aa) Autonome Bewertung

aaa) Sanktionsadressaten

Der Kreis der Sanktionsadressaten ist mit demjenigen der Normadressaten identisch.

bbb) Rechtsnatur der Sanktionen

In der vorliegenden Fassung sind als Rechtsfolgen primär strafrechtliche oder nichtstrafrechtliche Geldsanktionen vorgesehen.[1089] Die in Art. 4 Abs. 1 Zweites Protokoll aufgezählten anderen[1090] Sanktionen *können* dazu gehören, ergänzen die Geldsanktionen also lediglich. In Art. 3 Zweites Protokoll wird danach unterschieden, ob die Straftat von einer Führungsperson (Abs. 1) oder einer untergeordneten Person (Abs. 2) begangen wurde. Entsprechend differenziert sind auch die jeweiligen Sanktionsregeln in Art. 4 Zweites Protokoll.

Für beide Fälle des Art. 4 Zweites Protokoll gilt, dass die Sanktion wirksam, angemessen und abschreckend sein muss. Diese Formulierung hat der EuGH erstmals in seinem Urteil in dem bereits vorgestellten sog. griechischen Maisskandal verwendet (Mindesttrias).[1091] Danach hat dieselbe Formulierung auch Eingang in Art. 2 Abs. 1 des Übereinkommens gefunden.[1092]

Während die Wirksamkeit[1093] und die Angemessenheit der Sanktion letztlich nur eine untere und eine obere Grenze des Verhältnismäßigkeitsgrundsatzes darstellen,[1094] kommt dem dritten Merkmal eine eigenständige Bedeutung zu. Die geforderte Abschreckung zielt auf eine präventive Funktion ab. Die Unternehmen sollen davon abgehalten werden, eine ähnliche Tat erstmals oder wiederholt zu begehen. Daneben beinhaltet die festzusetzende Sanktion auch eine Sühnefunktion, da sie für bereits begangenes Unrecht verhängt wird. Eine sozial-ethische Missbilligung ist

---

[1089] Die Kommission hatte zuvor einen Vorschlag vorgelegt, der eine zwingende strafrechtliche Verantwortung von Unternehmensträgern vorsah. Diesem Vorschlag wollten aber nur 10 von 15 Mitgliedsstaaten folgen, da er ihrem jeweiligen nationalen Recht entsprach; vgl. Müller-Gugenberger, Wirtschaftsstrafrecht, S. 448; Korte, NJW 1998, 1464 f.; Zieschang, ZStW 115 (2003), S. 118.

[1090] Etwa der Ausschluss von der Teilnahme an öffentlichen Ausschreibungsverfahren; vgl. Erläuternder Bericht zum Zweiten Protokoll, S. 11.

[1091] Entscheidungsgrund Nr. 24; näher dazu Teil 6 (A, I).

[1092] ABl. 1995, Nr. C 316 vom 27.11.1995, S. 49.

[1093] Dieser Begriff ist wohl auch im Sinne einer gewissen Nachhaltigkeit zu verstehen.

[1094] Welcher ohnehin zu beachten ist.

nicht vorgesehen, was bereits daraus folgt, dass die strafrechtliche Ausgestaltung explizit nur anheim gestellt wird.

Obschon Art. 4 Abs. 2 Zweites Protokoll keine weiteren Vorgaben stellt,[1095] verbleibt den Mitgliedstaaten auch in den Fällen des Abs. 1 hinsichtlich Höhe und Ausmaß der Sanktion ein Ermessensspielraum.[1096] Zugleich kann zwischen strafrechtlicher und nicht strafrechtlicher Rechtsnatur gewählt werden,[1097] wobei es auf diese dogmatische Unterscheidung auf der „europäischen" Ebene letztlich ohnehin nicht ankommt.[1098] Neben Kriminalstrafen kommen auch Bußgelder oder sonstige verwaltungssanktionsrechtliche Konstruktionen in Betracht.[1099] Jedenfalls muss es sich aber um eine Geldsanktion handeln.[1100] Andererseits scheiden rein zivilrechtliche oder verwaltungsrechtliche Maßnahmen ebenso wie Zwangsgelder bereits mangels entsprechender Präventiv- bzw. Sühnefunktion[1101] aus.

Weiter ist ausweislich Art. 3 Abs. 1 Zweites Protokoll eine Teilnahme an der Tat in Form von Beihilfe oder Anstiftung ebenfalls zu sanktionieren. Schließlich ist festzuhalten, dass im Fall des Aufsichtsverschulden nach Art. 3 Abs. 2 Zweites Protokoll die Gestaltungsfreiheit für die Vertragsstaaten offenbar noch größer ist, da selbst die Geldsanktionen aus Abs. 1 hier nicht mehr explizit genannt werden.[1102] Kompetenzrechtliche Bedenken bestehen daher keine.

1095 Der Zweck dieser differenzierten Lösung ist nicht recht nachvollziehbar, da in Art. 4 Abs. 1 Zweites Protokoll lediglich ein Beispielkatalog aufgeführt ist.

1096 Vgl. Erläuternder Bericht zum Übereinkommen, zu Art. 2. Dort bezieht sich diese Bewertung freilich auf die im Übereinkommen festgelegten strafrechtlichen Sanktionen. Zu Erläuterungszwecken kann sie aber auch hier verwendet werden, zumal weder im Erläuternden Bericht zum Zweiten Protokoll noch in der Begründung des EuGH-Urteils weiterführende Bemerkungen zu finden sind.

1097 Diese Einordnung kann nach der quantitativen Ansicht bereits aus der Höhe folgen.

1098 Vogel, GA 2003, S. 331.

1099 Nach dem EuGH (02.10.1991, Rs. C-7/90, Slg. 1991, S. 4371, 4388 f.) ist eine Verbandskriminalstrafe nicht erforderlich, gleichwohl aber zulässig. Zudem ist in der ersten „Überzeugung" im Zweiten Protokoll lediglich vorgesehen, dass die juristischen Personen „verantwortlich gemacht werden können".

1100 Weitere denkbare Merkmale wie Registereintragung oder Ersatzfreiheitsstrafe sind nicht vorgesehen.

1101 Diese begründet die Geltung der strafrechtlichen Garantien; vgl. oben.

1102 Dabei arbeitet der Vertragstext sonst mit klaren und eindeutigen Verweisen.

ccc) Grundsätze

Die Geltung bestimmter Verfahrensgrundsätze kann sich aus verschiedenen Quellen ergeben.[1103] Hierzu kann zwar auch ein völkerrechtliches Übereinkommen zählen, doch folgen speziell aus dem Zweiten Protokoll keine wesentlichen Prinzipien. Lediglich über die Einbeziehung von Art. 7 des Übereinkommens selbst ist der Grundsatz ne bis in idem unter den Mitgliedstaaten zu beachten.[1104] Daneben sind an sich auch die allgemein auf Gemeinschaftsebene geltenden Grundsätze[1105] zu beachten. Allerdings gilt hier die Besonderheit, dass das Zweite Protokoll kein unmittelbares supranationales Recht schafft, sondern lediglich eine Angleichung verschiedener einzelstaatlicher Regelungen anstrebt. Damit sind die „europäischen" Grundsätze zwar nur im Rahmen der nationalen Rechtsordnungen relevant,[1106] gleichwohl müssen aber jedenfalls die strafrechtlichen Garantien gewährleistet werden.[1107]

bb) Vergleich mit der deutschen nationalen Regelung

aaa) Sanktionsadressaten

Der Kreis der Sanktionsadressaten ist mit demjenigen der Normadressaten identisch und somit hier unproblematisch durch das deutsche Recht erfüllt.

bbb) Rechtsnatur der Sanktionen

Nicht nur unter Beachtung des Grundsatzes, dass das Kriminalstrafrecht letztes Mittel zur Bekämpfung normabweichenden Verhaltens sein darf,[1108] genügt die Geldbuße des deutschen Rechts (§ 30 OWiG n.F.) den vorgegebenen Kriterien.[1109] Insbesondere die geforderte Teilnahmeregelung im bestehenden Modell der Einheitstäterschaft ist nach dem OWiG als Minus bereits enthalten. Es bleibt aber zu beachten, dass die Sanktion insgesamt der Mindesttrias entsprechen muss, wobei hier der

---

1103 Vgl. oben.
1104 Art. 12 Abs. 2 Zweites Protokoll.
1105 Vgl. hierzu Teil 5. Insbesondere der Grundsatz der Verhältnismäßigkeit und der Gesetzmäßigkeit; vgl. Wolffgang/Ulrich, EuR 1998, S. 643. Auch die weiteren strafrechtlichen Garantien zählen hierzu; näher Prieß–Groeben/Thiesing/Ehlermann, Art. 209a, Rd. 37 ff.
1106 Siehe auch Wolffgang/Ulrich, EuR 1998, S. 642 f.
1107 Zu deren Umfang vgl. Teil 3 (B, I, 2, b).
1108 Wegner, ZRP 1999, S. 186, 189; Hetzer (ZRP 1999, S. 529 f.) kritisiert die Darstellung bei Wegner. Vgl. auch Hetzer, Wistra 1999, S, 361 ff.
1109 So auch Rogall-KK-OWiG, § 30, Rd. 252; Müller-Gugenberger, Wirtschaftsstrafrecht, S. 448.

Wirksamkeit als Untergrenze der Verhältnismäßigkeit eine besondere Bedeutung zukommt. Man könnte sich fragen, ob die Geldbuße selbst mit der nunmehr erhöhten Bußgeldobergrenze von € 1 Mio. ohne zusätzliche Sanktionen, wie etwa dem Ausschluss von öffentlichen Zuwendungen oder Aufträgen etc. hinreichend wirksam ist. Dies dürfte im Ergebnis aus den in Teil 4 bereits benannten Gründen zu bejahen sein. Letztlich hätte dies aber der EuGH zu entscheiden.

ccc) Grundsätze

Soweit bestimmte Verfahrensgrundsätze auf europäischer Ebene vorgesehen sind, gelten diese auch im deutschen Recht.

b) Weitere Verbandssanktionen

Neben der Geldbuße sieht Art. 4 Abs. 1 Zweites Protokoll noch weitere Maßnahmen vor. Diese nehmen in ihrer Schwere vom Ausschluss von öffentlichen Zuwendungen oder Hilfen über das vorübergehende oder ständige Verbot der Ausübung einer Handelstätigkeit und der richterlichen Aufsicht bis hin zum „Quasi-Todesurteil" für einen Verband, nämlich seine richterlich angeordnete Auflösung,[1110] stetig zu. Während man beim Unternehmenskuratel[1111] noch über die Rechtsnatur diskutieren mag, stellt die Auflösung sicherlich eine kriminalstrafrechtliche Maßnahme dar. Gleichwohl erfüllt das deutsche Recht die Vorgaben, da diese Maßnahmen im Gegensatz zu Geldsanktionen nach dem eindeutigen Wortlaut des Zweiten Protokolls verhängt werden *können* aber nicht *müssen*.[1112] Schließlich ist noch auf die Möglichkeit der Einziehung in Art. 5 Zweites Protokoll hinzuweisen, welche zwar nicht explizit, jedoch sinngemäß auch gegenüber juristischen Personen anzuwenden ist.

[1110] Vgl. Bottke, S. 65.

[1111] Vgl. Teil 6 (A, VI, 1, b, aa, bbb, bbbb). Vertiefend Schünemann (Wiedervereinigung, S. 136 ff.), der aus verschiedenen Gründen für diese Sanktion plädiert. Skeptischer hingegen Tiedemann, Freiburger-Begegnung, S. 39 f.

[1112] So auch Vogel (ZRP 2002, S. 10) im Rahmen seiner Ausführungen zum insoweit entsprechenden Rahmenbeschluss des Rates vom 29.05.2000 über die Verstärkung des mit strafrechtlichen und anderen Sanktionen bewehrten Schutzes gegen Geldfälschung im Hinblick auf die Einführung des Euro; ABl. Nr. L 140 vom 14.06.2000, S. 1.

c) Zwischenergebnis

Der nationale Gesetzgeber ist seinen Verpflichtungen in Bezug auf die Sanktionierung juristischer Personen mit dem Ausführungsgesetz zum Zweiten Protokoll nachgekommen. Insbesondere ist die in § 30 OWiG n.F. vorgesehene nichtstrafrechtliche Rechtsnatur der Geldsanktion im Zweiten Protokoll ausdrücklich zugelassen. Die im Zweiten Protokoll zusätzlich aufgeführten Sanktionen finden sich zwar im deutschen Recht nicht, allerdings handelt es sich dabei auch nur um beispielhaft aufgezählte fakultative Maßnahmen.

3) Annex: Regelungen des Zweiten Protokolls als Textbaustein

Die Normen zur Unternehmenssanktionierung aus dem Zweiten Protokoll wurden mittlerweile in einer Vielzahl von rechtlichen Maßnahmen der unterschiedlichsten Sektoren nahezu wörtlich als Standardlösung bzw. Textbaustein[1113] übernommen. Nachfolgend werden die einzelnen Regelungen benannt und auf Abweichungen zum Zweiten Protokoll überprüft.[1114]

a) Geldfälschung

Auf dem Gebiet der Geldfälschung bestehen Rahmenbeschlüsse[1115] zur Einführung des Euro[1116] und hinsichtlich unbarer Zahlungsmittel[1117]. Beim Rahmenbeschluss unbare Zahlungsmittel werden die Geldstrafe und die Geldbuße als gleichermaßen zulässige Sanktionen explizit benannt.[1118]

[1113] So Vogel, GA 2003, S. 330.

[1114] Die nachfolgend benannten Artikel beziehen sich ohne besonderen Vermerk auf die jeweils besprochene Maßnahme.

[1115] Vertiefend Vogel, ZRP 2002, S. 7 ff., insb. S. 10; ders., GA 2003, S. 323 f.

[1116] Rahmenbeschluss des Rates vom 29.05.2000 über die Verstärkung des mit strafrechtlichen und anderen Sanktionen bewehrten Schutzes gegen Geldfälschung im Hinblick auf die Einführung des Euro; ABl. Nr. L 140 vom 14.06.2000, S. 1.

[1117] Rahmenbeschluss des Rates vom 28.05.2001 zur Bekämpfung von Betrug und Fälschung im Zusammenhang mit unbaren Zahlungsmitteln; ABl. Nr. L 149 vom 02.06.2001, S. 1; nachfolgend „Rahmenbeschluss(es) unbare Zahlungsmittel".

[1118] Obschon die zu sanktionierende Verhaltensweise selbst in Erwägungsgrund 9 des Rahmenbeschlusses unbare Zahlungsmittel ausdrücklich als strafbar bezeichnet wird.

b) Bestechung im privaten Sektor

Gegen die Bestechung im privaten Sektor[1119] wurde 1998 eine gemeinsame Maßnahme verabschiedet.[1120] Dänemark hat daraufhin im Jahr 2002 eine Initiative für einen Rahmenbeschluss vorgelegt;[1121] auch in diesem sind in Art. 7 Abs. 1 Geldstrafe und Geldbuße explizit benannt. Zudem wurden die allgemeinen Teilnahmeregelungen in Art. 3 der Initiative durch den Verweis in Art. 6 Abs. 1 mit einbezogen. Im darauf folgenden Jahr wurde nach zwei entsprechenden[1122] Entwürfen[1123] und der Erzielung eines politischen Einvernehmens[1124] ein Rahmenbeschluss[1125] angenommen[1126].

Hingegen enthält das Übereinkommen zur Bekämpfung der Beamtenbestechung[1127] selbst keine entsprechende Regelung zur Sanktionierung juristischer Personen. Dies wird mit der Aufnahme einer an das Zweite Protokoll angelehnten Sanktionierung juristischer Personen in das jüngste OECD-Übereinkommen begründet.[1128]

[1119] Vgl. Vogel, GA 2003, S. 323.

[1120] Gemeinsame Maßnahme vom 22.12.1998 betreffend die Bestechung im privaten Sektor; ABl. Nr. L 358 vom 31.12.1998, S. 2.

[1121] Initiative des Königreichs Dänemark zur Annahme eines Rahmenbeschlusses des Rates zur Bekämpfung der Bestechung im privaten Sektor; ABl. Nr. C 184 vom 02.08.2002, S. 5.

[1122] Die benannten Regelungen finden sich seitdem in Artt. 5 Abs. 1 und 6 Abs. 1.

[1123] Entwurf für einen Rahmenbeschluss zur Bekämpfung der Bestechung im privaten Sektor vom 25.11.2002; Ratsdokument 14660/02; Entwurf für einen Rahmenbeschluss zur Bekämpfung der Bestechung im privaten Sektor vom 13.12.2002; Ratsdokument 15491/02.

[1124] Beratungsergebnisse des Rates zum Entwurf für einen Rahmenbeschluss zur Bekämpfung der Bestechung im privaten Sektor vom 14.01.2003; Ratsdokument 5282/03. Siehe auch Vogel, GA 2003, S. 323.

[1125] Rahmenbeschluss des Rates zur Bekämpfung der Bestechung im privaten Sektor vom 14.04.2003 (Ratsdokument 7370/03).

[1126] Annahme (in den Amtssprachen) eines Rahmenbeschlusses zur Bekämpfung der Bestechung im privaten Sektor (Gemeinsame Leitlinien Konsultationsfrist: 02.05.2003) vom 16.04.2003; Ratsdokument 8377/03. Siehe auch Ratsdokument 12894/02 vom 14./15.10.2002, S. 8.

[1127] „Übereinkommen aufgrund von Artikel K.3 Absatz 2 Buchstabe c) des Vertrags über die Europäische Union über die Bekämpfung der Bestechung, an der Beamte der Europäischen Gemeinschaften oder der Mitgliedstaaten der Europäischen Union beteiligt sind"; ABl. Nr. C 195 vom 25.06.1997, S. 2.

[1128] Erläuternder Bericht zum Übereinkommen über die Bekämpfung der Bestechung, an der Beamte der Europäischen Gemeinschaften oder der Mitgliedstaaten der Europäischen Union beteiligt sind; ABl. Nr. C 391 vom 15.12.1998, S. 1; Artikel 6. Zum OECD-Übereinkommen vgl. Teil 6 (B, 2).

c) Vergabebetrug

Im Bereich des betrügerischen oder sonst unlauteren wettbewerbswidrigen Verhaltens im Zusammenhang mit der Vergabe von öffentlichen Aufträgen im Gemeinsamen Markt ist die Initiative der Bundesrepublik Deutschland[1129] zu erwähnen. Hier ist anzumerken, dass in deren Art. 5 Abs. 1 lit. a) nur der Begriff der öffentlichen Hilfen, nicht aber der Zuwendungen übernommen wurden. Dadurch verringert sich der Wirkungsbereich jedoch nicht, da eine klare Abgrenzung dieser Begriffe ohnehin kaum möglich ist. Beide bezeichnen eine einseitige Unterstützung. Die Zuwendung mag fakultativ eher mit einer Zweckbestimmung versehen werden, doch ist dies bei Hilfen ebenso wenig ausgeschlossen. Relevante Unterschiede bestehen somit nicht.[1130] Weiter ist in Art. 4 Abs. 2 der Initiative durch den Verweis auf Art. 5 Abs. 2 die Bestimmtheit der Sanktion für mangelhafte Aufsicht oder Kontrolle erhöht worden. Während im Zweiten Protokoll nur erforderliche Maßnahmen verlangt werden, findet sich in der Initiative der BRD die Pflicht zur Beachtung der Mindesttrias. Der Schutz würde also ausgeweitet und verbessert.

d) Illegaler Drogenhandel

Im Bereich des illegalen Drogenhandels einigte man sich 1996 zunächst auf eine noch recht offen gehaltene gemeinsame Maßnahme.[1131] In den Jahren 2001 und 2002 folgten dann ein Vorschlag der Kommission[1132] und der Entwurf des Rates[1133]

[1129] Initiative der Bundesrepublik Deutschland im Hinblick auf die Annahme eines Rahmenbeschlusses des Rates über den strafrechtlichen Schutz gegen betrügerisches oder sonstiges unlauteres wettbewerbswidriges Verhalten im Zusammenhang mit der Vergabe von öffentlichen Aufträgen im Gemeinsamen Markt; ABl. Nr. C 253 vom 04.09.2000, S. 3.

[1130] Genauso wenig wirkt es sich aus, dass in Art. 4 Abs. 1 anstelle des Begriffs „leitende Stellung" nunmehr „Führungsperson" verwendet wurde.

[1131] Gemeinsame Maßnahme vom 17.12.1996 betreffend die Angleichung der Rechtsvorschriften und der Verfahren der Mitgliedstaaten der Europäischen Union zur Bekämpfung der Drogenabhängigkeit und zur Verhütung und Bekämpfung des illegalen Drogenhandels; ABl. Nr. L 342 vom 31.12.1996, S. 6. Diese konnte als frühere Maßnahme die Textbausteine des Zweiten Protokolls noch nicht beinhalten. Vgl. auch Vogel, GA 2003, S. 324.

[1132] Vorschlag für einen Rahmenbeschluss des Rates zur Festlegung von Mindestvorschriften über die Tatbestandsmerkmale strafbarer Handlungen und die Strafen im Bereich des illegalen Drogenhandels vom 23.5.2001; KOM(2001) 259 endgültig (nachfolgend „Vorschlag").

[1133] Entwurf eines Rahmenbeschlusses des Rates zur Festlegung von Mindestvorschriften über die Tatbestandsmerkmale strafbarer Handlungen und die Strafen im Bereich des illegalen Drogenhandels vom 22.11.2002; Ratsdokument 14542/02 (nachfolgend „Entwurf").

für einen Rahmenbeschluss.[1134] In beiden wird die Teilnahme nicht innerhalb der Verbandssanktion geregelt, sondern durch einen Verweis auf eine allgemeine Teilnahmenorm.[1135] Daneben sind die vorgeschlagenen Sanktionen teilweise modifiziert. Nach Art. 8 lit. a) des Vorschlags bzw. Art. 7 Abs. 1 lit. a) des Entwurfs kann anstelle „von öffentlichen Zuwendungen oder Hilfen" hier „von steuerlichen oder sonstigen Vorteilen oder öffentlichen Zuwendungen" ausgeschlossen werden. Diese abweichende Formulierung erweitert den Kreis der möglichen Sanktionen, da neben der aktiven Hingabe auch der teilweise Verzicht auf Ansprüche des Staates vorgesehen werden kann.

Zudem wurden zwei weitere Sanktionen in den Beispielskatalog aufgenommen; zum einen die „vorübergehende oder endgültige Schließung von Einrichtungen, die zur Begehung der Straftat genutzt wurden"[1136] und zum anderen die Einziehung[1137]. Während letztere auch in Art. 5 Zweites Protokoll vorgesehen ist, stellt die Schließung von tatrelevanten Einrichtungen eine neue zweckmäßige Sanktionsmöglichkeit dar.

Weiter wird in Art. 7 Abs. 1 lit. b) des Entwurfs bzw. Art. 8 lit. b) des Vorschlags statt dem Begriff der „Handelstätigkeit" derjenige einer „gewerblichen Tätigkeit" verwendet. Schließlich betrifft Art. 7 Abs. 2 des Vorschlags den „Beauftragten" oder „Untergebenen" statt der „unterstellten Person". All dies wirkt sich jedoch nicht in relevanter Weise aus.

[1134] Näher hierzu Vogel, GA 2003, S. 324. Siehe auch die Tagungsberichte in Ratsdokument 14817/02 vom 28./29.11.2002, S. 18 und Ratsdokument 12894/02 vom 14./15.10.2002, S. 8.

[1135] Art. 6 Abs. 1 des Entwurfs bzw. Art. 7 Abs. 1 des Vorschlags.

[1136] Art. 7 Abs. 1 lit. e) des Entwurfs bzw. Art. 8 lit. e) des Vorschlags.

[1137] Vgl. die unterschiedlichen Formulierungen in Art. 8 lit. f) des Vorschlags „Einziehung von Vermögensgegenständen, die der Straftat, sowie von Erträgen und Vorteilen, die direkt oder indirekt durch die Straftat erzielt werden" einerseits und in Art. 7 Abs. 1 lit. f) des Entwurfs andererseits: „in Übereinstimmung mit Artikel 4 Absatz 5 Einziehung der Stoffe, die Gegenstand der in den Artikeln 2 und 3 genannten Straftaten sind, der Tatwerkzeuge, die zur Begehung dieser Straftaten verwendet wurden oder bestimmt waren, und der Erträge aus diesen Straftaten oder die Einziehung von Vermögensgegenständen, deren Wert dem Wert dieser Erträge, Stoffe oder Tatwerkzeuge entspricht."

e) Menschenhandel

Im Bereich des Menschenhandels[1138] wurde ebenfalls zunächst 1997 eine noch recht offen gehaltene gemeinsame Maßnahme verabschiedet.[1139] Aufgrund eines entsprechenden Vorschlags der Kommission[1140] wurde im Jahr 2002 ein Rahmenbeschluss[1141] angenommen.[1142] Die Schließung tatrelevanter Einrichtungen hat man auch hier in den Katalog möglicher Sanktionen aufgenommen. Die Teilnahme wurde ebenfalls durch Verweis auf eine allgemeine Norm geregelt.

f) Sexuelle Ausbeutung von Kindern und Kinderpornographie

Zur Bekämpfung der sexuellen Ausbeutung von Kindern und der Kinderpornographie[1143] folgte auf eine unbestimmte gemeinsame Maßnahme[1144] ein konkreter Vorschlag für einen Rahmenbeschluss[1145]. Im Kommissionsvorschlag ist erneut die Schließung tatrelevanter Einrichtungen vorgesehen und die Teilnahme mittels Verweis geregelt.[1146] Der spätere Entwurf des Rates[1147] sieht als mögliche Sanktion an-

---

[1138] Vgl. Vogel, GA 2003, S. 324 f.

[1139] Gemeinsame Maßnahme vom 24.02.1997 betreffend die Bekämpfung des Menschenhandels und der sexuellen Ausbeutung von Kindern; ABl. Nr. L 063 vom 04.03.1997, S. 2. Diese konnte als ältere Regelung die Textbausteine des Zweiten Protokolls noch nicht beinhalten.

[1140] Vorschlag für einen Rahmenbeschluss des Rates zur Bekämpfung des Menschenhandels und Vorschlag für einen Rahmenbeschluss des Rates zur Bekämpfung der sexuellen Ausbeutung von Kindern und der Kinderpornographie vom 22.01.2001; KOM(2000) 854 endgültig /2.

[1141] Rahmenbeschluss des Rates vom 19.07.2002 zur Bekämpfung des Menschenhandels; ABl. Nr. L 203 vom 01.08.2002, S. 1.

[1142] Es folgte noch ein Rahmenbeschluss des Rates vom 28.11.2002 betreffend die Verstärkung des strafrechtlichen Rahmens für die Bekämpfung der Beihilfe zur unerlaubten Ein- und Durchreise und zum unerlaubten Aufenthalt; ABl. Nr. L 328 vom 05.12.2001, S. 1. Dieser sieht jedoch die Schließung von Einrichtungen nicht mehr als Sanktion vor und beinhaltet auch keine Definition des Begriffs „juristische Person".

[1143] Vgl. Vogel, GA 2003, S. 324 f.

[1144] Gemeinsame Maßnahme vom 24.02.1997 betreffend die Bekämpfung des Menschenhandels und der sexuellen Ausbeutung von Kindern; ABl. Nr. L 063 vom 04.03.1997, S. 2. Diese konnte als frühere Maßnahme die Textbausteine des Zweiten Protokolls noch nicht beinhalten.

[1145] Vorschlag für einen Rahmenbeschluss des Rates zur Bekämpfung des Menschenhandels und Vorschlag für einen Rahmenbeschluss des Rates zur Bekämpfung der sexuellen Ausbeutung von Kindern und der Kinderpornographie vom 22.01.2001; KOM(2000) 854 endgültig /2.

[1146] Art. 5 Abs. 1 bzw. Art. 6 lit. e). Die Verweisungstechnik bei der Teilnahme wirkt sich jedoch auch hier nicht maßgeblich aus.

[1147] Entwurf für einen Rahmenbeschluss des Rates zur Bekämpfung der sexuellen Ausbeutung von Kindern und der Kinderpornografie vom 07.10.2002; Ratsdokument 12418/02.

stelle des Verbots der Ausübung einer Handelstätigkeit das einer gewerblichen Tätigkeit vor.[1148]

g) Cybercrime

Nach verschiedenen Vorarbeiten[1149] hat der Rat 2002 einen Vorschlag für einen Rahmenbeschluss über Angriffe auf Informationssysteme[1150] vorgelegt. Darin findet sich als zusätzliche Sanktion die „richterlich angeordnete Eröffnung des Liquidationsverfahrens".[1151] Zudem ist auch hier die Teilnahme im Wege der Verweisung geregelt. Der Vorschlag wurde am 28.02.2003 angenommen.[1152]

h) Umweltstrafrecht

Im Bereich des Umweltstrafrechts[1153] hat Dänemark im Jahr 2000 eine Initiative[1154] vorgelegt. Der im darauf folgenden Jahr eingereichte Vorschlag für eine Richtlinie[1155], welcher die Textbausteine des Zweiten Protokolls nicht vollständig übernahm, wurde zwischenzeitlich verworfen.[1156]

1148 Eine politische Einigung über den Rahmenbeschluss wurde in der Fassung des Entwurfs erzielt; vgl. Tagungsbericht in Ratsdokument 12894/02 vom 14./15.10.2002, S. 11.

1149 Zunächst Mitteilung der Kommission an den Rat, das Europäische Parlament, den Wirtschafts- und Sozialausschuss und den Ausschuss der Regionen ‚Schaffung einer sicheren Informationsgesellschaft durch Verbesserung der Sicherheit von Informationsinfrastrukturen und Bekämpfung der Computerkriminalität' vom 26.01.2001; KOM(2000) 890 endgültig. Sodann Mitteilung der Kommission an den Rat, das Europäische Parlament, den Wirtschafts- und Sozialausschuss und den Ausschuss der Regionen ‚Sicherheit der Netze und Informationen: Vorschlag für einen europäischen Politikansatz' vom 06.06.2001; KOM(2001)298 endgültig. Schließlich Stellungnahme des Wirtschafts- und Sozialausschusses zu der „Mitteilung der Kommission an den Rat, das Europäische Parlament, den Wirtschafts- und Sozialausschuss und den Ausschuss der Regionen ‚Schaffung einer sicheren Informationsgesellschaft durch Verbesserung der Sicherheit von Informationsinfrastrukturen und Bekämpfung der Computerkriminalität'"; ABl. Nr. C 311 vom 07.11.2001, S. 12.

1150 Vorschlag für einen Rahmenbeschluss des Rates über Angriffe auf Informationssysteme vom 19.04.2002; KOM(2002) 173 endgültig.

1151 Art. 10 Abs. 1 lit. d.

1152 Siehe Beratungsergebnisse zum Vorschlag für einen Rahmenbeschluss des Rates über Angriffe auf Informationssysteme vom 28.02.2003; Ratsdokument 6946/03. Zur High-Tech-Kriminalität Vogel, GA 2003, S. 325 f.

1153 Vgl. Vogel, GA 2003, S. 326.

1154 Initiative des Königreichs Dänemark im Hinblick auf die Annahme eines Rahmenbeschlusses des Rates zur Bekämpfung der schweren Umweltkriminalität; ABl. Nr. C 39 vom 11.02.2000, S. 4.

1155 Vorschlag für eine Richtlinie des Europäischen Parlaments und des Rates über den strafrechtlichen Schutz der Umwelt vom 13.03.2001; KOM(2001)139 endgültig.

1156 Vogel GA 2003, S. 321 (in Fn. 29).

Stattdessen liegt nunmehr ein Rahmenbeschluss[1157] vor, dessen Regelung der Verbandssanktionierung nahezu der des Zweiten Protokolls entspricht. Nach dem Rahmenbeschluss kann eine Gewerbe- oder Handelstätigkeit untersagt werden.[1158] Zudem werden die abgestuften Sanktionen in Art. 4 Abs. 1 bzw. 2 Zweites Protokoll nicht übernommen, vielmehr sind die Beispielssanktionen des Art. 7 Rahmenbeschluss auch für Verantwortlichkeiten aufgrund Aufsichts- oder Kontrollpflichtverletzungen anwendbar. Dies hilft letztlich unnötige Abgrenzungsschwierigkeiten zu vermeiden.[1159]

Schließlich ist in Art. 7 lit. e) des Rahmenbeschlusses noch die „Verpflichtung zum Ergreifen spezieller Maßnahmen, um die Folgen der die strafrechtliche Verantwortlichkeit begründenden Handlung zu beseitigen“ als mögliche Sanktion mit stark präventiver Funktion vorgesehen.

i) Terrorismus

Während im Vorschlag für einen Rahmenbeschluss zur Terrorismusbekämpfung[1160] noch die Definition der juristischen Person fehlte, die Teilnahme durch Verweis vorgesehen wurde und die Sanktionen Geldstrafe und Geldbuße explizit unter dem Oberbegriff „Strafen“ benannt wurden,[1161] hat sich im Rahmenbeschluss[1162] letztlich nur die zusätzliche Sanktion „vorübergehende oder endgültige Schließung von Institutionen, die zur Begehung der Straftat genutzt wurden“ als Neuerung durchgesetzt.[1163] Daneben wurde im Jahr 2001 eine Verordnung[1164] erlassen, welche allerdings keine Regelungen zur Sanktionierung juristischer Personen beinhaltet.

[1157] Rahmenbeschluss des Rates vom 27.01.2003 über den Schutz der Umwelt durch das Strafrecht; ABl. Nr. L 29 vom 05.02.2003, S. 55.

[1158] Art. 7 lit. b).

[1159] Vgl. bereits oben im Rahmen des Zweiten Protokolls.

[1160] Vorschlag für einen Rahmenbeschluss des Rates zur Terrorismusbekämpfung vom 19.09.2001; KOM(2001) 521 endgültig. Siehe auch Vogel, GA 2003, S. 327 f.

[1161] Hierzu auch Spinellis (GS-Schlüchter, S. 834 f.), der die Regelung im speziellen Zusammenhang mit terroristischen Vereinigungen kritisch betrachtet.

[1162] Rahmenbeschluss des Rates zur Terrorismusbekämpfung vom 13. Juni 2002; ABl. Nr. L 164 vom 22.06.2002, S. 3.

[1163] Art. 8 Abs. 1 lit. e) des Rahmenbeschlusses.

j) Rassismus und Fremdenfeindlichkeit

Auch im Bereich des Kampfes gegen Rassismus und Fremdenfeindlichkeit[1165] wurde 1996 zunächst eine gemeinsame Maßnahme[1166] formuliert. Im Jahr 2001 wurden im Kommissionsvorschlag für einen Rahmenbeschluss[1167] als Sanktionen nicht nur die Geldbuße und die Geldstrafe wörtlich benannt, sondern man hat auch die Schließung tatrelevanter Institutionen vorgesehen.[1168] Letztere Möglichkeit findet sich im wenige Tage zuvor vorgelegten Ratsvorschlag noch nicht.[1169]

k) Schleuserkriminalität

Gegen die Schleuserkriminalität[1170] hat Frankreich zunächst eine Initiative[1171] für eine Richtlinie[1172] vorgelegt, welche später auch umgesetzt wurde.[1173] Die Verantwortlichkeit juristischer Personen ist jedoch erst im ebenfalls auf einer Initiative Frankreichs[1174] beruhenden Rahmenbeschluss[1175] geregelt. Letzterer folgt dem Modell, die Teilnahme im Wege der Verweisung auf eine allgemeine Norm zu sanktionieren.

[1164] Verordnung (EG) Nr. 2580/2001 des Rates vom 27.12.2001 über spezifische, gegen bestimmte Personen und Organisationen gerichtete restriktive Maßnahmen zur Bekämpfung des Terrorismus; ABl. Nr. L 334 vom 28.12.2001, S. 70.

[1165] Vogel, GA 2003, S. 328.

[1166] Gemeinsame Maßnahme vom 15.07.1996 betreffend die Bekämpfung von Rassismus und Fremdenfeindlichkeit, ABl. Nr. L 185 vom 24.07.1996, S. 5. Diese konnte als ältere Regelung die Textbausteine des Zweiten Protokolls noch nicht beinhalten.

[1167] Vorschlag für einen Rahmenbeschluss des Rates zur Bekämpfung von Rassismus und Fremdenfeindlichkeit vom 28.11.2001; KOM(2001) 664 endgültig.

[1168] Art. 10 Abs. 1 lit. e).

[1169] Vorschlag für einen Rahmenbeschluss des Rates zur Bekämpfung von Rassismus und Fremdenfeindlichkeit vom 25.11.2001; Ratsdokument 14665/02. Siehe auch Tagungsberichte in Ratsdokument 14817/02 vom 28./29.11.2002 (S. 16), Ratsdokument 15691/02 vom 19.12.2002 (S. 13) und Ratsdokument 6162/03 vom 27./28.02.2003 (S. 17).

[1170] Vogel, GA 2003, S. 328.

[1171] Initiative der Französischen Republik im Hinblick auf den Erlass einer Richtlinie des Rates zur Definition der Beihilfe zur illegalen Einreise und zum unerlaubten Aufenthalt; ABl. Nr. C 253 vom 04.09.2000, S. 1.

[1172] Richtlinie des Rates vom 28. November 2002 zur Definition der Beihilfe zur unerlaubten Ein- und Durchreise und zum unerlaubten Aufenthalt; ABl. Nr. L 328 vom 05.12.2002, S. 17.

[1173] Keine der beiden Regelungen enthält jedoch Textbausteine des Zweiten Protokolls.

[1174] Initiative der Französischen Republik im Hinblick auf die Annahme eines Rahmenbeschlusses zur Verstärkung des strafrechtlichen Rahmens für die Bekämpfung der Beihilfe zur illegalen Einreise und zum unerlaubten Aufenthalt; ABl. Nr. C 253 vom 04.09.2000, S. 6. Hier fehlte noch die Definition des Begriffs „juristische Person".

[1175] Rahmenbeschluss des Rates vom 28.11.2002 betreffend die Verstärkung des strafrechtlichen Rahmens für die Bekämpfung der Beihilfe zur unerlaubten Ein- und Durchreise und zum unerlaubten Aufenthalt; ABl. Nr. L 328 vom 05.12.2002, S. 1.

l) Zwischenergebnis

Insgesamt stellen die benannten Regelungen in Bezug auf die Verantwortlichkeit juristischer Personen keine weitergehenden Anforderungen an das deutsche Recht als das Zweite Protokoll.

Die mehrfach vorgenommene explizite Benennung von Geldstrafe und Geldbuße im Rahmen der Beispielssanktionen lässt die Frage offen, ob der Mitgliedstaat eine Kriminalstrafe vorzusehen hat. Auch die letztlich elegantere Pönalisierung der Teilnahme durch Verweis auf eine allgemeine Teilnahmevorschrift führt ebenso wenig zu einer inhaltlichen Änderung wie die übrigen meist redaktionellen Wortlautabwandlungen. Interessant sind jedoch die teilweise vorgeschlagenen Erweiterungen des Beispielkatalogs der Sanktionen. Besonders hervorzuheben ist dabei die Schließung von Einrichtungen bzw. Institutionen, die zur Begehung der Straftat genutzt wurden.

III) VO 2988/95

Im Jahre 1995 hat der Rat mit der Verordnung Nr. 2988[1176] eine Rahmenregelung „für einheitliche Kontrollen sowie für verwaltungsrechtliche Maßnahmen und Sanktionen bei Unregelmäßigkeiten in Bezug auf das Gemeinschaftsrecht getroffen".[1177] Diese Verordnung gilt für alle Marktordnungen des Gemeinschaftsrechts[1178] und hat grundlegende Bedeutung. Sie stellt „eine Art Allgemeinen Teil" des europäischen Sanktionenrechts dar.[1179]

1176 „Verordnung (EG, Euratom) Nr. 2988/95 des Rates vom 18. Dezember 1995 über den Schutz der finanziellen Interessen der Europäischen Gemeinschaften"; ABl. 1995, Nr. L 312 vom 23.12.1995, S. 1 (nachfolgend „VO 2988/95"). Die VO basiert auf einer rechtsvergleichenden Studie, mit deren Erstellung der Rat die Kommission bereits 1991 beauftragt hatte, und dem folgenden Verordnungsvorschlag vom 07.07.1994 (ABl. Nr. C 216, S. 11); näher Heitzer, S. 121. Die VO 2988/95 wirkt als Verordnung an sich zwar unmittelbar, doch kann sie als Rahmenregelung lediglich mittelbare Wirkung entfalten, weshalb sie in diesem Teil besprochen wird. Zur Kompetenzsituation vgl. Heitzer, S. 130 f.

1177 Vgl. Art. 1 Abs. 1 VO 2988/95. Siehe auch Wolffgang/Ulrich, EuR 1998, S. 616 ff.; Dannecker, ZStW 108 (1996), S. 606 f.; Albrecht/Braum, KritV 2001, S. 322 ff.; Vogel, Strafverteidigertag, S. 122 f.

1178 Wolffgang/Ulrich, EuR 1998, S. 626.

1179 So Dannecker, JZ 1996, S. 878; Schwarze, EuZW 2003, S. 261; Vogel, Strafverteidigertag, S. 123; kritisch Albrecht/Braum, KritV 2001, S. 324.

1) Verbandshaftung

a) Normadressaten

Als Unregelmäßigkeit sieht der Verordnungsgeber „jeden Verstoß gegen eine Gemeinschaftsbestimmung als Folge einer Handlung oder Unterlassung eines Wirtschaftsteilnehmers“ an, „die einen Schaden für den Gesamthaushaltsplan der Gemeinschaften oder die Haushalte, die von den Gemeinschaften verwaltet werden, bewirkt hat bzw. haben würde, sei es durch die Verminderung oder den Ausfall von Eigenmitteleinnahmen, die direkt für Rechnung der Gemeinschaften erhoben werden, sei es durch eine ungerechtfertigte Ausgabe“.[1180] Adressaten der Regelung sind mithin „Wirtschaftsteilnehmer“. Dieser Begriff wird unter Art. 7 VO 2988/95 wie folgt näher erläutert.[1181]

> *... gegen die in Artikel 1 genannten Wirtschaftsteilnehmer verhängt werden, d.h. gegen natürliche und juristische Personen sowie sonstige nach dem einzelstaatlichen Recht anerkannte Rechtssubjekte, die eine Unregelmäßigkeit begangen haben. ...*

Im Bereich der Normadressaten wird mithin, ebenso wie im wenig später unterzeichneten Zweiten Protokoll auf die Einordnung als Rechtssubjekt nach mitgliedstaatlichem Recht abgestellt.[1182] Damit entscheidet letztlich jeweils nationales Recht, weshalb es auf die rechtsqualitativ nicht unerheblichen Unterschiede zwischen einem völkerrechtlichen Vertrag und einer supranationalen Regelung, welche beide autonom auszulegen sind, hier nicht ankommt. In der Sache kommt man zum selben Ergebnis. Rechtssubjekt ist, wer Träger eines subjektiven Rechtes und damit rechtsfähig sein kann.[1183] Die nach deutschem Recht hierunter fallenden Verbände wurden oben bereits im einzelnen dargestellt, weshalb an dieser Stelle zur Vermeidung von Wiederholungen lediglich zu verweisen ist.[1184]

[1180] Vgl. Art. 1 Abs. 2 VO 2988/95.
[1181] Diese Norm ist im Übrigen unmittelbar anwendbar; vgl. Heitzer, S. 128.
[1182] Vgl. Teil 6 (A, II, 1, a, aa).
[1183] Vgl. Schmidt, Gesellschaftsrecht, S. 189 ff.; Creifelds, S. 1079.
[1184] Vgl. Teil 6 (A, II, 1, a, aa).

b) Handlungs- und Schuldfähigkeit
Eine eigene Handlungs- und Schuldfähigkeit dieser Verbände wird anerkannt. So ist in Art. 1 Abs. 2 VO 2988/95 explizit von „einer Handlung oder Unterlassung eines Wirtschaftsteilnehmers" die Rede und nach Art. 7 S. 1 sowie Art. 5 Abs. 1 VO 2988/95 können Verbände Unregelmäßigkeiten selbst begehen. Da aber nur eine natürliche Person tatsächlich handeln kann, ist deren Verhalten dem Verband zuzurechnen. Für die Schuldfähigkeit gilt dies entsprechend.

Die weitergehende Frage, wie diese Handlungsfähigkeit dogmatisch konstruiert ist und für wessen Taten die Wirtschaftsteilnehmer haften sollen, hat der Verordnungsgeber nicht eindeutig vorgegeben.

c) Täterkreis
Die Streichung der im Verordnungsvorschlag der Kommission vorgesehenen Beschränkung auf Taten von gesetzlichen Vertretern, Beauftragten oder tatsächlich Entscheidungsbefugten[1185] scheint darauf hinzudeuten, dass für sämtliche Mitarbeiter einzustehen ist. Teilweise wird alternativ lediglich eine Haftung für natürliche Personen problematisiert, die im Namen oder für Rechnung eines Verbandes agieren.[1186] Dabei wird jedoch die etwa im Bereich der VO 17/62 von der Kommission praktizierte und sehr weitgehende Inanspruchnahme für alle befugterweise für ein Unternehmen tätigen Personen unnötig verkürzt.[1187] Da die VO 2988/95 als Rahmenregelung aber auch nicht sämtliche Elemente abschließend regeln soll, kann diese Frage letztlich offen bleiben. Die jeweils geltenden sektoralen Regelungen müssen diesen Bereich konkretisieren.

Da gemäß Art. 7 S. 2 VO 2988/95 auch gegenüber mitwirkenden Personen Sanktionen verhängt werden können, wird auch jede Unterstützung durch andere erfasst.

[1185] Verordnungsvorschlag vom 07.07.1994 (ABl. Nr. C 216, S. 11 ff.).
[1186] Heitzer, S. 128 in Fn. 499.
[1187] Näher dazu oben Teil 5.

Ob damit die akzessorische Teilnahme oder der Einheitstäter favorisiert wird, kann jedoch nicht entschieden werden.[1188]

2) Verbandssanktion

Als Rahmenverordnung enthält die VO 2988/95 keine unmittelbar geltenden Sanktionen, sondern trifft Regelungen, die auf anderenorts festgeschriebene Normen anwendbar sind.[1189] Vor diesem Hintergrund fasst Art. 5 VO 2988/95 folgende Vorgaben zu verwaltungsrechtlichen Sanktionen zusammen.[1190]

> *(1) Unregelmäßigkeiten, die vorsätzlich begangen oder durch Fahrlässigkeit verursacht werden, können zu folgenden verwaltungsrechtlichen Sanktionen führen:*
>
> *a) Zahlung einer Geldbuße;*
>
> *b) Zahlung eines Betrags, der den rechtswidrig erhaltenen oder hinterzogenen Betrag, gegebenenfalls zuzüglich der Zinsen, übersteigt; dieser zusätzliche Betrag, der nach einem in den Einzelregelungen festzulegenden Prozentsatz zu bestimmen ist, darf die zur Abschreckung unbedingt erforderliche Höhe nicht übersteigen;*
>
> *c) vollständiger oder teilweiser Entzug eines nach Gemeinschaftsrecht gewährten Vorteils auch dann, wenn der Wirtschaftsteilnehmer nur einen Teil dieses Vorteils rechtswidrig erlangt hat;*
>
> *d) Ausschluss von einem Vorteil oder Entzug eines Vorteils für einen Zeitraum, der nach dem Zeitraum der Unregelmäßigkeit liegt;*
>
> *e) vorübergehender Entzug einer Genehmigung oder einer Anerkennung, die für die Teilnahme an einem gemeinschaftlichen Beihilfesystem erforderlich ist;*

[1188] So auch Heitzer, S. 129.

[1189] Dannecker, JZ 1996, S. 878.

[1190] Die in Art. 4 VO 2988/95 geregelten verwaltungsrechtlichen Maßnahmen sind nicht Gegenstand dieser Untersuchung.

f) *Verlust einer Sicherheit oder einer Garantie, die zur Gewährleistung der Erfüllung der Bedingungen einer Regelung geleistet wurde, oder Rückzahlung des Betrages einer ungerechtfertigter Weise freigegebenen Sicherheit;*

g) *weitere ausschließlich wirtschaftliche Sanktionen gleichwertiger Art und Tragweite, wie sie in der vom Rat nach Maßgabe der sektorrelevanten Erfordernisse erlassenen sektorbezogenen Regelungen vorgesehen sind, unter Einhaltung der der Kommission vom Rat übertragenen Durchführungsbefugnisse.*

(2) *Unbeschadet der Bestimmungen der zum Zeitpunkt des Inkrafttretens dieser Verordnung bestehenden sektorbezogenen Regelungen können bei sonstigen Unregelmäßigkeiten nur die in Absatz 1 aufgeführten Sanktionen, die nicht einer strafrechtlichen Sanktion gleichgestellt werden können, verhängt werden, sofern derartige Sanktionen für die korrekte Anwendung der Regelung unerlässlich sind.*

a) Sanktionsadressaten

Der Kreis der Sanktionsadressaten ist mit dem der Normadressaten identisch.

b) Rechtsnatur der Sanktionen

Die Rechtsnatur der in Art. 5 VO 2988/95 genannten Sanktionen lässt nur schwer bestimmen, da es sich um eine Rahmenregelung handelt. Dies liegt hauptsächlich daran, dass selbst eine bereichsweise Angabe zur Höhe bzw. zum Maß der Sanktion fehlt. Diese Elemente ermöglichen regelmäßig Aussagen zur sozial-ethischen Missbilligung. Mithin kann man vorliegend auf die punitive Wirkung und die Geltung strafrechtlicher Garantien abstellen. Während sich letztere aus anderen Artikeln der VO 2988/95 ableiten lässt, ist für die Wirkung der Sanktionen die Ausgestaltung der einzelnen Sanktionstypen relevant.

Auch hier kommt es im Übrigen nicht auf die in Art. 5 Abs. 2 VO 2988/95 gewählte Formulierung, dass diese „nicht einer strafrechtlichen Sanktion gleichgestellt" werden könnten, nicht an.[1191] Entscheidend ist wie bei VO 17/62 die wahre Rechtsnatur.[1192]

Zudem ist darauf hinzuweisen, dass die vom EuGH erstmals in seinem Urteil im sog. griechischen Maisskandal verwendete Wendung, wonach die Sanktion wirksam, angemessen und abschreckend sein müsse (Mindesttrias),[1193] auch hier in Art. 2 Abs. 1 VO 2988/95 explizit festgeschrieben wurde. Anders als etwa im Zweiten Protokoll wurde hier jedoch auf eine ausdrückliche Wahlfreiheit zwischen strafrechtlicher und nicht strafrechtlicher Rechtsnatur der Sanktion für die Umsetzung verzichtet. Im einzelnen:

Die *Geldbuße* wirkt regelmäßig sowohl präventiv, als auch repressiv und hat damit punitiven Charakter.[1194] Ob sie auch eine sozialethische Missbilligung ausdrückt, hängt maßgeblich von ihrer Höhe ab. Da diese aber nicht festgelegt wurde, kann insoweit auch keine Aussage getroffen werden.

Ein *über die Verzinsung hinausgehende Zuschlag* hat nach der Rechtsprechung des EuGH dann punitiven Charakter, wenn er mehr als 20 % des wieder einzuziehenden Betrages übersteigt.[1195] Vorliegend soll jedoch keine Pauschalverzinsung erfolgen, sondern der Betrag ausdrücklich über die Zinserstattung noch hinausgehen. Die Sanktion hat damit zwingend punitiven Charakter.

Der in Art. 5 Abs. 1 lit. c) VO 2988/95 vorgesehene *Vorteilsentzug* stellt letztlich das Pendant zum vorgenannten Zuschlag dar. In der Sache macht es keinen Unterschied, ob auf den vollen zu Unrecht erhaltenen Betrag etwas aufgeschlagen wird

---

[1191] Vogel (Strafverteidigertag, S. 123) zitiert in diesem Zusammenhang den Begriff des Etikettenschwindels, den er zwar für „augenfällig", wegen der Festsetzung der wesentlichen strafrechtlichen Garantien aber für „nicht schädlich" hält.
[1192] Dazu eingehend oben.
[1193] Entscheidungsgrund Nr. 24; näher dazu Teil 6 (A, I).
[1194] Prieß (S. 75) lässt die Frage der Rechtsnatur offen.
[1195] Eingehend Heitzer, S. 88 ff. Böse (S. 263) bezieht sich nur auf einen zinsersetzenden Pauschalzuschlag.

oder der teilweise zu Unrecht erhaltene Betrag auf den vollen aufgestockt wird.[1196] Damit handelt es sich ebenfalls um eine punitive Sanktion.

Auch der *zeitlich weitergehende Ausschluss oder Entzug eines Vorteils* geht über die Wiederherstellung hinaus und wirkt repressiv.[1197]

Dem in Art. 5 Abs. 1 lit. f) VO 2988/95 vorgesehenen *Sicherheitenverlust* kommt keine punitive Wirkung zu, da es an einem repressiven Zweck fehlt.[1198] Es wird lediglich der rechtmäßige Zustand wieder hergestellt.

Daneben können Rat und Kommission sektorbezogen *weitere wirtschaftliche Sanktionen* vorsehen.[1199] Da somit der Sanktionskatalog nicht abschließend ist,[1200] wurde es versäumt, ein in sich ausgewogenes Sanktionierungskonzept zu erstellen.

c) Grundsätze

Die Frage, ob es sich bei den soeben besprochenen Sanktionen um strafrechtliche im engeren oder weiteren Sinn handelt, bleibt eine theoretische, da in der VO 2988/95 zahlreiche wesentliche strafrechtlichen Garantien festgeschrieben.

An erster Stelle ist das *Gesetzlichkeitsprinzip* zu nennen, welches gemeinsam mit dem hieraus abgeleiteten *Rückwirkungsverbot* in Art. 2 Abs. 2 VO 2988/95 vorgesehen ist.[1201] Im selben Artikel sind der *Bestimmtheitsgrundsatz*[1202] und das Analogieverbot geregelt.[1203]

[1196] Heitzer (S. 100 ff.) stellt darauf ab, ob die Sanktion die Stellung eines falschen Antrags voraussetzt; ähnlich auch Böse, S. 274 ff.
[1197] Heitzer, S. 107 ff.; Böse, S. 282, 286.
[1198] Heitzer, S. 80 f. Skeptisch Böse, S. 315.
[1199] Vgl. auch Albrecht/Braum, KritV 2001, S. 324.
[1200] A.A. Böse, S. 329.
[1201] Schwarze, EuZW 2003, S. 263.
[1202] Vogel, Strafverteidigertag, S. 123.
[1203] Böse, S. 329.

Das *Schuldprinzip* aus Art. 5 Abs. 1 VO 2988/95[1204] ist auch hier klar als Ausprägung des *Verhältnismäßigkeitsprinzips*[1205] einzustufen, da gemäß Art. 5 Abs. 2 VO 2988/95 bei Unerlässlichkeit auch ohne Verschulden eine Sanktion des Absatzes 1 verhängt werden kann.[1206]

Daneben existieren Vorschriften zur *Verjährung* und zum *Tatprinzip*.[1207] In Art. 6 VO 2988/95 ist schließlich der – wenn auch nur eingeschränkt geltende - Grundsatz *ne bis in idem* festgelegt.[1208]

Die Verfahren für die Anwendung der Sanktionen unterliegen nach Art. 2 Abs. 4 VO 2988/95 dem Recht der Mitgliedstaaten. Hiermit ist zumindest für die überwiegend punitiven Sanktionen des Art. 5 Abs. 1 VO 2988/95 das Verfahren über Ordnungswidrigkeiten einzuhalten, da der Schutz der Betroffenen im Rahmen des Verwaltungsverfahrens nach VwGO bzw. VwVfG nicht hinreichend gewahrt würde.[1209] Auch die sorgfältige Beachtung des Verhältnismäßigkeitsprinzips würde diese Unsicherheit mangels hinreichender Konkretisierungen nicht schließen können.

3) Zwischenergebnis

Insgesamt lässt sich sagen, dass die VO 2988/95 zwar in die richtige Richtung ging, jedoch nicht weit genug. Eine Rahmenregelung ist keineswegs dazu vergattert, wenig konkretisierte Vorschriften festzuschreiben. Allgemeingültige[1210] klare Linien, wie im Kommissionsvorschlag noch eher vorgesehen, mit verbindlichen Definitionen zu Normadressaten, Tätern und einen abschließenden Sanktionskatalog hätte bereits vor Jahren die Europäisierung des Strafrechts wesentlich beschleunigen

[1204] Vogel, Strafverteidigertag, S. 123.
[1205] Art. 2 Abs. 3 VO 2988/95; vgl. Heitzer, S. 123.
[1206] So auch Heitzer, S. 128. Dies entspricht der auch in Deutschland vorgeschlagenen Sichtweise, welche eine Verbandskriminalstrafe dogmatisch begründen kann; vgl. Teil 3 (B, I, 2, b).
[1207] Artt. 3 bzw. 7 VO 2988/95; siehe auch Vogel, Strafverteidigertag, S. 123.
[1208] Eingehend Heitzer, S. 170 ff.
[1209] Vogel, Strafverteidigertag, S. 123; Heitzer, S. 176 ff.
[1210] Freilich auf den Bereich des Schutzes der finanziellen Interessen der Gemeinschaften beschränkt.

können.[1211] Heute wird versucht, diese Lücken durch das Corpus Juris zu schließen.[1212]

IV) Richtlinienvorschlag[1213]

Der Richtlinienvorschlag enthält neben einer einleitenden Begründung den Text der vorgeschlagenen Richtlinie in Form eines Gesetzes mit 17 Artikeln. Da die hier relevanten Regelungen zur Unternehmensverantwortlichkeit mit den entsprechenden im Zweiten Protokoll aber nahezu wortgleich sind, kann an dieser Stelle auf die dortigen Ausführungen verwiesen werden. Dies folgt auch aus dem im gesamten Gemeinschaftsrecht geltenden Postulat der Widerspruchsfreiheit, wonach gleichlautende Vertragsbestimmungen auch gleich auszulegen sind.[1214] Der Richtlinienvorschlag wurde seither im Rat noch nicht behandelt.[1215]

V) Grünbuch[1216]

Das Grünbuch erläutert in einem fortlaufenden Text die Prinzipien der beabsichtigten Regelungen. Darin schlägt die Kommission unter anderem vor, die Verantwortlichkeit juristischer Personen in Anlehnung an das Zweite Protokoll und den Richtlinienvorschlag zu regeln. Dazu wird folgendes formuliert:[1217]

> *Danach soll ein Unternehmensleiter oder jede andere Person mit Entscheidungs- oder Kontrollgewalt in einem Unternehmen nach den für sie geltenden innerstaatlichen Grundsätzen für strafrechtlich verantwortlich erklärt werden können, wenn sich eine weisungsgebundene Person zugunsten des*

[1211] Ähnlich auch Heitzer, S. 132 f.
[1212] Dazu sogleich.
[1213] „Vorschlag für eine Richtlinie des Europäischen Parlaments und des Rates über den strafrechtlichen Schutz der finanziellen Interessen der Gemeinschaft" vom 23.05.2001; KOM (2001) 272 endgültig; nachfolgend „Richtlinienvorschlag".
[1214] Tiedemann, FS-Jescheck, S. 1411, 1415. Zwar handelt es sich hier nicht um zwei gemeinschaftsrechtliche Verträge, doch wird man den Grundsatz hier übertragen können.
[1215] Vogel, GA 2003, S. 321, Fn. 29.
[1216] Grünbuch zum Schutz der finanziellen Interessen der Europäischen Gemeinschaften und zur Schaffung einer Europäischen Staatsanwaltschaft; KOM (2001) 715 endgültig; nachfolgend „Grünbuch".
[1217] Grünbuch, S. 44.

Unternehmens des Betrugs, der Korruption oder der Geldwäsche mit den Erlösen aus den vorgenannten Straftaten schuldig macht.

In gleicher Weise sollten auch juristische Personen als Täter oder Teilnehmer (Anstifter oder Gehilfe) an einem vollendeten oder versuchten Betrug, einer vollendeten oder versuchten Bestechung oder Geldwäsche zur Rechenschaft gezogen werden, wenn diese Handlungen von einer Person mit Entscheidungsgewalt innerhalb des Unternehmens für dessen Rechnung begangen worden sind. Gleiches sollte für den Fall gelten, dass mangelnde Überwachung oder Kontrolle seitens der oben genannten Person die Begehung einer der vorstehenden Handlungen durch eine weisungsgebundene Person zugunsten der juristischen Person ermöglicht hat.

Dabei sei unter Entscheidungsgewalt u.a. die Befugnis zur Vertretung der juristischen Person, die Befugnis, Entscheidungen im Namen der juristischen Person zu treffen, oder die Kontrollbefugnis innerhalb des Unternehmens zu verstehen.[1218]
Die Verantwortlichkeit der juristischen Person soll auch „für den Fall gelten, dass mangelnde Überwachung oder Kontrolle seitens der oben genannten Personen die Begehung einer der vorstehenden Handlungen durch eine weisungsgebundene Person zugunsten der juristischen Person ermöglicht hat." Dabei sei es irrelevant, ob die handelnde Person individuell oder als Mitglied eines Organs der juristischen Person agiere.[1219] Daneben wird eine strafrechtliche Verantwortlichkeit natürlicher Personen nicht ausgeschlossen.[1220] Die Sanktion soll nach dem Wortlaut[1221] strafrechtlicher Natur sein. Ob damit allerdings das Strafrecht in engeren oder nur im weiteren Sinne gemeint ist, bleibt offen.[1222] Als anzuwendende Grundsätze[1223] sind

---

1218 Grünbuch, S. 44.
1219 Grünbuch, S. 44.
1220 Grünbuch, S. 44.
1221 Vgl. Absatz 2: „In gleicher Weise".
1222 So wurde das Grünbuch eben gerade offen gehalten für eine grundlegende Diskussion; vgl. auch S. 1 der Stellungnahme der unterzeichnenden deutschen Strafrechtslehrer zum Grünbuch vom 31.05.2002; (im Internet zu finden unter: „http://europa.eu.int/comm/anti fraud/green paper/contributions/pdf/gp strafrechtsleherer de.pdf").

nur das Gesetzlichkeits- und Verhältnismäßigkeitsprinzip explizit benannt, das Schuldprinzip hingegen nicht.[1224] Auch hieran lässt sich der klare Vorrang der Verhältnismäßigkeit erkennen, aus dem das gemeinschaftsrechtliche Verständnis herrührt, das Schuldprinzip sei dessen Ausfluss.[1225] Im Übrigen basieren die Regelungen des Grünbuchs zur Verbandshaftung auf denen des Zweiten Protokolls und entsprechen ihnen weitgehend. Somit kann ergänzend auf die dortigen Ausführungen verwiesen werden. Da das Grünbuch in den Mitgliedstaaten insgesamt abgelehnt wird, versucht die Kommission eine Durchsetzung über den Europäischen Konvent.[1226]

VI) Corpus Juris

Dieser Vorschlag hat keine umfassende Harmonisierung der Strafrechtsordnungen zum Ziel, sondern will zunächst lediglich für bestimmte Delikte allgemein anerkannte Prinzipien festschreiben. So sollen gewisse Mindeststandards zum Schutz der finanziellen Interessen der Europäischen Union geschaffen werden.[1227] Im Laufe der Zeit könnte es sich dann aber als Trojanisches Pferd[1228] bzw. Pilotprojekt[1229] für die Entwicklung eines einheitlichen Allgemeinen Teils des europäischen Strafrechts herausbilden.[1230] Zwar ist noch unklar, wie das vorgelegte Regelungswerk in gel-

---

1223 Zur Geltung des *ne bis in idem*-Grundsatzes vgl. Biehler/Gleß/Parra/Zeitler, Analyse MPI Grünbuch, S. 56 ff.

1224 Vgl. Grünbuch, S. 43: „Die Kommission ist der Ansicht, dass die Harmonisierung der den definierten Straftatbeständen entsprechenden strafrechtlichen Sanktionen unter Wahrung des Gesetzlichkeitsprinzips sowie des Grundsatzes der Verhältnismäßigkeit von Strafe und Straftat nach Maßgabe der Grundrechtscharta der Europäischen Union weiter vorankommen muss.“ Und weiter in Grünbuch, S. 44: „Bei der Regelung der strafrechtlichen Verantwortung wird dem Verhältnismäßigkeitsprinzip nach Ansicht der Kommission am besten Rechnung getragen, wenn dem Gemeinschaftsacquis und dem in ihrem Richtlinienvorschlag vom 23. Mai 2001 empfohlenen Harmonisierungsgrad gefolgt würde.“

1225 Siehe hierzu oben.

1226 Näher hierzu Vogel, GA 2002, S. 533 (in Fn. 77) mwN.

1227 Otto, Jura 2000, S. 98, 99 mwN; allgemein vgl. Ruegenberg, ZStW 112 (2000), S. 269 ff.

1228 So Mireille Delmas-Marty, vgl. Sieber, Corpus Juris, S. 9.

1229 So Eisele, JA 2000, S. 902.

1230 Hassemer (KritV 1999, S. 135 ff.) kritisiert die Tauglichkeit des Corpus Juris als Wegbereiter für ein allgemeines europäisches Strafrecht vor allem unter rechtsstaatlichen Aspekten. Zurückhaltend ebenfalls Satzger, S. 89. Siehe auch Sitzungsprotokoll des Europäischen Parlaments vom 31.03.1998; ABl. Nr. C 138 vom 04.05.1998, S. 61. Die Harmonisierung könnte auch mittels eines europäischen Modellstrafgesetzbuchs erreicht werden; dazu Sieber, JZ 1997, S. 369 ff. Die Tauglichkeit dieses Ansatzes wird jedoch bezweifelt; Dannecker-Wabnitz/Janovsky/Handbuch Wirttendes Recht umgesetzt werden soll,[1231] doch hat das Europäische Parlament die Kommission bereits aufgefordert, die Regelungen des Corpus Juris umzusetzen.[1232]

Das Corpus Juris ist in Form eines Gesetzes mit 35 Artikeln gestaltet. Es besteht aus einem allgemeinen und einem besonderen Teil. Untypischerweise beginnt der Entwurf mit dem besonderen Teil, in welchem sich materiellrechtliche Regelungen finden. Dabei werden acht Straftatbestände und die entsprechenden Strafen definiert. Zudem wird hier das Gesetzlichkeitsprinzip festgeschrieben. Danach folgt der allgemeine Teil, welcher das Schuldprinzip und das Prinzip der Verhältnismäßigkeit von Strafe betont. Zudem ist insbesondere eine strafrechtliche Verantwortlichkeit juristischer Personen vorgesehen.

Nachfolgend werden zunächst die erste Fassung (sub 1) und sodann die zweite sogenannte Fassung von Florenz (sub 2) untersucht. Dabei bilden erneut die Verbandshaftung und die Verbandssanktionierung Schwerpunkte. Ziel ist es zum einen, relevante Unterschiede der beiden Fassungen untereinander zu ermitteln, und zum anderen festzustellen, inwieweit das aktuelle deutsche Recht den Vorgaben bereits genügt.

1) Erste Fassung

a) Verbandshaftung

In Art. 14 Corpus Juris[1233] wird die Verbandshaftung wie folgt geregelt:

(1) Straftaten nach Art. 1 bis 8 können auch von juristischen Personen und solchen Vereinigungen begangen werden, die nach dem Gesetz Rechtssubjekt und Inhaber eigener Vermögenswerte sein können,

---

schaftsstrafrecht, S. 496 f.; Dannecker, Strafrechtsentwicklung, S. 29 f. mwN; Jung, JuS 2000, S. 417, 423; Tiedemann, FS-Roxin, S. 1406.

[1231] Sieber, Corpus Juris, S. 8. In Betracht kommen insbesondere eine Verordnung oder eine vertragliche Bindung; eingehend zu den Umsetzungsmöglichkeiten Kaiafa-Gbandi, S. 92 ff.; Kaiafa-Gbandi, KritV 1999, S. 162 ff. Vgl. auch Spinellis, KritV 1999, S. 148 f.; Zieschang, ZStW 113 (2001), S. 258.

[1232] Dannecker, GA 2001, S. 107.

[1233] Nachfolgend werden zur Vereinfachung der Darstellung die Artikel der erste Fassung des Corpus Juris durch den Zusatz „CJ" gekennzeichnet.

wenn die Straftat zugunsten der juristischen Person oder Vereinigung von einem ihrer Organe, Vertreter oder jeder anderen Person begangen wird, die im Namen der juristischen Person oder Vereinigung handelt oder eine gesetzliche oder faktische Entscheidungskompetenz innehat.

(2) Die strafrechtliche Verantwortlichkeit der juristischen Person oder Vereinigung schließt nicht die Strafbarkeit natürlicher Personen als Täter, Anstifter oder Gehilfe derselben Tat aus.

aa) Autonome Bewertung

aaa) Normadressaten

Normadressaten sind nach Art. 14 Abs. 1 CJ juristische Personen und solche Vereinigungen, die nach dem Gesetz Rechtssubjekt und Inhaber eigener Vermögenswerte sein können. Eine Legaldefinition ist im Corpus Juris nicht vorgesehen. In den Erläuterungen zum Corpus Juris wird bei beiden Begriffen ausschließlich auf die Existenz eigener Vermögenswerte abgestellt.[1234] Die Verfasser des Corpus Juris wollten vermeiden, dass der Begriff „juristische Person“ in einem von den Rechtsordnungen der Mitgliedstaaten abgeleiteten nationalen Sinn verstanden wird. Dieser Überlegung liegt neben der begrenzten Verantwortlichkeit von juristischen Personen im engeren Sinne in manchen Mitgliedstaaten[1235] wohl auch die noch offene Umsetzung des Regelungswerkes zu Grunde, da für den Fall einer „europäischen Geltung“ nationale Ansichten ohnehin allenfalls indiziellen Charakter haben. Es handelt sich also lediglich um eine Klarstellung.

Aus der Verknüpfung *„...und solchen...“* in Art. 14 Abs. 1 CJ entsteht bei strenger Orientierung am Wortlaut der Eindruck, dass juristische Personen im Gegensatz zu den genannten Vereinigungen nicht Rechtssubjekt und Inhaber von Vermögenswerten sein können. Offensichtlich war jedoch beabsichtigt, neben juristischen Personen im engeren Sinn auch andere Vereinigungen zu erfassen, welche die benannten

[1234] Corpus Juris, S. 44.
[1235] Corpus Juris, S. 44 mwN.

Eigenschaften aufweisen.[1236] Die juristische Person ist also nur ein Beispiel für eine solche Vereinigung.[1237]

Auch die bisher dargestellten Regelungen auf europäischer Ebene legen den jeweils verwendeten Begriff der juristischen Personen letztlich über die Rechtsfähigkeit, also die Rechtssubjektivität, und die damit verbundene Fähigkeit zur Vermögensträgerschaft fest.[1238] Aus deutscher Sicht ist der Kreis der Normadressaten folglich mit dem des Zweiten Protokolls[1239] identisch, da hierzulande das Kriterium der Vermögensträgerschaft in der Rechtsfähigkeit aufgeht. Erfasst werden neben juristischen Personen nationalen Verständnisses die rechtsfähigen Personengesellschaften,[1240] also insbesondere die GbR in Form der Außengesellschaft und die Partnerschaftsgesellschaft sowie der rechtsfähige und der nichtrechtsfähige[1241] Verein. Die Vorgesellschaft wird ebenfalls erfasst, da sie einer juristischen Person weitgehend gleichgestellt ist.[1242] Dasselbe gilt für die faktische Gesellschaft, welche einen vollgültigen Verband darstellt.[1243] Der Einzelkaufmann kann zwar nicht als juristische, dafür aber als natürliche Person belangt werden, da die strafrechtliche Verantwortlichkeit einer natürlichen neben der einer juristischen Person wegen derselben Tat nicht ausgeschlossen ist.[1244] Hingegen ist die Innengesellschaft schon kein Rechts-

---

[1236] Ein anderes Verständnis würde dazu führen, juristischen Personen ihre Fähigkeit, Rechtssubjekt und Vermögensträger zu sein, abzuerkennen. Dies kann nicht beabsichtigt sein.

[1237] Diese Abgrenzungsfrage wurde in der zweiten Fassung geklärt, indem anstelle der Formulierung „...und solchen..." die Wendung „...und anderen..." gewählt wurde.

[1238] Vertiefend Schmidt, Gesellschaftsrecht, S. 189 ff. Vgl. auch die Ausführungen in Teil 4.

[1239] Vgl. Art. 1 lit. d) des Zweiten Protokolls und oben.

[1240] Näher hierzu Teil 4.

[1241] Der nichtrechtsfähige Verein wurde dem rechtsfähigen in der praktischen Rechtsanwendung normativ angenähert; Mitsch, S. 119 mwN. Die Bezeichnung schließt lediglich die Einordnung als juristische Person aus, nicht hingegen die Fähigkeit, Träger von Rechten und Pflichten zu sein. Auch der nichtrechtsfähige Verein ist (wenn auch nur teilweise) rechtsfähig; eingehend Schmidt, Gesellschaftsrecht, S. 736 ff.

[1242] Insbesondere hinsichtlich der Rechtsfähigkeit; vgl. Schmidt, Gesellschaftsrecht, S. 1017 f. Siehe auch Schmidt, Wistra 1990, S. 134.

[1243] Schmidt, Wistra 1990, S. 134.

[1244] Art. 14 Abs. 2 CJ.

subjekt,[1245] weshalb es auf die Fähigkeit zur Vermögensträgerschaft nicht mehr ankommt.[1246]

Für Konzernkonstellationen nehmen die Erläuterungen zum Corpus Juris Bezug auf die Rechtsprechung des EuGH zur Haftung einer Muttergesellschaft für Straftaten ihrer Tochtergesellschaft.[1247] Nach der vorliegenden Fassung des Art. 14 Abs. 1 CJ kommt eine solche Haftung jedoch nur in Betracht, wenn beide Gesellschaften eine rechtsfähige Vereinigung bilden.[1248] Entscheidend ist also die gesellschaftsrechtliche Konstruktion. Demgegenüber liegt der Vorteil der angesprochenen Rechtsprechung des EuGH darin, davon losgelöst auf eine wirtschaftliche Einheit abstellen zu können. Die Übertragbarkeit der Rechtsprechung auf das Corpus Juris würde jedoch voraussetzen, dass der Begriff der „Vereinigung“ dem des „Unternehmen“ in der Kartell-VO entsprechen müsste. Tatsächlich besteht aber ein Unterschied. Während der Unternehmensbegriff des Wettbewerbsrechts sich auf das aktive Verhalten am Markt bezieht, liegt eine Vereinigung bereits mit der statischen Fähigkeit zur Vermögensträgerschaft vor.[1249] Damit kann man nicht ohne weiteres die Rechtsprechung des EuGH im zudem sachfremden Bereich des Wettbewerbsrechts auf das Corpus Juris übertragen.[1250] Allerdings hat sich gezeigt, dass der haftungsbegründende Unternehmensbegriff nur vordergründig eine Lockerung von den gesellschaftsrechtlichen Konstruktionen ermöglicht, da es auf diese bei der Sanktionierung wiederum ankommt.[1251] Letztlich kommt man an den Kriterien des Corpus Juris also nicht vorbei.

1245 Schmidt, Gesellschaftsrecht, S. 1290.

1246 Dies ist umstritten. Teilweise wird vertreten, auch Innengesellschaften könnten ein Gesamthandvermögen tragen; Nachweise bei Schmidt, Gesellschaftsrecht, S. 1712 ff. mwN. Da allerdings eine Innengesellschaft durch Verrechnung der unter den Gesellschaftern bestehenden Ansprüche und nicht über eine Liquidation abgewickelt wird, ist eine Vermögensträgerschaft von Innengesellschaften im Ergebnis abzulehnen; so auch Schmidt, Gesellschaftsrecht, S. 1712 ff. mwN.

1247 Dort wird auf die wirtschaftliche Einheit abgestellt; vgl. Teil 5.

1248 Tiedemann (Huber CJ, S. 65) bezeichnet diese Beschränkung auf rechtlich selbständige Vermögensträger als „rückständig“.

1249 Siehe oben Teil 5.

1250 Streitstand zum Erfordernis zivilrechtlicher Rechtsfähigkeit bei Koch-Grabitz/Hilf, Art. 85, Rd. 7 mwN.

1251 Oben Teil 5.

bbb) Handlungsfähigkeit

Fraglich ist, ob auch hier von einer unmittelbaren eigenen Handlungsfähigkeit der Normadressaten auszugehen ist oder ob diese über eine Zurechnung fremden Verhaltens konstruiert wird. Letzteres hätte zur Folge, dass das Verhalten einer bestimmten Person individualisiert werden muss, was einen erhöhten Verfolgungsaufwand zur Folge hätte.

Aus dem Wortlaut des Art. 14 CJ lässt sich keine Variante eindeutig herauslesen. Danach können die Straftaten von den Verbänden *begangen* werden. Hieraus könnte man ableiten, dass die Vereinigung auch selbst *handeln* kann. Dazu müsste aber *begehen* im Sinne von *handeln* zu verstehen sein. Dies ist zumindest in der deutschen Strafrechtslehre nicht der Fall, da die Begehung in Abgrenzung zum Unterlassen verwendet wird und beide Begriffe unter den Handlungsbegriff fallen.[1252] Somit besteht eine Wortlautdifferenz. Die Formulierung soll also wohl lediglich klarstellen, dass das Unternehmen für die Tat verantwortlich gemacht wird, jedoch keine Aussage über die dogmatische Konstruktion treffen.[1253]

Allerdings spricht die Fassung des Absatzes 1 am Ende für das Zurechnungsmodell. Dieses setzt voraus, dass die Straftat von einem Repräsentanten begangen wird, der im Namen des Verbandes *handelt*. Somit handelt zwar der Vertreter, dies aber für den Verband. Mithin scheint man dem Zurechnungsmodell zu folgen und nur insoweit eine eigene Handlungsfähigkeit der Vereinigung zu bejahen.[1254] Mithin wäre auch das Verhalten einer zurechnungsfähigen Person isoliert zu ermitteln.

[1252] Obschon das nationale Verständnis hier freilich nicht entscheidend, gleichwohl aber Indiz ist.

[1253] So (wohl) auch Neumann, S. 79.

[1254] Vgl. Vogel, Strafverteidigertag, S. 129 (in Fn. 49). Hiervon hängt im Weiteren die Entscheidung ab, „ob die strafrechtliche Verantwortlichkeit an ein eigenes Verschulden der juristischen Person zu knüpfen ist, oder ob es um eine Haftung für das Verschulden ihrer Organe geht"; so Neumann, S. 79. Neumann (aaO) nimmt hingegen eine eigene Handlung der juristischen Person an, da Art. 14 Abs. 2 Corpus Juris die Strafbarkeit natürlicher Personen wegen derselben Tat nicht ausschließt.

ccc) Schuldfähigkeit

Die Verfasser haben das Schuldprinzip zwar „normiert", aber nicht näher definiert. Es wurde lediglich dargelegt, dass es den Gegebenheiten des modernen Wirtschaftslebens angepasst werden muss.[1255] Die dogmatische Konstruktion über eine Zurechnung bzw. ein Organisationsverschulden wurde im Rahmen des Art. 14 CJ bewusst offengelassen.[1256] Auch die Vorbemerkung zu den Artt. 10 ff. CJ bringt hierüber keine Klarheit: „Das Unternehmen selbst kommt dabei als Täter in Betracht, sofern der Schuldvorwurf diesem direkt zugerechnet werden kann".[1257] Dieser Satz scheint zunächst eindeutig auf das Zurechnungsmodell abzustellen, was jedoch voraussetzt, dass man unter „Schuldvorwurf" denjenigen gegenüber einer natürlichen Person versteht. Man könnte die direkte Zurechnung aber auch im weiteren Sinne als eigenes Verschulden des Verbandes verstehen.

Die Verfasser des Corpus Juris gehen davon aus, dass im Rahmen der Schuld, welche als Ausfluss des Verhältnismäßigkeitsprinzips anzusehen ist,[1258] auch kriminalpolitische Aspekte in Form der Gegebenheiten des modernen Wirtschaftslebens[1259] zu berücksichtigen sind.[1260] Gleichwohl wurde die nach diesem Ansatz im Extremfall denkbare objektive Kriminalstrafe vorliegend nicht gewählt.[1261] Vielmehr muss die Tat - von der natürlichen oder juristischen Person - zumindest leichtfertig begangen worden sein,[1262] was letztlich eher für das Zurechnungsmodell spricht.[1263]

[1255] Corpus Juris, S. 40.

[1256] Tiedemann, Huber CJ, S. 65; Otto, Jura 2000, S. 105; ebenso Bosch (S. 45 f.), der (auf S. 46 in Fn. 155 unter Verweis auf Weigend, StV 2001, S. 66) andeutet, dass diese Offenheit darin begründet liegen kann, dass nur der Gesetzgeber selbst als Opfer des Schutzes der finanziellen Interessen in Frage kommt.

[1257] Corpus Juris, S. 40.

[1258] Vgl. dazu Vogel, JZ 1995, S. 339; siehe auch oben.

[1259] Corpus Juris, S. 44.

[1260] Otto, Jura 2000, S. 104. Auf die von Neumann (S. 79) beschriebene Abhängigkeit des Schuldmodells vom Handlungsmodell kommt es damit ebenfalls nicht an; Neumann (S. 80) bejaht einen eigenen Schuldvorwurf gegen die juristische Person.

[1261] Vgl. oben.

[1262] Art. 10 CJ.

[1263] Zur beschränkten Geltung des Schuldprinzips vgl. Teil 6 (A, VI, 1, b, aa, ccc).

ddd) Täterkreis

In Art. 14 Abs. 1 CJ werden Organe, Vertreter oder andere Personen, die im Namen der juristischen Person oder Vereinigung handeln oder eine gesetzliche oder faktische Entscheidungskompetenz innehaben, als mögliche Täter benannt. Diese Gruppierung entspricht weitgehend der des Zweiten Protokolls. Es besteht auch kein Unterschied im Bereich der schwächsten Bindung an die Organstellung, namentlich der *faktischen Entscheidungskompetenz*, des Art. 14 CJ im Gegensatz zu der im Zweiten Protokoll benannten Person, der eine Führungsposition aufgrund einer Kontrollbefugnis zukommt.[1264] Die Kontrollbefugnis ist im Rahmen des Art. 3 Zweites Protokoll im Verhältnis zur Entscheidungsbefugnis als Oberbegriff zu verstehen.[1265] Anders als dort wird bei Art. 14 CJ aber kein Handeln im Namen des Verbandes verlangt. Damit heben sich diese marginalen Unterschiede quasi auf. Beide Regelungen wollen die Umgehung der strafrechtlichen Verantwortlichkeit durch Strohmänner in bestimmten Positionen vermeiden[1266] und erreichen dies auch. Sofern man die Weite der Formulierungen für mit dem Bestimmtheitsgrundsatz vereinbar hält,[1267] erfüllen sie ihren Zweck umfassend.[1268]

eee) Zurechnungskriterien

Die Tat muss zugunsten, also auf Rechnung des Unternehmens begangen worden sein.[1269]

fff) Bezugstat – Erweiterung des Täterkreises

Wichtigste Bezugstat für Art. 14 Abs. 1 CJ dürfte Art. 13 CJ sein. Dort ist geregelt, dass der Unternehmensleiter oder jede andere Person, der die Entscheidungs- oder Kontrollgewalt im Unternehmen obliegt, für eine zugunsten des Unternehmens von einer weisungsabhängigen Person begangene Straftat strafrechtlich verantwortlich ist, wenn sie in Kenntnis der Umstände Anweisungen gegeben, Straftaten gesche-

1264 Hinsichtlich der weiteren Personen wird auf die obigen Ausführungen verwiesen.
1265 Vgl. oben.
1266 Siehe auch Musil, S. 122.
1267 Vgl. dazu oben.
1268 Vgl. im Einzelnen oben.
1269 Tiedemann, Huber CJ, S. 65.

hen lassen oder notwendige Kontrollen unterlassen hat. Der Unternehmensleiter haftet also aus einer Garantenpflicht.[1270] Aufgrund der hieraus folgenden Strafbarkeit einer Leitungsperson kann sich wiederum auch der Verband selbst i.S.d. Art. 14 Abs. 1 CJ strafbar machen. Dabei besteht zwischen der Formulierung „faktische Entscheidungskompetenz" in Art. 14 CJ und „Entscheidungs- oder Kontrollgewalt" in Art. 13 CJ kein relevanter Unterschied. In beiden Fällen kommt es auf eine faktische Führungsposition an. Der Gleichlauf dieser Regelungen ist damit gewährleistet.

ggg) Zwischenergebnis

Das Corpus Juris erlaubt ähnlich dem Zweiten Protokoll eine umfassende Haftung von Verbänden. Auch hier wird im Rahmen der Normadressaten auf die Rechtsfähigkeit der delinquenten Kollektive abgestellt. Daneben wird das Merkmal der Vermögensträgerschaft eingeführt. Aus deutscher Sicht geht dieses zwar letztlich in der Rechtsfähigkeit auf, doch dürfte hierdurch die europaweite Praktikabilität der Sanktionsnormen erhöht werden. Über die Bezugstat kann auch hier eine Haftung für alle Mitarbeiter begründet werden.

bb) Vergleich mit der deutschen nationalen Regelung

aaa) Normadressaten

Da Art. 14 CJ auf die Rechtsfähigkeit abstellt, entspricht diese Regelung der neuen Fassung des § 30 OWiG. Differenzen bestehen insoweit keine.

bbb) Handlungsfähigkeit

Neben der in Deutschland besonderen dogmatischen Konstruktion bestehen keine relevanten Unterschiede.

ccc) Schuldfähigkeit

Insoweit bestehen ebenfalls keine Unterschiede.

ddd) Täterkreis

Auch der Täterkreis entspricht sich. So verlangt Art. 14 CJ zumindest eine faktische Entscheidungskompetenz, während § 30 OWiG n.F. die Handlungen einer Lei-

[1270] Otto, Jura 2000, S. 105.

tungsperson mit Kontrollbefugnissen ausreichen lässt. Beide Regelungen haben dasselbe Ziel, nämlich die Umgehung einer Haftung über formelle organisatorische Konstruktionen innerhalb der Verbände und erreichen dieses auch.

eee) Zurechnungskriterien

Die Regelung in Art. 14 CJ entspricht weitgehend der des Art. 3 Zweites Protokoll, da die Tat in beiden Fällen zugunsten der juristischen Person begangen werden muss. Mithin gelten auch die dortigen Ausführungen entsprechend.[1271] Relevante Unterschiede bestehen nicht.

fff) Bezugstat – Erweiterung des Täterkreises

Art. 13 CJ spannt den Kreis der strafbaren Unternehmensleiter mit Personen, denen die Kontrollgewalt obliegt, sehr weit und geht dabei über den in § 130 OWiG n.F. nicht angepassten[1272] Personenkreis der Betriebsinhaber hinaus. Zudem besteht für die Leitung nicht nur eine Pflicht zur Aufsicht, sondern es genügt bereits das reine Unterlassen („Straftaten geschehen lassen"). Andererseits lässt § 130 OWiG n.F. Fahrlässigkeit ausreichen, während das Corpus Juris (wohl positive) Kenntnis verlangt. Schließlich wird nach Art. 13 CJ nur für weisungsabhängige Personen gehaftet, während § 130 OWiG n.F. insoweit keine Einschränkung vorsieht.[1273] Insgesamt wird das Modell der §§ 9, 30, 130 OWiG n.F den Anforderungen des Corpus Juris nicht gerecht und müsste angepasst werden.

ggg) Zwischenergebnis

Im Ergebnis entspricht das (neue) deutsche Recht den Anforderungen des Corpus Juris weitgehend. Lediglich die fehlende Erstreckung der Haftung für sonstige Leitungspersonen in §§ 9, 130 OWiG n.F. ist noch nachzuholen.

1271 Vgl. oben.

1272 Dies wurde bereits oben in Teil 4 kritisiert.

1273 Vgl. § 130 OWiG („...begangen wird ...").

b) Verbandssanktion

Art. 9 CJ lautet wie folgt:

> *(1) Hauptstrafen, die allen Straftaten der Art. 1 bis 8 gemeinsam sind, stellen dar:*
>
> *a) für natürliche Personen...Freiheitsstrafe und/oder Geldstrafe...;*
>
> *b) für juristische Personen die gerichtliche Überwachung für eine Dauer von bis zu fünf Jahren und/oder eine Geldstrafe bis zu 1.000.000 ECU, die bis zum Fünffachen der mit der Straftat zusammenhängenden Summe erhöht werden kann;*
>
> *c) die Einziehung der Instrumente, der Produkte und des Gewinns aus der Straftat;*
>
> *d) die Bekanntmachung der Verurteilung.*
>
> *(2) Als zusätzliche Strafen für die genannten Straftaten gelten:*
>
> *a) ...Ausschluss von zukünftigen Subventionsgewährungen...;*
>
> *b) ...Ausschluss von zukünftigen Vertragsabschlüssen...;*
>
> *c) ..Verbot der Ausübung eines Amtes auf Gemeinschafs- und nationaler Ebene...*

aa) Autonome Bewertung

aaa) Sanktionsadressaten

Der Kreis der Sanktionsadressaten ist auf den ersten Blick mit dem der Normadressaten identisch. Bedenken ergeben sich jedoch daraus, dass in Art. 9 Abs. 1 CJ nur Strafen gegen natürliche oder juristische Personen vorgesehen sind. Dabei ist offen, ob hierunter tatsächlich nur juristische Personen oder auch die anderen Vereinigungen im Sinne des Art. 14 CJ fallen. Der klare Wortlaut spricht jedenfalls eher dagegen und muss schon wegen des Analogieverbotes beachtet werden. Dann aber begründet das Corpus Juris einerseits eine Strafbarkeit, die andererseits nicht umgesetzt werden kann und somit wirkungslos bleibt. Dies bedarf näherer Klärung.[1274]

[1274] Übersicht über weitere Unklarheiten bei Wattenberg, StV 2000, S. 95 ff.

Hier hilft auch Art. 35 CJ nicht weiter, wonach bei Regelungslücken subsidiär das nationale Recht zur Anwendung kommt, da in Deutschland eben gerade keine Verbandskriminalstrafe anerkannt ist. Dies würde zu einem erheblichen Missverhältnis zwischen den einzelnen Verbandsformen führen.

Freilich liegt die Vermutung nahe, dass es sich hier nur um ein Versehen handelt, welches entsprechend nachgebessert werden sollte. Sonstige Bedenken bestehen nicht, zumal auch die übrigen Verbände vom deutschen Recht erfasst werden.[1275]

bbb) Rechtsnatur der Sanktionen

Als Rechtsfolgen sind in Art. 9 Abs. 1 CJ Hauptstrafen und in Abs. 2 zusätzliche Strafen vorgesehen. Bei der Frage nach der Rechtsnatur der Sanktionen fällt allgemein zunächst die ausdrückliche Bezeichnung als *Strafe* auf. Zur Zeit der Vorlage des Corpus Juris war bereits die Differenzierung der Sanktionen nach strafrechtlichen oder nicht strafrechtlichen bekannt.[1276] Man muss also von einer bewusst gewählten Formulierung und somit zunächst von einer Einstufung als Kriminalstrafen ausgehen.[1277] Dafür spricht auch die in Abs. 1 als solche bezeichnete Freiheits*strafe*.[1278] Die Sanktionen werden von den nationalen Gerichten verhängt,[1279] wobei der EuGH eine einheitliche Rechtsanwendung überwacht.[1280]

aaaa) Geldstrafe

Die Geldstrafe wirkt punitiv. Zudem drückt sie angesichts des Sanktionsrahmens, innerhalb dessen die zu Unrecht erlangten Vorteile nicht zu berücksichtigen sind,[1281] eine erhebliche sozial-ethische Missbilligung aus. Die Höhe der Geldstrafe ist nicht durch eine absolute Obergrenze limitiert. In einer ersten Stufe können bis

---

1275 Vgl. oben.

1276 Vgl. Zweites Protokoll, Kartell-VO.

1277 So auch Wattenberg, StV 2000, S. 100.

1278 Zieschang (S. 235 f.) weist darauf hin, dass unter der Überschrift „Strafen“ des Art. 9 Corpus Juris neben klassischen Kriminalstrafen auch die nicht schuldbezogene Maßregel Einziehung aufgeführt wird. Er lehnt eine „Tendenz zu einem einspurigen System“ unter Verweis auf das Schuldprinzip ab.

1279 Vgl. Art. 26 CJ.

1280 Vgl. Art. 28 CJ. Er stellt jedoch kein Revisionsgericht dar; vgl. Corpus Juris, S. 70.

1281 Im Gegensatz zu den Kartell-VOen. Dies ergibt sich aus der abschließenden Aufzählung in Art. 15 CJ und der lediglich die Laufzeit von Dauersanktionen erhöhende Art. 16 CJ.

zu € 1 Mio. verhängt werden. Dieser Betrag kann jedoch nach Art. 9 Abs. 1 lit. b) Var. 2 CJ „bis zum Fünffachen der mit der Straftat zusammenhängenden Summe erhöht werden".

Die erste Stufe ist unbedenklich. Allenfalls die Gleichsetzung der Sanktionshöhe gegenüber natürlichen und juristischen Personen auf dieser Stufe wäre zulasten der juristischen Personen nachzubessern.[1282]

Hingegen werden zur weitergehenden Regelung, welche scheinbar keine Begrenzung auf das verfügbare Vermögen des Täters vorsieht, Bedenken jedenfalls im Hinblick auf das deutsche Verfassungsrecht geäußert.[1283] Hierzu ist jedoch anzumerken, dass in Art. 15 CJ ausdrücklich die wirtschaftliche Situation des Täters berücksichtigt werden muss. Dies erzeugt faktisch dieselbe Wirkung wie die geforderte Beschränkung. Allerdings ist die Formulierung in anderer Hinsicht bedenklich. Es ist von einer „Summe" die Rede, welche mit der Straftat zusammenhängt. Der Gewinn aus der Tat kann hiermit nicht gemeint sein, da dieser in Art. 9 Abs. 1 lit. c) CJ gesondert benannt wird. Damit dürfte sich die Regelung auf das nach dem Bruttoprinzip aus der Tat Erlangte beziehen. Damit wäre auch das Gesamtvolumen einer nur zu geringen Teilen durch Betrug erlangten Subvention vom Wortlaut gedeckt.[1284] Man wird also einen Verstoß gegen das Bestimmtheitsgebot bejahen können, da die Adressaten nicht wissen, auf welche Sanktionshöhe sie sich einstellen müssen. Zudem ist nicht nur das Tagessatz-, sondern auch das Geldsummensystem vom Begriff der Geldstrafe gedeckt.[1285] Damit sind massive Sanktionen denkbar,

---

[1282] So Zieschang (S. 239), der zudem darauf hinweist, dass in Deutschland die gleichzeitige Verhängung von Freiheits- und Geldstrafe nur unter den Voraussetzungen des § 41 StGB zulässig ist (aaO S. 238).

[1283] Wattenberg (StV 2000, S. 99) unter Hinweis darauf, dass selbst bei dem (damals noch nicht für verfassungswidrig erklärten) § 43a StGB eine solche Begrenzung vorgesehen war. Prieß (S. 54) nimmt - zum Vergleich – einen Übergang von verwaltungs- zu verwaltungsstrafrechtlicher Sanktion ab einem Zuschlag von 20 % an.

[1284] Vgl. etwa die Ermittlung der Sanktion bei VO 17/62 bzw. 1/2003 anhand des Gesamtkonzernumsatzes selbst bei Verstößen einer kleinen Einheit. Auch hier wird die hinreichende Bestimmtheit bezweifelt; vgl. Teil 5.

[1285] Zieschang, S. 237.

welche vollumfänglich vollstreckt werden.[1286] Im Ergebnis handelt es sich bei der Geldstrafe klar um eine Kriminalstrafe.[1287] Die Geltung der strafrechtlichen Garantien ist damit evident.[1288]

bbbb) Weitere Hauptstrafen

Auch die *gerichtliche Überwachung* einer juristischen Person wirkt punitiv[1289] und ist als Kriminalstrafe einzuordnen.[1290] Sie kann durch unterschiedlich intensive Eingriffe in die unternehmerische Handlungsfreiheit festgesetzt werden. Der offene Wortlaut deckt von einer reinen Auskunfts- bzw. Berichtspflicht bis zu einem sachlich oder zeitlich beschränkten Handlungsverbot eine breite Skala von Maßnahmen.[1291] Dabei muss die Obergrenze aber stets ein irgendwie beschränktes Verbot sein, da ein sachlich und zeitlich unbeschränktes Verbot letztlich einer Auflösung des Unternehmens gleichkäme, welche in Art. 9 CJ nicht vorgesehen ist. Zudem kann sie im Hinblick auf die Berufs- und Gewerbefreiheit des Verbandes nur sehr begrenzt vorgesehen werden.[1292] Gleichwohl begegnet auch diese Maßnahme des Corpus Juris angesichts ihrer weitgehend unkonkretisierten Formulierung nicht unerheblichen Bedenken im Hinblick auf den Bestimmtheitsgrundsatz.[1293]

Die Regelung zur *Einziehung der Instrumente, der Produkte und des Gewinns aus der Straftat* ist den §§ 73 ff. StGB, § 29 OWiG vergleichbar.[1294] In der deutschen nationalen Strafrechtswissenschaft werden diese Regelungen als Sanktion sui generis[1295] und nur in einer bestimmten Konstellation als Strafe[1296] angesehen. Allge-

---

[1286] Kritisch hierzu auch Wattenberg, StV 2000, S. 99.

[1287] So auch Satzger, S. 76. Neumann (S. 81) sieht in der Unternehmensstrafe keine kriminalpolitischen Vorteile wegen fehlender sozial-ethischer Missbilligung bei Unternehmen und Entmoralisierung des strafrechtlichen Schuldvorwurfs; vgl. auch Kaiafa-Gbandi, S. 107 f.

[1288] Zu deren Umfang vgl. Teil 3 (B, I, 2, b).

[1289] Papachristos, S. 102 f. mwN.

[1290] Zieschang, S. 238 f. Gegen die Zweckmäßigkeit einer solchen Regelung Müller, S. 15 mwN.

[1291] Siehe auch Brender, S. 17 f. Man wird nach dem Wortlaut wohl auch die Einsetzung eines Kurators zulassen müssen.

[1292] Tiedemann, Freiburger-Begegnung, S. 38; Dannecker, GA 2001, S. 125.

[1293] Vgl. dagegen etwa die klare Regelung im „Entwurf eines Gesetzes zur Bekämpfung der Unternehmenskriminalität" in Schünemann, Wiedervereinigung, S. 146 ff.

[1294] Zieschang, S. 239.

[1295] Fischer-Tröndle/Fischer, § 73, Rd. 2.

mein wird ihre Funktion eher im präventiven Bereich gesehen.[1297] Diese Einordnung ist auf eine europäische Regelung freilich nicht unmittelbar übertragbar, stellt aber zumindest ein Indiz dar. Auch hier dürften präventive im Gegensatz zu repressiven Aspekten überwiegen.[1298] Damit ist die Sanktion nicht punitiv und folglich keine Kriminalstrafe, sondern allenfalls Strafe im weiteren Sinn.[1299]

Die *Bekanntmachung der Verurteilung* als solche wirkt hingegen repressiv, da hier die Sühnefunktion im Vordergrund steht.[1300] Auch eine sozial-ethische Missbilligung kann kaum plastischer ausgedrückt werden. Zwar greift diese Sanktion in das Persönlichkeitsrecht des Sanktionierten ein,[1301] doch sind speziell juristische Personen im Rahmen der Verhältnismäßigkeitsprüfung weniger schützenswert. Daher dürfte die Sanktion letztlich zulässig sein,[1302] obwohl der praktische Ablauf der Publikation nicht näher bestimmt wird. Schließlich wird die Wirkung einer Veröffentlichung vereinzelt mit Zweifeln versehen.[1303]

cccc) Zusätzliche Strafen

Der *Ausschluss von zukünftigen Subventionsgewährungen und Vertragsabschlüssen* ist im deutschen Strafrecht als eigenständige Sanktion unbekannt. Diese Sanktion hat keinen punitiven Charakter und ist daher nicht als Kriminalstrafe, sondern allenfalls als Verwaltungssanktion anzusehen.[1304] Bedenken gegen die Einführung der Sanktion entstünden nur, wenn der Ausschluss einem faktischen Berufsverbot

---

[1296] Fälle der Einziehung, bei denen § 74 Abs. 2 Nr. 1, nicht aber Nr. 2 StGB gilt; vgl. Fischer-Tröndle/Fischer, § 74, Rd. 2 mwN.
[1297] Mitsch-BWM, S. 716 f.
[1298] So auch Dannecker, GA 2001, S. 127 mwN.
[1299] Vgl. den Kriterienkatalog bei Satzger (S. 79), der sogar andeutet (S. 87), dass die Sanktion nicht einmal als Strafrecht im weiteren Sinne anzusehen sein könnte.
[1300] Zieschang, S. 239. Nach Dannecker (GA 2001, S. 126 f.) hingegen überwiegt die präventive Funktion. Zur Bekanntmachung als Strafsanktion durch Negativpublizität vgl. auch Fisse, S. 125 f.
[1301] Wattenberg, StV 2000, S. 99; Träskman, S. 229. Die Sanktion wird auch als „Prangerstrafe" bezeichnet, die mit modernem Strafrecht nicht zu vereinbaren sei; vgl. Hassemer, KritV 1999, S. 139 und Zieschang, S. 239.
[1302] Im Ergebnis wohl auch Zieschang, S. 239.
[1303] Papachristos (S. 98 ff.) führt die einzelnen Bedenken auf.
[1304] Vogel (Europäische Rechtsakademie, S. 179) und Satzger (S. 86), die auf die Entscheidung des EuGH im Fall Bundesrepublik Deutschland./.Kommission (Urteil vom 27.10.1992, Rs. C-240/90, Slg. 1992, S. 5383) zu einem Beihilfeausschluss hinweisen.

gleichkäme,[1305] wogegen aber juristische Personen regelmäßig schwächer geschützt sind als Menschen.[1306]

Das ebenfalls mögliche *Verbot der Ausübung eines Amtes auf Gemeinschafs- und nationaler Ebene* existiert in Deutschland zwar, allerdings unter strengeren Voraussetzungen.[1307] Bei juristischen Personen ist es ohnehin wirkungslos.

ccc) Grundsätze

Im Corpus Juris sind das Gesetzlichkeits-, das Schuld- und das Verhältnismäßigkeitsprinzip explizit festgeschrieben. Allerdings werden die Grundsätze selbst nicht ausformuliert oder in Normen niedergelegt,[1308] da sie bereits „in den Verfassungen der Mitgliedstaaten verankert sind und sich außerdem aus der Rechtsprechung der beiden europäischen Gerichtshöfe ergeben“.[1309] Vielmehr hat man sie direkt umgesetzt, indem darauf basierende Regelungen entwickelt wurden.[1310] Zudem finden sich die Prinzipien in den Überschriften zu den entsprechenden materiellrechtlichen Abschnitten.

Das Gesetzlichkeitsprinzip steht vor den Regelungen zum Besonderen Teil, also vor Art. 1 CJ.[1311] Damit bringen die Verfasser die Bedeutung dieses Prinzips zum Ausdruck. Bei der ausführlichen Normierung der einzelnen Delikte soll auf die Normenklarheit als „Voraussetzung für die Vorhersehbarkeit der Normanwendung“ geachtet worden sein.[1312] Jedoch wird bemängelt, dass das Analogieverbot und das Rückwirkungsverbot fehlen.[1313] Regelungen zum Versuch und Rücktritt müssten

[1305] Zieschang, S. 240; Wattenberg, StV 2000, S. 99.
[1306] So auch Zieschang, S. 240.
[1307] Vgl. § 358 StGB; Zieschang, S. 240.
[1308] Siehe auch Neumann, S. 71.
[1309] Corpus Juris, S. 30.
[1310] Corpus Juris, S. 30.
[1311] Corpus Juris, S. 30; Neumann, S. 69.
[1312] Corpus Juris, S. 30.
[1313] Tiedemann (Huber CJ, S. 62) regt in diesem Zusammenhang an, in der Endfassung zu regeln, dass die Änderungen der Rechtsprechung vorhersehbar („reasonably foreseeable“) sein müssen. Dazu auch Neumann, S. 69.

ebenfalls noch eingefügt werden. Zulässig sei hingegen das Fehlen von Rechtfertigungs- und Entschuldigungsgründen.[1314]

Das Schuldprinzip steht vor den Artt. 10 – 14 CJ.[1315] Es beschränkt die Begründung strafrechtlicher Verantwortlichkeit. Dies allerdings in einem recht weiten Sinn,[1316] da letztlich nur eine Strict liability ausgeschlossen werden soll.[1317] Zudem soll das Schuldprinzip „den Gegebenheiten des modernen Wirtschaftslebens angepasst werden". Damit eröffnen die Verfasser die Möglichkeit, kriminalpolitische Erwägungen im Rahmen einer Abwägung mit zu berücksichtigen.[1318] Somit wird hier die Linie des EuGH fortgeführt, der das Schuldprinzip als eine Ausprägung des Verhältnismäßigkeitsprinzips ansieht.[1319] Diese Grundlage ist notwendig, um eine Unternehmensstrafe konsequent begründen zu können.[1320] Mithin werden die strafrechtlichen Garantien trotz der teilweisen Ersetzung des Schuld- durch das Verhältnismäßigkeitsprinzip hinreichend gewährt.[1321]

Das Verhältnismäßigkeitsprinzip selbst wird vor den Artt. 15 – 17 CJ aufgeführt und soll insbesondere die Zumessung der Strafe bestimmen.[1322] Damit trennen die Verfasser die Anwendungsbereiche für Schuld bzw. Verhältnismäßigkeit in Sanktionsgrund und Sanktionshöhe, was zu einer Einschränkung des Schuldgrundsatzes führt.

1314 Tiedemann, Huber CJ, S. 63.

1315 Corpus Juris, S. 40; Neumann, S. 71.

1316 Vgl. Tiedemann, Huber CJ, S. 61.

1317 Tiedemann, Huber CJ, S. 125. Manoledakis (KritV 1999, S. 188 ff.) sieht in der Gleichbehandlung von Vorsatz und Fahrlässigkeit einen Verstoß gegen das Schuld- und Verhältnismäßigkeitsprinzip.

1318 Neumann, S. 71.

1319 Ausführlich dazu oben; vgl. auch Neumann, S. 71. Lediglich ergänzend wird im Corpus Juris auf die Rechtsprechung des EGMR hingewiesen (Corpus Juris, S. 40). Hieraus kann eine Anknüpfung des Schuldprinzips an die Garantie der Menschenwürde aber nicht abgeleitet werden, welche das Schuldprinzip abwägungsfest macht. Auch Wolffgang/Ulrich (EuR 1998, S. 646) sprechen nur von einer Orientierung an der EMRK neben den europäischen Verfassungen.

1320 Siehe oben und Vogel, JZ 1995, S. 339; Manoledakis (KritV 1999, S. 188 ff.) hingegen sieht hierin gerade einen Verstoß gegen das Schuldprinzip.

1321 Vgl. hierzu Teil 3 (B, I, 2, b).

1322 Corpus Juris, S. 45.

Weiter gilt eine Mischung aus Opportunitäts- und Legalitätsprinzip, da die einzurichtende europäische Strafverfolgungsbehörde (ESB) im Fall des Art. 19 Abs. 4 CJ einschreiten muss, sonst hingegen ein Ermessen hat.[1323]

Der Grundsatz *ne bis in idem* ist ebenfalls zu beachten und ergibt sich aus Art. 23 CJ.[1324] Die Verweisungen in Art. 29 Abs. 1 CJ auf Art. 6 EMRK und Art. 31 CJ beinhalten zudem den Grundsatz *in dubio pro reo.*[1325]

Neben diesen gelten auch die allgemein auf Gemeinschaftsebene anerkannten Grundsätze.[1326] Schließlich bleibt anzumerken, dass zwischen Täterschaft und Teilnahme eine Trennung vorgenommen wurde.[1327]

ddd) Zwischenergebnis

Bemerkenswert ist die im Corpus Juris vorgesehene Verbandskriminalstrafe. Die bereits besprochenen europäischen Regelungen sind insofern deutlich offener gestaltet und lassen auch nichtstrafrechtliche Sanktionen zu. Hinzu kommt das noch über die Vorschläge des Zweiten Protokolls hinausgehende ergänzende Sanktionsinstrumentarium, auch wenn bestimmte[1328] Maßnahmen hauptsächlich lediglich präventiv wirken. Schließlich ist auf die eingeschränkte Geltung des Schuldgrundsatzes hinzuweisen.

[1323] Corpus Juris, S. 51 f.; siehe auch Wattenberg, StV 2000, S. 100.

[1324] Corpus Juris, S. 60; Wattenberg, StV 2000, S. 101; dazu auch Vander Beken / Vermeulen / Lagodny, NStZ 2002, S. 624 ff. (In Art. II-50 EU-Verfassungsentwurf I findet sich der auch für Verbände anzuwendende Grundsatz ne bis in idem: „Niemand darf wegen einer Straftat, derentwegen er bereits in der Union nach dem Gesetz rechtskräftig verurteilt oder freigesprochen worden ist, in einem Strafverfahren erneut verfolgt oder bestraft werden.“)

[1325] Auch zu weiteren Prinzipien Argyropoulos, KritV 1999, S. 203. Zum Konvent vgl. Art. II-48 EU-Verfassungsentwurf I, nach welchem der Grundsatz in dubio pro reo sowie die Pflicht zur Achtung der Verteidigungsrechte auch für Verbände gilt, da diese selbst i.d.S. Angeklagte sein können: Art. II-48 (Unschuldsvermutung und Verteidigungsrechte):
„(1) Jeder Angeklagte gilt bis zum rechtsförmlich erbrachten Beweis seiner Schuld als unschuldig.
(2) Jedem Angeklagten wird die Achtung der Verteidigungsrechte gewährleistet.“

[1326] Siehe Teil 5 (A, III, 1, c).

[1327] Vgl. Neumann, S. 75.

[1328] Insbesondere die nicht finanziellen.

bb) Vergleich mit der deutschen nationalen Regelung

aaa) Sanktionsadressaten
Der hier festgelegte Kreis der Sanktionsadressaten wird vom deutschen Recht vollständig erfasst.

bbb) Rechtsnatur der Sanktionen
Die zumindest teilweise vorgesehene kriminalstrafrechtliche Natur der Sanktionen erfüllt das deutsche Recht im Hinblick auf Verbände nicht. Insoweit müssten also noch Anpassungen vorgenommen werden. Den dogmatischen Rahmen bestimmt der Streit, inwieweit das überkommene Schuldprinzip im Verbandsbereich angepasst, eingeschränkt oder umgangen werden kann. Dabei ist der Meinung, dass der Schuldgrundsatz als Ausfluss des Verhältnismäßigkeitsprinzips eingeschränkt werden könne, nicht nur aus funktionalen Gründen der Vorzug zu geben.[1329]

Zudem sind Sanktionen vorgesehen, die im deutschen Recht so entweder überhaupt nicht oder nur sehr eingeschränkt existieren. Folglich besteht nicht nur in Bezug auf die Rechtsnatur einzelner Sanktionen, sondern auch im Hinblick auf ihre Ausgestaltung Anpassungsbedarf.

ccc) Grundsätze
Hinsichtlich der Grundsätze besteht insoweit eine Differenz, als die Anwendungsbereiche des Schuld- bzw. Verhältnismäßigkeitsprinzips im Corpus Juris klarer getrennt sind. Während im deutschen Recht die Schuld des Täters die Sanktionsbegründung und deren Höhe bestimmt, setzt das Corpus Juris nur für die Begründung einen Schuldvorwurf voraus. Diese moderne Lösung verringert die dogmatischen Bedenken gegen eine Verbandsstrafe.[1330]

ddd) Zwischenergebnis
Der grundlegende Unterschied zwischen Corpus Juris und deutschem Recht liegt in der Akzeptanz der Verbandskriminalstrafe. Je nachdem, wie das Corpus Juris um-

[1329] Eingehend hierzu oben.
[1330] Vgl. Teil 3 (B, I, 2, b).

gesetzt wird, muss sich der deutsche Gesetzgeber entweder unmittelbar[1331] oder jedenfalls mittelbar[1332] diesem Thema stellen und seine Haltung zu den dogmatischen Problemen überdenken. Dabei sollte ein Schwerpunkt insbesondere auf der Einschränkung des Schuld- zugunsten des Verhältnismäßigkeitsprinzips liegen. Ein weiterer Fokus wäre auf die Ausweitung des Sanktionsinstrumentariums zu richten.

2) Zweite Fassung (Fassung von Florenz)[1333]

Das Corpus Juris wurde, seinem Entwurfscharakter folgend, mittlerweile überarbeitet und liegt nun in einer zweiten Fassung (sog. Fassung von Florenz) vor.[1334]

a) Verbandshaftung

Art. 13 Corpus Juris zweite Fassung[1335] lautet wie folgt:

> *(1) The offences defined above in Articles 1 to 8 may be committed by corporations, and also by other organisations which are recognised by law as competent to hold property in their own name, provided that the offence is committed for the benefit of the organisation by some organ or representative of the organisation, or by any person acting in its name and having power, whether by law or merely in fact, to make decisions.*
>
> *(2) Where it arises, the criminal liability of an organisation does not exclude that of any natural person as main offender, inciter or accomplice to the same offence.*

Die Regelungen zur Verantwortlichkeit von juristischen Personen sehen mithin keine relevanten Änderungen vor, so dass auf die obigen Ausführungen verwiesen werden kann.

1331 Bei Umsetzung in nationales Recht.

1332 Bei Schaffung supranationaler Normen.

1333 Die zweite Fassung des Corpus Juris aus dem Jahr 2000 (sog. Fassung von Florenz) ist im Internet zu finden unter: „http://www.law.uu.nl./wiarda/corpus/index1.htm“. Insgesamt kritisch hierzu Braum, JZ 2000, S. 493 ff.

1334 Allerdings derzeit noch nicht auf deutsch. Dieser Arbeit liegt die englische Version zu Grunde.

1335 Nachfolgend wird zur Vereinfachung der Darstellung der Bezug zur zweiten Fassung des Corpus Juris – nicht nur bei Artikeln - durch den Zusatz „CJ2“ gekennzeichnet.

Lediglich die seither offene Frage der dogmatischen Konstruktion im Rahmen der Schuldfähigkeit scheint sich durch die (neue) Definition des Schuldprinzips im Anhang II des CJ2[1336] in Richtung eines Organisationsverschuldens zu klären. Dort heißt es:

> *Principle of individual culpability:*
> *‚Criminal responsibility is individual. It is determined according to the behaviour of the accused and according to his degree of responsibility as main offender, instigator or accomplice.'*

Es wird also ausdrücklich auf eine individuelle Verantwortlichkeit abgestellt. Da zugleich die Verantwortlichkeit von juristischen Personen vorgesehen ist, kommt eine Zurechnung jedenfalls im Bereich der Schuld nicht mehr in Betracht.

b) Verbandssanktion

In Art. 14 CJ2 sind folgende Regelungen vorgesehen:

> *(1) The principal penalties, common to all offences set out in Articles 2 to 8 ... are as follows:*
>
> *a) for natural persons, a custodial sentence for a maximum of five years and/or a fine. Fines shall be determined according to the day fine system. A day fine corresponds to a daily income of the accused. This may be estimated freely by the court, but shall not exceed 3.000 Euros per day. The total fine shall not exceed three hundred and sixty five day fines. ...*
>
> *b) for organisations, a fine of up to ten million Euros.*

[1336] „Appendix II: Guiding principles of *Corpus Juris* 2000".

(2) *The following additional penalties may also be imposed where the public interest so requires:*

a) publication of the conviction. Publication shall be in the Official Journal of the European Communities and in the daily press, if the public interest requires it, especially if the offence has created a large publicity;

b) for an offence under Article 1, exclusion of the convicted natural person or organisation from future subsidies granted under European Community law, for a period of up to five years;

c) for an offence under Articles 1 or 2, exclusion of the convicted natural person or organisation from future contracts with public authorities using European Community funds, for a period of up to five years;

d) for offences under Articles 3 to 6, a ban from Community and national public office for up to five years. Such a ban shall apply across the entire territory of the Member State of the European Union.

...

(4) *The instruments, fruits and profits of the offence may be confiscated to the benefit of the European Communities. This may be ordered not only where the accused is convicted, but also where he is proved to have committed the actus reus of the offence, but is not convicted because of lack of mens rea or insanity.*

aa) Autonome Bewertung

aaa) Sanktionsadressaten

Die Unklarheit der ersten Fassung durch die nicht vollständige Übereinstimmung des Wortlautes von Norm- und Sanktionsadressaten wurde aufgelöst. Die Strafen können nunmehr gegen alle entsprechenden Vereinigungen verhängt werden.

bbb) Rechtsnatur der Sanktionen

Als Sanktionen sind neben der nunmehr primären[1337] Geldstrafe (sub aaaa) verschiedene zusätzliche Maßnahmen (sub bbbb) vorgesehen.

aaaa) Geldstrafe

In Bezug auf die Geldstrafe wurden verschiedene Änderungen vorgenommen, insbesondere eine Erhöhung der Obergrenze auf € 10 Mio. Dieser Betrag stellt nunmehr eine nur absolute Grenze dar. Die mögliche Erhöhung nach der alten Fassung wurde aufgegeben.[1338] Damit hat sich auch das Problem der unbestimmten Formulierung erledigt.

Weiter ist festzustellen, dass für natürliche im Gegensatz zu juristischen Personen das Tagessatzsystem eingeführt wurde. Damit steht nunmehr fest, dass für Verbände das Geldsummensystem anzuwenden ist.[1339] Im Ergebnis sind die juristischen Personen damit erheblich schwereren Sanktionen ausgesetzt, da die absolute Obergrenze für natürliche Personen bei € 1,095 Mio. liegt; dieser Extrembetrag wäre zudem über ein Jahr verteilt zu entrichten. Gleichwohl ist dies angesichts des üblicherweise höheren Kapitalvolumens juristischer gegenüber natürlicher Personen nicht nur gerechtfertigt, sondern sogar zu begrüßen.[1340] Die sozial-ethische Missbilligung wird damit noch erhöht.

bbbb) Zusätzliche Sanktionen

Die in Art. 9 Abs. 1 lit. b) CJ noch enthaltene *gerichtliche Überwachung* wurde in Art. 14 Abs. 2 CJ2 nicht übernommen.

Die *Einziehung der Instrumente, der Produkte und des Gewinns aus der Straftat* wird ausdrücklich auch gestattet, wenn nur der objektive Tatbestand nachgewiesen

---

[1337] Vogel, Strafverteidigertag, S. 128 f.

[1338] Art. 9 Abs. 1 lit. b) CJ („...bis zum Fünffachen der mit der Straftat zusammenhängenden Summe...").

[1339] Zieschang, S. 237.

[1340] So bereits zur alten Fassung Zieschang, S. 239.

werden kann. Zudem wird klargestellt, dass die Einziehung zugunsten der EG erfolgt.[1341]

Die Regelung zur *Bekanntmachung der Verurteilung* wurde konkretisiert, indem nunmehr der Ort der Publikation benannt wird, namentlich primär das Amtsblatt der EG und nur bei Vorliegen eines entsprechenden öffentlichen Interesses auch die Tagespresse.

Hinsichtlich der weiteren Sanktionen ergeben sich keine relevanten Unterschiede.[1342] Insgesamt wurden also bis auf die gerichtliche Überwachung alle Strafen aus der ersten auch in die zweite Fassung übernommen

ccc) Grundsätze

In einem gesonderten Anhang[1343] haben die Verfasser nunmehr verschiedene Grundsätze definiert. Hierbei sind vor allem das Gesetzlichkeits- (sub aaaa), Schuld- und Verhältnismäßigkeitsprinzip (sub bbbb) zu nennen.[1344] Zudem wurde in Art. 11bis CJ2 eine Regelung zum Versuch aufgenommen.[1345]

aaaa) Gesetzlichkeitsgrundsatz

Die Definition des Gesetzlichkeitsgrundsatzes lautet wie folgt:

> *Penalties defined in the Corpus Juris only apply to the elements of offences expressly defined in Articles 1 to 8 and according to the procedure in Articles 15 to 17.*

[1341] Vgl. die Ausführungsbestimmung: „'Confiscations' means a measure, ordered by a court, following proceedings in relation to one of the criminal offences set out in Articles 1 to 8, resulting in the permanent deprivation of property rights on such instruments, fruits and profits to the benefit of the European Communities."

[1342] Ausschluss von zukünftigen Subventionsgewährungen, Ausschluss von zukünftigen Vertragsabschlüssen und Verbot der Ausübung eines Amtes auf Gemeinschafts- und nationaler Ebene.

[1343] „Appendix II: Guiding principles of *Corpus Juris* 2000".

[1344] Daneben werden das „Principle of judicial guarantee" als weiterer traditioneller und das "Principle of European territoriality" sowie das "Principle of proceedings which are ‚contradictoire'" als neue Grundsätze aufgeführt.

[1345] Im Übrigen wird auf die obigen Ausführungen zur ersten Fassung verwiesen.

In case of amendment to the Corpus Juris, the more severe criminal law is not applied to acts committed before the Corpus Juris was amended.
Articles 1 to 17 of the Corpus Juris are interpreted restrictively when they are not favourable to the defence.
Changes of interpretation are only permitted when they are reasonably predictable.
The offences set out in Articles 1 to 8 are not applied to analogous situations which are not only expressly covered in the Corpus Juris.

Der Gesetzlichkeitsgrundsatz umfasst somit nunmehr auch das Analogie- und Rückwirkungsverbot. Aufgrund des letzteren ist eine Änderung der Interpretation des CJ2 nur zulässig, wenn sie vernünftiger Weise vorhersehbar war. Diese Klarstellung spielt auf die Rechtsprechung des EGMR an, wonach eine rückwirkende Rechtsprechungsänderung ebenfalls Vorhersehbarkeit voraussetzt.[1346] Die neue Definition geht aber weiter und beschränkt jede Form der Auslegung.

bbbb) Schuld- und Verhältnismäßigkeitsprinzip
Die Definitionen des Schuld- und Verhältnismäßigkeitsprinzips lauten:

Principle of individual culpability:
'Criminal responsibility is individual. It is determined according to the behaviour of the accused and according to his degree of responsibility as main offender, instigator or accomplice.'

Principle of proportionality:
'Criminal sanctions imposed as the result of offences laid down in Articles 1 to 8 of the Corpus Juris must be proportionate to the seriousness of the offence, determined in accordance with the interest to be

[1346] Dazu oben. Vgl. auch Vogel (GA 2003, S. 94), Neumann (S. 69) und Tiedemann (Huber CJ, S. 62).

protected and the damage caused, or with the risk created. They must also be proportionate to the fault of the offender and to his personal circumstances.'

Es werden verschiedene Kriterien für die Abwägung explizit benannt. So muss die Sanktion zur Schwere der Tat, dem Schutzinteresse, zum verursachten Schaden bzw. Risiko im Verhältnis stehen. Auch der Fehler und die persönlichen Umstände des Täters sind zu berücksichtigen. Auffällig ist dabei, dass die Mehrzahl dieser Elemente dem Bereich des Schuldprinzips entstammt.[1347] Gleichwohl bleibt es im Übrigen bei der Trennung der Anwendungsbereiche von Schuldprinzip für die Sanktionsbegründung und Verhältnismäßigkeitsgrundsatz für die Sanktionsbemessung. Diese „Mischung" zeigt deutlich die Entwicklung der europäischen Strafrechtswissenschaft auf, den Anwendungsbereich des Schuldprinzips mehr und mehr einzuschränken.[1348]

bb) Vergleich mit der deutschen nationalen Regelung

Insgesamt bleibt es dabei, dass der Hauptunterschied in der Akzeptanz einer Verbandskriminalstrafe und weiterer teilweise dem deutschen Recht unbekannter Verbandssanktionen auf europäischer Ebene liegt. Dabei könnte in Deutschland eine Geldsanktion mit einer Obergrenze von € 10 Mio. ohnehin nur als Kriminalstrafe ausgestaltet werden.

cc) Zwischenergebnis

Das Corpus Juris in der Fassung von Florenz beinhaltet ein ausgereiftes und ausgewogenes Konzept, welches die Entwicklung eines europäischen Strafrechts mit umfassendem Anwendungsbereich maßgeblich mitprägt. Dies kommt nicht zuletzt daher, dass eine pragmatische Vorgehensweise gewählt wurde, indem man einen konkret gefassten Entwurf vorlegte, anhand dessen ebenso konkrete Diskussionen möglich sind. Die in der ersten Fassung des Corpus Juris noch vorhandenen Unstimmigkeiten wurden ausgemerzt. Zudem wurde die Linie, den Anwendungsbereich

---

[1347] Siehe auch oben.
[1348] Vgl. dazu Vogel, JZ 1995, S. 339.

des Schuldprinzips zugunsten des Verhältnismäßigkeitsgrundsatzes einzuschränken weiterverfolgt.

B) Weitere aktuelle Regelungen zur Unternehmensverantwortlichkeit

1) Neue Kartellverordnung Nr. 1/2003

Die Ausführungen zur neuen Kartellverordnung Nr. 1/2003 finden sich aufgrund des engen Sachzusammenhanges in Teil 5.[1349]

2) Bestechung ausländischer Amtsträger

Gegen die Bestechung ausländischer Amtsträger wurde bereits 1997 ein OECD-Übereinkommen[1350] unterzeichnet. Darin verpflichten sich die Vertragspartner zunächst, eine Verantwortlichkeit juristischer Personen zu begründen.[1351] Weiterhin sollen sie diese umsetzen, indem „juristische Personen wegen Bestechung ausländischer Amtsträger wirksamen, angemessenen und abschreckenden nichtstrafrechtlichen Sanktionen einschließlich Geldsanktionen unterliegen".[1352] Die Regelung enthält somit die Mindesttrias und sieht zwingend Geldsanktionen vor. Der Schutzumfang ist an das Zweite Protokoll angelehnt, jedoch aufgrund der sehr offenen Regelung schwächer ausgestaltet, wie etwa bei der Bestechung im privaten Sektor; dort wurden die Regelungen des Zweiten Protokolls vollständig übernommen.

3) Geldwäsche und Einziehung

Nachdem in diesem Bereich[1353] bereits 1991 eine Richtlinie,[1354] später eine gemeinsame Maßnahme[1355] und im Jahr 2001 ein erster Rahmenbeschluss[1356] verabschiedet

---

[1349] Teil 5 (B).

[1350] OECD-Übereinkommen über die Bekämpfung der Bestechung ausländischer Amtsträger im internationalen Geschäftsverkehr vom 17.12.1997; C(97)123/final; vgl. dazu Müller-Gugenberger, Wirtschaftsstrafrecht, S. 448 mwN. Allgemein zur OECD vgl. Oppermann, S. 60 ff.

[1351] Art. 2 des Übereinkommens.

[1352] Art. 3 Abs. 2 des Übereinkommens.

[1353] Eingehend dazu Vogel, ZStW 109 (1997), S. 335 ff; ders., GA 2003, S. 323.

[1354] Richtlinie 91/308/EWG des Rates vom 10.06.1991 zur Verhinderung der Nutzung des Finanzsystems zum Zwecke der Geldwäsche; ABl. Nr. L 166 vom 28.06.1991, S. 77; kritisch dazu Wägenbauer, EuZW 1994, S. 711 ff.; Albrecht/Braum, KritV 2001, S. 335 f.

[1355] Gemeinsame Maßnahme vom 03.12.1998 betreffend Geldwäsche, die Ermittlung, das Einfrieren, die Beschlagnahme und die Einziehung von Tatwerkzeugen und Erträgen aus Straftaten; ABl. Nr. L 333 vom 09.12.1998, S. 1.

wurden, welche jedoch allesamt keine Sanktionen zulasten von juristischen Personen vorsahen, haben das Europäische Parlament und der Rat 2001 eine Ergänzung der Richtlinie[1357] beschlossen, welche zumindest eigene Pflichten für juristische Personen festlegt. Strafrechtliche Verantwortlichkeit wird dadurch jedoch nicht begründet. Auf eine Initiative Dänemarks[1358] hin wurde über den Entwurf eines Rahmenbeschlusses bereits beraten.[1359] Darin ist zumindest die Sicherstellung der Einziehung auch gegenüber juristischen Personen vorgesehen. Die in der Initiative vorgeschlagene Ausnahme für mehr als drei Jahre vor der Tat auf die juristische Person übertragene Vermögensgegenstände wurde zuletzt nicht übernommen.

4) Insiderhandel

Zum Insiderhandel wurde aufgrund eines entsprechenden Vorschlags[1360] zwischenzeitlich eine neue[1361] Richtlinie[1362] erlassen. Darin verpflichten sich die Mitgliedstaaten, „entsprechend dem jeweiligen innerstaatlichen Recht" geeignete Maßnahmen vorzusehen, die der Mindesttrias entsprechen. Hierbei kann es sich auch um strafrechtliche Sanktionen handeln.[1363]

1356 Rahmenbeschluss des Rates vom 26.06.2001 über Geldwäsche sowie Ermittlung, Einfrieren, Beschlagnahme und Einziehung von Tatwerkzeugen und Erträgen aus Straftaten; ABl. Nr. L 182 vom 05.07.2001, S. 1.

1357 Richtlinie 2001/97/EG des Europäischen Parlamentes und des Rates vom 04.12.2001 zur Änderung der Richtlinie 91/308/EWG des Rates zur Verhinderung der Nutzung des Finanzsystems zum Zwecke der Geldwäsche; ABl. Nr. L 344 vom 28.12.2001, S. 76.

1358 Art. 3 Abs. 3 der Initiative des Königreichs Dänemark im Hinblick auf die Annahme eines Entwurfs für einen Rahmenbeschluss des Rates über die Einziehung von Erträgen, Tatwerkzeugen und Vermögensgegenständen aus Straftaten durch den Rat; ABl. Nr. C 184 vom 02.08.2002, S. 3.

1359 Beratungsergebnisse zum Entwurf eines Rahmenbeschlusses über die Einziehung von Erträgen, Tatwerkzeugen und Vermögensgegenständen aus Straftaten vom 23.01.2003; Ratsdokument 5299/03. Dort findet sich in Art. 1 Spiegelstrich 5 sogar die aus dem Zweiten Protokoll bekannte Definition des Begriffs „juristische Person".

1360 Vorschlag für eine Richtlinie des Europäischen Parlaments und des Rates über Insider-Geschäfte und Marktmanipulation (Marktmissbrauch) vom 30.05.2001; KOM(2001) 281 endgültig.

1361 Die ehemalige Richtlinie 89/592/EWG (des Rates vom 13.11.1989 zur Koordinierung der Vorschriften betreffend Insider- Geschäfte; ABl. Nr. L 334 vom 18.11.1989, S. 30) ist nicht mehr rechtskräftig.

1362 Richtlinie Nr. 2003/6 vom 28.01.2003 über Insider-Geschäfte und Marktmanipulation (Marktmissbrauch); ABl. Nr. L 96 vom 12.04.2003, S. 16. Vgl. Vogel, GA 2003, S. 322 (in Fn. 35); Albrecht/Braum, KritV 2001, S. 333 ff.

1363 Art. 14 Nr. 1 des Richtlinienvorschlags.

5) Organisierte Kriminalität

Auch im Bereich der organisierten Kriminalität[1364] sind juristische Personen an Straftaten beteiligt. Während der Aktionsplan zur Bekämpfung der organisierten Kriminalität[1365] noch lediglich allgemein eine Haftung juristischer Personen forderte,[1366] legte die gemeinsame Maßnahme[1367] bereits den Maßstab der Mindesttrias an.[1368] Ausgehend von der EU-Strategie[1369] soll die Kommission einen Vorschlag für einen Rechtsakt ausarbeiten, der die strafrechtliche, zivilrechtliche oder verwaltungsrechtliche Verantwortlichkeit von juristischen Personen in den Fällen vorsieht, in denen eine juristische Person an organisierter Kriminalität beteiligt war.[1370] Eine zwingende strafrechtliche Haftung ist mithin nicht geplant.

6) Fischerei

Zur Kontrolle des Fischfangs verlangt die Verordnung 2847/93[1371] zumindest die Durchführung geeigneter Maßnahmen, einschließlich der Einleitung eines Straf- oder Verwaltungsverfahrens gemäß den nationalen Rechtsvorschriften.[1372]

7) Landwirtschaft

Die VO 4045/89[1373] aus dem Bereich der Ausrichtungs- und Garantiefonds lässt ein breites Spektrum an Schutzvorschriften zu, da sie in ihrem Art. 6 Abs. 2 die Mit-

---

1364 Dazu Vogel, GA 2003, S. 326 f.

1365 Aktionsplan zur Bekämpfung der organisierten Kriminalität (Vom Rat angenommen am 28. April 1997); ABl. Nr. C 251 vom 15.08.1997, S. 1.

1366 Ziff. 18 lit. b) des Aktionsplans. Allerdings sollte nach Ziff. 26 lit. g) auch „verhindert werden, dass eine übermäßige Verwendung von Barzahlungen und Bargeldumtausch durch natürliche und juristische Personen dazu dient, die Umwandlung von Erträgen aus Straftaten in andere Vermögenswerte zu verschleiern".

1367 Gemeinsame Maßnahme vom 21.12.1998 betreffend die Strafbarkeit der Beteiligung an einer kriminellen Vereinigung in den Mitgliedstaaten der Europäischen Union; ABl. Nr. L 351 vom 29.12.1998, S. 1.

1368 Art. 3 der gemeinsamen Maßnahme.

1369 Prävention und Bekämpfung der organisierten Kriminalität: Eine Strategie der Europäischen Union für den Beginn des neuen Jahrtausends; ABl. Nr. C 124 vom 03.05.2000, S. 1 (13), nachfolgend „Strategie".

1370 Empfehlung 9 der Strategie.

1371 Verordnung (EWG) Nr. 2847/93 des Rates vom 12. Oktober 1993 zur Einführung einer Kontrollregelung für die gemeinsame Fischereipolitik; ABl. Nr. L 261 vom 20.10.1993, S. 1.

1372 Art. 31 Abs. 1 VO 2847/93.

1373 Verordnung (EWG) Nr. 4045/89 des Rates vom 21. Dezember 1989 über die von den Mitgliedstaaten vorzunehmende Prüfung der Maßnahmen, die Bestandteil des Finanzierungssystems des

gliedstaaten nur verpflichtet, „geeignete Ahndungsmaßnahmen“ gegen juristische Personen zu treffen, „die ihre Verpflichtungen aus dieser Verordnung nicht einhalten“.

Hingegen hat der Verordnungsgeber in VO 800/99[1374] vorgesehen, bei zu Unrecht erlangten Ausfuhrerstattungen neben deren Rückzahlung auch eine Sanktion in Höhe vom halben bis zum doppelten Betrag der Differenz von beantragter und tatsächlich zustehender Erstattung festzusetzen. Sanktionsadressaten können nach Art. 2 Abs. 1 lit. i) VO 800/99 auch juristische Personen sein. Die Höhe dieser Sanktion ist nicht absolut begrenzt, so dass sehr hohe Sanktionen verhängt werden können. Bedenken aus dem Bestimmtheitsgrundsatz oder der Kompetenzverteilung ergeben sich jedoch angesichts des erheblich geringeren Ausmaßes im Vergleich zur parallelen Diskussion bei der Kartell-VO nicht.[1375]

8) Formelle Tendenzen

Wie die obige Darstellung gezeigt hat, ist in formeller Hinsicht eine Tendenz der Gemeinschaft festzustellen, anstelle mit Maßnahmen der ersten mit solchen der dritten Säule zu arbeiten. Seither wurde als klassisches Harmonisierungsinstrument die Richtlinie der ersten Säule eingesetzt. Problematisch hieran ist jedoch, dass der Rat[1376] als Vertretung der mitgliedstaatlichen Regierungen die Verabschiedung einer ihm ungelegenen Maßnahme zeitlich stark verzögern kann. Da insbesondere die Einführung – wenn auch im weiteren Sinn – strafrechtlicher Sanktionen von den

---

Europäischen Ausrichtungs- und Garantiefonds für die Landwirtschaft, Abteilung Garantie, sind, und zur Aufhebung der Richtlinie 77/435/EWG; ABl. Nr. L 388 vom 30.12.1989, S. 18.

[1374] Vgl. Art. 51 der Verordnung Nr. 800/1999 der Kommission vom 15.04.1999 über gemeinsame Durchführungsvorschriften für Ausfuhrerstattungen bei landwirtschaftlichen Erzeugnissen, ABl. 1999, Nr. L 102, S. 11 (nachfolgend „VO 800/99“).

[1375] Vgl. dazu Teil 5 (A, III, b und c). Zu Art. 11 Abs. 1 lit. a) Verordnung Nr. 3665/1987 in der Fassung der Verordnung Nr. 2945/94 vom 2. Dezember 1994, ABl. Nr. L 310, S. 57 (Vorläufer des Art. 51 VO 800/99) eingehend Schwarze (EuZW 2003, S. 266 f.), der dieser Sanktion aufgrund ihrer präventiven und repressiven Wirkung einen strafrechtlichen Charakter zuspricht und dementsprechend insbesondere das Schuldprinzip für anwendbar hält. Dessen Geltung ergibt sich jedoch nur für die doppelte Differenz aus dem Verordnungstext selbst (in Art. 51 Abs. 1 lit. b) VO 800/99: „vorsätzlich“), nicht hingegen für die halbe Differenz. Grundsätzlich zur Geltung des Schuldprinzips bei Verbänden vgl. Teil 3 (B, I, 2, b).

[1376] Ggf. zusammen mit dem Europäischen Parlament.

Mitgliedstaaten als sehr sensibel angesehen wird, wurden solche Vorlagen vom Rat teilweise schlicht blockiert.[1377]

Hingegen haben die Mitgliedstaaten im Bereich der dritten Säule neben einem eigenen Initiativrecht insgesamt mehr Befugnisse.[1378] Dementsprechend wurden zuletzt nahezu ausschließlich Maßnahmen der dritten Säule eingesetzt. Dabei haben sich jedoch völkerrechtliche Übereinkommen ebenfalls als wenig praxistauglich erwiesen, da sie in langwierigen nationalen Verfahren angenommen und ratifiziert werden müssen.[1379] Stattdessen werden mittlerweile überwiegend Rahmenbeschlüsse nach Art. 34 Abs. 2 lit. b) EUV verwendet.[1380] Wie die wachsende Anzahl der Rahmenbeschlüsse zeigt, werden diese von den Mitgliedstaaten aufgrund der engeren Bindung an ihre Belange[1381] eher[1382] umgesetzt, obschon die Durchsetzbarkeit von Richtlinien nach der „Papierform" eigentlich höher ist.[1383]
Neben der Aufgabe des Säulensystems im Entwurf der neuen europäischen Verfassung sind auch neue Rechtsakte vorgesehen. Dabei wird das „Europäische Rahmengesetz" die Richtlinie (als deren Nachfolger) und zugleich[1384] den Rahmenbeschluss ablösen.[1385]

[1377] Vogel (GA 2003, S. 321 [in Fn. 29]) weist auf die noch nicht erfolgte Behandlung des Kommissionsvorschlags einer Richtlinie über den strafrechtlichen Schutz der finanziellen Interessen der EG - dazu oben - hin.
[1378] Näher Vogel, GA 2003, S. 320 ff.
[1379] Vgl. Vogel, GA 2003, S. 321 f.; Siehe auch CONV 69/02 (Justiz und Inneres - Stand der Arbeiten und allgemeine Problematik), S. 10.
[1380] Vogel, GA 2003, S. 322. Diese sind jedoch nur hinsichtlich ihrer Ziele, nicht aber in Bezug auf Form und Mittel der Umsetzung, für die Mitgliedstaaten verbindlich; Eisele, JA 2000, S. 898.
[1381] Vogel (GA 2003, S. 322) nennt insbesondere die nicht notwendige Kommissionsinitiative und den fehlenden Zustimmungsvorbehalt zugunsten des Parlaments.
[1382] Schwarzburg/Hamdorf (NStZ 2002, S. 620 [in Fn. 30]) weisen gleichwohl verschiedene Rahmenbeschlussvorlagen nach, die in Deutschland zu kompetenzrechtlichen Bedenken geführt haben.
[1383] Vogel (GA 2003, S. 322) benennt die unmittelbare Wirkung von Richtlinien und die Möglichkeit der Vertragsverletzungsklage.
[1384] Zur faktischen Vergleichbarkeit von Rahmenbeschluss und Richtlinie vgl. Schünemann, GA 2002, S. 502 f.
[1385] Vgl. Vogel, GA 2003, S. 334.

9) Zwischenergebnis

Deutsches Recht genügt den Anforderungen sämtlicher genannter Regelungen zur Verbandssanktionierung, zumal sie unbestimmter und weiter gefasst sind, als diejenigen des Zweiten Protokolls.

C) Ergebnis

Zunächst bleibt festzuhalten, dass die Regelungen zur Unternehmensverantwortlichkeit im Zweiten Protokoll einen umfassenden Rechtsgüterschutz ermöglichen. Der deutsche Gesetzgeber ist seiner Umsetzungspflicht weitgehend nachgekommen.[1386] Bemerkenswert ist zudem der Katalog möglicher Sanktionen, welcher über die Verhängung reiner Geldsanktionen weit hinausgeht. Die Tauglichkeit der Regelungen im Zweiten Protokoll zur Unternehmensverantwortlichkeit zeigt sich auch daran, dass diese bis auf (teilweise durchaus interessante)[1387] Änderungen des Wortlautes als Textbaustein in verschiedensten Bereichen übernommen wurden.

Daneben zeigt das Corpus Juris den Weg in die Zukunft des europäischen Strafrechts. Die relevanten europäischen Entwicklungen, wie die Vorsehung einer Verbandskriminalstrafe oder die Eingrenzung des Schuldprinzips zugunsten des Verhältnismäßigkeitsgrundsatzes wurden hier berücksichtigt. Der deutsche Gesetzgeber hat insbesondere durch die Neufassung des § 30 OWiG bereits einiges geleistet, muss sich aber in Zukunft noch stärker von den dogmatischen Bedenken gegen eine Kriminalstrafe lösen.[1388]

[1386] Bis auf die notwendige Erweiterung des § 9 Abs. 1 OWiG n.F. (und zugleich § 14 StGB) um den Personenkreis aus § 30 Abs. 1 Nr. 4 und 5 OWiG n.F.

[1387] Vor allem die Erweiterung des Sanktionskataloges um die Schließung von Einrichtungen bzw. Institutionen, die zur Begehung der Straftat genutzt wurden.

[1388] Hinzu kommt die notwendige Erweiterung des § 9 Abs. 1 OWiG n.F. (und § 14 StGB).

Teil 7. Bewertung und Tendenzen „europäischer“ Verbandsstrafen

Abschließend werden die „europäischen“ Verbandsstrafen in den besprochenen Bereichen bewertet und die Entwicklungstendenzen benannt. Die in Teil 5 und 6 dargestellten Regelungen sind Zwischenstufen auf dem Weg zur Entwicklung eines einheitlichen europäischen Strafrechts. Man kann davon ausgehen, dass sich dieses in einen allgemeinen und einen besonderen Teil unterteilen lassen wird,[1389] wobei die Verbandsstrafe im ersteren angesiedelt sein dürfte. Diese nach vorne gerichtete Sicht darf aber nicht dahin gehend verstanden werden, dass die dogmatische Behandlung der betreffenden Regelungen bis dahin „aufgespart“ werden kann.[1390] Vielmehr sind Verbandssanktionierungen schon existent und lediglich auf eine allgemeingültige Anwendung hin anzupassen.

Diese Aufgabe bezieht sich primär auf die Verallgemeinerung der seither auf verschiedene Themengebiete beschränkten Regelungen.[1391] Dabei müssen spezifische Vorgaben aus den jeweiligen Bereichen weitgehend ausgeblendet werden.

Die zweite sich anschließende Frage, ob die „europäische“ Verbandsstrafe als Teil des europäischen Strafrechts in absehbarer Zeit tatsächlich eine supranationale und somit rein europäische Regelung darstellen wird, oder ob es bei einer umfassenden Harmonisierung bleibt,[1392] kann noch nicht abgesehen werden. Dieses Problem zeigt sich bereits bei der Diskussion über die Umsetzung des Corpus Juris.[1393] Hierauf kommt es für die vorliegende Problematik aber auch nicht an. Entscheidend ist

---

[1389] Vgl. Vogel, GA 2002, S. 529. Hierfür spricht im Übrigen auch der Aufbau des Corpus Juris.

[1390] Vertiefend Vogel, GA 2002, S. 519 ff.

[1391] Die derzeit praktizierte Harmonisierung der nationalen Systeme erfolgt verstärkt in „modernen“ Gebieten, womit sowohl formelle Deliktstypen (z.B. Gefährdungs-, Organisationsdelikte) als auch materielle Regelungsgegenstände (z.B. Geldwäsche) gemeint sind. Dies trägt die Gefahr in sich, dass klassische Regelungsgegenstände vernachlässigt und somit teilweise dogmatisch komplexere Fragestellungen hintan gestellt werden. Zu alldem Vogel, GA 2003, S. 333. Manoledakis (KritV 1999, S. 188) kritisiert zu weitgehend sogar die thematische Begrenzung im Rahmen des Corpus Juris, mit welchem erstmals überhaupt ein Vorschlag für ein verbindliches und in sich abgeschlossenes Normensystem gemacht wird.

[1392] Dann wäre es keine „europäische“ Regelung im engeren Sinne.

[1393] Vgl. Teil 6 (A, VI).

vielmehr, dass ausgehend von dem Ziel des (noch aktuellen) dritten Pfeilers ein Raum der Freiheit, der Sicherheit und des Rechts zu gewährleisten ist, in welchem keine „Inseln der Straflosigkeit (‚safe heavens')" bestehen.[1394] Diese führten zu Standortvorteilen und damit auch zu einer Wettbewerbsverzerrung, welche die Wirksamkeit der Regelung praktisch aufheben würde.[1395] Das Ziel kann schon durch Harmonisierung nationalen Rechts erreicht werden.[1396] Einer supranationalen Regelung bedarf es hierzu nicht zwingend.[1397] Auch einer (thematisch) umfassenden Harmonisierung sollte aber ein einheitliches dogmatisches Konzept zu Grunde liegen, welches auf supranationales Recht übertragen werden kann. Allerdings ist Dogmatik hier nicht in einem strengen, sondern in einem problem- und funktionsorientierten Sinn zu verstehen.[1398]

Vor diesem Hintergrund folgt eine zusammenfassende Stellungnahme zu den haftenden Verbänden (sub A), dem Täterkreis (sub B), der Verbindung von Tat und Verband (sub C) sowie der möglichen Sanktionsarten (sub D).

A) Bestimmung der relevanten Verbände

In den besprochenen europäischen Rechtssätzen finden sich letztlich drei verschiedene Modelle zur Bezeichnung der jeweils verantwortlichen Verbände.

Die meisten der in Teil 5 untersuchten Normen stellen auf „Unternehmen" ab, wobei dieser Begriff unterschiedlich interpretiert wird.[1399] Selbst innerhalb der VO 17/62 bzw. VO 1/2003 besteht mangels Legaldefinition insoweit Streit zwischen Kommission und EuGH.[1400] Für die Kommission ist die gewerbliche Tätigkeit einer

---

[1394] Vogel, GA 2003, S. 317 f. mwN; ders., GA 2002, S. 527 mwN.
[1395] Vogel, GA 2003, S. 317 f. mwN; ders., GA 2002, S. 527 mwN. In diesem Sinn ebenfalls Dannecker, GA 2001, S. 106. Vgl. auch Bosch, S. 38 f.
[1396] Vgl. dazu Vogel, GA 2003, S. 333 f.
[1397] Auch unter dem Gesichtspunkt des Strafrechts als ultima ratio.
[1398] Eingehend dazu Vogel, JZ 1995, S. 336 ff. Vgl. auch Paliero, Madrid-Symposium, S. 245.
[1399] Der Unternehmensbegriff in Art. 83 Abs. 1 EAGV wird hier nicht berücksichtigt; vgl. dazu Teil 5 (E).
[1400] Eingehend dazu oben Teil 5 (A, II, 1, a).

Einheit entscheidend,[1401] so dass die Unternehmenseigenschaft unabhängig von den durch die nationalen Gesetzgeber vorgesehenen Gesellschaftsformen bejaht werden kann. Dieses rein wirtschaftliche Verständnis hat zwar den Vorteil der höheren Flexibilität, birgt aber zugleich die Gefahr mangelnder Rechtssicherheit, da letztlich beliebige Zuordnungen vorgenommen werden können.[1402] Zudem wird das Problem der Identifikation einer rechtlich bestimmten Einheit damit in den Bereich der Bestimmung eines Sanktionsadressaten verlagert. Der EuGH orientiert sich wohl nicht zuletzt deshalb von vornherein an der rechtlichen Selbständigkeit des Kollektivs.[1403] Durch den weiten Begriff werden letztlich alle relevanten Unternehmen erfasst. Die fehlende Benennung natürlicher Personen wirkt sich daher nicht aus.[1404] Allerdings kommt es für die Adressierung der Sanktion regelmäßig auf die Rechtsfähigkeit an,[1405] so dass sich die Weite des Unternehmensbegriffs letztlich relativiert. In der VO 2532/98 hingegen findet sich ein legaldefinierter Unternehmensbegriff, welcher neben natürlichen explizit juristische Personen erfasst und letztere über ihre Rechtsfähigkeit bestimmt.[1406] Auch hier bestehen keine relevanten Sanktionierungslücken.

Das Zweite Protokoll und seine „Derivate"[1407] stellen von vornherein auf die juristische Person und ihre Rechtssubjektivität ab.[1408] Auch hier kommt es also auf die Rechtsfähigkeit an. Natürliche Personen können ebenfalls sanktioniert werden.

Das Corpus Juris schließlich sieht die Sanktionierung natürlicher und juristischer Personen sowie von Vereinigungen, die Rechtssubjekt und Vermögensträger sein können, vor. Das ergänzende Merkmal der Vermögensträgerschaft geht dabei wohl nicht lediglich nach deutschem Verständnis in der Rechtssubjektivität auf,[1409] denn

---

[1401] Sog. „wirtschaftlicher Unternehmensbegriff"; näher Teil 5 (A, II, 1, a, aa).
[1402] Aus praktischen Erwägungen ebenso Dannecker, GA 2001, S. 116 f.
[1403] Vgl. zu alldem oben Teil 5 (A, II, 1, a).
[1404] Im Fall des Einzelkaufmanns; vgl. Teil 5 (A, II, 1, a).
[1405] Teil 5 (A, III, 1, a). Hierzu bereits Tiedemann, FS-Jescheck, S. 1419.
[1406] Siehe Teil 5 (C, I).
[1407] Gemeint sind die in Teil 6 (A, II, 3) besprochenen Regelungen.
[1408] Im einzelnen vgl. Teil 5 (G) und Teil 6 (A, II – V).
[1409] Vgl. oben Teil 6 (A, VI, 1, a, aa, aaa).

wer eigenes Vermögen hat, ist regelmäßig zumindest auch fähig, Träger etwa des Eigentumsrechts zu sein.

Das aus deutscher Sicht umfassendere Modell bietet auf den ersten Blick die Kartell-VO, welche etwa die gewerblich aktive Innengesellschaft miterfasst. Allerdings kann diese letztlich mangels Rechtsfähigkeit nicht selbst sanktioniert werden.

Im Ergebnis ist daher das Merkmal der Rechtssubjektivität zu bevorzugen. Dieses regelt die entscheidende rechtliche Selbständigkeit eines Kollektivs. Eine insbesondere aus Bedürfnissen der anderen Mitgliedstaaten motivierte Ergänzung um einen im weiteren Sinn zu verstehenden Begriff der juristischen Person oder die Fähigkeit zur Vermögensträgerschaft bleibt selbstverständlich unberührt.

B) Bestimmung des Täterkreises

In der Kartell-VO finden sich keine klaren Vorgaben zu den möglichen Tätern. Aus Gründen der Effektivität wurde ein offener Kreis entwickelt, der nahezu alle Mitarbeiter erfasst. So kann jede Person, die befugterweise für das Unternehmen tätig ist eine Haftung des Verbandes begründen und zwar unabhängig von der Kenntnis der Unternehmensleitung. Gleichwohl benennt die Kommission in der Praxis ergänzend in der Unternehmenshierarchie möglichst hoch stehende Personen.[1410]

Einen anderen Weg gehen Zweites Protokoll[1411] und Corpus Juris. Hier wird jeweils zunächst auf den faktischen Führungskreis abgestellt, da man grundsätzlich dem der Identifikationstheorie verbundenen Zurechnungsmodell zugeneigt ist. Daneben wird aber über die Festlegung bestimmter Bezugstaten eine weitere Haftung für Organisations- bzw. Aufsichtsfehler begründet, welche die Taten aller Mitarbeiter erfasst.[1412] Somit werden auch hier alle relevanten Täter erfasst. Der zur Vermeidung

[1410] Näher Teil 5 (A, II, 1, b und c, jeweils Annex).
[1411] Selbstverständlich auch die anderen Rechtssätze, welche dessen Regelungen als Textbausteine enthalten.
[1412] Siehe dazu Teil 6 (A, II, 1, a, dd und ff sowie A, VI, 1, a, aa, ddd und fff). Auch Schünemann (Madrid-Symposium, S. 287 f.) schlägt vor, bei einer zum Vorteil des Unternehmens begangenen Tat und fehlerhafter Leitungs- bzw. Aufsichtsmaßnahmen den Verband für jedes Verbandsmitglied

von Strafbarkeitslücken entscheidende Gleichlauf des unmittelbar zurechenbaren Täterkreises und der für Organisations- bzw. Aufsichtspflichtverletzungen verantwortlichen Personen ist ebenfalls gelungen.[1413]

Letztlich führen beide Wege zum selben Ergebnis. Aus Gründen der erhöhten Bestimmtheit ist jedoch der zweigleisige Ansatz über Führungsebene und Bezugstaten vorzuziehen,[1414] dem auch das deutsche Recht folgt.[1415] Die Anwender der Kartell-VO lassen schließlich selbst eine gewisse Unsicherheit durchblicken, indem sie zwar einerseits die Taten aller Mitarbeiter genügen lassen, zudem aber auf Führungspersonen abstellen.

C) Verbindung zwischen Tat und Verband

Das in einigen Mitgliedstaaten die Einführung von Unternehmensstrafen hemmende dogmatische Dauerproblem der Verbindung zwischen Tat und zu sanktionierendem Verband wird in der Mehrzahl europäischer Staaten funktional gelöst.[1416]

Auch das gesamteuropäische Verständnis weist in diese Richtung. Die Konstruktion der Handlungsfähigkeit von Unternehmen über die Zurechnung der Tat (als natürliche Handlung des Täters) ist dabei weniger problematisch. Größere Uneinigkeit besteht dagegen bei der Schuldfähigkeit.[1417] Dies zeigt sich schon daran, dass bei den Kartell-Verordnungen 17/62 bzw. 1/2003, dem Zweiten Protokoll und dem Corpus Juris die Handlungen der Täter dem Verband schlicht zugerechnet werden,

---

haften zu lassen, sofern diese als Ausdruck der Verbandsattitüde und nicht als Exzesstat des einzelnen zu qualifizieren ist.

[1413] Im Zweiten Protokoll durch die schlichte Verweisung in Art. 3 Abs. 2 Zweites Protokoll auf Abs. 1. Im Corpus Juris durch die im Wesentlichen identischen Formulierungen in Art. 13 Abs. 1 CJ und Art. 14 Abs. 1 CJ. Im neuen deutschen Recht ist dieser Gleichlauf nicht gewährleistet; vgl. dazu Teil 4 (B, I, 6).

[1414] So auch Dannecker (GA 2001, S. 118), der gleichwohl bei Taten von Personen unterhalb der Leitungsebene nur eine ordnungswidrigkeitenrechtliche Verbandssanktion vorsehen will. Bosch (S. 37 ff. und passim) kritisiert, dass entsprechende Organisationspflichten seither nicht hinreichend konkretisiert wurden.

[1415] Gleichwohl bestehen hier noch Lücken; näher Teil 4 (B, I, 6).

[1416] Vgl. oben Teil 3 (v.a. A und B).

[1417] Schmitt (S. 181) hingegen hält die Handlungsfähigkeit für entscheidend.

während im Rahmen der Schuld neben der Zurechnung fremden teilweise auch eigenes Organisationsverschulden angenommen wird.[1418]

Vor allem das dogmatische Konzept des Verschuldens wirft nicht unerhebliche Bedenken auf, da das Schuldprinzip dem Individualstrafrecht entstammt und seine Übertragbarkeit auf die Sanktionierung von Verbänden ohnehin umstritten ist.[1419] Tatsächlich aber zeigt sich gerade auf europäischer Ebene, dass der Anwendungsbereich des Schuldprinzips als Ausfluss des Verhältnismäßigkeitsgrundsatzes zunehmend eingeschränkt wird. Während im Rahmen der Kartell-Verordnungen Strafbegründung und (wenn auch untergeordnet) Strafmaß verschuldensabhängig sind,[1420] gilt dies beim Corpus Juris nurmehr für die strafbegründende Funktion.[1421] Das Strafmaß hingegen muss verhältnismäßig sein. Diese pragmatische Tendenz findet ihre dogmatische Begleitung insbesondere in dem oben ausführlich besprochenen Modell der teilweisen Ersetzung des Schuld- durch den Verhältnismäßigkeitsgrundsatz.[1422] Die hierdurch mögliche verschuldensunabhängige Verhängung von Kriminalstrafen gegen Verbände verbindet praktische Erfordernisse mit moderner funktionaler Dogmatik.

D) Mögliche Sanktionsarten

Innerhalb der unterschiedlichen europäischen Verbandssanktionen kommt der Geldsanktion eine besondere Bedeutung zu. Diese ist in den Kartell-Verordnungen 17/62 bzw. 1/2003 als Geldbuße ausgestaltet.[1423] Während das Zweite Protokoll die Rechtsnatur offen lässt und die Sanktionierung mittels strafrechtlicher oder nichtstrafrechtlicher Geldsanktionen gestattet, sieht das Corpus Juris explizit die Verhängung einer Geldstrafe vor. Die „europäische" Entwicklung fügt sich damit in

---

[1418] Vgl. dazu ausführlich Teil 3 (A und B). Weiterführend Vogel, JZ 1995, S. 341.
[1419] Dazu Teil 3 (B).
[1420] Teil 5 (A, III, 1, c, cc).
[1421] Teil 6 (A, VI, 1, b, aa, ccc und A, VI, 2, b, aa, ccc, bbbb). Auch die Rechtsanwendung durch den EuGH geht in diese Richtung; vgl. Teil 3 (B, I, 2, b).
[1422] Eingehend dazu Teil 3 (B, I, 2, b).
[1423] Ergänzt um Strafgelder ebenso in Art. 110 Abs. 3 EGV n.F. i.V.m. VO 2532/98.

den internationalen Trend hin zur Verbandskriminalstrafe ein.[1424] Gleichwohl ist diese Etikettenfrage letztlich sekundär.[1425] Vielmehr kommt es auf einzelne Merkmale der Sanktion an. Beispielsweise ist die nicht nur im Rahmen der sozialethischen Missbilligung zu berücksichtigende augenfällige Höhe des Sanktionsrahmens etwa bei den Kartell-Verordnungen trotz besonderen Ausmaßes wegen dessen weiterer Funktion[1426] zu relativieren. Hingegen sieht das Corpus Juris in seiner zweiten Fassung einen „reinen" Sanktionsrahmen vor, der ebenfalls einen beachtlichen Betrag erreicht. Die Höhe der Geldsanktion wird bei den Kartell-Verordnungen relativ[1427], beim Corpus Juris hingegen absolut[1428] begrenzt. Zwar schließt eine umsatzbezogene relative Grenze unverhältnismäßige Sanktionen aus,[1429] doch ist auch im Rahmen einer absoluten Obergrenze die konkrete Sanktion anhand der Vermögensverhältnisse des Verbandes zu bemessen. Da zudem die Umsatzbezogenheit insbesondere im Hinblick auf das Bestimmtheitsgebot bedenklich erscheint, ist letztlich eine absolute Obergrenze vorzuziehen.[1430] Diese sollte aber zumindest im Größenbereich der zweiten Fassung des Corpus Juris liegen, um nachhaltige Prävention- und Repressionswirkungen zu erreichen.[1431]

Daneben wurde im Zweiten Protokoll[1432] und dem Corpus Juris ein Bündel weiterer Verbandssanktionen festgeschrieben.[1433] Ebenfalls direkte finanzielle Folgen erge-

---

[1424] Gleichwohl betont Bosch (S. 38 f.) den ultima ratio-Grundsatz.

[1425] Sie wirkt sich hauptsächlich bei der Ausgestaltung des Verfahrens aus. Daher wird für die Einführung einer Verbandskriminalstrafe unter anderem der unterschiedliche Verfahrenslauf angeführt. Während die Entscheidung über eine Geldbuße meist nicht öffentlich getroffen wird, ist ein Strafverfahren öffentlich. Die dabei mögliche Imageschädigung eines Unternehmens erhöht die präventive Wirkung; vertiefend Ehrhardt, S. 171 ff. mwN; Bacher, MschrKrim 2003, S. 142 f. Ähnlich auch Tiedemann, Freiburger-Begegnung, S. 42. Andererseits kann auch ein Strafverfahren etwa bei Durchführung eines „Deals" weitgehend der öffentlichen Wahrnehmung entzogen werden.

[1426] So ist dort auch der unrechtmäßig erlangte Vorteil zu berücksichtigen; vgl. Teil 5 (A, III, 1, b, aa).

[1427] Vgl. Teil 5 (A, III, 1, c, aa).

[1428] Jedenfalls in der Fassung von Florenz; vgl. Teil 6 (A, VI, 2, b, aa, bbb, aaaa).

[1429] Aus diesem Grund für eine relative Obergrenze Dannecker, GA 2001, S. 125.

[1430] So auch Wegner, S. 66 f. Siehe zudem die entsprechenden Bedenken bei der Kartell-VO; Teil 5 (A, III, 1, c, aa).

[1431] Siehe dazu Teil 4 (B, II, 2, b, cc, Annex).

[1432] Und damit auch in den Regelungen, welche dieses als Textbaustein übernommen haben. Teilweise findet sich dort als ergänzende Sanktion die Schließung von Einrichtungen bzw. Institutionen, die zur Begehung der Straftat genutzt wurden; näher Teil 6 (A, II, 3).

ben sich aus dem Ausschluss von öffentlichen Geldern (wie etwa Hilfen oder Subventionen)[1434] und von zukünftigen Vertragsabschlüssen zulasten des EG-Haushaltes[1435], sowie der Einziehung[1436]. Die Bekanntmachung der Verurteilung hingegen wirkt sich primär negativ auf das Image des betroffenen Unternehmens aus.[1437] Die Beschränkung der Tätigkeit des Unternehmens (Kuratel)[1438] oder sogar die völlige Einstellung (Auflösung)[1439] beschränken schließlich quasi die Bewegungsfreiheit des Verbandes. Somit ist eine Fülle von Sanktionen vorgesehen, die nur mittelbare finanzielle Auswirkungen haben. Dadurch wird es den delinquenten Unternehmen erschwert, Straftaten aus rein kalkulatorischen Gesichtspunkten heraus zu begehen und womöglich trotz Verhängung einer Geldsanktion einen positiven Saldo zu erlangen.[1440]

1433 Nachweise zu weiteren in Deutschland vorgeschlagenen Sanktionsarten bei Vogel, ZRP 2002, S. 10 (in Fn. 29).

1434 Art. 14 Abs. 2 b) CJ2; Art. 4 Abs. 1 a) Zweites Protokoll.

1435 Art. 14 Abs. 2 c) CJ2.

1436 Art. 14 Abs. 4 CJ2.

1437 Art. 14 Abs. 2 a) CJ2.

1438 Art. 4 Abs. 1 b) und c) Zweites Protokoll. Die gerichtliche Überwachung wurde in der zweiten Fassung des Corpus Juris nicht mehr vorgesehen.

1439 Art. 4 Abs. 1 d) Zweites Protokoll.

1440 Eine Übersicht über unterschiedliche Verbandssanktionen findet sich auch bei Heine, Sanctions, S. 237 ff.

E) Ergebnis

Insgesamt kann man die besprochenen europäischen Regelungen zur Verbandssanktionierung als nahezu umfassend bezeichnen. Sämtliche relevanten Verbände haften im Ergebnis für Taten fast aller Mitarbeiter. Dabei steht ein funktionales Verständnis im Vordergrund. Bei den vorgesehenen Sanktionen sind die Kartell-Verordnungen und das Corpus Juris in der Fassung von Florenz besonders hervorzuheben. Beide ermöglichen die Verhängung von erheblichen Sanktionen. Allerdings wird bei Betrachtung der dogmatischen Konstruktion klar, dass es sich bei dem Modell des Corpus Juris um den moderneren Entwurf handelt, da insbesondere die Entwicklungstendenzen auf den Gebieten Schuld- und Verhältnismäßigkeitsprinzip berücksichtigt wurden. An diesem Modell kommt ein einheitliches europäisches Strafrecht nicht vorbei. Auch die deutsche Regelung wird dabei anzupassen sein. Aktuell genügt sie den europäischen Vorgaben weitgehend, doch stehen bereits heute insbesondere das dogmatische Konzept und die Sanktionsausgestaltung auf dem Prüfstand. Nicht nur in diesen Bereichen finden sich in den vorliegenden europäischen Modellen umfangreiche Vorlagen, welche auch den nationalen Gesetzgebern zweckmäßige Alternativen bieten.[1441]

[1441] Tiedemann (GA 1998, S. 109) spricht von einem europaweiten „Aufbruch zu neuen Ufern“ und spielt damit offenbar auf den Titel des Beitrags von Günther (S. 381) zum deutschen Ordnungswidrigkeitenrecht an.

Literaturverzeichnis

Achenbach, Hans — „Diskrepanzen im Recht der ahnenden Sanktionen gegen Unternehmen“
In: Küper, Wilfried / Welp, Jürgen (Hrsg.)
Festschrift für Walter Stree und Johannes Wessels
Müller; Heidelberg 1993
S. 545 - 562
(Zit. Achenbach, FS Stree/Wessels)

Ders. — „Ahndende Sanktionen gegen Unternehmen und die für sie handelnden Personen im deutschen Recht“
In: Schünemann, Bernd / Figueiredo Dias, Jorge de (Hrsg.)
Bausteine des europäischen Strafrechts
Coimbra-Symposium für Claus Roxin
Heymanns; Köln, Berlin, Bonn, München 1995
S. 283 - 305
(Zit. Achenbach, Coimbra-Symposium)

Ders. — „Ausweitung des Zugriffs bei den ahnenden Sanktionen gegen die Unternehmensdelinquenz“
In: Wistra 2002, S. 441 – 445

Ackermann, Bruni — Die Strafbarkeit juristischer Personen im deutschen Recht und in ausländischen Rechtsordnungen
Lang; Frankfurt a.M. 1984
(Zit. Ackermann)

Albrecht, Peter-Alexis / Braum, Stefan — „Kontingentes ‚Europäisches Strafrecht' in action: Schwerpunkte, Konturen, Defizite“
In: KritV 2001, S. 312 - 348

Alwart, Heiner — „Strafrechtliche Haftung des Unternehmens – vom Unternehmenstäter zum Täterunternehmen?“
In: ZStW 105 (1993), S. 752 – 773

Appel, Ivo — Verfassung und Strafe
Duncker & Humblot; Berlin 1998
(Zit. Appel)

Arhold, Christoph — „Das Geldbußenregime nach der Kartell-Verordnung“
In: EuZW 1999, S. 165 - 175

Ashworth, Andrew	„Grunderfordernisse des Allgemeinen Teils für ein europäisches Sanktionenrecht – Landesbericht England“ In: ZStW 110 (1998), S. 461 - 472
Bacher, Jean-Luc	„Werkstattberichte – Viktimisierte Unternehmen und ihre Vorstellungen über die Justiz“ In: MschrKrim 2003, S. 138 – 146
Baumann, Jürgen / Weber, Ulrich / Mitsch, Wolfgang	Strafrecht Allgemeiner Teil 10. Auflage Gieseking; Bielefeld, 1995 (Zit. Bearbeiter-BWM)
Biehler, Anke / Gleß, Sabine / Parra, Nina / Zeitler, Helge Elisabeth	Analyse des Grünbuchs zum strafrechtlichen Schutz der finanziellen Interessen der EG und zur Schaffung einer Europäischen Staatsanwaltschaft; Max-Planck-Institut für ausländisches und internationales Strafrecht, Freiburg i.Br. April 2002 Veröffentlicht im Internet: „http://www.iuscrim.mpg.de/forsch/straf/referate/sach/europa.html“ (Zit. Biehler/Gleß/Parra/Zeitler, Analyse MPI Grünbuch)
Bleckmann, Albert	„Anmerkung“ zu EuGH-Urteil vom 21.09.1989, Rs. 68/88, WuR 1991, S. 283 – 285 In: WuR 1991, S. 285 – 286
Ders.	„Die Überlagerung des nationalen Strafrechts durch das Europäische Gemeinschaftsrecht“ In: Küper, Wilfried / Welp, Jürgen (Hrsg.) Festschrift für Walter Stree und Johannes Wessels Müller; Heidelberg 1993 S. 107 - 114 (Zit. Bleckmann, FS Stree/Wessels)

Ders.
Europarecht
6. Auflage
Heymanns; Köln, Berlin, Bonn, München 1997
(Zit. Bleckmann)

Bleckmann, Frank
Strafrechtsdogmatik – wissenschaftstheoretisch, soziologisch, historisch
Iuscrim; Freiburg i.Br. 2002
(Zit. Bleckmann, Strafrechtsdogmatik)

Bosch, Nikolaus
Organisationsverschulden im Unternehmen
Nomos; Baden-Baden 2002
(Zit. Bosch)

Böse, Martin
Strafen und Sanktionen im europäischen Gemeinschaftsrecht
Heymanns; Köln, Berlin, Bonn, München 1996
(Zit. Böse)

Bottke, Wilfried
„Reform des Wirtschaftsstrafrechts der Bundesrepublik Deutschland"
In: Schünemann, Bernd (Hrsg.)
Deutsche Wiedervereinigung
Band 3 – Unternehmenskriminalität
Heymanns; Köln, Berlin, Bonn, München 1996
S. 73 – 97
(Zit. Bottke, Wiedervereinigung)

Ders.
„'Bestrafung' von Unternehmen und Betrieben nach dem Recht der Europäischen Union in Deutschland?"
In: Bottke, Wilfried / Möllers, Thomas M. J. / Schmidt, Reiner (Hrsg.)
Recht in Europa
Nomos; Baden-Baden 2003
S. 63 – 86
(Zit. Bottke)

Boujong, Karlheinz (Hrsg.)
Karlsruher Kommentar zum Gesetz über Ordnungswidrigkeiten
2. Auflage
Beck; München 2000
(Zit. Bearbeiter-KK-OWiG)

Braum, Stefan
„Das ‚Corpus Juris' – Legitimität, Erforderlichkeit und Machbarkeit"

In: JZ 2000, S. 493 – 500

Ders. „Vom Schuldprinzip im nach-präventiven Strafrecht“
In: KritV 2003, S. 22 - 30

Brender, Markus — Die Neuregelung der Verbandstäterschaft im Ordnungswidrigkeitenrecht
Schäuble; Rheinfelden, Freiburg i.Br., Berlin 1989
(Zit. Brender)

Bruns, Hans-Jürgen — „Grundprobleme der strafrechtlichen Organ- und Vertreterhaftung (§ 14 StGB, § 9 OWiG)“
In: GA 1982, S. 1 – 36

Ders. — „Die sog. ‚tatsächliche' Betrachtungsweise im Strafrecht“
In: JR 1984, S. 133 - 141

Bunte, Hermann-Josef / Langen, Eugen (Hrsg.) — Kommentar zum deutschen und europäischen Kartellrecht
Band 1
9. Auflage
Luchterhand; Neuwied, Kriftel, Berlin 2001
(Zit. Bearbeiter-Langen/Bunte)

Busch, Richard — Grundfragen der strafrechtlichen Verantwortlichkeit der Verbände
Leipziger rechtswissenschaftliche Studien (Heft 78)
Weicher; Leipzig 1933
(Zit. Busch)

Calliess, Christian / Ruffert, Matthias (Hrsg.) — Kommentar zu EU-Vertrag und EG-Vertrag
2. Auflage
Luchterhand; Neuwied und Kriftel 2002
(Zit. Bearbeiter-Calliess/Ruffert)

Calliess, Rolf-Peter — Theorie der Strafe im demokratischen und sozialen Rechtsstaat
Fischer; Frankfurt a.M. 1974
(Zit. Calliess)

Creifelds, Carl — Rechtswörterbuch
16. Auflage

Beck; München 2000
(Zit. Creifelds)

Dalcke, Albert / Fuhrmann, Ernst / Schäfer, Karl — Strafrecht und Strafverfahrensrecht
37. Auflage
Schweitzer; Berlin 1961
(Zit. Bearbeiter-Dalcke/Fuhrmann/Schäfer)

Dannecker, Gerhard — Das intertemporäre Strafrecht
Mohr (Paul Siebeck); Tübingen, 1993
(Zit. Dannecker, Intertemporäres Strafrecht)

Ders. — „Sanktionen und Grundsätze des Allgemeinen Teils im Wettbewerbsrecht der Europäischen Gemeinschaft"
In: Schünemann, Bernd / Suárez González, Carlos (Hrsg.)
Bausteine des europäischen Wirtschaftsstrafrechts
Madrid-Symposium für Klaus Tiedemann
Heymanns; Köln, Berlin, Bonn, München 1994; S. 331 – 346
(Zit. Dannecker, Madrid-Symposium)

Ders. — „Strafrecht der Europäischen Gemeinschaft"
In: Strafrechtsentwicklung in Europa (Hrsg. Albin Eser und Barbara Huber) - Band 4.3
Max-Planck-Institut; Freiburg i.Br. 1995
(Zit. Dannecker, Strafrechtsentwicklung)

Ders. — „Strafrecht in der europäischen Gemeinschaft"
In: JZ 1996, S. 869 - 880

Ders. — „Strafrechtlicher Schutz der Finanzinteressen der Europäischen Gemeinschaft gegen Täuschung"
In: ZStW 108 (1996), S. 577 – 608

Ders. — „Die Entwicklung des Strafrechts unter dem Einfluss des Gemeinschaftsrechts"
In: Jura 1998, S. 79 - 87

Ders. — „Der Allgemeine Teil eines europäischen Strafrechts als Herausforderung für die Strafrechtswissenschaft"
In: Weigend, Thomas / Küpper, Georg (Hrsg.)

	Festschrift für Hans Joachim Hirsch de Gruyter; Berlin, New York 1999 S. 141 – 173 (Zit. Dannecker, FS-Hirsch)
Ders.	„Zur Notwendigkeit der Einführung kriminalrechtlicher Sanktionen gegen Verbände – Überlegungen zu den Anforderungen und zur Ausgestaltung eines Verbandsstrafrechts“ In: GA 2001, S. 101 – 130
Ders.	„Rechtsfertigungs- und Entschuldigungsgründe in einem europäischen Allgemeinen Teil“ In: Tiedemann, Klaus (Hrsg.) Wirtschaftsrecht in der Europäischen Union – Freiburg Symposium Heymanns; Köln, Berlin, Bonn, München 2002 S. 147 – 168 (Zit. Dannecker, Freiburg-Symposium)
Ders. / Fischer-Fritsch, Jutta	Das EG-Kartellrecht in der Bußgeldpraxis Heymanns; Köln, Berlin, Bonn, München 1989 (Zit. Dannecker/Fischer-Fritsch)
Delmas-Marty, Mireille	„Die Strafbarkeit juristischer Personen nach dem neuen französischen Code Pénal“ In: Schünemann, Bernd / Suárez González, Carlos (Hrsg.) Bausteine des europäischen Wirtschaftsstrafrechts Madrid-Symposium für Klaus Tiedemann Heymanns; Köln, Berlin, Bonn, München 1994 S. 305 – 310 (Zit. Delmas-Marty, Madrid-Symposium)
Dies. (Hrsg.)	Corpus Juris der strafrechtlichen Regelungen zum Schutz der finanziellen Interessen der Europäischen Union Heymanns; Köln, Berlin, Bonn, München, 1998 (Zit. Corpus Juris)
Doelder, Hans de	„Zur Strafbarkeit juristischer Personen in den Niederlanden“ In: Schünemann, Bernd / Suárez González, Carlos (Hrsg.)

Bausteine des europäischen Wirtschaftsstrafrechts
Madrid-Symposium für Klaus Tiedemann
Heymanns; Köln, Berlin, Bonn, München 1994
S. 311 – 312
(Zit. Doelder)

Ehrhardt, Anne | Unternehmensdelinquenz und Unternehmensstrafe
Duncker & Humblot; Berlin 1994
(Zit. Ehrhardt)

Eidam, Gerd | Straftäter Unternehmen
Beck; München 1997
(Zit. Eidam, Straftäter Unternehmen)

Ders. | Unternehmen und Strafe
2. Auflage
Heymanns; Köln, Berlin, Bonn, München 2001
(Zit. Eidam, Unternehmen und Strafe)

Eisele, Jörg | „Einführung in das Europäische Strafrecht – Sanktionskompetenz auf europäischer Ebene"
In: JA 2000, S. 896 – 902

Ders. | „Europäisches Strafrecht – Systematik des Rechtsgüterschutzes durch die Mitgliedstaaten"
In: JA 2000, S. 991 – 999

Ders. | „Einflussnahme auf nationales Strafrecht durch Richtliniengebung der Europäischen Gemeinschaft"
In: JZ 2001, S. 1157 – 1165

Ellscheid, Günter / Hassemer, Winfried | „Strafe ohne Vorwurf"
In: Civitas – Jahrbuch für Sozialwissenschaften
9. Band
Pesch-Haus; Mannheim-Ludwigshafen 1970
S. 27 - 49
(Zit. Ellscheid/Hassemer)

Engisch, Karl | „Referat"
In: Verhandlungen des vierzigsten deutschen Juristentages (Hamburg 1953)
Band II (Sitzungsberichte)

Mohr; Tübingen 1954
E 7 – E 41
(Zit. Engisch)

Eschenburg, Theodor — Herrschaft der Verbände?
2. Auflage
Deutsche Verlags-Anstalt; Stuttgart 1963
(Zit. Eschenburg)

Eser, Albin — „Neue Wege der Gewinnabschöpfung im Kampf gegen die organisierte Kriminalität?"
In: Küper, Wilfried / Welp, Jürgen (Hrsg.)
Festschrift für Walter Stree und Johannes Wessels
Müller; Heidelberg 1993
S. 833 - 853
(Zit. Eser, FS Stree/Wessels)

Faure, Michael — Umweltrecht in Belgien
Eigenverlag Max-Planck-Institut; Freiburg i.Br.1992
(Zit. Faure)

Fisse, Brent — „Sanktionen gegen Unternehmen: Grenzen der Geldstrafe und das Potential alternativer Sanktionen"
In: Liebl, Karlhans (Hrsg.)
Internationale Forschungsergebnisse auf dem Gebiet der Wirtschaftskriminalität
Centaurus; Pfaffenweiler 1984
S. 117 – 135
(Zit. Fisse)

Freier, Friedrich von — Kritik der Verbandsstrafe
Duncker & Humblot; Berlin 1998
(Zit. Freier)

Göhler, Erich — Gesetz über Ordnungswidrigkeiten
13. Auflage
Beck; München 2002
(Zit. Göhler)

Grabitz, Eberhard / Hilf, Meinhard — Das Recht der Europäischen Union
Beck; München 2002 (20. Ergänzungslieferung)
(Zit. Bearbeiter-Grabitz/Hilf)

Greve, Vagn — „Criminal responsibility of legal persons in Denmark"

In: Schünemann, Bernd / Suárez González, Carlos (Hrsg.)
Bausteine des europäischen Wirtschaftsstrafrechts
Madrid-Symposium für Klaus Tiedemann
Heymanns; Köln, Berlin, Bonn, München 1994
S. 313 – 321
(Zit. Greve)

Gröblinghoff, Stefan — Die Verpflichtung des deutschen Strafgesetzgebers zum Schutz der Interessen der Europäischen Gemeinschaften
Müller; Heidelberg 1996
(Zit. Gröblinghoff)

Groeben, Hans von der / Thiesing, Jochen / Ehlermann, Claus-Dieter (Hrsg.)
Kommentar zum EU-/EG-Vertrag
5. Auflage
Nomos; Baden-Baden 1999
(Zit. Bearbeiter-Groeben/Thiesing/Ehlermann)

Güntert, Lothar — Die Gewinnabschöpfung als strafrechtliche Sanktion
Deubner; Köln 1983
(Zit. Güntert)

Günther, Hans-Ludwig — „Das Recht der Ordnungswidrigkeiten – Aufbruch zu neuen Ufern?"
In: Nörr, Knut Wolfgang (Hrsg.)
40 Jahre Bundesrepublik Deutschland 40 Jahre Rechtsentwicklung
Mohr; Tübingen 1990
S. 381 – 394
(Zit. Günther)

Hafter, Ernst — Die Delikts- und Straffähigkeit der Personenverbände
Springer; Berlin 1903
(Zit. Hafter)

Hamann, Hartmut — Das Unternehmen als Täter im europäischen Wettbewerbsrecht
Centaurus; Pfaffenweiler 1992
(Zit. Hamann)

Hamm, Rainer
„Auch das noch: Strafrecht für Verbände!"
In: NJW 1998, S. 662 - 663

Hartung, Fritz
„Korreferat"
In: Verhandlungen des vierzigsten deutschen Juristentages (Hamburg 1953)
Band II (Sitzungsberichte)
Mohr; Tübingen 1954
E 43 – E 60
(Zit. Hartung)

Hassemer, Winfried
„'Corpus Juris': Auf dem Wege zu einem europäischen Strafrecht?"
In: KritV 1999, S. 133 - 140

Hefendehl, Roland
„Strafvorschriften zum Schutz der finanziellen Interessen der Europäischen Union: Gestalten, korrigieren oder verweigern?"
In: Prittwitz, Cornelius / Baurmann, Michael / Günther, Klaus / Kuhlen, Lothar / Merkel, Reinhard / Nestler, Cornelius / Schulz, Lorenz (Hrsg.)
Festschrift für Klaus Lüderssen
Nomos; Baden-Baden 2002
S. 411 – 423
(Zit. Hefendehl, FS-Lüderssen)

Ders.
„Kriminalitätstheorien und empirisch nachweisbare Funktionen der Strafe: Argumente für oder wider die Etablierung einer Unternehmensstrafbarkeit?"
In: MschrKrim 2003, S. 27 – 43

Heine, Günter
Die strafrechtliche Verantwortlichkeit von Unternehmen
Nomos; Baden-Baden 1995
(Zit. Heine)

Ders.
„Sanctions in the Field of Corporate Criminal Liability"
In: Eser, Albin / Heine, Günter / Huber, Barbara (Hrsg.)
Criminal Responsibility of Legal and Collective Entities
Iuscrim; Freiburg i.Br. 1999
S. 237 – 254
(Zit. Heine, Sanctions)

Ders. /
Meinberg, Volker | „Empfehlen sich Änderungen im strafrechtlichen Umweltschutz, insbesondere in Verbindung mit dem Verwaltungsrecht?"
In: Verhandlungen des siebenundfünfzigsten deutschen Juristentages (Mainz 1988)
Band I (Gutachten)
Gutachten D
Beck; München 1988
D 1 – D 171
(Zit. Heine/Meinberg)

Heinitz, Ernst | „Empfiehlt es sich, die Strafbarkeit der juristischen Person gesetzlich vorzusehen?"
In: Verhandlungen des vierzigsten deutschen Juristentages (Hamburg 1953)
Band I (Gutachten)
Mohr; Tübingen 1953
S. 65 – 90
(Zit. Heinitz)

Heitzer, Anne | Punitive Sanktionen im Europäischen Gemeinschaftsrecht
Müller; Heidelberg 1997
(Zit. Heitzer)

Hetzer, Wolfgang | „Schuldlose Sanktionssubjekte? – Unternehmenskriminalität und Verbandsstrafe"
In: Wistra 1999, S. 361 – 367

Ders. | „Strafrecht für Verbände! (zu Wegner, ZRP 1999, 186 ff.)"
In: ZRP 1999, S. 529 – 530

Ders. | „Schutz der finanziellen Interessen Europas"
In: Europa-Blätter 2002, S. 217 – 224

Hildebrandt, Michael W. | Der Irrtum im Bußgeldrecht der Europäischen Gemeinschaften
Lang; Frankfurt a.M., Bern, New York, Paris 1990
(Zit. Hildebrandt)

Hirsch, Hans-Joachim | Die Frage der Straffähigkeit von Personenverbänden
Rheinisch-Westfälische Akademie der Wissenschaften
Geisteswissenschaften

Vorträge G 324
Westdeutscher; Opladen 1993
(Zit. Hirsch, Vorträge)

Ders. „Das Schuldprinzip und seine Funktion im Strafrecht"
In: ZStW 106 (1994), S. 743 – 765

Ders. „Strafrechtliche Verantwortlichkeit von Unternehmen"
In: ZStW 107 (1995), S. 285 – 323

Hirsch, Martin /
Burkert, Thomas O. J. Kommentar zum EG-Kartellrecht
Band 1
4. Auflage
Recht und Wirtschaft; Heidelberg 1993
(Zit. Gleiss/Hirsch)

Hoppe, Hans-Dieter Der Rechtsschutz gegen Akte der Währungspolitik
Universität Würzburg 1994
(Zit. Hoppe)

Hossenfelder, Silke /
Lutz, Martin „Die neue Durchführungsverordnung zu den Artikeln 81 und 82 EG-Vertrag"
In: WuW 2003, S. 118 – 129

Hugger, Heiner Strafrechtliche Anweisungen der Europäischen Gemeinschaft
Nomos; Baden-Baden 2000
(Zit. Hugger)

Immenga, Ulrich /
Mestmäcker, Ernst-Joachim (Hrsg.)
EG-Wettbewerbsrecht
Kommentar Band II
Beck; München 1997
(Zit. Bearbeiter- Immenga/EG Wettbewerbsrecht)

Dies. Gesetz gegen Wettbewerbsbeschränkungen
Kommentar
3. Auflage
Beck; München 2001
(Zit. Bearbeiter-Immenga/Mestmäcker)

Jakobs, Günther | „Über die Behandlung von Wollensfehlern und von Wissensfehlern"
In: ZStW 101 (1989), S. 516 - 537

Ders. | Strafrecht
Allgemeiner Teil
2. Auflage
de Gruyter; Berlin, New York 1991
(Zit. Jakobs)

Jescheck, Hans-Heinrich | „Zur Frage der Strafbarkeit von Personenverbänden"
In: DÖV 1953, S. 539 – 544

Ders. | „Das deutsche Wirtschaftsstrafrecht"
In: JZ 1959, S. 457 – 462

Ders. / Ruß, Wolfgang / Wilms, Günther (Hrsg.) | Strafgesetzbuch
Leipziger Kommentar
10. Auflage
de Gruyter; Berlin, New York ab 1978
(Zit. Bearbeiter-LK)

Ders. / Weigend, Thomas | Lehrbuch des Strafrechts,
Allgemeiner Teil,
5. Auflage
Duncker & Humblot; Berlin 1996
(Zit. Jescheck AT)

Jung, Heike | „Grundfragen der Strafrechtsvergleichung"
In: JuS 1998, S. 1 - 7

Dies. | „Konturen und Perspektiven des europäischen Strafrechts"
In: JuS 2000, S. 417 – 424

Dies. / Schroth, Hans-Jürgen | „Das Strafrecht als Gegenstand der Rechtsangleichung in Europa"
In: GA 1983, S. 241 - 272

Kaiafa-Gbandi, Maria | „Das Corpus Juris und die Typisierung des Strafphänomens im Bereich der Europäischen Union"
In: KritV 1999, S. 162 – 180

Dies. | „Das Corpus Juris und die Typisierung des Strafphänomens im Bereich der Europäischen Union"
In: Huber, Barbara (Hrsg.)
Das Corpus Juris als Grundlage eines Europäischen Strafrechts
Iuscrim; Freiburg i.Br. 2000
S. 91 - 114
(Zit. Kaiafa-Gbandi)

Kaufmann, Arthur | „Schuldprinzip und Verhältnismäßigkeitsgrundsatz"
In: Warda, Günter / Waider, Heribert / Hippel, Reinhard von / Meurer, Dieter (Hrsg.)
Festschrift für Richard Lange
de Gruyter; Berlin, New York 1976
S. 27 – 38
(Zit. Kaufmann, FS-Lange)

Kelsen, Hans | Reine Rechtslehre
2. Auflage
Deuticke; Wien 1960
(Zit. Kelsen, Reine Rechtslehre)

Kerber, Walter | Sozialethik
Kohlhammer; Stuttgart, Berlin, Köln 1998
(Zit. Kerber)

Kirsch, Guy | „Die Kosten der Unmoral"
In: FAZ vom 19.10.2002, S. 13

Koch, Birgit | „Die Strafbarkeit juristischer Personen nach dem neuen französischen Code pénal"
In: ZStW 107 (1995), S. 405 – 416

Korte, Matthias | „Der Schutz der finanziellen Interessen der Europäischen Gemeinschaften mit den Mitteln des Strafrechts – Das ‚Zweite Protokoll'"
In: NJW 1998, S. 1464 – 1466

Ders. | „Aus der Rechtsprechung zum Gesetz über Ordnungswidrigkeiten – 2001"
In: NStZ 2002, S. 583 - 589

Krekeler, Wilhelm — Brauchen wir ein Unternehmensstrafrecht?
In: Ebert, Udo / Rieß, Peter / Roxin, Claus / Wahle, Eberhard (Hrsg.)
Festschrift für Ernst-Walter Hanack
de Gruyter; Berlin, New York, 1999
S. 639 – 663
(Zit. Krekeler, FS-Hanack)

Kremnitzer, Mordechai / Ghanayim, Khalid — „Die Strafbarkeit von Unternehmen"
In: ZStW 113 (2001), S. 539 – 564

Kühl, Kristian — „Europäisierung der Strafrechtswissenschaft"
In: ZStW 109 (1997), S. 777 – 807

Lagodny, Otto — Strafrecht vor den Schranken der Grundrechte
Mohr; Tübingen 1996
(Zit. Lagodny)

Lampe, Ernst-Joachim — „Systemunrecht und Unrechtssysteme"
In: ZStW 106 (1994), S. 683 – 745

Lange, Knut Werner — „Kartellrechtlicher Unternehmensbegriff und staatliches Wirtschaftshandeln in Europa"
In: WuW 2002, S. 953 – 961

Lange, Richard — „Nur eine Ordnungswidrigkeit?"
In: JZ 1957, S. 233 - 239

Lang-Hinrichsen, Dietrich — „Verbandsunrecht"
In: Geerds, Friedrich / Naucke, Wolfgang (Hrsg.)
Festschrift für Hellmuth Mayer
Duncker & Humblot; Berlin 1966
S. 49 – 78
(Zit. Lang-Hinrichsen)

Leitner, Roman — Grundzüge des österreichischen Finanzstrafrechts
Springer; Wien, New York 1996
(Zit. Leitner)

Lemke, Michael,
Krehl, Christoph,
Rautenberg, Erardo Cristoforo,
Julius, Karl-Peter,
Kurth, Hans-Joachim,
Temming, Dieter

Heidelberger Kommentar zur Strafprozessordnung
3. Auflage
Müller; Heidelberg 2001
(Zit. Bearbeiter-HK-StPO)

Lenaerts, Koen

Sanktionen der Gemeinschaftsorgane gegenüber natürlichen und juristischen Personen
Zentrum für europäisches Wirtschaftsrecht der Universität Bonn
Vorträge und Berichte Nr. 72 Mitglieder des Zentrums (Hrsg.)
Bonn 1997
(Zit. Lenaerts)

Liebl, Karlhans

Die Bundesweite Erfassung von Wirtschaftsstraftaten nach einheitlichen Gesichtspunkten
Eigenverlag Max-Planck-Institut; Freiburg i.Br. 1984
(Zit. Liebl)

Lipowsky, Ursula

Die Zurechnung von Wettbewerbsverstößen zwischen verbundenen Unternehmen im EWG-Wettbewerbsrecht
Florentz; München 1987
(Zit. Lipowsky)

Lomas, Owen

Landesbericht „England and Wales"
In: Eser, Albin / Heine, Günter (Hrsg.)
Umweltstrafrecht in England, Kanada und den USA
Eigenverlag Max-Planck-Institut; Freiburg i.Br. 1994
S. 1 - 150
(Zit. Lomas)

Lütolf, Sandra Hilda

Strafbarkeit der juristischen Person
Schulthess; Zürich 1997
(Zit. Lütolf)

Magiera, Siegfried

„Der Schutz der finanziellen Interessen der Europäischen Union"
In: Wendt, Rudolf / Höfling, Wolfram / Karpen, Ulrich / Oldiges, Martin (Hrsg.)

Staat Wirtschaft Steuern – Festschrift für Karl Heinrich Friauf
Müller; Heidelberg 1996
S. 13 – 36
(Zit. Magiera)

Manoledakis, Ioannis — „Das Corpus Juris als falsche Grundlage eines gesamteuropäischen Strafjustizsystems"
In: KritV 1999, S. 181 – 190

Martín, Luis Gracia — „Die Strafbarkeit von Handlungen und Unterlassungen im Unternehmen nach spanischem und deutschem Recht"
In: Schünemann, Bernd / Suárez González, Carlos (Hrsg.)
Bausteine des europäischen Wirtschaftsstrafrechts
Madrid-Symposium für Klaus Tiedemann
Heymanns; Köln, Berlin, Bonn, München 1994
S. 13 – 33
(Zit. Martín)

Marxen, Klaus — „Die strafrechtliche Organ- und Vertreterhaftung – eine Waffe im Kampf gegen die Wirtschaftskriminalität?"
In: JZ 1988, S. 286 – 291

Maurach, Reinhart / Zipf, Heinz — Strafrecht
Allgemeiner Teil
Teilband 1
8. Auflage
Müller; Heidelberg 1992
(Zit. Maurach-Zipf)

Militello, Vincenzo — „The Basis for Criminal Responsibility of Collective Entities in Italy"
In: Eser, Albin / Heine, Günter / Huber, Barbara (Hrsg.)
Criminal Responsibility of Legal and Collective Entities
Iuscrim; Freiburg i.Br. 1999
S. 181 – 187
(Zit. Militello)

Mitsch, Wolfgang
Recht der Ordnungswidrigkeiten
Springer; Berlin, Heidelberg, New York, Barcelona, Budapest, Hongkong, London, Mailand, Paris, Santa Clara, Singapur, Tokio 1995
(Zit. Mitsch)

Möhlenkamp, Andreas
„Die europäische Bußgeldpraxis aus Unternehmenssicht“
In: Schwarze, Jürgen (Hrsg.)
Instrumente zur Durchsetzung des europäischen Wettbewerbsrechts
Nomos; Baden-Baden 2002
S. 121 - 133
(Zit. Möhlenkamp)

Möschel, Wernhard
„Zur Kriminalisierung von Kartellverstössen“
In: Merz, Hans / Schluep, Walter R. (Hrsg.)
Festgabe für Max Kummer
Stämpfli & Cie; Bern 1980
S. 431 – 448
(Zit. Möschel, FS-Kummer)

Ders.
Zur Problematik einer Kriminalisierung von Submissionsabsprachen
Heymann; Köln, Berlin, Bonn, München 1980
(Zit. Möschel, Submissionsabsprachen)

Ders.
Recht der Wettbewerbsbeschränkungen
Heymann; Köln, Berlin, Bonn, München 1983
(Zit. Möschel)

Moor, Lucien de
„Commission initiatives on the legal protecion of the financial interests of the Community“
In: Dannecker, Gerhard (Hrsg.)
Die Bekämpfung des Subventionsbetruges im EG-Bereich
Schriftenreihe der Europäischen Rechtsakademie Trier, Band 3
Bundesanzeiger; Köln, 1993
S. 18 – 22
(Zit. Moor)

Mügge, Michael — Der Begriff des Unternehmens im deutschen und europäischen Kartellrecht
Diss.; Hamburg 2002
(Zit. Mügge)

Müller, Ekkehard — Die Stellung der juristischen Person im Ordnungswidrigkeitenrecht
Deubner; Köln 1985
(Zit. Müller)

Müller-Gugenberger, Christian / Bieneck, Klaus (Hrsg.) — Wirtschaftsstrafrecht
3. Auflage
Aschendorff, Münster; Schmidt, Köln 2000
(Zit. Bearbeiter, Wirtschaftsstrafrecht)

Müller-Henneberg, Hans / Schwartz, Gustav (Hrsg.) — Gesetz gegen Wettbewerbsbeschränkungen und Europäisches Kartellrecht - Gemeinschaftskommentar
3. Lieferung
3. Auflage
Heymanns; Köln, Berlin, Bonn, München 1972
(Zit. Bearbeiter, Müller-Henneberg / Gemeinschaftskommentar I)

Dies. — Gesetz gegen Wettbewerbsbeschränkungen und Europäisches Kartellrecht - Gemeinschaftskommentar
11. Lieferung
3. Auflage
Heymanns; Köln, Berlin, Bonn, München 1978
(Zit. Bearbeiter, Müller-Henneberg / Gemeinschaftskommentar II)

Münn, Lothar — Diskussionsbeitrag
In: Verhandlungen des vierzigsten deutschen Juristentages (Hamburg 1953)
Band II (Sitzungsberichte)
Mohr; Tübingen 1954
E 71 – E 72
(Zit. Münn)

Musil, Jan — „Stellungnahme zum Allgemeinen Teil des Corpus Juris aus der Sicht der tschechischen Strafrechtslehre“
In: Huber, Barbara (Hrsg.)

	Das Corpus Juris als Grundlage eines Europäischen Strafrechts Iuscrim; Freiburg i.Br. 2000 S. 115 - 122 (Zit. Musil)
Neumann, Ulfrid	„Das Corpus Juris im Streit um ein europäisches Strafrecht“ In: Huber, Barbara (Hrsg.) Das Corpus Juris als Grundlage eines Europäischen Strafrechts Iuscrim; Freiburg i.Br. 2000 S. 67 - 81 (Zit. Neumann)
Oehler, Dietrich	Internationales Strafrecht 2. Auflage Heymanns; Köln, Berlin, Bonn, München 1983 (Zit. Oehler)
Ders.	„Fragen zum Strafrecht der Europäischen Gemeinschaften“ In: Vogler, Theo (Hrsg.) Festschrift für Hans-Heinrich Jescheck, Band II Duncker & Humblot; Berlin 1985 S. 1399 – 1410 (Zit. Oehler, FS-Jescheck)
Ders.	„Der europäische Binnenmarkt und sein Wirtschaftsstrafrechtlicher Schutz“ In: Arzt, Gunter / Fezer, Gerhard / Weber, Ulrich / Schlüchter, Ellen / Rössner, Dieter (Hrsg.) Festschrift für Jürgen Baumann Gieseking; Bielefeld 1992 S. 561 – 571 (Zit. Oehler, FS-Baumann)
Oppermann, Thomas	Europarecht 2. Auflage Beck; München 1999 (Zit. Oppermann)

Ders.	„Vom Nizza-Vertrag 2001 zum Europäischen Verfassungskonvent 2002/2003" In: DVBl. 2003, S. 1 – 10
Ostendorf, Heribert	„Reform des Ordnungswidrigkeitenrechts" In: ZRP 1994, S. 335 – 338
Otto, Harro	Die Strafbarkeit von Unternehmen und Verbänden Schriftenreihe der juristischen Gesellschaft zu Berlin (Heft 133) de Gruyter; Berlin, New York 1993 (Zit. Otto, Vortrag)
Ders.	„Die Haftung für kriminelle Handlungen in Unternehmen" In: Jura 1998, S. 409 – 418
Ders.	„Das Corpus Juris der strafrechtlichen Regelungen zum Schutz der finanziellen Interessen der Europäischen Union" In: Jura 2000, S. 98 – 106
Pache, Eckhard	Der Schutz der finanziellen Interessen der Europäischen Gemeinschaften Duncker & Humblot; Berlin 1994 (Zit. Pache)
Paliero, Carlo Enrico	„Die Verwaltungssanktion als modernes Mittel im Kampf gegen die Wirtschaftskriminalität" In: Schünemann, Bernd / Suárez González, Carlos (Hrsg.) Bausteine des europäischen Wirtschaftsstrafrechts Madrid-Symposium für Klaus Tiedemann Heymanns; Köln, Berlin, Bonn, München 1994 S. 245 – 261 (Zit. Paliero)
Ders.	„Grunderfordernisse des Allgemeinen Teils für ein europäisches Sanktionenrecht – Landesbericht Italien" In: ZStW 110 (1998), S. 417 – 437
Ders.	„Kollektive Verantwortung aus italienischer Sicht" In: Eser, Albin / Huber, Barbara / Cornils (Hrsg.) Einzelverantwortung und Mitverantwortung im Strafrecht

Iuscrim; Freiburg i.Br. 1998
S. 153 – 165
(Zit. Paliero, Kollektive)

Papachristos, Spyridon — Sanktionen gegen ausländische juristische Personen, Personenvereinigungen und Handelsgesellschaften
Diss.; Gießen 1998
(Zit. Papachristos)

Papakiriakou, Theodoros — Das Europäische Unternehmensstrafrecht in Kartellsachen
Centaurus; Herbolzheim 2002
(Zit. Papakiriakou)

Pfeiffer, Gerd — Strafprozessordnung
4. Auflage
Beck; München 2002
(Zit. Pfeiffer, StPO)

Pohl-Sichtermann, Rotraut — Geldbuße gegen Verbände
Brockmeyer; Bochum 1974
(Zit. Pohl-Sichtermann)

Polley, Romina / Seeliger, Daniela — „Die neue Mitteilung der Europäischen Kommission über den Erlass und die Ermäßigung von Geldbußen in EG-Kartellsachen"
In: EuZW 2002, S. 397 - 401

Pradel, Jean — „Die strafrechtliche Verantwortlichkeit juristischer Personen im französischen Recht"
In: Tiedemann, Klaus (Hrsg.)
Wirtschaftsrecht in der Europäischen Union – Freiburg Symposium
Heymanns; Köln, Berlin, Bonn, München 2002
S. 37 – 53
(Zit. Pradel)

Prieß, Hans-Joachim — „Erscheinungsformen von Hemmnissen und Sanktionen im Gemeinschaftsrecht"
In: Europäisches Forum für Außenwirtschaft, Verbrauchsteuern und Zölle (Hrsg.)

Hemmnissen und Sanktionen in der EU
Bundesanzeiger; Köln 1996
S. 44 – 72
(Zit. Prieß)

Ders. /
Spitzer, Harald — „Die Betrugsbekämpfung in der Europäischen Gemeinschaft“
In: EuZW 1994, S. 297 - 304

Prittwitz, Cornelius — „Nachgeholte Prolegomena zu einem künftigen Corpus Juris Criminalis für Europa“
In: ZStW 113 (2001), S. 774 – 799

Ransiek, Andreas — Unternehmensstrafrecht
C.F. Müller; Heidelberg 1996
(Zit. Ransiek)

Rebmann, Kurt /
Roth, Werner /
Herrmann, Siegfried — Gesetz über Ordnungswidrigkeiten
3. Auflage (5. Lieferung)
Kohlhammer; Stuttgart, Berlin, Köln 2001
(Zit. Rebmann/Roth/Herrmann)

Reumann, Ute — Die Europäische Zentralbank
Centaurus; Herbolzheim 2001
(Zit. Reumann)

Rosenkötter, Günter — Das Recht der Ordnungswidrigkeiten
5. Auflage
Boorberg; Stuttgart, München, Hannover, Berlin, Weimar, Dresden 2000
(Zit. Rosenkötter)

Rotberg, Hans Eberhard — „Für Strafe gegen Verbände!“
In: Hundert Jahre Deutsches Rechtsleben - Festschrift zum hundertjährigen Bestehen des Deutschen Juristentages 1860 – 1960
Band II,
Müller; Karlsruhe 1960
S. 193 – 228
(Zit. Rotberg)

Roxin, Claus
Strafrecht
Allgemeiner Teil
Band I
3. Auflage
Beck; München 1997
(Zit. Roxin AT I)

Ruegenberg, Guido
„Tagungsbericht – Gemeinsamkeiten und Unterschiede des Allgemeinen Teils des Strafrechts in Europa“
In: JZ 1998, S. 453 - 454

Ders.
„Tagungsbericht - Das Corpus Juris als Grundlage eines Europäischen Strafrechts“
In: ZStW 112 (2000), S. 269 – 281

Rütsch, Claus-Jörg
Strafrechtlicher Durchgriff bei verbundenen Unternehmen
Deubner; Köln 1987
(Zit. Rütsch)

Satzger, Helmut
Die Europäisierung des Strafrechts
Heymanns; Köln, Berlin, Bonn, München 2001
(Zit. Satzger)

Ders.
„Auf dem Weg zu einem Europäischen Strafrecht“
In: ZRP 2001, S. 549 – 554

Schick, Peter J.
„Grunderfordernisse des Allgemeinen Teils für ein europäisches Sanktionenrecht – Landesbericht Österreich“
In: ZStW 110 (1998), S. 473 - 496

Schmidhäuser, Eberhard
Strafrecht
Allgemeiner Teil
2. Auflage
Mohr; Tübingen 1975
(Zit. Schmidhäuser)

Schmidt, Karsten
„Zur Verantwortung von Gesellschaften und Verbänden im Kartell- und Ordnungswidrigkeitenrecht“
In: Wistra 1990, S. 131 – 138

Ders. | Gesellschaftsrecht
4. Auflage
Beck; Köln, Berlin, Bonn, München 2002
(Zit. Schmidt, Gesellschaftsrecht)

Schmidt-Salzer, Joachim | „Konkretisierungen der strafrechtlichen Produkt- und Umweltverantwortung“
In: NJW 1996, S. 1 – 8

Schmitt, Rudolf | Strafrechtliche Maßnahmen gegen Verbände
Kohlhammer; Stuttgart 1958
(Zit. Schmitt)

Ders. | „Wie weit reicht § 30 des Ordnungswidrigkeitengesetzes?“
In: Warda, Günter / Waider, Heribert / Hippel, Reinhard von / Meurer, Dieter (Hrsg.)
Festschrift für Richard Lange
de Gruyter; Berlin, New York 1976
S. 877 – 886
(Zit. Schmitt, FS-Lange)

Schönke, Adolf / Schröder Horst | Strafgesetzbuch
26. Auflage
Beck; München 2001
(Zit. Bearbeiter-SchSch)

Scholz, Rupert | „Strafbarkeit juristischer Personen?“
In: ZRP 2000, S. 435 – 440

Schoreit, Armin | „Die sogenannten Ordnungswidrigkeiten“
In: GA 1967, S. 225 – 237

Schroth, Hans-Jürgen | Economic Offences in EEC Law
Engel; Kehl, Strasbourg, Arlington 1983
(Zit. Schroth, EEC)

Ders. | „EG-Geldbußen gegen existenzbedrohte Unternehmen“
In: Wistra 1984, S. 164 – 168

Ders. Unternehmen als Normadressaten und Sanktionssubjekte
Brühlscher; Gießen 1993
(Zit. Schroth)

Schünemann, Bernd Unternehmenskriminalität und Strafrecht
Heymanns; Köln, Berlin, Bonn, München 1979
(Zit. Schünemann, Unternehmenskriminalität)

Ders. „Strafrechtsdogmatische und kriminalpolitische Grundfragen der Unternehmenskriminalität"
In: Wistra 1982, S. 41 – 50

Ders. „Die Strafbarkeit der juristischen Personen aus deutscher und europäischer Sicht"
In: Schünemann, Bernd / Suárez González, Carlos (Hrsg.)
Bausteine des europäischen Wirtschaftsstrafrechts
Madrid-Symposium für Klaus Tiedemann
Heymanns; Köln, Berlin, Bonn, München 1994
S. 265 – 295
(Zit. Schünemann, Madrid-Symposium)

Ders. „Plädoyer zur Einführung einer Unternehmenskuratel"
In: Schünemann, Bernd (Hrsg.)
Deutsche Wiedervereinigung
Band 3 – Unternehmenskriminalität
Heymanns; Köln, Berlin, Bonn, München 1996
S. 129 - 142
(Zit. Schünemann, Wiedervereinigung)

Ders. „Strafrechtsdogmatik als Wissenschaft"
In: Schünemann, Bernd / Achenbach, Hans / Bottke, Wilfried / Haffke, Bernhard / Rudolphi, Hans-Joachim (Hrsg.)
Festschrift für Claus Roxin,
de Gruyter; Berlin, New York 2001
S. 1 – 32
(Zit. Schünemann, FS-Roxin)

Ders. „Ein Gespenst geht um in Europa – Brüsseler 'Strafrechtspflege' intra muros"
In: GA 2002, S. 501 – 516

Ders. „Das Strafrecht im Zeichen der Globalisierung"
In: GA 2003, S. 299 – 313

Schulz, Joachim „Europäisches Strafrecht"
In: Rengeling, Hans-Werner (Hrsg.)
Europäisierung des Rechts
Heymanns; Köln, Berlin, Bonn, München 1996
S. 183 - 200
(Zit. Schulz, Europäisierung)

Schulz, Lorenz „Alternative Zurechnungsstrukturen im Recht"
In: Haft, Fritjof / Hof, Hagen / Wesche, Steffen (Hrsg.)
Bausteine zu einer Verhaltenstheorie des Rechts
Nomos; Baden-Baden 2001
S. 420 – 435
(Zit. Schulz, Bausteine)

Schwarzburg, Peter / Hamdorf, Kai „Brauchen wir ein EU-Finanz-Strafgesetzbuch?"
In: NStZ 2002, S. 617 – 624

Schwarze, Jürgen (Hrsg.) EU-Kommentar
1. Auflage
Nomos; Baden-Baden 2000
(Zit. Bearbeiter-Schwarze)

Ders. „Die Bedeutung des Grundsatzes der Verhältnismäßigkeit bei der Behandlung von Verpflichtungszusagen nach der europäischen Fusionskontrollverordnung"
In: Schwarze, Jürgen (Hrsg.)
Instrumente zur Durchsetzung des europäischen Wettbewerbsrechts, S. 75 - 92
Nomos; Baden-Baden 2002
(Zit. Schwarze, Instrumente)

Ders. „Rechtsstaatliche Grenzen der gesetzlichen und richterlichen Qualifikation von Verwaltungssanktionen im europäischen Gemeinschaftsrecht"
In: EuZW 2003, S. 261 – 269

Serra, Teresa | „Establishing a Basis for Criminal Responsibility of Collective Entities“
In: Eser, Albin / Heine, Günter / Huber, Barbara (Hrsg.)
Criminal Responsibility of Legal and Collective Entities
Iuscrim; Freiburg i.Br. 1999
S. 203 – 215
(Zit. Serra, Responsibility)

Dies. | “Kollektive Verantwortung aus portugiesischer Sicht”
In: Eser, Albin / Huber, Barbara / Cornils (Hrsg.)
Einzelverantwortung und Mitverantwortung im Strafrecht
Iuscrim; Freiburg i.Br. 1998
S. 137 – 152
(Zit. Serra, Kollektive)

Sieber, Ulrich | „Europäische Einigung und Europäisches Strafrecht“
In: ZStW 103 (1991), S. 957 – 979

Ders. | „Entwicklungsstand und Perspektiven des europäischen Wirtschaftsstrafrechts“
In: Schünemann, Bernd / Suárez González, Carlos (Hrsg.)
Bausteine des europäischen Wirtschaftsstrafrechts
Madrid-Symposium für Klaus Tiedemann
Heymanns; Köln, Berlin, Bonn, München 1994
S. 349 – 365
(Zit. Sieber, Madrid-Symposium)

Ders. | „Das Sanktionensystem zum Schutz der europäischen Gemeinschaftsinteressen“
In: Schlüchter, Ellen (Hrsg.)
Festschrift für Friedrich Geerds
Schmidt-Römhild; Lübeck 1995
S. 113 – 127
(Zit. Sieber, FS-Geerds)

Ders. | „Das strafrechtliche Sanktionensystem zum Schutz der europäischen Gemeinschaftsinteressen“
In: Walter van Gerven, Manfred Zuleeg (Hrsg.)
Schriftenreihe der Europäischen Rechtsakademie Trier, Band 12
Bundesanzeiger; Köln, 1996

S. 71 – 80
(Zit. Sieber, Europäische Rechtsakademie)

Ders. „Memorandum für ein Europäisches Modellstrafgesetzbuch“
In: JZ 1997, S. 369 – 381

Ders. „Auf dem Weg zu einem europäischen Strafrecht“ (Einführung zum Corpus Juris)
In: Delmas-Marty, Mireille (Hrsg.)
Corpus Juris der strafrechtlichen Regelungen zum Schutz der finanziellen Interessen der Europäischen Union
Heymanns; Köln, Berlin, Bonn, München, 1998
S. 1 - 10
(Zit. Sieber, Corpus Juris)

Ders. „Einheitliches europäisches Strafgesetzbuch als Ziel der Strafrechtsvergleichung?“
In: Duttge, Gunnar / Geilen, Gerd / Meyer-Goßner, Lutz / Warda, Günter (Hrsg.)
Gedächtnisschrift für Ellen Schlüchter
Heymanns; Köln, Berlin, Bonn, München 2002
S. 107 - 116
(Zit. Sieber, GS-Schlüchter)

Siohl, Ulrich Die Schuldfeststellung bei Unternehmen oder Unternehmensvereinigungen im Rahmen des Art. 15 VO 17 zum EWG-Vertrag
Lang; Frankfurt a.M., Bern, New York, Paris 1986
(Zit. Siohl)

Soltész, Ulrich / Steinle, Christian / Bielesz, Holger „Rekordgeldbußen versus Bestimmtheitsgebot“
In: EuZW 2003, S. 202 – 210

Spinellis, Dionysios „Das Corpus Juris zum Schutz der finanziellen Interessen der Europäischen Union“
In: KritV 1999, S. 141 - 161

Ders. „Der Rahmenbeschluss zur Terrorismusbekämpfung“
In: Duttge, Gunnar / Geilen, Gerd / Meyer-Goßner, Lutz / Warda, Günter (Hrsg.)
Gedächtnisschrift für Ellen Schlüchter

Heymanns; Köln, Berlin, Bonn, München 2002
S. 823 – 838
(Zit. Spinellis, GS-Schlüchter)

Stadler, Rainer — Der rechtliche Handlungsspielraum des Europäischen Systems der Zentralbanken
Nomos; Baden-Baden 1996
(Zit. Stadler)

Steeg, Marcus ter — „Die neue Kompetenzordnung für die EU"
In: EuZW 2003, S. 325 - 330

Steindorff, Ernst — „Gesetzgeberische Möglichkeiten zu verbesserter Durchsetzung des Gesetzes gegen Wettbewerbsbeschränkungen"
In: ZHR 138 (1974), S. 504 - 532

Stockmann, Kurt — „Sanktionen als Instrument zur Durchsetzung des Kartellrechts – Zur ‚Bonusregelung' des Bundeskartellamtes"
In: Schwarze, Jürgen (Hrsg.)
Instrumente zur Durchsetzung des europäischen Wettbewerbsrechts, S. 93 - 105
Nomos; Baden-Baden 2002
(Zit. Stockmann, Instrumente)

Stratenwerth, Günter — „Strafrechtliche Unternehmenshaftung?"
In: Geppert, Klaus / Bohnert, Joachim / Rengier, Rudolf (Hrsg.)
Festschrift für Rudolf Schmitt
Mohr; Tübingen 1992
S. 295 – 307
(Zit. Stratenwerth, FS-Schmitt)

Theato, Diemut R. — „Das Corpus Juris im Verhältnis zu anderen Instrumenten der europäischen Organe"
In: Huber, Barbara (Hrsg.)
Das Corpus Juris als Grundlage eines Europäischen Strafrechts
Iuscrim; Freiburg i.Br. 2000
S. 47 - 57
(Zit. Theato)

Thomas, Heinz/
Putzo, Hans — Zivilprozessordnung
25. Auflage
Beck; München 2003
(Zit. Bearbeiter-Thomas/Putzo, ZPO)

Tiedemann, Klaus — Tatbestandsfunktionen im Nebenstrafrecht
Mohr; Tübingen 1969
(Zit. Tiedemann, Tatbestandsfunktionen)

Ders. — Wirtschaftsstrafrecht und Wirtschaftskriminalität 1 (Allgemeiner Teil)
Rowohlt; Reinbek 1976
(Zit. Tiedemann, Wirtschaftsstrafrecht I)

Ders. — Kartellrechtsverstöße und Strafrecht
Heymanns; Köln, Berlin, Bonn, München 1976
(Zit. Tiedemann, Kartellrechtsverstöße)

Ders. — „Der Allgemeine Teil des europäischen supranationalen Strafrechts“
In: Vogler, Theo (Hrsg.)
Festschrift für Hans-Heinrich Jescheck, Band II
Duncker & Humblot; Berlin 1985
S. 1411 – 1440
(Zit. Tiedemann, FS-Jescheck)

Ders. — „Die strafrechtliche Vertreter- und Unternehmenshaftung“
In: NJW 1986, S. 1842 – 1846

Ders. — „Die ‚Bebußung' von Unternehmen nach dem 2. Gesetz zur Bekämpfung der Wirtschaftskriminalität“
In: NJW 1988, S. 1169 – 1174

Ders. — „Reform des Sanktionswesens auf dem Gebiete des Agrarmarktes der Europäischen Wirtschaftsgemeinschaft“
In: Gamm, Otto Friedrich Freiherr von / Raisch, Peter / Tiedemann, Klaus (Hrsg.)

Strafrecht, Unternehmensstrafrecht, Anwaltsstrafrecht – Festschrift für Gerd Pfeiffer
Heymanns; Köln, Berlin, Bonn, München 1988
S. 101 – 117
(Zit. Tiedemann, FS-Pfeiffer)

Ders. „Literaturbericht – Wirtschaftsstrafrecht (Teil I)"
In: ZStW 102 (1990), S. 94 – 103

Ders. „Der Strafschutz der Finanzinteressen der Europäischen Gemeinschaften"
In: NJW 1990, S. 2226 – 2233

Ders. Verfassungsrecht und Strafrecht
Müller; Heidelberg 1991
(Zit. Tiedemann, Verfassungsrecht)

Ders. „Europäisches Gemeinschaftsrecht und Strafrecht"
In: NJW 1993, S. 23 – 31

Ders. „Das deutsche Wirtschaftsstrafrecht im Rahmen der Europäischen Union"
In: Kühne, Hans-Heiner (Hrsg.)
Festschrift für Koichi Miyazawa
Nomos; Baden-Baden 1995
S. 673 – 683
(Zit. Tiedemann, FS-Miyazawa)

Ders. „Strafbarkeit von juristischen Personen? – Eine rechtsvergleichende Bestandsaufnahme mit Ausblicken für das deutsche Recht"
In: Schoch, Friedrich / Stoll, Hans / Tiedemann, Klaus (Hrsg.)
Freiburger Begegnung
Juristische Studiengesellschaft Karlsruhe / Schriftenreihe Heft 221
Müller; Heidelberg 1996
S. 30 – 54
(Zit. Tiedemann, Freiburger-Begegnung)

Ders. „Die Regelung von Täterschaft und Teilnahme im europäischen Strafrecht"
In: Eser, Albin (Hrsg.)

Festschrift für Haruo Nishihara
Nomos; Baden-Baden 1998
S. 496 – 512
(Zit. Tiedemann, FS-Nishihara)

Ders. „Grunderfordernisse des Allgemeinen Teils für ein europäisches Sanktionenrecht – Generalbericht“
In: ZStW 110 (1998), S. 497 - 514

Ders. „Lehren von der Straftat im Allgemeinen Teil der Europäischen Rechtssysteme“
In: GA 1998, S. 107 – 110

Ders. „Der Allgemeine Teil des Corpus Juris (Art. 10-14)“
In: Huber, Barbara (Hrsg.)
Das Corpus Juris als Grundlage eines Europäischen Strafrechts
Iuscrim; Freiburg i.Br. 2000
S. 61 - 66
(Zit. Tiedemann, Huber CJ)

Ders. „EG und EU als Rechtsquellen des Strafrechts“
In: Schünemann, Bernd / Achenbach, Hans / Bottke, Wilfried / Haffke, Bernhard / Rudolphi, Hans-Joachim (Hrsg.)
Festschrift für Claus Roxin,
de Gruyter; Berlin, New York 2001
S. 1401 – 1413
(Zit. Tiedemann, FS-Roxin)

Ders. / Vogel, Joachim „Mehrerlös“
In: Krekeler, Wilhelm / Tiedemann, Klaus / Ulsenheimer, Klaus / Weinmann, Günther (Hrsg.)
Handwörterbuch des Wirtschafts- und Steuerstrafrechts
Müller; Heidelberg 1990
S. 1 - 5
(Zit. Tiedemann/Vogel, HWiStR)

Träskman, Per Ole „Rules of the Corpus Juris for Sanctions"
In: Huber, Barbara (Hrsg.)
Das Corpus Juris als Grundlage eines Europäischen Strafrechts
Iuscrim; Freiburg i.Br. 2000
S. 225 - 234
(Zit. Träskman)

Tröndle, Herbert / Fischer, Thomas Strafgesetzbuch
51. Auflage
Beck; München 2003
(Zit. Bearbeiter-Tröndle/Fischer)

Tsolka, Olga Der allgemeine Teil des europäischen supranationalen Strafrechts i.w.S.
Lang; Frankfurt a.M., Berlin, Bern, New York, Paris, Wien 1995
(Zit. Tsolka)

Vander Beken, Tom / Vermeulen, Gert / Lagodny, Otto „Kriterien für die jeweils ‚beste' Strafgewalt in Europa"
In: NStZ 2002, S. 624 - 628

Vogel, Joachim „Die Kompetenz der EG zur Einführung supranationaler Sanktionen"
In: Dannecker, Gerhard (Hrsg.)
Die Bekämpfung des Subventionsbetruges im EG-Bereich
Schriftenreihe der Europäischen Rechtsakademie Trier, Band 3
Bundesanzeiger; Köln, 1993
S. 170 – 187
(Zit. Vogel, Europäische Rechtsakademie)

Ders. „Wege zu europäisch-einheitlichen Regelungen im Allgemeinen Teil des Strafrechts"
In: JZ 1995, S. 331 – 341

Ders. „Strafrechtsgüter und Rechtsgüterschutz durch Strafrecht im Spiegel der Rechtsprechung des Bundesverfassungsgerichts"
In: StV 1996, S. 110 - 115

Ders. „Geldwäsche – ein europaweit harmonisierter Straftatbestand?“
In: ZStW 109 (1997), S. 335 – 356

Ders. „Elemente der Straftat: Bemerkungen zur französischen Straftatlehre und zur Straftatlehre des common law“
In: GA 1998, S. 127 – 150

Ders. „Europäisches Gemeinschaftsrecht und deutsches Strafrecht“
In: Strafverteidigervereinigungen (Hrsg.)
50 Jahre Grundgesetz – kritische Würdigung, europäische Bezüge in der Strafgerichtsbarkeit
Ed. Der Andere Buchladen; Köln 2000
S. 119 – 133
(Zit. Vogel, Strafverteidigertag)

Ders. „Stand und Entwicklung der strafrechtlichen Produkthaftung“
In: Rauscher, Thomas / Mansel, Heinz-Peter (Hrsg.)
Festschrift für Werner Lorenz
Sellier; München 2001
S. 65 – 82
(Zit. Vogel, FS-Lorenz)

Ders. „Strafrechtlicher Schutz des Euro vor Geldfälschung“
In: ZRP 2002, S. 7-11

Ders. „Europäische Kriminalpolitik – europäische Strafrechtsdogmatik“
In: GA 2002, S. 517 – 534

Ders. „Gesetzlichkeitsprinzip, territoriale Geltung und Gerichtsbarkeit“
In: Tiedemann, Klaus (Hrsg.)
Wirtschaftsrecht in der Europäischen Union – Freiburg Symposium
Heymanns; Köln, Berlin, Bonn, München 2002
S. 91 – 101
(Zit. Vogel, Freiburg-Symposium)

Ders. „Voraussetzungen und Ausschluss der subjektiven Zurechnung“
In: Tiedemann, Klaus (Hrsg.)
Wirtschaftsrecht in der Europäischen Union – Freiburg Symposium
Heymanns; Köln, Berlin, Bonn, München 2002
S. 125 – 146
(Zit. Vogel, Freiburg-Symposium)

Ders. „Harmonisierung des Strafrechts in der Europäischen Union“
In: GA 2003, S. 314 - 334

Volk, Klaus „Der Begriff der Strafe in der Rechtsprechung des Bundesverfassungsgerichts“
In: ZStW 83 (1971), S. 405 – 434

Ders. „Zur Bestrafung von Unternehmen“
In: JZ 1993, S. 429 - 435

Wabnitz, Heinz-Bernd / Janovsky, Thomas Handbuch des Wirtschafts- und Steuerstrafrechts
Beck; München 2000
(Zit. Bearbeiter-Wabnitz/Janovsky/Handbuch Wirtschaftsstrafrecht)

Wagemann, Markus Rechtfertigungs- und Entschuldigungsgründe im Bußgeldrecht der Europäischen Gemeinschaften
Müller; Heidelberg, 1992
(Zit. Wagemann)

Wattenberg, Andreas „Der ‚Corpus Juris‘ – Tauglicher Entwurf für ein einheitliches europäisches Straf- und Strafprozeßrecht?“
In: StV 2000, S. 95 – 103

Weber, Hellmuth von „Über die Strafbarkeit juristischer Personen“
In: GA 1954, S. 237 - 242

Wegner, Carsten „Strafrecht für Verbände? Es wird kommen!“
In: ZRP 1999 S. 186 – 189

Ders. — Die Systematik der Zumessung unternehmensbezogener Geldbußen
Lang; Frankfurt a.M., Berlin, Bern, Bruxelles, New York, Oxford, Wien 2000
(Zit. Wegner)

Ders. — „Keine umfassende Begründungspflicht der Kommission für Kartellgeldbußen in Millionenhöhe?"
In: WuW 2001, S. 469 - 477

Weigend, Thomas — „Strafrecht durch internationale Vereinbarungen – Verlust an nationaler Strafrechtskultur?"
In: ZStW 105 (1993), S. 774 – 802

Weitbrecht, Andreas — „Die neue Kartellverfahrensordnung (EG) Nr. 1/2003"
In: Beilage zu NJW, Heft 8/2003, bzw. EuZW, Heft 3/2003, S. 1
(Zit. Weitbrecht, Beilage)

Ders. — „Europäisches Kartellrecht 2002"
In: EuZW 2003, S. 357 - 362

Wessels, Johannes / Beulke, Werner — Strafrecht
Allgemeiner Teil
33. Auflage
Müller; Heidelberg 2003
(Zit. Wessels AT)

Winkler, Rolf — Die Rechtsnatur der Geldbuße im Wettbewerbsrecht der Europäischen Wirtschaftsgemeinschaft
Mohr (Paul Siebeck); Tübingen 1971
(Zit. Winkler)

Wolf, Ernst — „Zum Kartellrecht der EWG"
In: WuW 1962, S. 645 - 661

Wolffgang, Hans-Michael / Ulrich, Stephan — „Schutz der finanziellen Interessen der Europäischen Gemeinschaften"
In: EuR 1998, S. 616 – 647

Zapatero, Luis Arroyo — „Grunderfordernisse des Allgemeinen Teils für ein europäisches Sanktionenrecht – Landesbericht Spanien“
In: ZStW 110 (1998), S. 438 - 460

Zieschang, Frank — „Kommentar zu den sanktionsrechtlichen Vorgaben des Corpus Juris aus deutscher Sicht“
In: Huber, Barbara (Hrsg.)
Das Corpus Juris als Grundlage eines Europäischen Strafrechts
Iuscrim; Freiburg i.Br. 2000
S. 235 - 242
(Zit. Zieschang)

Ders. — „Chancen und Risiken der Europäisierung des Strafrechts“
In: ZStW 113 (2001), S. 255 – 270

Ders. — „Die strafrechtliche Verantwortlichkeit juristischer Personen im französischen Recht – Modellcharakter für Deutschland?“
In: ZStW 115 (2003), S. 117 - 130

Zilioli, Chiara / Selmayr, Martin — The Law of the European Central Bank
Hart; Oxford, Portland Oregon 2001
(Zit. Zilioli/Selmayr)

Zopfs, Jan — Der Grundsatz „in dubio pro reo“
Nomos; Baden-Baden 1999
(Zit. Zopfs)

Zucculà, Giuseppe — „Einheitliches europäisches Strafgesetzbuch als Ziel der Strafrechtsvergleichung?“
In: Duttge, Gunnar / Geilen, Gerd / Meyer-Goßner, Lutz / Warda, Günter (Hrsg.)
Gedächtnisschrift für Ellen Schlüchter
Heymanns; Köln, Berlin, Bonn, München 2002
S. 117 - 131
(Zit. Zucculà)

Zuleeg, Manfred — „Der Beitrag des Strafrechts zur europäischen Integration“
In: JZ 1992, S. 761 - 769